系统规划
与管理师特训

考点精炼、案例分析、论文写作

郝尚永◎编著

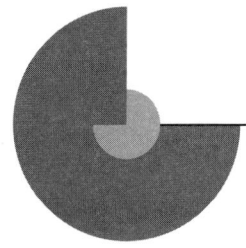

中国水利水电出版社
www.waterpub.com.cn
·北京·

内 容 提 要

本书根据《系统规划与管理师考试大纲》编写，以"考什么学什么"为目标，对系统规划与管理师考试的考点和知识点进行全面梳理并形成知识脉络，结合历年考试真题及重点、难点进行重点知识点和考点的总结归纳和讲解，并对案例分析、论文写作进行详细剖析。通过系统化的重点突破，学习核心知识点、关键考点和难点，熟悉考题形式、学习解答问题的方法和技巧，帮助考生顺利通过考试。

本书共 29 章，知识点讲解重点突出、要点明确，每个章节结合历年考试真题进行针对性的训练，对考试中重点考、反复考的知识点进行强化训练，对于案例分析和论文写作进行专项强化备战，另附送精美课件、思维导图、备考资料等。

本书紧扣考试大纲，具有应试导向准确、考试重点突出、对应真题解析等特点，适合希望学习信息系统规划与管理知识，希望取得系统规划与管理师证书，希望获取计算机类高级职称，有志从事相关专业工作的专业人员、IT 爱好者和在校学生等阅读学习。

图书在版编目（CIP）数据

系统规划与管理师特训：考点精炼、案例分析、论文写作 / 郝尚永编著 . —北京：中国水利水电出版社，2023.4

ISBN 978-7-5226-1455-7

Ⅰ . ①系… Ⅱ . ①郝… Ⅲ . ①信息系统—项目管理—资格考试—自学参考资料 Ⅳ . ① G203

中国国家版本馆 CIP 数据核字（2023）第 050084 号

书　　名	系统规划与管理师特训——考点精炼、案例分析、论文写作 XITONG GUIHUA YU GUANLISHI TEXUN—KAODIAN JINGLIAN, ANLI FENXI, LUNWEN XIEZUO
作　　者	郝尚永　编著
出版发行	中国水利水电出版社 （北京市海淀区玉渊潭南路 1 号 D 座 100038） 网址：www.waterpub.com.cn E-mail：zhiboshangshu@163.com 电话：（010）62572966-2205/2266/2201（营销中心）
经　　售	北京科水图书销售有限公司 电话：（010）68545874、63202643 全国各地新华书店和相关出版物销售网点
排　　版	北京智博尚书文化传媒有限公司
印　　刷	三河市龙大印装有限公司
规　　格	190mm×235mm　16 开本　26.75 印张　582 千字
版　　次	2023 年 4 月第 1 版　2023 年 4 月第 1 次印刷
印　　数	0001—3000 册
定　　价	109.80 元

凡购买我社图书，如有缺页、倒页、脱页的，本社营销中心负责调换

版权所有·侵权必究

前　　言

全国计算机技术与软件专业技术资格（水平）考试（简称软考）是在国家人力资源和社会保障部、工业和信息化部组织下的国家级考试，其目的是科学、公正地对全国计算机与软件专业技术人员进行职业资格、专业技术资格认定和专业技术水平测试。

系统规划与管理师考试是继软考高级资格中系统分析师、信息系统项目管理师、系统架构设计师和网络规划设计师之后的又一高级资格考试。通过本考试的人员，即证明其具备高级工程师的实际工作能力和业务水平。

编者多年来潜心研究软考知识体系，并受邀在 51CTO 学堂上讲授系统规划与管理师的课程。根据学员的反馈，对课程内容进行了进一步的完善和升级，针对历年的考试试题进行了深入的分析、归纳与总结，归纳了核心考点，特编写了本书，因此本书基本覆盖软考 85% 以上的知识点，从而帮助考生避免在学习过程中浪费精力。

≫ 本书特点

本书对软考系统规划与管理师的知识点进行梳理形成知识脉络，可以帮助考生快速学习并掌握核心知识点、关键考点和难点，并对重点案例、论文写作进行详细剖析，帮助考生顺利通过考试。本书具有以下几个特点。

- 紧扣考试大纲。本书采用了表格统计法科学地研究每个知识点的命题情况，重点突出且针对性强。
- 全面揭示命题特点。本书通过分析研究 2017—2022 年的历次考试真题，统计每章所占的分值和考点分布情况，引导考生把握命题规律。
- 考点浓缩，重点突出。精心筛选考点，突出重点和难点，针对性强。同时，对于官方教材中没有阐述的部分考点进行了必要的知识补充。
- 每个考点都配有速记法则，帮助考生快速地记忆知识点。
- 典型例题，分析透彻。本书所选例题均出自考试真题，内容权威，解答准确完整，分析细致深入，帮助考生增强解题能力，突出实用性。
- 对于案例分析和论文写作进行针对性备战。

● 附送精美课件、思维导图、备考资料、论文范文等大量资料。

本书适用对象

本书以备考系统规划与管理师考试的考生为主要读者对象，同时可以作为各类系统规划与管理师考试培训班的教材，以及大、中专院校师生的参考书。本书适合希望学习系统规划与管理知识、希望取得国家软考系统规划与管理师证书和希望获取计算机类高级职称的人员参考学习，有志从事相关专业工作的 IT 爱好者、在校学生等也可参考阅读。

建议学习方法

（1）确立一个目标，即一定要通过考试。挤出时间，每天至少学习 1 小时。
（2）为了通过考试，一定要努力、努力、再努力，对重点知识点要强化记忆。
（3）视频、文档资料、思维导图、知识点梳理、真题、模拟题要反复学习几遍。
（4）学习案例分析题和论文范文，掌握论文写作的套路方法。

本书学习资源获取方式及在线服务

（1）本书赠送的部分教学视频，读者可扫描图书内容的二维码，手机扫码观看视频。或者扫描下方的二维码，加入"本书专属读者在线服务交流圈"，在置顶的动态中获取资源下载链接，然后将此链接复制到计算机浏览器的地址栏中，根据提示下载即可观看。

（2）扫描下方的二维码，加入"本书专属读者在线服务交流圈"，与本书读者一起分享读者心得，提出对本书的建议，咨询编者问题等。

本书专属读者在线服务交流圈

关于作者

郝尚永，高级工程师，天津大学管理信息系统专业本科、软件工程专业硕士。信息系统管理专家，先后取得信息系统项目管理师、系统规划与管理师、信息系统监理师、系统集成项目管理工程师等证书。自 2000 年一直从事大型信息系统的规划设计、项目管理、开发运维等工作，对大型信息系统的项目管理、网络设计和搭建、服务器群组管理、ORACLE 等大型数据库管理等有着丰富的知识储备、管理能力和实践经验。对信息化项目管理有着深刻的理解，在大型信息化项目建设、信息化流程再造等方面进行了多项创新实践，在项目管理、系统规划与设计、系统工程理论方法及应用方面有着独到见解。

致谢

本书在编写的过程中参考了大量资料和书籍，在此，对这些参考文献的作者表示真诚的感谢。同时，感谢中国水利水电出版社的编辑，他们在本书的策划、选题的申报、写作大纲的确定，以及编辑、出版等方面付出了辛勤的劳动和智慧，给予了很多支持和帮助。

由于编者水平所限，书中难免存在错漏和不当之处，敬请读者批评指正。联系邮箱：hao_shy@126.com。

编 者

目　　录

第1章　软考及通关学习方法简介 001
　　1.1　软考及系规师发展前景 001
　　1.2　考试大纲要求及主要考点 003
　　1.3　考试难度及备考建议 005
　　1.4　通关学习方法 006

第2章　信息系统综合知识 008
　　2.1　信息的定义和属性 010
　　2.2　信息化 015
　　2.3　信息系统 021
　　2.4　IT战略 027

第3章　信息技术知识 031
　　3.1　软件工程 034
　　3.2　面向对象的系统分析与设计 040
　　3.3　应用集成技术 043
　　3.4　计算机网络技术 047
　　3.5　新一代信息技术 058

第4章　信息技术服务知识 069
　　4.1　产品、服务和信息技术服务 071
　　4.2　运维、运营和经营 074
　　4.3　IT治理 078
　　4.4　IT服务管理 080
　　4.5　项目管理 082
　　4.6　质量管理理论 088
　　4.7　信息安全管理 095

第 5 章 IT 服务规划设计ㅤ100

5.1 概述ㅤ103
5.2 IT 服务规划设计活动ㅤ104
5.3 服务目录管理ㅤ106
5.4 服务级别协议ㅤ113
5.5 服务需求识别ㅤ115
5.6 服务方案设计ㅤ120

第 6 章 IT 服务部署实施ㅤ134

6.1 概述ㅤ137
6.2 IT 服务部署实施要素ㅤ139
6.3 IT 服务部署实施方法ㅤ153

第 7 章 IT 服务运营管理ㅤ165

7.1 概述ㅤ168
7.2 人员要素管理ㅤ169
7.3 资源要素管理ㅤ175
7.4 技术要素管理ㅤ181
7.5 过程要素管理ㅤ183
7.6 常见运营管理关键考核指标ㅤ192
7.7 常见监控内容ㅤ194

第 8 章 IT 服务持续改进ㅤ197

8.1 概述ㅤ199
8.2 服务测量ㅤ202
8.3 服务回顾ㅤ209
8.4 服务改进ㅤ213

第 9 章 监督管理ㅤ217

9.1 概述ㅤ219
9.2 IT 服务质量管理ㅤ221
9.3 IT 服务风险管理ㅤ226

第 10 章 IT 服务营销ㅤ237

10.1 业务关系管理ㅤ239
10.2 IT 服务营销过程ㅤ244
10.3 IT 服务项目预算、核算和结算ㅤ246

10.4 IT服务外包 254

第11章 团队建设与管理 256
11.1 IT服务团队的特征 257
11.2 IT服务团队建设周期 259
11.3 IT服务团队管理 264

第12章 标准化知识 270
12.1 概述 271
12.2 IT服务国际标准 276
12.3 IT服务国家标准及行业标准 280

第13章 职业素养与法律法规 286
13.1 职业素养 287
13.2 法律法规 288

第14章 专业英语 291
14.1 专业英语考点分析及应考方法 291
14.2 历年专业英语考试真题解析 291

第15章 系统规划与管理师案例分析综述 306
15.1 考试大纲对案例分析的要求 306
15.2 案例分析题试卷的样式 308
15.3 案例分析题的出题形式 311
15.4 历年案例分析题考点分析 311
15.5 案例分析题的解题思路 314
15.6 案例分析题的答题要点 315
15.7 阅卷方式及注意事项 315

第16章 信息技术服务知识案例分析 317

第17章 IT服务规划设计案例分析 320

第18章 IT服务部署实施案例分析 330

第19章 IT服务运营管理案例分析 339

第20章 IT服务持续改进案例分析 347

第21章 IT服务监督管理案例分析 352

第22章 IT服务营销案例分析 360

第23章 团队建设与管理案例分析 363

第24章 论文写作综述 368
24.1 考试大纲对论文写作的要求 368
24.2 论文写作试卷的样式 369
24.3 历年考试的论文考题分析 373
24.4 论文写作结构要求 379
24.5 论文写作的问题和误区 379
24.6 论文写作的整体策略 381
24.7 论文写作的框架思路 382
24.8 论文通用模板（仅供参考） 387
24.9 论文评分标准 389
24.10 提前准备论文 390

第25章 论文范文1：论IT服务规划设计 392

第26章 论文范文2：论IT服务部署实施 396

第27章 论文范文3：论IT服务运营管理 401

第28章 论文范文4：论IT服务知识管理 406

第29章 论文范文5：论IT服务团队管理 411

第 1 章　软考及通关学习方法简介

1.1　软考及系规师发展前景

1.1.1　什么是软考

软考是全国计算机技术与软件专业技术资格（水平）考试的简称，是在国家人力资源和社会保障部、工业和信息化部组织下的国家级考试，其目的是科学、公正地对全国计算机与软件专业技术人员进行职业资格、专业技术资格认定和专业技术水平测试。

扫一扫，看视频

软考每年开考两次，根据《计算机技术与软件专业技术资格（水平）考试暂行规定》第八条相关规定：凡遵守中华人民共和国宪法和各项法律，恪守职业道德，具有一定计算机技术应用能力的人员，均可根据本人情况，报名参加相应专业类别、级别的考试。考生可根据自己的技术水平选择合适的级别资格进行报考，但一次考试只允许报考一种资格。

软考既是职业资格考试，又是职称资格考试。根据原人事部、原信息产业部颁布的《关于印发〈计算机技术与软件专业技术资格（水平）考试暂行规定〉和〈计算机技术与软件专业技术资格（水平）考试实施办法〉的通知》（国人部发〔2003〕39 号），将计算机资格考试纳入全国专业技术人员职业资格证书制度的统一规划。通过考试获得证书的人员，表明其已具备从事相应专业岗位工作的水平和能力，用人单位可根据工作需要从获得证书的人员中择优聘任相应专业技术职务（如技术员、助理工程师、工程师、高级工程师）。计算机技术与软件专业技术资格（水平）实施全国统一考试后，不再进行计算机技术与软件相应专业和级别的专业技术职务任职资格评审工作。

需要特别说明的是，2017 年国家发布的《国家职业资格目录》中取消了数百种考试，只保留了 59 项，而软考是 IT 行业唯一被保留的国家级考试，其含金量进一步提高。

1.1.2 系统规划与管理师考试

系统规划与管理师考试属于计算机技术与软件专业技术资格（水平）里的一项考试。

系统规划与管理师考试通常一年只考一次，时间一般在 5 月底的周六。

计算机技术与软件专业技术资格（水平）考试
专业类别、资格名称和级别层次对应表

	计算机软件	计算机网络	计算机应用技术	信息系统	信息服务
高级资格			信息系统项目管理师　系统分析师　系统架构设计师 网络规划设计师　系统规划与管理师		
中级资格	软件评测师 软件设计师 软件过程能力评估师	网络工程师	多媒体应用设计师 嵌入式系统设计师 计算机辅助设计师 电子商务设计师	系统集成项目管理工程师 信息系统监理师 信息安全工程师 数据库系统工程师 信息系统管理工程师	计算机硬件工程师 信息技术支持工程师
初级资格	程序员	网络管理员	多媒体应用制作技术员 电子商务技术员	信息系统运行管理员	网页制作员 信息处理技术员

推荐该考试的理由：

（1）证书含金量高。系统规划与管理师考试合格者将被颁发由中华人民共和国人力资源和社会保障部、工业和信息化部用印的计算机技术与软件专业技术资格（水平）证书，且该证书全国有效，不需要进行注册继续教育，长期有效。

（2）报考门槛低。考试不受学历、专业、资历等条件限制。

（3）专业人才的证明。取得证书即代表该考生具有一定的系统规划与管理专业能力。

（4）可用于评高级职称。该考试既是职业资格考试，又是职称资格考试。通过考试获得系统规划与管理师证书的人员，用人单位可根据工作需要从获得证书的人员中择优聘任为高级工程师（相当于副高职称）。

（5）可用于提升个人相关背景。协助所在企业提升企业投标资质，以及满足一线城市高级人才引进落户政策，是应聘职位的有力证据。

1.1.3 IT 技术发展的职业方向

（1）低管理、低技能——普通工程师、程序员。
（2）高管理、低技能——项目经理、总监、高管。
（3）低管理、高技能——资深工程师、系统架构师。
（4）高管理、高技能——技术型经理。
因此，IT 技术发展的职业方向可分为以下几种：
（1）项目经理。
（2）行业资深专家。
（3）研发经理或技术总监。
（4）做技术型销售和服务。
（5）转向管理岗位。

1.2 考试大纲要求及主要考点

1.2.1 考试大纲的能力要求

本考试要求考生具有相应的高级工程师的实际工作能力和业务水平，具体要求如下：
（1）熟练地实施信息技术服务规划和信息系统运行维护管理。
（2）制定组织的 IT 服务标准和相关制度。
（3）管理 IT 服务团队。
（4）支持组织进行业务规划和 IT 战略规划，提出信息系统的构建、升级、迁移、退役建议，评估、分析信息系统的运营成本和效益。
（5）组织策划 IT 服务目标和服务内容，制定 IT 服务计划和服务方案，确定服务成本及配置服务资源。
（6）监控 IT 服务计划和方案的执行，提升组织的 IT 服务能力和服务质量，评估服务绩效。

1.2.2 考试大纲的知识要求

按照考试大纲，考生需要掌握以下知识：

（1）熟悉 IT 战略规划知识。

（2）熟悉信息、信息系统和 IT 技术知识。

（3）熟练掌握信息技术服务知识。

（4）具备 IT 服务规划设计的能力和经验，熟练掌握 IT 服务规划设计的技术、方法和主要设计内容。

（5）掌握 IT 服务部署实施的技术和方法。

（6）具备 IT 服务运营管理的能力和经验，熟练掌握 IT 服务人员管理、IT 服务过程管理、IT 服务技术管理、IT 服务资源管理的知识、技术和方法。

（7）具备 IT 服务持续改进管理的能力，熟练掌握 IT 服务测量、IT 服务回顾及 IT 服务改进等方面的知识、技术和方法。

（8）具备 IT 服务监督和管理的能力和经验，熟悉 IT 服务质量管理评价体系，熟练掌握 IT 服务质量管理、风险管理及信息安全管理的相关知识和技能。

（9）具备 IT 服务营销管理的能力，掌握业务关系管理，IT 服务营销过程，IT 服务项目预算、核算和结算的相关知识和技能。

（10）掌握团队建设与管理的方法和技术。

（11）了解标准化知识和 IT 服务相关标准。

（12）具有 IT 服务人员的职业素养，了解 IT 服务人员职业道德的有关要求及 IT 服务相关的法律法规。

（13）熟练阅读和正确理解相关领域的英文文献。

1.2.2 考点分布情况

经过对考试真题进行归纳分析，其考点的分布为了解：5%；熟悉：10%；掌握：15%；熟练掌握：70%。其中，需要熟练掌握 70% 的知识要求如下：

（1）信息技术服务知识（官方教材第 3 章）。

（2）IT 服务规划设计的技术、方法和主要设计内容（官方教材第 4 章）（具备 IT 服务规划设计的能力和经验）。

（3）IT 服务人员管理、服务过程管理、服务技术管理、服务资源管理的知识、技术和方法（官方教材第 6 章）（具备 IT 服务运营管理的能力和经验）。

（4）IT 服务测量、服务回顾及服务改进等方面的知识、技术和方法（官方教材第 7 章）（具有 IT 服务持续改进管理的能力）。

（5）IT 服务质量管理、风险管理及信息安全管理的相关知识和技能（官方教材第 3 章部分、

第 8 章部分）（具有 IT 服务监督和管理的能力和经验）。

1.3 考试难度及备考建议

1.3.1 考试科目设置及难度分析

扫一扫，看视频

科目名称	考试时长	题型题量	满　分
综合知识	150 分钟	单选题（75 道）	75 分
案例分析	90 分钟	问答题（3 道）	75 分
论文	120 分钟	写作题（1 道）	75 分

- 系统规划与管理师考试内容分为综合知识、案例分析和论文三个科目。
- 综合知识、案例分析和论文都是采用闭卷笔试的形式，实行全国统一大纲、统一试题、统一时间、统一标准、统一证书的考试办法。
- 综合知识、案例分析和论文均实行 75 分制，合格标准一般为 45 分。
- 综合知识、案例分析和论文三个科目在一天内考完，全部合格方可通过考试，各科成绩不作保留。
- 系统规划与管理师由于既涉及技术方面的知识又涉及管理方面的知识，考试具有一定难度。
- 该考试每年全国通过率为 10%，因此有很多考生缺考和弃考。
- 考生既要具备对系统基础知识，如信息系统、网络、系统开发、安全等技术方面知识的了解，还要具备更高层次，如 IT 服务的规划设计，系统运行的管理，人员、资源、技术、过程的管理等方面的知识。
- 软考各专业考试中，该考试项目的官方教材最薄，章节内容最少，且偏重 IT 服务管理知识。
- 系统规划与管理师是自 2017 年新开设的考试项目，考试次数较少，出题方向还偏重基础知识和重点知识，内容相对简单；而其他专业方向的考试已考了多年，因每次题目不能重复，出题也越来越偏向细节知识。
- 通常认为的软考五个高级考试的难度排序（从高至低）为系统分析师 > 系统架构设计师 > 网络规划设计师 > 信息系统项目管理师 > 系统规划与管理师。

1.3.2 备考建议

（1）建议具有IT相关专业背景的人员：
- 完善知识体系，尤其是考试中重点考察但自己未涉及的内容。
- 每周晚上或者周末抽出几个小时过一遍知识点，挑选重点知识进行强化。

（2）建议有志成为专业人员的IT爱好者、在校学生：
- 按照视频内容一步步地进行系统的学习。
- 把视频、文档资料和真题反复学习几遍。
- 强化教材、案例和范文。
- 遇到不懂的知识点随时在平台留言与老师沟通交流。

（3）复习过的题目一定要得分。
（4）没有复习过的题目运用技巧争取得分。
（5）案例分析题尽量覆盖得分要点。
（6）论文考试要有准备好的素材和范文（练好字很加分）。
（7）总结思维导图，记忆相关知识点。

1.4　通关学习方法

1.4.1　学习的侧重点

扫一扫，看视频

- **重目标**
  - ✓ 长期目标和短期目标
  - ✓ 周目标和日目标
- **重思路**
  - ✓ 工作中结果重要、学习时过程重要
  - ✓ 多思考、多问为什么
- **重方法**
  - ✓ 睡觉前回顾、早晨复盘
  - ✓ 大循环、小循环强化记忆
- **重习惯**
  - ✓ 听课
  - ✓ 记笔记
- **重自测**
  - ✓ 真题模拟自测、复盘错误原因
  - ✓ 论文提前准备范文、练习
- **重总结**
  - ✓ 总结让学习更容易
  - ✓ 勤总结让书本变薄

1.4.2 备考的三个阶段

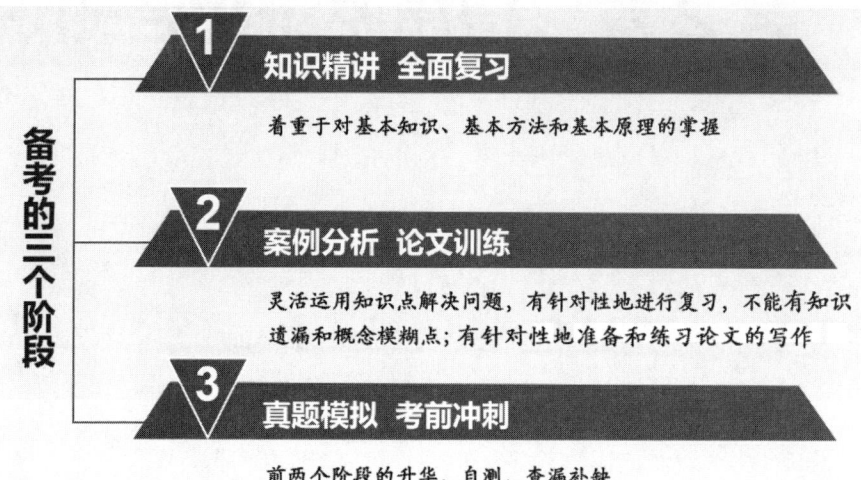

第2章 信息系统综合知识

备考提示

本章内容一般占 6~7 分。

本章内容偏重概念知识，考试难度中等。

本章内容主要在上午综合知识选择题考试中进行考查。

本章涉及历年考试真题选择题考点分布统计

章 节	2022 年上	2021 年上	2020 年下
2.1 信息的定义和属性	1. 香农公式 2. 信息的传输模型	1. 香农公式 2. 信息的传输模型	1. 信息的传输模型 2. 信息的质量属性
2.2 信息化	3. 电子商务的模式	3. 电子商务	3. 两化融合 4. 电子商务
2.3 信息系统	4. 信息系统开发方法 5. 诺兰模型	4. 原型法 5. 诺兰模型	5. 信息系统 6. 敏捷开发
2.4 IT 战略		6. IT 战略规划	
官方教材外拓展知识			7. 国家信息化体系
	5 分	6 分	7 分

章 节	2019 年上	2018 年上	2017 年下
2.1 信息的定义和属性	1. 信息的传输模型	1. 信息的传输模型	1. 信息的质量属性
2.2 信息化	2. 两化融合	2. 两化融合	2. 两化融合
2.3 信息系统	3. 信息系统的生命周期 4. 信息系统总体规划	3. 信息系统的生命周期 4. 诺兰模型	11. 系统规划的主要任务 12. 敏捷开发
2.4 IT 战略	5. IT 战略内涵 6. IT 战略规划	5. IT 战略内涵 6. IT 战略规划	7. IT 战略规划 8. IT 战略目标
官方教材外拓展知识			34. 信息系统的概念结构
	6 分	6 分	7 分

第 2 章 信息系统综合知识

本章涉及历年考试真题选择题核心考点分布情况

章 节	核心考点	重要程度	2022	2021	2020	2019	2018	2017
2.1 信息的定义和属性	核心考点 2-01 信息的基本概念	★★★						√
	核心考点 2-02 香农公式	★★★★	√	√				
	核心考点 2-03 信息的传输模型	★★★★★			√	√	√	
	核心考点 2-04 信息的质量属性	★★★★★			√			√
2.2 信息化	核心考点 2-05 信息化的5个层次	★★★						
	核心考点 2-06 信息化的基本内涵	★★★						
	核心考点 2-07 两化融合	★★★★★			√	√	√	√
	核心考点 2-08 电子政务	★★★						√
	核心考点 2-09 电子商务基础设施	★★★			√			
	核心考点 2-10 电子商务的类型	★★★★★	√	√				
2.3 信息系统	核心考点 2-11 信息系统的生命周期	★★★★★			√	√	√	
	核心考点 2-12 信息系统的开发方法	★★★★★	√	√			√	√
	核心考点 2-13 诺兰模型	★★★★	√	√				
	核心考点 2-14 信息系统总体规划	★★★				√		
2.4 IT 战略	核心考点 2-15 IT 战略的内涵和意义	★★★★				√	√	
	核心考点 2-16 IT 战略规划方法	★★★★★		√		√	√	

009

2.1 信息的定义和属性

核心考点 2-01 信息的基本概念 ★★★

扫一扫，看视频

1. 信息的定义
- 信息（Information）是客观事物的状态和运动特征的一种普遍形式，客观世界中大量地存在、产生和传递着以这些方式表示出来的各种各样的信息。
- 控制论的创始人诺伯特·维纳认为：信息就是信息，它既不是物质也不是能量。
- 信息化的奠基者克劳德·艾尔伍德·香农认为：信息是能够用来消除不确定性的东西。

2. 信息的概念存在两个基本的层次
- 本体论层次是纯客观的层次，只与客体本身的因素有关，与主体的因素无关。
- 认识论层次从主体立场来考察信息层次，既与客体因素有关，又与主体因素有关。

速记法则

凡是不确定的，就不是信息。

真题练一练

以下关于信息的表述，不正确的是（　　）。
A. 信息是对客观世界中各种事物的运动状态和变化的反映
B. 信息是事物的运动状态和状态变化方式的自我表述
C. 信息是事物普遍的联系方式，具有不确定性、不可量化等特点
D. 信息是主体对于事物的运动状态及状态变化方式的具体描述

【2017年下半年系统集成项目管理工程师考试上午综合知识真题第 1 题】
参考答案：C
答案解析：（官方教材第 1 页）信息反映的是事物或者事件确定的状态，具有客观性、普遍性等特点，信息是可以进行量化的。

特别说明：软考的基础知识部分是共通的，经常在不同专业类别的考试中重复出现。

核心考点2-02　香农公式★★★

香农公式是香农用概率来定量描述信息的公式。

该公式的解释：H(X) 表示事件 X 的信息熵，p_i 是事件出现第 i 种状态的概率。在二进制的情况下，对数的底是 2，此时信息熵可以作为信息的度量，称为信息量，单位是比特（bit）。

$$H(X)=-\sum_i p_i \log p_i$$

速记法则

H(X) 表示 X 的信息熵。

真题练一练

1. 基于香农提出的信息量度量方式，假如将雨量等级定义为 1～16 级，明天下雨这一事情的信息量为（　　）。

　　A. 3bit　　　　　　B. 4bit　　　　　　C. 16bit　　　　　　D. 24bit

【2022 年上半年系统规划与管理师考试上午综合知识真题第 1 题】

参考答案：B

答案解析：（官方教材第 2 页）明天下雨出现任何一个雨量等级的概率都是一样的，为 1/16，根据香农公式可以得出 log16=4。

2. 香农用概率来定量描述信息的公式 $H(X)=-\sum_i p_i \log p_i$，其中 H(X) 表示事件 X 的（　　）。

　　A. 信息量　　　　B. 概率　　　　　　C. 信息熵　　　　　D. 函数

【2021 年上半年系统规划与管理师考试上午综合知识真题第 1 题】

参考答案：C

答案解析：（官方教材第 2 页）H(X) 表示事件 X 的信息熵。

核心考点 2-03 信息的传输模型 ★★★★★

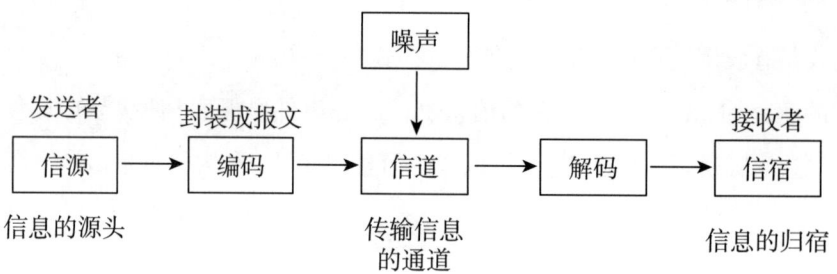

信息的传输模型（香农模型）包括如下几个部分：
- 信源。产生信息的实体，信息产生后，由这个实体向外传播，如 QQ 使用者。
- 信宿。信息的归宿或接收者，如使用 QQ 的另一方（当然这一方也是信源）。
- 信道。传输信息的通道，如 TCP/IP 网络。
- 编码器。在信息论中泛指所有变换信号的设备，实际上就是终端机的发送部分。它包括从信源到信道的所有设备，如量化器、压缩编码器和调制器等，使信源输出的信号转换成适用于信道传送的信号。
- 译码器。编码器的逆变换设备，将信道上送来的信号（原始信息与噪声的叠加）转换成信宿能接收的信号，可包括解调器、译码器、数模转换器等。
- 噪声。可以将噪声理解为干扰。
- 当信源和信宿已给定、信道也已选定后，决定信息系统的性能就在于编码器和译码器。
- 信息系统的主要性能指标是其有效性和可靠性。有效性是在系统中传输尽可能多的信息；可靠性强调信息的收发一致性，减少失真。适当的冗余编码是提高可靠性的重要措施。

速记法则

- 噪声作用于信道。
- 先编码后发送，先解码后接收。
- 编码：编码器；解码：译码器。

真题练一练

1. 以下关于信息传输的描述，不正确的是（　　）。

A. 信源是产生信息的实体，信息产生后通过它向外传播

B. 在信息传输模型要素中，噪声主要干扰信息的接收者

C. TCP/IP 网络、4G 网络和卫星网络都是传输信息的通道

D. 适当增加冗余编码，可在一定程度上提高信息传输的可靠性

【2018 年上半年系统规划与管理师考试上午综合知识真题第 1 题】

参考答案： B

答案解析：（官方教材第 3 页）噪声可以理解为干扰，干扰可以来自于信息系统分层结构的任何一层，当噪声携带的信息大到一定程度的时候，在信道中传输的信息可以被噪声淹没导致传输失败。噪声主要对信道形成干扰或影响。

2. 信息传输技术是信息技术的核心，关于信息传输模型，以下说法正确的是（　　）。

A. 信息传输模型包含信源、编码器、信道、译码器、信宿和噪声 6 个模块

B. 信息传输模型包含信源、编码器、信道、译码器、信宿 5 个模块

C. 信息传输模型包含信源、编码器、信道、译码器、信宿和放大 6 个模块

D. 信息传输模型包含信源、编码器、信道、译码器、信宿和衰减 6 个模块

【2019 年上半年系统规划与管理师考试上午综合知识真题第 1 题】

参考答案： A

答案解析：（官方教材第 3 页）信息传输模型包括信源、信宿、信道、编码器、译码器和噪声 6 个模块。

3. 加密设备属于信息传输模型当中的（　　）。

A. 信源　　　　　B. 噪声　　　　　C. 编码器　　　　　D. 信道

【2020 年下半年系统规划与管理师考试上午综合知识真题第 1 题】

参考答案： C

答案解析：（官方教材第 3 页）编码器还可以包括加密设备，加密设备利用密码学的知识，对编码信息进行加密再编码。

4. 5G 在信息传输模型中属于（　　）。

A. 信源　　　　　B. 编码器　　　　　C. 译码器　　　　　D. 信道

【2021 年上半年系统规划与管理师考试上午综合知识真题第 2 题】

参考答案： D

答案解析：（官方教材第 3 页）信道：传输信息的通道，如 TCP/IP 网络。

核心考点 2-04　信息的质量属性 ★★★★★

信息具有价值，而价值的大小取决于信息的质量。信息的质量属性包括：
- 精确性。对事物状态描述的精准程度。
- 完整性。对事物状态描述的全面程度，完整信息应包括所有重要事实。
- 可靠性。指信息的来源、采集方法、传输过程是可以信任的，符合预期。
- 及时性。指获得信息的时刻与事件发生时刻的间隔长短。
- 经济性。指信息获取、传输带来的成本在可以接受的范围之内。
- 可验证性。指信息的主要质量属性可以被证实或者证伪的程度。
- 安全性。信息可以被非授权访问的可能性，可能性越低，安全性越高。

速记法则

信息的质量属性速记词："精完可及经验安"，多读几遍，读顺口即可记住。

真题练一练

1. 信息反映的是事物或者事件确定的状态，具有客观性、普遍性等特点，由于获取信息满足了人们消除不确定性的需求，因此信息具有价值。信息价值的大小决定于信息的质量，这就要求信息满足一定的质量属性，包括精确性、完整性、可靠性、及时性、经济性、可验证性和安全性，其中，（　　）指信息的来源、采集方法和传输过程是可信任的。
   A. 可靠性　　　　B. 完整性　　　　C. 可验证性　　　　D. 安全性
   【2017年下半年系统规划与管理师考试上午综合知识真题第1题】
   参考答案：B
   答案解析：(官方教材第4页) 可靠性指信息的来源、采集方法、传输过程是可以信任的，符合预期。

2. 以下关于信息的质量属性的说法中，正确的是（　　）。
   A. 精确性是对事物状态描述的全面程度
   B. 可靠性指信息的来源、采集方法和传输过程可以信任，符合预期
   C. 可验证性指信息的主要质量属性可以被证实的程度
   D. 安全性指信息可以被授权访问的可能性，可能性越高，安全性越低
   【2020年下半年系统规划与管理师考试上午综合知识真题第2题】

参考答案：B

答案解析：（官方教材第 4 页）选项 A 应为精准程度；选项 C 应为可以被证实或者证伪的程度；选项 D 应为可以被非授权访问的可能性，可能性越低，安全性越高。

2.2 信息化

核心考点 2-05　信息化的 5 个层次★★★

扫一扫，看视频

信息化从小到大分为以下 5 个层次：
- 产品信息化。是信息化的基础，如智能电视、集成了车载电脑系统的小轿车等。
- 企业信息化。国民经济信息化的基础，如生产制造系统、ERP（Enterprise Resource Planning，企业资源计划）、CRM（Customer Relationship Management，客户关系管理）、SCM（Supply Chain Management，供应链管理）等。
- 产业信息化。传统产业广泛利用信息技术来完成工艺和产品的信息化。
- 国民经济信息化。使生产、流通、分配、消费等环节通过信息进一步连成一个整体。
- 社会生活信息化。指包括商务、教育、政务、公共服务、交通、日常生活等在内的整个社会体系采用先进的信息技术，融合各种信息网络，大力开发有关人们日常生活的信息服务，如智慧城市、互联网金融等。

速记法则

- 注意 5 个层次从小到大的顺序。
- 注意国民经济信息化和社会生活信息化的区别：国民经济信息化强调系统和整体，社会生活信息化强调生活服务和工作质量。
- 注意，"互联网金融"虽然含有"金融"，但属于社会生活信息化。

真题练一练

信息化可分为产品信息化、企业信息化、产业信息化、国民经济信息化、社会生活信息化等不同层次。目前正在兴起的智慧城市、互联网金融等是（　　）的体现和重要发展方向。

A. 产品信息化　　　　　　　　　　B. 产业信息化

C. 国民经济信息化　　　　　　　　D. 社会生活信息化

【2016年下半年系统集成项目管理工程师考试上午综合知识真题第4题】

参考答案：D

答案解析：（官方教材第5页）社会生活信息化指包括商务、教育、政务、公共服务、交通、日常生活等在内的整个社会体系采用先进的信息技术，融合各种信息网络，大力开发有关人们日常生活的信息服务，丰富人们的物质、精神生活，拓展人们的活动时空，提升人们生活、工作的质量。目前正在兴起的智慧城市、互联网金融等是社会生活信息化的体现和重要发展方向。

核心考点2-06　信息化的基本内涵★★★

信息化的6个基本内涵包括：
- 信息化的主体。全体社会成员，包括政府、企业、事业、团体和个人。
- 信息化的时域。长期的过程。
- 信息化的空域。政治、经济、文化、军事和社会的一切领域。
- 信息化的手段。基于现代信息技术的先进社会生产工具。
- 信息化的途径。创建信息时代的社会生产力。
- 信息化的目标。使国家的综合实力、社会的文明素质和人民的生活质量全面提升。

速记法则

- 注意关键词：全体、长期、一切。
- 注意手段和途径的区别：手段是生产工具，途径是生产力。

真题练一练

关于"信息化"的描述，不正确的是（　　）。
A. 信息化的手段是基于现代信息技术的先进社会生产工具
B. 信息化是综合利用各种信息技术改造、支撑人类各项活动的过程
C. 互联网金融是社会生活信息化的一种体现和重要发展方向
D. 信息化的主体是信息技术领域的从业者，包括开发和测试人员

参考答案：D

【2018年下半年系统集成项目管理工程师考试上午综合知识真题第2题】

答案解析：（官方教材第5页）信息化的主体是全体社会成员，包括政府、企业、事业、团体和个人。

核心考点 2-07　两化融合★★★★★

工业化与信息化两化融合的含义包括：
- 信息化与工业化发展战略的融合。
- 信息资源与材料、能源等工业资源的融合。
- 虚拟经济与工业实体经济的融合。
- 信息技术与工业技术、IT 设备与工业装备的融合。

速记法则

- 工业 + 信息。
- 中国制造 2025：加快发展智能制造和工业互联网。

真题练一练

1. 我国提出的两化融合是指（　　）融合。
   A. 工业化和农业现代化　　　　　　B. 工业化和自动化
   C. 工业化和城镇化　　　　　　　　D. 工业化和信息化

   参考答案：D

   【2017 年下半年系统规划与管理师考试上午综合知识真题第 2 题】

   答案解析：（官方教材第 7 页）两化融合是工业化和信息化发展到一定阶段的必然产物。

2. 实施"中国制造 2025"，促进两化深度融合，加快从制造大国转向制造强国，需要电子信息产业的有力支持，大力发展新一代信息技术，加快发展（　　）和工业互联网。
   A. 智能工业　　　B. 互联互通　　　C. 智能制造　　　D. 协同制造

   参考答案：C

   【2018 年上半年系统规划与管理师考试上午综合知识真题第 2 题】

   答案解析：（官方教材第 9 页）2018 年与 2019 年该考点的题目完全相同，只是候选项的干扰性不同，请读者注意，真题也会重复考。

3. 实施"中国制造 2025"，促进两化深度融合，加快从制造大国转向制造强国，需要电子信息产业的有力支撑，大力发展新一代信息技术，加快发展（　　）和工业互联网。
   A. 大数据　　　　B. 云计算　　　　C. 智能制造　　　D. 区块链

   参考答案：C

【2019年上半年系统规划与管理师考试上午综合知识真题第2题】

答案解析：（官方教材第9页）实施"中国制造2025"，促进两化深度融合，加快从制造大国转向制造强国，需要电子信息产业的有力支撑，大力发展新一代信息技术，加快发展智能制造和工业互联网；制定"互联网+"行动计划，推动移动互联网、云计算、大数据、物联网等应用，需要产业密切跟踪信息技术变革趋势，探索新技术、新模式、新业态，构建以互联网为基础的产业新生态体系。

4. 以下（　　）不属于两化融合的含义。

A. 信息资源与材料能源等工业资源的融合　　B. 虚拟经济与工业实体经济的融合

C. 信息化与产业化发展战略的融合　　D. IT设备与工业装备的融合

参考答案： C

【2020年下半年系统规划与管理师考试上午综合知识真题第3题】

答案解析：（官方教材第7页）选项C应为信息化与工业化发展战略的融合。

核心考点2-08　电子政务★★★

电子政务的4种模式包括：

- 政府间的电子政务（G2G，Government to Government）。
- 政府对企业的电子政务（G2B，Government to Business）。
- 政府对公众的电子政务（G2C，Government to Citizen）。
- 政府对公务员的电子政务（G2E，Government to Employee）。

速记法则

Government 政府；Business 企业；Citizen 公众；Employee 公务员。

真题练一练

电子政务是我国国民经济和社会信息化的重要组成部分，（　　）一般不属于电子政务内容。

A. 公务员考勤打卡系统

B. 政府大院为保证办公环境的门禁系统

C. 某商务网站的可为政府提供采购服务的系统

D. 政府办公大楼门前的电子公告显示屏

【2017年上半年系统集成项目管理工程师考试上午综合知识真题第4题】

参考答案：C

答案解析：（官方教材第9页）电子政务是指政府机构在其管理和服务职能中运用现代信息技术，实现政府组织结构和工作流程的重组优化，超越时间、空间和部门分隔的制约，建成一个精简、高效、廉洁、公平的政府运作模式。电子政务模型可简单概括为两方面：政府部门内部利用先进的网络信息技术实现办公自动化、管理信息化、决策科学化；政府部门与社会各界利用网络信息平台充分进行信息共享与服务、加强群众监督、提高办事效率及促进政务公开，等等。电子政务主要包括4方面内容：政府间的电子政务（G2G）、政府对企业的电子政务（G2B）、政府对公众的电子政务（G2C）和政府对公务员的电子政务（G2E）。选项C属于电子商务的内容。

核心考点2-09 电子商务基础设施★★★

电子商务的4个基础设施包括：

- 网络基础设施。信息传输平台、运行TCP/IP网络协议、网络接入。
- 多媒体内容和网络出版的基础设施。负责管理涉及的各种信息，包括文字、语音、图像、视频等。
- 报文和信息传播的基础设施。电子邮件系统、在线交流系统、基于HTTP或HTTPS的信息传输系统、流媒体播放系统等。
- 商业服务的基础设施。商品目录和价格目录、电子支付网关、安全认证等。

速记法则

由下向上的顺序为网络→内容→报文→服务。

真题练一练

电子商务系统的基础设施包括4种：网络基础设施，多媒体内容和网络出版的基础设施，报文和信息传播的基础设施，商业服务的基础设施。其中属于商业服务基础设施的是（　　）。

A. 流媒体播放系统　　　　　　B. 安全认证
C. 数据库管理系统　　　　　　D. Wi-Fi

【2020年下半年系统规划与管理师考试上午综合知识真题第4题】

参考答案：B

答案解析：（官方教材第13页）商业服务的基础设施负责提供实现标准的网上商务活动

019

的服务，包括价格目录、电子支付网关、安全认证等。

核心考点 2-10 电子商务的类型 ★★★★★

1. 按照依托的网络类型进行划分
- EDI（电子数据交换）商务。
- Internet（因特网）商务。
- Intranet（企业内部网）商务。
- Extranet（企业外部网）商务。

2. 按照交易的内容进行划分
- 直接电子商务：向客户提供无形商品和各种服务，如电子书、软件、视频等。
- 间接电子商务：向客户提供实体商品（有形商品）及有关服务，需要配送。

3. 按照交易的对象划分电子商务模式
- 企业对企业（Business to Business，B2B），如阿里巴巴。
- 企业对消费者（Business to Consumer，B2C），如京东、苏宁。
- 个人对消费者（Consumer to Consumer，C2C），如淘宝、易趣。
- 线上对线下（Online to Offline，O2O），如电影院。

速记法则

记好这几个英文单词和例子即可理解电子商务模式。

真题练一练

1. 企业网络直播卖货属于电子商务的（　　）商务模式。
A. O2O　　　　B. B2B　　　　C. B2C　　　　D. C2C

【2021 年上半年系统规划与管理师考试上午综合知识真题第 3 题】
参考答案：C
答案解析：（官方教材第 14 页）企业网络直播卖货属于直接销售到消费者个人。

2. 小李在某平台下单了一份外卖，骑手到餐厅取餐并及时送达，这种电子商务的模式属于（　　）。
A. B2B　　　　B. O2O　　　　C. C2C　　　　D. C2B

【2022 年上半年系统规划与管理师考试上午综合知识真题第 3 题】

参考答案：B

答案解析：（官方教材第 14 页）下单外卖为线上，骑手取餐送餐为线下，这是一种线上购买线下服务的模式，属于线上对线下（O2O）。

2.3 信息系统

扫一扫，看视频

核心考点 2-11　信息系统的生命周期★★★★

（1）信息系统的组成部件包括硬件、软件、数据库、网络、存储设备、感知设备、外设、人员，以及把数据处理成信息的规程等。

（2）从用途类型来划分，信息系统一般包括电子商务系统、事务处理系统、管理信息系统、生产制造系统、电子政务系统、决策支持系统等。

（3）信息系统的生命周期分为以下 4 个阶段：

- 立项阶段。即概念阶段或需求阶段，根据用户业务发展和经营管理的需要，提出建设信息系统的初步构想，然后对企业信息系统的需求进行深入调研和分析，形成《需求规格说明书》并确定立项。
- 开发阶段。以立项阶段所做的需求分析为基础，进行总体规划。之后，通过系统分析、系统设计、系统实施、系统验收等工作实现并交付系统。
- 运维阶段。信息系统通过验收，正式移交给用户以后，进入运维阶段。
- 消亡阶段。信息系统不可避免地会遇到系统更新改造、功能扩展，甚至废弃重建等情况。对此，在信息系统建设的初期就应该注意系统消亡条件和时机，以及由此而花费的成本。

速记法则

- 立项→开发→运维→消亡。
- 开发阶段分为系统分析、系统设计、系统实施、系统验收。

真题练一练

1. 以下关于信息系统的说法中正确的是（　　）。

A. 信息系统是一种以处理数据为目的的专门的系统类型

B. 信息系统的组成部分包括硬件、软件、数据库、网络、存储、感知设备、外设等，不包括人员和处理数据的规程

C. 信息系统的生命周期包括系统分析、系统设计、系统实施和运行维护

D. 在信息系统建设的初期就应该注意系统消亡的条件和时机，以及由此而花费的成本

【2020年下半年系统规划与管理师考试上午综合知识真题第5题】

参考答案：D

答案解析：（官方教材第24页）选项A应为信息系统是一种以处理信息为目的的专门的系统类型；选项B应包括人员和处理数据的规程；选项C应为立项、开发、运维、消亡。

2. 信息系统生命周期中，需要在不同阶段完成不同目标的任务。《需求规格说明书》应在（　　）阶段完成。

A. 立项　　　　B. 设计　　　　C. 运维　　　　D. 消亡

【2019年上半年系统规划与管理师考试上午综合知识真题第3题】

参考答案：A

答案解析：（官方教材第24页）立项阶段即概念阶段或需求阶段，这一阶段根据用户业务发展和经营管理的需要，提出建设信息系统的初步构想，然后对企业信息系统的需求进行深入调研和分析，形成《需求规格说明书》并确定立项。

3. 信息系统的生命周期可以简化为立项、开发、运维及消亡四个阶段，（　　）属于开发阶段的工作。

A. 需求分析　　　B. 系统分析　　　C. 系统维护　　　D. 概念设计

【2018年上半年系统规划与管理师考试上午综合知识真题第3题】

参考答案：B

答案解析：（官方教材第24页）信息系统生命周期的开发阶段分为系统分析、系统设计、系统实施、系统验收。

核心考点2-12　信息系统的开发方法★★★★

开发方法	含　义	特　点	缺　点
结构化方法	把整个系统的开发过程分为若干阶段，然后依次进行，前一阶段是后一阶段的工作依据，按顺序完成，应用最广泛	注重开发过程的整体性和全局性	开发周期长；文档设计说明烦琐，工作效率低；开发前要求全面获取需求和所有变更

续表

开发方法	含　义	特　点	缺　点
原型法	基于对用户需求的初步理解，先快速开发一个原型系统，然后通过反复修改来实现用户的最终系统需求	动态响应，逐步纳入	不能单独使用，要和其他方法结合使用
面向对象方法	用对象表示客观事物，对象是一个严格模块化的实体，在系统开发中可被共享和重复引用，以达到复用的目的	在整个开发过程中使用的是同一套工具	
敏捷开发	以用户的需求进化为核心，采用迭代、循序渐进的方法进行软件开发；项目在构建初期被切分成多个子项目	快速迭代；让测试人员和开发者参与需求讨论；编写可测试的需求文档；多沟通，尽量减少文档；做好产品原型；及早考虑测试	

速记法则

- 结构化 = 依次进行按顺序；原型法 = 快速进入反复改；面向对象 = 共享复用模块化；敏捷开发 = 迭代循序渐进。
- 在实际的系统开发中会将多种方法组合应用。

真题练一练

1. 以下关于信息系统开发方法的描述，正确的是（　　）。

A. 使用草图和模型来阐述用户界面是面向对象方法的原则

B. 原型法要求对系统作全面、详细的调查和分析

C. 面向对象方法技能反映问题域，也能被计算机系统求解域所接受

D. 原型法与结构化方法都要求用户需求在系统建立之前就能充分理解

【2022年上半年系统规划与管理师考试上午综合知识真题第4题】

参考答案：C

答案解析：(官方教材第25页)选项A，使用草图和模型来阐述用户界面应该是敏捷开发；选项B，应为原型法不要求一定要对系统作全面、详细的调查和分析，而是本着开发人员对用户需求的初步理解先快速开发一个原型系统；选项D，结构化方法要求在开发之初全面认识系统的初步需求。

2. 某软件公司运用某种开发方法开发某种系统，该方法对用户的需求是动态响应、逐步纳入的，开发过程之间无明显界限，也没有明确分工，系统开发计划就是一个反复修改的过程。该方法是（   ）。

A. 敏捷开发　　　　B. 原型法　　　　C. 面向服务方法　　　　D. 结构化方法

【2021 年上半年系统规划与管理师考试上午综合知识真题第 4 题】

参考答案：B

答案解析：（官方教材第 25 页）原型法的特点在于原型法对用户的需求是动态响应、逐步纳入的，系统分析、设计与实现都是随着对一个工作模型的不断修改而同时完成的，相互之间并无明显界限，也没有明确分工。系统开发计划就是一个反复修改的过程，适用于用户需求开始时定义不清、管理决策方法结构化程度不高的系统开发，开发方法更易被用户接受；但如果用户配合不好，盲目修改，就会拖延开发过程。

3. 在信息系统开发方法中，（   ）是以用户的需求进化为核心，采用迭代、循序渐进的方法进行软件开发。

A. 原型法　　　　B. 结构化方法　　　　C. 敏捷开发　　　　D. 面向对象方法

【2020 年下半年系统规划与管理师考试上午综合知识真题第 6 题】

参考答案：C

答案解析：（官方教材第 26 页）敏捷开发以用户的需求进化为核心，采用迭代、循序渐进的方法进行软件开发。在敏捷开发中，软件项目在构建初期被切分成多个子项目，各个子项目的成果都经过测试，具备可视、可集成和可运行使用的特征。

核心考点 2-13　诺兰模型★★★★

诺兰将计算机信息系统的发展道路划分为以下 6 个阶段：

- 初始期。增长缓慢。
- 普及期。随着应用的普及快速增长。
- 控制期。因大力加强控制改造使发展速度放缓。
- 整合期。基于主题数据库第三类数据环境应用发展加速。
- 数据管理期。继续加强整合应用，增速有所放缓。
- 成熟期。数据处理技术的发展与企业的发展相匹配。

诺兰模型指明了信息系统发展过程中的 6 种增长要素：计算机硬/软件资源、应用方式、计划控制、MIS 在组织中的地位、领导模式和用户意识。

速记法则

- 诺兰模型速记词:"初普控、整管熟",多读几遍,读顺口即可记住。
- 必须从一个阶段发展到下一个阶段,不能实现跳跃式发展。

真题练一练

1. 在诺兰成长阶段模型中,技术转型期介于(　　)之间。

A. 数据管理期与成熟期　　　　　　B. 普及期与控制期

C. 控制期与整合期　　　　　　　　D. 整合期与数据管理期

【2022年上半年系统规划与管理师考试上午综合知识真题第5题】

参考答案:C

答案解析:(官方教材第27页)诺兰模型(成长阶段模型)的阶段分为初始期、普及期、控制期、整合期、数据管理期、成熟期。技术转型期介于控制期与整合期之间。

2. 诺兰模型的周期不包括(　　)。

A. 普及期　　　B. 控制期　　　C. 数据管理期　　　D. 成长期

【2021年上半年系统规划与管理师考试上午综合知识真题第5题】

参考答案:D

答案解析:(官方教材第27页)诺兰将计算机信息系统的发展道路划分为6个阶段,分别为初始期、普及期、控制期、整合期、数据管理期和成熟期。

核心考点2-14 信息系统总体规划 ★★★

1. 信息系统总体规划的要求

- 要具有指导性、针对性,能够引领和指导企业信息化的发展。
- 内容应包括(但不限于)企业战略和信息化战略说明、现状分析评估、信息化目标任务、信息化架构、信息化重点建设项目、实施路径和保障措施。
- 要依据信息化水平评价体系对信息化规划进行考评,从而实现持续改进。

2. 信息系统总体规划报告的内容

- 现状分析与诊断:现状分析以需求调研的结果为基础,以组织的信息化现状、业务发展为重点,进行业务和信息化现状分析、诊断和梳理。包括信息化现状、业务发展、业务分析、差距分析。

- 组织/企业战略描述：以收集的企业战略和高层访谈结果为基础，系统地分析行业的总体发展趋势、未来的业务模式、企业的战略目标和战略措施，并对信息化建设提出的要求。包括行业变革趋势分析、企业发展战略分析、信息化战略影响分析。
- 信息化战略描述：应以企业战略分析和现状分析诊断的结果为依据，分析并明确本企业信息化建设的指导思想、目标任务、基本原则和技术路线等。包括指导思想、目标任务、技术路线。
- 业务架构以信息化规划需求调研、现状分析为基础，一般包括方针政策、业务目标、业务组织、业务分类、业务事项、业务流程和业务规则等，采取从上至下的方式，建立本企业业务架构。包括业务建模、业务优化、业务蓝图。
- 应用架构以业务架构为依据，对应用体系的结构和相互关系进行说明。应用架构包括应用现状、应用要素和应用体系设计的描述，其为创建一体化的信息系统奠定基础。包括应用现状、应用要素、应用体系设计。
- 数据架构通过分析数据资源现状，系统地梳理关键数据要素，并对数据存储、加工、数据集成交换、数据资源开发利用等进行总体设计。包括数据现状、数据要素、数据架构体系设计。
- 技术架构：通过对信息技术现状的分析，对基础设施、应用集成、信息安全等架构进行总体设计。包括技术现状、架构设计。
- 治理架构：通过对信息化管理体系的组织机构、权责配置、管理机制和运作流程进行梳理分析，编制IT治理架构。包括治理架构、组织机构、工作流程、监控机制。
- 规划实施：确定待建项目及项目优先级、实施计划、投资预算、保障措施和实施策略等相关内容，并制定分年度的实施计划。

速记法则

不需要背诵，有个粗略的印象即可。

真题练一练

信息系统总体规划中需要进行应用架构规划，（　　）不属于应用架构规划应考虑的内容。
A. 应用建模　　　　B. 应用现状　　　　C. 应用要素　　　　D. 应用体系设计

【2019年上半年系统规划与管理师考试上午综合知识真题第4题】

参考答案：A

答案解析：（官方教材第29页）应用架构以业务架构为依据，对应用体系的结构和相互关系进行说明。应用架构包括应用现状、应用要素和应用体系设计的描述，为创建一体化的信息系统奠定基础。应用架构需要充分考虑应用现状、应用要素和应用体系设计。

2.4 IT 战略

核心考点 2-15　IT 战略的内涵和意义★★★★

1. IT 战略的定义
- IT 战略，指在诊断和评估企业信息化现状的基础上，制定和调整企业信息化的指导纲领，争取企业以最合适的规模、最合适的成本，去做最合适的信息化工作。
- IT 战略规划（IT Strategic Planning）包括两个部分：IT 战略（IT Strategy）的制定和信息技术行动计划（IT Action Plan）的制定。前者偏重战略方向，后者为具体的行动计划。

2. IT 战略的组成
- 使命（Mission）：阐述信息技术存在的理由、目的，以及在企业中的作用。
- 远景目标（Vision）：信息技术的发展方向和结果。
- 中长期目标（Medium to Long-term Objectives）：远景目标的具体化，即企业未来 2~3 年的信息技术发展的具体目标。
- 策略路线/战略要点（Strategy Point）：实践中长期目标的途径/路线，围绕信息技术内涵的 4 个方面展开，即应用、数据、技术、组织。

3. 信息技术行动计划
- 信息化项目进程：未来 2～3 年信息化项目的投资进程及项目之间的逻辑关系。
- 项目描述和投资分析：每个项目的具体描述和 ROI（投资回报率分析）。
- 信息化核心能力发展计划：为实现上述信息化进程，企业应相应具备的核心能力及其培养计划，同时也会涉及公司的 IT 资源策略，如外包策略、自主开发等。

4. IT 战略的意义
企业信息化过程中有 3 个重要影响因素：经营战略、业务流程与组织、信息架构。IT 战略是连接前述 3 个因素的重要工具和方法。

速记法则

区分使命、远景目标、中长期目标、策略路线。

真题练一练

1. 信息技术战略（IT Strategy）是企业经营战略的有机组成部分，其主要由（　　）组成。

　　A. 使命、远景目标、中长期目标、策略路线
　　B. 使命、远景目标、中长期目标、短期目标
　　C. 使命、方阵、中长期目标、策略路线
　　D. 使命、方阵、中短期目标、策略路线本

【2018年上半年系统规划与管理师考试上午综合知识真题第5题】

参考答案：A

答案解析：（官方教材第31页）IT战略由使命、远景目标、中长期目标、策略路线4部分组成。

2. A公司CIO在新财年工作启动会上，宣告"2年内，公司IT架构要实现全面云化，通过混合云方式，提供业务所需的多快好省的信息服务支持"。该宣告属于企业IT战略的（　　）。

　　A. 使命　　　　B. 远景目标　　　　C. 中长期目标　　　　D. 策略路线

【2019年上半年系统规划与管理师考试上午综合知识真题第5题】

参考答案：D

答案解析：（官方教材第31页）此题首先可以排除使命和远景目标。中长期目标是远景目标的具体化，即企业未来2～3年的信息技术发展的具体目标。策略路线是实现上述中长期目标的途径或路线。

核心考点2-16　IT战略规划方法★★★★★

1. IT战略规划方法的定义

- IT战略规划始于对信息技术内外部环境（现状）的分析。
- 核心是构建IT发展战略（未来状态）。
- 终极任务是搞清现状与未来状态之间的差距并制定实施策略或解决方案（从现状到未来状态的路径）。

- 现状分析、战略分析、差距分析和路径分析是IT战略规划的核心组成要素。
- 就企业业务规划与信息技术规划的关联而言，IT战略规划始于对未来企业业务运作理念和目标的理解，这些业务运作理念和目标随后将构成信息技术使命、长远目标、战略和信息技术基础结构的基础，而业务运作理念和目标、信息技术使命、长远目标、战略和信息技术基础结构等都是信息技术战略规划的要素。

2. IT战略规划主要步骤

- 业务分析：主要内容是理解业务部门的现状与未来，理解业务部门的政策，定义目标和优先权。
- 评估现行系统：主要检查当前的信息技术系统和信息技术体系结构，重点是评估信息系统支持业务部门的程度、信息系统计划是否适合业务部门、信息系统供应的效能与效率、指出信息系统能够提供的潜在业务机会。
- 识别机会：重点是定义通过信息系统改进业务的机会、消除那些无法带来投资回报或对业务目标贡献较小的信息系统。
- 选择方案：主要任务是寻找和确定内在一致的机会和方案。

速记法则

熟记4个步骤：分析→评估→识别→方案。

真题练一练

1. IT战略规划的4个主要步骤不包括（　　）。
A. 系统分析　　　　B. 评估现行系统　　　C. 识别机会　　　　D. 选择方案

【2021年上半年系统规划与管理师考试上午综合知识真题第5题】

参考答案：A

答案解析：（官方教材第32页）IT战略规划的4个主要步骤分别为业务分析、评估现行系统、识别机会、选择方案。

2. 根据战略规划的一般理论，IT战略规划始于对信息技术内外部环境（现状）的分析，其终极任务是（　　）。

A. 搞清现状与未来状态之间的差距并制定实施策略或解决方案

B. 理解业务部门的现状与未来，理解业务部门的政策，定义目标和优先权

C. 通过信息系统改进业务的机会、淘汰那些无法带来投资回报或对业务目标贡献较小的信息系统

D. 评估信息系统支持业务部门的程度、信息系统规划是否适合业务部门、信息系统供应的效能与效率，指出信息系统能够提供的潜在业务机会

【2018年上半年系统规划与管理师考试上午综合知识真题第6题】

参考答案：A

答案解析：（官方教材第32页）IT战略规划始于对信息技术内外部环境（现状）的分析，核心是构建信息技术发展战略（未来状态），终极任务是搞清现状与未来状态之间的差距并制定实施策略或解决方案（从现状到未来状态的路径）。

第 3 章　信息技术知识

➡ **备考提示**

本章内容一般占 8～15 分。
本章内容偏重概念知识，考试难度中等。
本章内容主要在上午综合知识选择题考试中进行考查。
本章内容广度宽，很可能出现教材外的拓展知识。

本章涉及历年考试真题选择题考点分布统计

章　节	2022 年上	2021 年上	2020 年下
3.1 软件工程	7. 软件工程 8. 软件开发工具	7. 软件质量保证 8. 软件维护	15. 软件质量评价
3.2 面向对象的系统分析与设计	9. 面向对象基本概念	9. 面向对象三个要素	
3.3 应用集成技术	10. 应用集成技术	10. Web Service	16. JavaEE 架构
3.4 计算机网络技术	11. 网络技术标准 12. 网络分类、组网和接入技术 13. 服务器 14. 网络规划设计	11. OSI 七层模型 12. 网络存储技术 13. 无线网络的特点 14. 网络拓扑设计	8. 广域网协议 9. OSI 七层模型 10. 网络存储技术 11. 网络规划设计 17. 网络攻击步骤
3.5 新一代信息技术	15. 大数据的特征 16. 物联网公共技术 17. 移动互联网	15. 大数据 16. 物联网三层架构 17. 移动互联网	18. 云计算的特点 19. 数据仓库 20. 物联网 21. 云计算架构 22. 移动互联网特点
官方教材外拓展知识			12. 软件需求 QFD 13. 静态测试方法 14. UML 中四种关系 23. 区块链
	11 分	11 分	16 分

章　节	2019年上	2018年上	2017年下
3.1 软件工程	7.软件维护	7.软件维护	14.软件测试的目的
3.2 面向对象的系统分析与设计	8.面向对象基本概念 9.软件中间件	8.面向对象基本概念 9.软件中间件	15.面向对象概念 16.面向对象分析 17.面向对象顺序图
3.3 应用集成技术			3.Web Services 技术 25.Web Services 技术
3.4 计算机网络技术	10.IP 地址类别 11.OSI 参考模型	10.IPv6 11.网络接入技术	
3.5 新一代信息技术	12.大数据关键技术 13.云计算架构 14.物联网架构	12.大数据 13.云计算架构 14.物联网架构	22.大数据 35.云计算架构 36.物联网架构
官方教材外拓展知识			4.存储单元特性 5.高速缓冲存储器 6.计算机系统可靠性 18.数据库 19.数据库管理系统 20.数据库重建视图 21.数据仓库 23.MVC 设计模式 24.MVC 设计模式 26.网络设备安全 27.CA 认证 28.网络逻辑结构设计 29.网络地址分配 30.IPV6 31.网络路由技术 32.数字签名
	8分	8分	25分

注：2017年下半年的考试是系统规划与管理师考试第一次开考，出题比较仓促，不具有代表性。信息技术知识分值竟然占了25分，且包含大量的官方教材外拓展知识。2022年和2021年的出题情况非常规律，重点一致。

第 3 章 信息技术知识

本章涉及历年考试真题选择题核心考点分布情况

章 节	核心考点	重要程度	2022	2021	2020	2019	2018	2017
3.1 软件工程	核心考点 3-01　软件需求分析与定义	★★★						
	核心考点 3-02　软件设计、软件测试	★★★						√
	核心考点 3-03　软件维护	★★★★★				√	√	
	核心考点 3-04　软件质量保证及质量评价	★★★★★	√	√	√			
	核心考点 3-05　软件开发工具	★★★		√				
3.2 面向对象的系统分析与设计	核心考点 3-06　面向对象的基本概念	★★★★★	√	√		√	√	√
	核心考点 3-07　统一建模语言 UML	★★★						
3.3 应用集成技术	核心考点 3-08　数据库与数据仓库	★★★						
	核心考点 3-09　Web Service 技术	★★★★	√	√				
	核心考点 3-10　JavaEE 结构	★★★				√		
	核心考点 3-11　软件中间件	★★★				√	√	
3.4 计算机网络技术	核心考点 3-12　OSI 七层协议	★★★★★	√	√		√		
	核心考点 3-13　Internet 主要协议	★★★				√		
	核心考点 3-14　IPv4 和 IPv6	★★★				√	√	
	核心考点 3-15　网络分类	★★★★					√	
	核心考点 3-16　网络交换技术	★★★	√					
	核心考点 3-17　网络服务器	★★★						
	核心考点 3-18　网络存储技术	★★★★★		√	√			
	核心考点 3-19　无线网络技术	★★★★★		√				
	核心考点 3-20　网络规划、设计与实施	★★★★	√	√				
	核心考点 3-21　网络安全及其防范技术	★★★★★			√			
	核心考点 3-22　维护网络安全的产品	★★★★						

033

续表

章节	核心考点	重要程度	2022	2021	2020	2019	2018	2017
3.5 新一代信息技术	核心考点 3-23　大数据	★★★★★	√	√		√	√	√
	核心考点 3-24　云计算的概念和特点	★★★★			√			
	核心考点 3-25　云计算的3种服务模式	★★★★★				√	√	√
	核心考点 3-26　物联网	★★★★★	√	√	√	√	√	√
	核心考点 3-27　移动互联网	★★★★★	√	√	√			
	核心考点 3-28　Web2.0 的关键特征	★★★		√				

3.1　软件工程

核心考点 3-01　软件需求分析与定义★★★

（1）需求必须可以被验证。
（2）需求分析的目标包括以下几个方面：
- 检测和解决需求之间的冲突。
- 发现系统的边界。
- 详细描述出系统需求。

（3）在资源有限时，可以通过优先级对需求进行权衡。

速记法则

了解软件工程的需求。

真题练一练

以下关于软件需求分析的叙述中，不正确的是（　　）。
A. 软件需求分析阶段的任务是描述出软件架构及相关组件之间的接口

B. 软件需求分析可以检测和解决需求之间的冲突

C. 软件需求分析可以确定系统的边界

D. 软件需求分析是软件工程中的一个关键过程

【2016年下半年信息系统项目管理师考试上午综合知识真题第6题】

参考答案：A

答案解析：（官方教材第34页）选项A属于软件设计阶段的任务。

核心考点3-02 软件设计、软件测试★★★

1. 软件设计

- 根据软件需求，产生一个软件内部结构的描述，并将其作为软件构造的基础。
- 通过软件设计，描述出软件架构及相关组件之间的接口，然后进一步详细描述组件。
- 软件设计可以划分为软件架构设计（也叫作高层设计）和软件详细设计两个阶段。

2. 软件测试

- 软件测试是为了评价和改进软件质量、识别产品的缺陷和问题而进行的活动。
- 软件测试是针对一个程序的行为，在有限的测试用例集合上，动态验证是否达到预期的行为。
- 软件测试应该包括在整个开发和维护过程中的活动。
- 应当尽早地和不断地进行软件测试（需求分析和设计阶段就应该开始测试）。
- 软件测试分为单元测试、集成测试和系统测试3个阶段。

速记法则

- 通过设计描述架构。
- 所有的软件测试都应追溯到用户需求。

真题练一练

1. 在软件项目开发过程中，进行软件测试的目的是（   ）。

A. 缩短软件开发的时间

B. 减少软件的维护成本

C. 尽可能多地找出软件中的错误

D. 证明所开发软件的先进性

【2017年下半年系统规划与管理师考试上午综合知识真题第14题】

参考答案： C

答案解析：（官方教材第34页）软件测试是为了评价和改进软件质量、识别产品的缺陷和问题而进行的活动。

2.以下关于软件需求分析、设计、测试与维护的叙述中，不正确的是（　　）。
A.软件需求分析可以检测和解决需求之间的冲突，发现系统的边界，并详细描述系统需求
B.软件设计可以划分为软件架构设计和软件详细设计两个阶段
C.软件测试是在编码阶段完成后才开始介入的
D.软件维护指的是软件产品交付前和交付后需要提供的支持活动

【2016年下半年系统集成项目管理工程师考试上午综合知识真题第8题】

参考答案： C

答案解析：（官方教材第34页）软件测试不再只是一种仅在编码阶段完成后才开始的活动。现在的软件测试被认为是一种应该包括在整个开发和维护过程中的活动，它本身是实际产品构造的一个重要部分。

核心考点3-03　软件维护★★★★★

软件维护类型	解　释	举　例
更正性维护	更正交付后发现的错误	修改某报错BUG
适应性维护	使软件产品能够在变化后或变化中的环境中继续使用	适配Win11系统
完善性维护	改进交付后产品的性能和可维护性	增加新的功能
预防性维护	在软件产品中的潜在错误成为实际错误前，检测并更正它们	将报表改为报表模板，以适应将来能快速定制新的报表

速记法则

更正性：更正现在的错误；适应性：适应操作系统、数据库等环境的变化；完善性：完善现在的功能；预防性：针对未来。

真题练一练

1. 维护中，改进交付后产品的性能和可维护性属于（　　）。
   A. 更正性维护　　　　　　　　　　B. 适应性维护
   C. 完善性维护　　　　　　　　　　D. 预防性维护

【2019 年上半年系统规划与管理师考试上午综合知识真题第 7 题】

参考答案： C

答案解析：（官方教材第 35 页）完善性维护：改进交付后产品的性能和可维护性。

2. 使软件产品能够在变化的环境中继续使用的维护是（　　）。
   A. 更正性维护　　　　　　　　　　B. 适应性维护
   C. 完善性维护　　　　　　　　　　D. 预防性维护

【2018 年上半年系统规划与管理师考试上午综合知识真题第 7 题】

参考答案： B

答案解析：（官方教材第 35 页）适应性维护：使软件产品能够在变化后或变化中的环境中继续使用。

核心考点 3-04　软件质量保证及质量评价 ★★★★★

（1）软件质量保证：通过制定计划、实施和完成等活动保证项目生命周期中的软件产品和过程符合规定的要求。

（2）验证与确认：确定某一活动的产品是否符合活动的需求，最终的软件产品是否达到其意图并满足用户需求。
- 验证过程试图确保活动的输出产品构造正确，即活动的输出产品满足活动的规范说明。
- 确认过程试图确保构造了正确的产品，即产品满足其特定的目的。

（3）评审与审计：包括管理评审、技术评审、检查、走查、审计等。
- 管理评审的目的是监控进展，决定计划和进度的状态，或评价用于达到目标所用管理方法的有效性。
- 技术评审的目的是评价软件产品，以确定其对使用意图的适合性。
- 软件审计的目的是提供软件产品和过程对于可应用的规则、标准、指南、计划和流程的遵从性的独立评价。
- 审计是正式组织的活动，识别违例情况并要生成审计报告，采取更正性行动。

速记法则

- 验证针对过程，确认针对结果。
- 管理评审、技术评审、审计。

真题练一练

1. 以下关于软件工程的描述中，正确的是（　　）。
A. 在软件产品中的潜在错误成为实际错误前，检测并更正，属于更正性维护
B. 软件需求定义了软件质量特征及确认这些特征的方法和原则
C. 验证过程确保构造正确的产品，即产品满足其特定的要求
D. 面向对象方法不利于软件复用

【2022年上半年系统规划与管理师考试上午综合知识真题第7题】

参考答案： B

答案解析：（官方教材第35页）选项A应属于预防性维护；选项B为官方教材原文，正确；选项C应为确认过程，验证过程试图确保活动的输出产品构造正确，即活动的输出产品满足活动的规范说明；确认过程试图确保构造了正确的产品，即产品满足其特定的目的；选项D，由于面向对象方法的主要概念及原则与软件复用的要求十分吻合，所以该方法特别有利于软件复用。

2. 在软件质量保证及质量评价活动中，（　　）过程试图确保构造了正确的产品，即产品满足其特定的目的。
A. 质量保证　　　B. 评审和审计　　　C. 验证　　　D. 确认

【2021年上半年系统规划与管理师考试上午综合知识真题第7题】

参考答案： D

答案解析：（官方教材第35页）验证过程试图确保活动的输出产品构造正确，即活动的输出产品满足活动的规范说明。确认过程则试图确保构造了正确的产品，即产品满足其特定的目的。

3. （　　）的目的是评价软件产品，以确定其对使用意图的适合性。
A. 软件审计　　　B. 管理评审　　　C. 走查　　　D. 技术评审

【2020年下半年系统规划与管理师考试上午综合知识真题第15题】

参考答案： D

答案解析：（官方教材第 35 页）管理评审的目的是监控进展，决定计划和进度的状态，或评价用于达到目标所管理方法的有效性。技术评审的目的是评价软件产品，以确定其对使用意图的适合性。

核心考点 3-05 软件开发工具 ★★★

软件开发工具是用于辅助软件生命周期过程的基于计算机的工具。通常使用这些工具来支持特定的软件工程方法，减少手工方式管理的负担。工具的种类包括支持单个任务的工具和涵盖整个生命周期的工具。

- 软件需求工具包括需求建模工具和需求追踪工具。
- 软件设计工具包括软件设计创建和检查工具。
- 软件构造工具包括程序编辑器、编译器、代码生成器、解释器、调试器等。
- 软件测试工具包括测试生成器、测试执行框架、测试评价工具、测试管理工具、性能分析工具。
- 软件维护工具包括理解工具（如可视化工具）和再造工具（如重构工具）。
- 软件配置管理工具包括追踪工具、版本管理工具和发布工具。
- 软件工程管理工具包括项目计划与追踪工具、风险管理工具和度量工具。
- 软件工程过程工具包括建模工具、管理工具、软件开发环境。
- 软件质量工具包括检查工具和分析工具。

速记法则

了解软件开发工具的类别。

真题练一练

软件开发工具中，（　　）是软件配置管理工具。
A. 建模工具　　　　B. 分析工具　　　　C. 重构工具　　　　D. 发布工具
【2022 年上半年系统规划与管理师考试上午综合知识真题第 8 题】
参考答案：D
答案解析：（官方教材第 36 页）软件配置管理工具包括追踪工具、版本管理工具和发布工具。

3.2 面向对象的系统分析与设计

核心考点 3-06 面向对象的基本概念 ★★★★★

- 对象：由数据及其操作所构成的封装体，是系统中用来描述客观事物的一个模块，是构成系统的基本单位。对象包含三个基本要素，分别是对象标识、对象状态和对象行为。
- 类：现实世界中实体的形式化描述，类将该实体的属性（数据）和操作（函数）封装在一起。对象是类的实例，类是对象的模板。
- 抽象：通过特定的实例抽取共同特征并形成概念的过程。对象是现实世界中某个实体的抽象，类是一组对象的抽象。
- 封装：将相关的概念组成一个单元模块，并通过一个名称来引用它。
- 继承：表示类之间的层次关系（父类与子类），这种关系使得某类对象可以继承另外一类对象的特征。继承又可分为单继承和多继承。
- 多态：使得在多个类中可以定义同一个操作或属性名，并在每个类中可以有不同的实现。
- 接口：描述对操作规范的说明，只说明操作应该做什么，并没有定义操作如何做。
- 消息：体现对象间的交互，通过它向目标对象发送操作请求。
- 组件：表示软件系统可替换的、物理的组成部分，封装了模块功能的实现。组件应当是内聚的，并具有相对稳定的公开接口。
- 复用：指将已有的软件及其有效成分用于构造新的软件或系统。组件技术是软件复用实现的关键。
- 模式：描述了一个不断重复发生的问题，以及该问题的解决方案。其包括特定环境、问题和解决方案三个组成部分。

速记法则

- 掌握类和对象的关系。
- 封装、继承、多态。

> 真题练一练

1. 以下关于面向对象的描述，不正确的是（　　）。
   A. 对象是由一组属性和这组属性操作构成的
   B. 封装是将实体的属性和操作组合在一起
   C. 对象是现实世界中某个实体的抽象，类是一组对象的抽象
   D. 组件表示软件物理组成部分，可被替换

【2022年上半年系统规划与管理师考试上午综合知识真题第9题】

参考答案：B

答案解析：（官方教材第37页）面向对象封装将数据和基于数据的操作封装成一个整体对象。

2. 在面向对象系统分析方法中，对象所包含的三个要素有对象标识、（　　）。
   A. 对象状态、对象行为　　　　　　B. 对象属性、对象状态
   C. 对象操作、对象函数　　　　　　D. 对象状态、对象抽象

【2021年上半年系统规划与管理师考试上午综合知识真题第9题】

参考答案：A

答案解析：（官方教材第37页）对象是由数据及其操作所构成的封装体，是系统中用来描述客观事物的一个模块，是构成系统的基本单位。对象包含三个基本要素，分别是对象标识、对象状态和对象行为。

3. 小王是一名教师，性别男，身高180cm，主讲历史，擅长打篮球。该实例中关于类和对象的描述，正确的是（　　）。
   A. 小王是对象，教师是类，性别和身高是状态信息，讲课和打篮球是对象行为
   B. 小王是类，教师是对象，性别和身高是状态信息，打篮球是对象行为
   C. 小王是状态信息，教师是类，性别和身高是对象，讲课和打篮球是对象行为
   D. 小王是对象，教师是状态信息，性别和身高是类，讲课是对象行为

【2019年上半年系统规划与管理师考试上午综合知识真题第8题】

参考答案：A

答案解析：（官方教材第37页）类是现实世界中对实体的形式化或抽象的描述。类是对象的抽象，对象是类的实例。本题教师属于类，小王是教师类的一个实例对象，性别和身高都是小王这个对象的静态特征，即状态信息，讲课和打篮球是小王这个对象的动态特征的描述，所以是该对象的行为。

核心考点 3-07 统一建模语言 UML ★★★

（1）统一建模语言（Unified Modeling Language，UML）用于对软件进行可视化描述、构造和建立软件系统的文档。UML 适用于各种软件开发方法、软件生命周期的各个阶段、各种应用领域，以及各种开发工具，是一种总结了以往建模技术的经验并吸收当今优秀成果的标准建模方法。

（2）UML 是一种可视化的建模语言，而不是编程语言。UML 标准包括相关概念的语义、表示法和说明，提供了静态、动态、系统环境及组织结构的模型。

（3）UML 适用于迭代式的开发过程，是为支持大部分现存的面向对象开发过程而设计的，强调在软件开发中对架构、框架、模式和组件的重用，并与最佳软件工程实践经验进行了集成。

（4）在 UML 中，使用各种不同的符号元素画成图形，用于表示系统的结构和行为。

（5）UML 图提供了对系统进行建模的描述方式，主要包括用例图（Use CaseDiagram）、类图（Class Diagram）、对象图（Object Diagram）、组件图（Component Diagram）、部署图（Deployment Diagram）、状态图（State Diagram）、序列图（Sequence Diagram）、协作图（Collaboration Diagram）、活动图（Activity Diagram）等。

速记法则

UML 是一种可视化的建模语言，而不是编程语言。

真题练一练

以下关于 UML 的描述，不正确的是（　　）。
A. UML 是一种可视化编程语言
B. UML 适用于各种软件开发方法
C. UML 用于对软件进行可视化描述
D. UML 适用于软件生命周期的各个阶段

参考答案： A
【2018 年上半年系统集成项目管理工程师考试上午综合知识真题第 9 题】
答案解析：（官方教材第 39 页）UML 是一种可视化的建模语言，而不是编程语言。

3.3 应用集成技术

核心考点 3-08　数据库与数据仓库★★★

数据仓库是一个面向主题的、集成的、相对稳定的、反映历史变化的数据集合，用于支持管理决策。

数据仓库	数据库
细节的	综合或提炼的
实体-关系（E-R）模型	星型模型或雪花模型
存储瞬间数据	存储历史数据，不包含最近的数据
可更新的	只读、只追加
一次操作一个单元	一次操作一个集合
性能要求高，响应时间短	性能要求宽松
面向事务	面向分析
一次操作数据量小	支持决策需求
数据量小	数据量大
客户订单、库存水平和银行账户查询	客户收益分析、市场细分

速记法则

- 数据仓库包括数据源、数据集市、联机分析处理、前端工具。
- 联机分析处理是 OLAP，联机事务处理是 OLTP。
- 数据仓库——分析，数据库——操作。

真题练一练

以下关于数据库和数据仓库技术的描述，不正确的是（　　）。
A. 操作型处理也称为事务处理，强调对历史数据进行分析
B. 大数据分析所需依托云计算、云储存、虚拟化等技术

C. 大数据在于对数据进行专业化处理，实现数据的"增值"

D. 数据仓库是一个面向主题的、集成的、相对稳定的数据集合

【2021年下半年系统集成项目管理工程师考试上午综合知识真题第10题】

参考答案： A

答案解析：（官方教材第40页）操作型处理也称为事务处理，是指对联机数据库的日常操作；分析型处理用于管理人员的决策分析，经常要访问大量的历史数据。

核心考点 3-09　Web Service 技术 ★★★★

（1）Web 服务典型技术包括：

- 用于传递信息的简单对象访问协议 SOAP（Simple Object Access Protocol）。
- 用于描述服务的 Web 服务描述语言 WSDL（Web Services Description Language）。
- 用于 Web 服务注册的统一描述、发现及集成规范 UDDI（Universal Description, Discovery and Integration）。
- 用于数据交换的可扩展标记语言 XML（Extensible Markup Language）。

（2）适用于 Web Service 的情况：跨越防火墙、应用程序集成、B2B 集成、软件重用等。

（3）不适用于 Web Service 的情况：单机应用程序、局域网上的同构应用程序等。

速记法则

Web 服务的主要目标是跨平台的互操作性。

真题练一练

1. 关于应用集成技术，以下表述不正确的是（　　）。

A. 数据仓库可用来支持管理决策

B. Web Services 适用于跨越防火墙和单机应用程序

C. JavaEE 和 .NET 都是用来设计、开发企业级应用的

D. 中间件解决了分布系统异构的问题

【2022年上半年系统规划与管理师考试上午综合知识真题第10题】

参考答案： B

答案解析：（官方教材第41页）Web Services 适用于跨越防火墙，但不适用于单机应用程序。

2. Web 服务的主要目标是跨平台的互操作性，以下不适用于 Web Service 情况的是（　　）。

A. 跨越防火墙　　　　　　　　　B. 应用程序集成
C. 局域网上的同构应用程序　　　D. B2B 集成

【2021 年上半年系统规划与管理师考试上午综合知识真题第 10 题】

参考答案： C

答案解析：（官方教材第 41 页）适用于 Web Service 的情况有跨越防火墙、应用程序集成、B2B 集成、软件重用等；不适用于 Web Service 的情况有单机应用程序、局域网上的同构应用程序等。

核心考点 3-10　JavaEE 结构 ★★★

（1）JavaEE 应用将开发工作分成两类，分别为业务逻辑开发和表示逻辑开发，其余的系统资源则由应用服务器负责处理，不必为中间层的资源和运行管理进行编码。

（2）JavaEE 应用服务器运行环境主要包括组件、容器、服务三部分。

速记法则

组件是代码，容器是环境，服务是接口。

真题练一练

JavaEE 应用服务器运行环境主要包括组件、容器、服务三部分，下列说法错误的是（　　）。
A. 组件是代码　　　B. 容器是环境　　　C. 服务是接口　　　D. 组件是接口

【2020 年下半年系统规划与管理师考试上午综合知识真题第 16 题】

参考答案： D

答案解析：（官方教材第 42 页）组件是代码，容器是环境，服务是接口。

核心考点 3-11　软件中间件 ★★★

中间件是位于硬件、操作系统等平台和应用之间的通用服务。借由中间件，可以解决分布系统的异构问题，主要目的是实现应用与平台的无关性。

典型的软件中间件包括：

- 数据库访问中间件，如 Windows 平台的 ODBC 和 Java 平台的 JDBC。
- 远程过程调用中间件（Remote Produce Call，RPC），从效果上看与执行本地调用相同。
- 面向消息中间件（Message Oriented Middleware，MOM），进行与平台无关的数据传递，如 IBM 的 MQSeries。
- 分布式对象中间件，如 OMG（对象管理组织）的 CORBA（Common Object Request Broker Architecture，公共对象请求代理体系结构）、Java 的 RMI（Remote Method Invocation，远程方法调用）、EJB（Enterprise Jave Bean，企业级 Jave Bean）、Microsoft 的 DCOM（Distributed Component Object Model，分布式组件对象模型）等。
- 事务中间件，完成事务管理与协调、负载平衡、失效恢复等任务，如 IBM/BEA 的 Tuxedo、支持 EJB 的 JavaEE 应用服务器等。

速记法则

- 中间件位于硬件、操作系统等平台和应用之间。
- 理解中间件的五种类型。

真题练一练

1.（　　）提供了支持大规模事务处理的可靠运行环境。

A. 数据库访问中间件

B. 远程过程调用中间件

C. 事务中间件

D. 面向消息中间件

【2019 年上半年系统规划与管理师考试上午综合知识真题第 9 题】

参考答案： C

答案解析：（官方教材第 43 页）事务中间件也称事务处理监控器（Transaction Processing Monitor，TPM），提供支持大规模事务处理的可靠运行环境。TPM 位于客户和服务器之间，完成事务管理与协调、负载平衡、失效恢复等任务，以提高系统的整体性能。结合对象技术的对象事务监控器（Object Transaction Monitor，OTM），如支持 EJB 的 JavaEE 应用服务器等。

2. 面向消息中间件（MOM）通过高效可靠的（　　），在分布式环境下扩展进程间的通信、通信协议、语言、应用程序、硬件和软件平台。

A. 消息扩展机制　　B. 消息共享机制　　C. 消息传递机制　　D. 消息处理机制

【2018 年上半年系统规划与管理师考试上午综合知识真题第 9 题】

参考答案： C

答案解析：（官方教材第 43 页）面向消息中间件（MOM）是指利用高效可靠的消息传递机制进行与平台无关的数据交流，并可基于数据通信进行分布式系统的集成。通过提供消息传递和消息队列模型，可在分布环境下扩展进程间的通信，并支持多种通信协议、语言、应用程序、硬件和软件平台。

3.4 计算机网络技术

核心考点 3-12 OSL 七层协议 ★★★★

名称（从上到下）	协议	说明	协议	层次（从上到下）	说明
应用层	HTTP、Telnet、FTP、SMTP、NFS	网络服务	TCP/IP	应用层	各种应用服务文件传输协议 FTP、电子邮件协议 SMTP、域名系统 DNS、网络管理协议 SNMP、访问 WWW 的超文本传输协议 HTTP
表示层	JPEG、ASCII、GIF、DES、MPEG	应用程序和网络之间的"翻译官"，解密/加密、数据转换、格式化和文本压缩			
会话层	RPC、SQL、NFS	交互、会话		传输层	源主机和目的主机之间提供端到端的数据传输服务
传输层	TCP、UDP、SPX	端到端			
网络层	IP、ICMP、IGMP、IPX、ARP 和 RARP	IP 地址到网卡地址（点到点）		网络层	路由选择、阻塞控制及网际互联问题
数据链路层	IEEE802.3/.2、HDLC、PPP、ATM	帧		网络接口层	将 IP 分组封装成适合在物理网络上传输的帧格式并发送出去，或将从物理网络接收到的帧卸装并取出 IP 分组递交给高层
物理层	RS232、V.35、RJ-45、FDDI	物理连接媒介，单位为比特			

速记法则

- 记忆口诀：物数网传会表应。
- 物理构成链路，链路形成网络，网络进行传输，传输交互会话，会话进行表示，表示为了应用。

- 网络层：IP、路由；会话层：通信；表示层：翻译官。

真题练一练

1. 以下关于计算机网络技术的表述正确的是（　　）。

A. TCP/IP 是 Internet 的核心，利用 TCP/IP 协议可以方便地实现多个网络的无缝链接

B. TCP/IP 和 OSI 都是七层协议

C. 网络层的主要功能是将网络地址翻译成对应的物理地址，并决定如何将数据从发送方路由到接收方，具体协议有 ICMP、ARP、IP、TCP 等

D. TCP/IP 的最底层为网络层，该层负责将 IP 分组封装成适合在物理网络上传输的帧格式并发送出去

【2022 年上半年系统规划与管理师考试上午综合知识真题第 11 题】

参考答案：A

答案解析：（官方教材第 45 页）选项 B：OSI 是七层协议，TCP/IP 是四层协议；选项 C：网络层协议有 IP、ICMP、IGMP、IPX、ARP 和 RARP，TCP 是传输层协议；选项 D：TCP/IP 的最底层为网络接口层。

2. 在 OSI 七层协议中，在（　　），数据将按照网络能理解的方案进行格式化，如加密/解密、文本压缩等，这种格式化也因所使用的网络的类型不同而不同。

A. 应用层　　　B. 表示层　　　C. 会话层　　　D. 网络层

【2021 年上半年系统规划与管理师考试上午综合知识真题第 11 题】

参考答案：B

答案解析：（官方教材第 44 页）如同应用程序和网络之间的翻译官，在表示层，数据将按照网络能理解的方案进行格式化，如加密/解密、文本压缩等，这种格式化也因所使用的网络的类型不同而不同。表示层管理数据的加密/解密、数据转换、格式化和文本压缩。常见的协议有 JPEG、ASCII、GIF、DES、MPEG。

3. 在 OSI 七层协议中，（　　）是指四层交换，并对端口进行变更。

A. 传输层交换　　B. 链路层交换　　C. 网络层交换　　D. 应用层交换

【2019 年上半年系统规划与管理师考试上午综合知识真题第 11 题】

参考答案：A

答案解析：（官方教材第 44 页）二层交换是根据第二层数据链路层的 MAC 地址和通过站表选择路由来完成端到端的数据交换的；三层交换是直接根据第三层网络层 IP 地址来完成端到端的数据交换的；四层交换是基于传输层的交换过程，并对端口进行变更。

核心考点 3-13 Internet 主要协议 ★★★

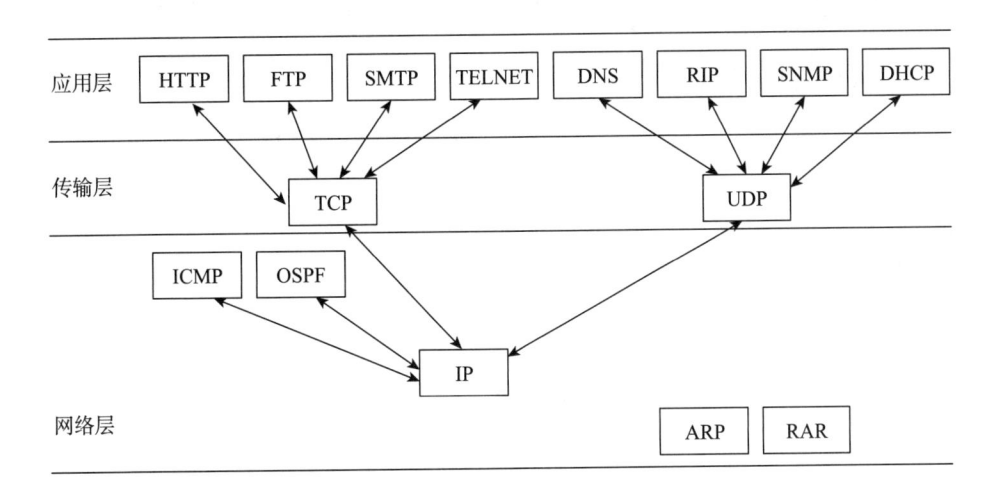

```
应用层   HTTP   FTP   SMTP   TELNET   DNS   RIP   SNMP   DHCP

传输层              TCP                  UDP

            ICMP   OSPF
                        IP

网络层                              ARP   RAR
```

上图为 Internet 的主要协议及其互联互通的关系表示。

速记法则

TCP/IP 协议是 Internet 的核心。

真题练一练

Internet 通过（　　）协议可以实现多个网络的无缝连接。
A. ISDN B. IPv6 C. TCP/IP D. DNS

【2019 年下半年系统集成项目管理工程师考试上午综合知识真题第 10 题】

参考答案：C

答案解析：（官方教材第 45 页）TCP/IP 是 Internet 的核心，利用 TCP/IP 协议可以方便地实现多个网络的无缝连接。

核心考点 3-14 IPv4 和 IPv6 ★★★

（1）主机 IP 地址：为了确保通信时能相互识别，Internet 上的每台主机都必须有一个唯一的标识，即主机的 IP 地址。IP 协议就是根据 IP 地址实现信息传递的。

（2）IPv4：IPv4 地址由 32 位（即 4 字节）二进制数组成，将每个字节作为一段并以十进制数来表示，每段间用点（.）分隔。例如，192.168.1.1 就是一个合法的 IP 地址。IP 地址由网络标识和主机标识两部分组成。常用的 IP 地址有 A、B、C 三类。

（3）IPv6：IPv6 地址由 128 位（16 字节）二进制数组成，将这些二进制数写成 8 个 16 位的无符号整数，每个整数用 4 个十六进制位表示，这些数之间用英文冒号（:）分开，如 3ffe:3201:1401:1280:c8ff:fe4d:db39。

（4）域名：Internet 引进了字符形式的 IP 地址，即域名。Internet 上的域名由域名系统 DNS 统一管理，实现 IP 地址与域名之间的转换。

速记法则

IPv6 地址是 128 位，比 IPv4 地址更灵活，兼容性、移动性、安全性更好。

真题练一练

1. 172.16.0.255 属于（　　）。

A. A 类地址　　　　B. B 类地址　　　　C. C 类地址　　　　D. D 类地址

参考答案：B

【2019 年上半年系统规划与管理师考试上午综合知识真题第 10 题】

答案解析：（官方教材第 46 页）A 类地址范围：1.0.0.1 ~ 126.255.255.254；B 类地址范围：128.0.0.1 ~ 191.255.255.254；C 类地址范围：192.0.0.1 ~ 223.255.255.254；D 类地址范围：224.0.0.1 ~ 239.255.255.254；E 类地址范围：240.0.0.1 ~ 255.255.255.254。

2. 随着用户需求的增加，IP 地址从 IPv4 版本升级到 IPv6 版本，IPv6 由（　　）位二进制数组成。

A. 32　　　　　　　B. 256　　　　　　C. 64　　　　　　　D. 128

【2018 年上半年系统规划与管理师考试上午综合知识真题第 10 题】

参考答案：D

答案解析：（官方教材第 46 页）IPv6 地址由 128 位二进制数组成。

核心考点 3-15　网络分类★★★★

- 根据计算机网络覆盖的地理范围分类，可以分为局域网、城域网、广域网。
- 根据链路传输控制技术分类，可以分为以太网、令牌网、FDDI 网、ATM 网、帧中继网和 ISDN 网。总线争用技术是以太网的标识，ATM 称为异步传输模式，ISDN 是综合业务数字网。
- 根据网络拓扑结构分类，可以分为总线型、星型、树型、环型、网状。
- 网络中的数据交换可以分为电路交换、分组交换、ATM 交换、全光交换和标记交换。
- 网络接入技术可以分为光纤接入、同轴接入、铜线接入、无线接入。

速记法则

理解不同的网络分类方法。

真题练一练

以下（　　）不属于网络接入技术。
A. HFC　　　　　　B. WSDL　　　　　　C. Fiber　　　　　　D. Wi-Fi
【2018 年上半年系统规划与管理师考试上午综合知识真题第 11 题】
参考答案：B
答案解析：（官方教材第 47 页）网络接入技术分为光纤接入、同轴接入、铜线接入、无线接入，选项 B 的 WSDL 为 Web 服务描述语言（Web Services Description Language），不正确。

核心考点 3-16　网络交换技术 ★★★

（1）网络交换是指通过一定的设备（如交换机等），将不同的信号或信号形式转换为对方可识别的信号类型从而达到通信目的的一种交换形式，常见的交换形式有数据交换、线路交换、报文交换和分组交换。

（2）在计算机网络中，按照交换层次的不同，网络交换可以分为以下几种：
- 物理层交换（如电话网）。
- 链路层交换（二层交换，对 MAC 地址进行变更）。
- 网络层交换（三层交换，对 IP 地址进行变更）。
- 传输层交换（四层交换，对端口进行变更，比较少见）。
- 应用层交换（可以理解为 Web 网关等）。

（3）网络中的数据交换可以分为电路交换、分组交换（数据包交换）、ATM 交换、全光交换和标记交换。其中，电路交换有预留且分配一定的空间，提供专用的网络资源，提供有保证的服务，一般应用于电话网；分组交换无预留，且不分配空间，存在网络资源争用，提供无保证的服务，一般应用于数据报网络和虚电路网络。常用的 Internet 就是数据报网络，单位是 Bit；而 ATM 用的是虚电路网络，单位是码元。

速记法则

网络交换技术的四种形式：数据交换、线路交换、报文交换、分组交换。

真题练一练

1.以下关于网络分类、组网和接入技术的表述，错误的是（　　）。

A. 典型的网络链路传输控制技术有 ISDN 技术、总线争用技术、令牌技术等

B. 电路交换无预留，且不分配空间，存在网络资源争用

C. 网络接入技术包括光纤技术、同轴接入、铜线接入和无线接入

D. 无线通信网络根据应用领域可分为 WPAN、WLAN、WMAN、WWAN

【2022 年上半年系统规划与管理师考试上午综合知识真题第 12 题】

参考答案： B

答案解析：（官方教材第 49 页）电路交换有预留，且分配一定空间，提供专用的网络资源，提供有保证的服务，一般应用于电话网；分组交换无预留，且不分配空间，存在网络资源争用，提供无保证的服务，一般应用于数据报网络和虚电路网络。

2.以下关于网络交换技术的描述，不正确的是（　　）。

A. Internet 传输的最小数据单位是 Byte

B. ATM 交换的最小数据单位是码元

C. Internet 使用数据报网络

D. ATM 使用虚电路网络

【2018 年下半年系统集成项目管理工程师考试上午综合知识真题第 11 题】

参考答案： A

答案解析：（官方教材第 49 页）Internet 传输的最小数据单位是 Bit。

核心考点 3-17　网络服务器 ★★★

（1）网络服务器（Server）是指在网络环境下运行相应的应用软件，为网上用户提供共享信息资源和各种服务的一种高性能计算机。

（2）服务器高性能主要体现在高速度的运算能力、长时间的可靠运行、强大的外部数据吞吐能力等方面，是网络的中枢和信息化的核心。

（3）由于服务器是针对具体的网络应用特别制定的，因而服务器又与普通计算器在处理能力、稳定性、可靠性、安全性、可扩展性、可管理性等方面存在很大的区别。最大的差异就是在多用户多任务环境下的可靠性上。

（4）服务器为了保证足够的安全性，采用了大量普通电脑没有的技术，如冗余技术、系统备份、在线诊断技术、故障预报警技术、内存纠错技术、热插拔技术和远程诊断技术等，使绝大多数故障能够在不停机的情况下得到及时的修复，具有极强的可管理性（Manageability）。

速记法则

服务器的特点体现在处理能力、稳定性、可靠性、安全性、可扩展性、可管理性上。

真题练一练

服务器为了保证足够的安全性，一般采取的关键技术包括（　　）。
①冗余技术　　　②系统自动报警　　　③在线诊断技术　　　④内存纠错技术
⑤热插拔技术
A. ①③④⑤　　　B. ①②④⑤　　　C. ①②③④　　　D. ①②③⑤

【2022年上半年系统规划与管理师考试上午综合知识真题第13题】

参考答案：A

答案解析：（官方教材第51页）服务器为了保证足够的安全性，采用了大量普通电脑没有的技术，如冗余技术、系统备份、在线诊断技术、故障预报警技术、内存纠错技术、热插拔技术和远程诊断技术等。

核心考点 3-18　网络存储技术 ★★★★

（1）网络存储技术（Network Storage Technology）是基于数据存储的一种通用网络术语。

（2）网络存储结构大致可以分为以下3种：

- 直连式存储（Direct Attached Storage，DAS）。不基于网络的扩展存储，如外挂硬盘。
- 网络附属存储（Network Attached Storage，NAS）。类似于FTP，集中存储，用户可通过网盘访问、上传或下载文件。
- 存储网络（Storage Area Network，SAN）。把存储设备和存储管理系统独立于通信业务网络。

速记法则

DAS、NAS、SAN，从简单到复杂的递增。

真题练一练

1. 在目前主流的网络存储技术中，（　　）存储技术支持即插即用，可以在网络的任一位置建立存储，并且可以很经济地解决存储容量不足的问题。

　　A. NAS　　　　　　B. DAS　　　　　　C. SAN　　　　　　D. DNS

【2021年上半年系统规划与管理师考试上午综合知识真题第12题】

参考答案：A

答案解析：（官方教材第51页）NAS存储支持即插即用，可以在网络的任意位置建立存储，并基于Web管理，从而使设备的安装和管理更加容易。NAS可以经济地解决存储容量不足的问题，但由于网络延迟、传输带宽等因素的影响，难以获得令人满意的性能。

2. DAS是将存储设备通过SCSI（Small Computer System Interface，小型计算机系统接口）电缆直接连接到服务器，其本身是硬件的堆叠，存储操作依赖于服务器，不带有任何存储操作系统。下列关于DAS适用环境的说法，描述错误的是（　　）。

　　A. 服务器在地理分布上很分散，通过NAS在它们之间进行互连非常困难时
　　B. 服务器在地理分布上很分散，通过SAN在它们之间进行互连非常困难时
　　C. 包括许多数据库应用和应用服务器在内的应用，它们需要直接连接到存储器上时
　　D. 存储系统必须被间接连接到应用服务器上时

【2020年下半年系统规划与管理师考试上午综合知识真题第10题】

参考答案：D

答案解析：（官方教材第51页）DAS是直连式存储，存储系统被直接连接到应用服务器上。

核心考点3-19　无线网络技术★★★★

无线网络是指以无线电波作为信息传输媒介。根据应用领域可分为：

- 无线个域网（Wireless Personal Area Network，WPAN）。
- 无线局域网（Wireless Local Area Network，WLAN）。
- 无线城域网（Wireless Metropolitan Area Network，WMAN）。

第3章 信息技术知识

● 蜂房移动通信网，也称为无线广域网（Wireless Wide Area Network，WWAN）。

通信技术	制　式	速　度
1G	模拟制式手机	
2G	GSM、CDMA等数字手机	
3G	能处理图像、音乐、视频流等多种媒体，主流制式为CDMA2000、WCDMA、TD-SCDMA	理论下载速率可达到2.6Mbps
4G	包括TD-LTE和FDD-LTE两种制式，集3G与WLAN于一体	理论下载速率可达到100Mbps
5G	2020年推出的成熟标准	理论上可在28GHz超高频段中以1Gbps的速度传递数据

速记法则

4G以LTE结尾。

真题练一练

无线网络的特点不包括（　　）。

A. 抗干扰性强

B. 可移动性强，能突破时空的限制

C. 网络扩展性能相对较强

D. 设备安装简易、成本低廉

【2021年上半年系统规划与管理师考试上午综合知识真题第13题】

参考答案：A

答案解析：（官方教材第50页）无线网络具有以下特点：①可移动性强，能突破时空的限制；②网络扩展性能相对较强；③设备安装简易、成本低廉。

核心考点3-20　网络规划、设计与实施★★★★

（1）网络设计工作包括：①网络拓扑结构设计；②主干网络（核心层）设计；③汇聚层和接入层设计；④广域网连接与远程访问设计；⑤无线网络设计；⑥网络通信设备选型。

（2）如今的局域网技术首先是交换以太网技术。

（3）选择拓扑结构时，应该考虑的主要因素有地理环境、传输介质、传输距离、可靠性。

（4）汇聚层的存在与否取决于网络规模的大小。

（5）网络通信设备选型包括核心交换机选型、汇聚层/接入层交换机选型、远程接入与访问设备选型。

速记法则

重点了解网络拓扑结构设计。

真题练一练

1. 关于网络规划、设计和实施的表述不正确的是（　　）。

A. 选择拓扑结构时，应考虑的主要因素有地理环境、传输介质与距离、可靠性

B. 主干网用来连接建筑群和服务器群，可能会容纳网络上 50%~80% 的信息流

C. 网络的交换只需要接入层，不能存在汇聚层

D. 网络通信设备选型包括核心交换机选型、汇聚层/接入层交换机选型等

【2022 年上半年系统规划与管理师考试上午综合知识真题第 14 题】

参考答案：C

答案解析：（官方教材第 52 页）汇聚层的存在与否取决于网络规模的大小。

2. 在选择网络拓扑结构时，应该考虑的主要因素不包括（　　）。

A. 地理环境　　　　B. 传输介质　　　　C. 可靠性　　　　D. 网络规模

【2021 年上半年系统规划与管理师考试上午综合知识真题第 14 题】

参考答案：D

答案解析：（官方教材第 52 页）选择拓扑结构时，应该考虑的主要因素有地理环境、传输介质、传输距离、可靠性。

核心考点 3-21　网络安全及其防范技术 ★★★★★

1. 信息安全的基本要素

- 机密性：确保信息不暴露给未授权的实体或进程。
- 完整性：只有得到允许才能修改数据，并且能够判别出数据是否已被篡改。
- 可用性：得到授权的实体在需要时可访问数据，即攻击者不能占用所有的资源而阻碍授权者的工作。
- 可控性：可以控制授权范围内的信息流向及行为方式。

- 可审查性：对出现的网络安全问题提供调查的依据和手段。

为了达成上述目标，需要做的工作包括制定安全策略、用户验证、加密、访问控制、审计和管理。

2. 典型的网络攻击步骤

- 信息收集。
- 试探寻找突破口。
- 实施攻击。
- 消除记录。
- 保留访问权限。

3. **信息安全的 5 个等级**

- 用户自主保护级。
- 系统审计保护级。
- 安全标记保护级。
- 结构化保护级。
- 访问验证保护级。

速记法则

重点记忆典型的网络攻击步骤。

真题练一练

典型的网络攻击步骤一般为（　　）。

①试探寻找突破口　　　　　　②信息收集
③消除记录　　　　　　　　　④实施攻击
⑤保留访问权限

A. ②①④③⑤　　　　　　　　B. ①②④③⑤
C. ①②③④⑤　　　　　　　　D. ②①④⑤③

【2020 年下半年系统规划与管理师考试上午综合知识真题第 17 题】

参考答案：A

答案解析：（官方教材第 53 页）典型的网络攻击步骤一般为信息收集、试探寻找突破口、实施攻击、消除记录、保留访问权限。

核心考点 3-22　维护网络安全的产品★★★★

产品	优势	弱点
防火墙	通常被喻为网络安全的大门，用于鉴别什么样的数据包可以进入企业内部网。在应对黑客入侵方面，阻止基于IP包头的攻击和非信任地址的访问	无法阻止和检测基于数据内容的黑客攻击和病毒入侵，同时也无法控制内部网络之间的违规行为
扫描器	用于发现网络服务、网络设备和主机的漏洞，通过定期的检测与比较，发现入侵或违规行为留下的痕迹	无法发现正在进行的入侵行为，且还有可能成为攻击者的工具
杀毒软件	可以检测、清除各种文件型病毒、宏病毒和邮件病毒等	对于基于网络的攻击行为（如扫描、针对漏洞的攻击）无能为力
安全审计系统	通过独立的、对网络行为和主机操作提供全面与忠实的记录，方便用户分析与审查事故原因，很像飞机上的黑匣子	由于数据量和分析量比较大，目前市场上鲜见特别成熟的产品

速记法则

防火墙：大门；安全审计系统：黑匣子。

真题练一练

在网络和信息安全产品中，（　　）通过定期的检测与比较，发现网络服务、网络设备和主机的漏洞。

A. 扫描器　　　　　B. 防毒软件　　　　　C. 安全审计系统　　　　D. 防火墙

【2021年上半年系统集成项目管理师考试上午综合知识真题第15题】

参考答案： A

答案解析：（官方教材第54页）扫描器用于发现网络服务、网络设备和主机的漏洞，通过定期的检测与比较，发现入侵或违规行为留下的痕迹。

3.5　新一代信息技术

核心考点 3-23　大数据★★★★★

大数据（Big Data）是指无法在一定时间范围内使用常规软件工具进行捕捉、管理和处理的数据集合，它是需要新处理模式才能具有更强的决策力、洞察发现力和流程优化能力的海量、高增长率和多样化的信息资产。

1. **大数据 5V 特点**

- Volume（大量）：数据量巨大。
- Velocity（高速）：处理速度快。
- Variety（多样）：数据类型繁多。
- Value（价值）：价值密度低但应用价值高。
- Veracity（真实性）：来自真实的行为或痕迹。

2. **大数据关键技术**

- 数据采集：主要使用的技术是数据抽取工具 ETL。
- 数据存储：主要有结构化数据、非结构化数据和半结构化数据的存储与访问。
- 大数据管理：主要使用分布式并行处理技术，比较常用的有 MapReduce（分布式计算框架）。
- 数据分析与挖掘：根据业务需求对大数据进行关联、聚类、分类等钻取和分析，并利用图形、表格等加以展示。

3. **大数据典型技术**

- HDFS（Hadoop 分布式文件系统）：分布式计算框架，可以存储与传输海量数据，优点是可以在任何机器上运行，廉价；缺点是不适合太多的磁盘小文件。
- HBase（分布式列存数据库）：一个分布式的且面向列的开源数据库，利用 HBase 技术可在廉价 PC Server 上搭建大规模结构化存储集群。
- MapReduce：一种编程模型，可用于大规模数据集（大于1TB）的并行运算，由 map 端和 reduce 端组成，采用键值对的形式。
- Chukwa：一个开源的用于监控大型分布式系统的数据收集系统。

速记法则

- 价值密度低但应用价值高。
- 采集→存储→管理→分析的顺序。
- 记住几个专有英文单词。

真题练一练

1. 以下关于大数据的特征，表述有误的是（　　）。
A. 体量大，指数据量巨大，而且结构化的数据超大规模和增长快速

B. 多样化，指数据类型包括结构化数据、非结构化数据和半结构化数据

C. 价值密度低，指从海量的数据中获取对自己有用的数据

D. 快速化，通常指实时获取需要的信息

【2022年上半年系统规划与管理师考试上午综合知识真题第15题】

参考答案： A

答案解析：（官方教材第55页）体量大，是指数据量巨大，而且非结构化的数据超大规模和增长快速。

2. 以下关于大数据的描述正确的是（　　）

A. 大数据是指无法在一定时间内用传统数据库软件工具对其内容进行抓取、管理和处理的数据集合

B. 大数据有体量大、多样性、价值密度高、快速化及真实性的显著特征

C. 在大数据关键技术中，数据采集阶段主要使用的技术是OLAP

D. 大数据管理主要使用了集中式串行处理技术，比较常用的有MapReduce

【2021年上半年系统规划与管理师考试上午综合知识真题第15题】

参考答案： A

答案解析：（官方教材第55页）选项B应为大数据有体量大、多样性、价值密度低、快速化的显著特征；选项C应为数据采集阶段主要使用的技术是数据抽取工具ETL；选项D应为大数据管理主要使用了分布式并行处理技术。

3. 大数据所涉及关键技术很多，主要包括采集、存储、管理、分析与挖掘相关技术。其中HBase属于（　　）技术。

A. 数据采集　　　　B. 数据存储　　　　C. 数据管理　　　　D. 数据分析与挖掘

【2019年上半年系统规划与管理师考试上午综合知识真题第12题】

参考答案： B

答案解析：（官方教材第56页）HBase是一个分布式的且面向列的开源数据库，HBase在Hadoop之上提供了类似于Bigtable的能力。利用HBase技术可在廉价PC Server上搭建大规模结构化存储集群。HBase不同于一般的关系数据库，它是一个适用于非结构化数据存储的数据库，而且HBase是基于列的而不是基于行的模式。

4. 以下关于大数据的叙述中，不正确的是（　　）。

A. 大数据的四个特点是体量大、多样性、价值密度低和快速化

B. 数据分析与挖掘是大数据特有的技术

C. 大数据在电商、电信、金融等行业都有巨大的社会价值和产业空间
D. 分布式文件系统能提供高吞吐量数据访问，适合在大规模数据集上应用

【2018年上半年系统规划与管理师考试上午综合知识真题第12题】

参考答案：B

答案解析：(官方教材第 56 页) 大数据关键技术主要包括数据采集、数据存储、数据管理、数据分析与挖掘四个环节。大数据管理主要使用分布式并行处理技术。数据分析与挖掘是以前数据仓库的范畴，只是在大数据中得以更好的利用。

核心考点3-24 云计算的概念和特点★★★★

云计算是一种模型，它可以实现随时随地、便捷地、随需应变地从可配置计算资源共享池中获取所需的资源（如网络、服务器、存储、应用及服务），这些资源能够被快速提供，因此用户只需要投入很少的管理工作，或与服务供应商进行很少的交互。云计算可以理解为通过互联网为用户提供服务的计算机。云计算具有如下特点：

- 超大规模。"云"具有相当的规模，一般拥有几十万台服务器。
- 虚拟化。云计算支持用户在任意位置、使用各种终端获取应用服务。
- 高可靠性。"云"使用了数据多副本容错、计算节点同构可互换等措施来保障服务的高可靠性，就算是服务器故障也不会影响计算与应用的正常运行。
- 低成本。
- 高可扩展性。云计算具有高效的运算能力，"云"的规模可以动态伸缩，用户可以利用应用软件的快速部署条件来更简单快捷地将自身所需的已有业务及新业务进行扩展。
- 按需服务。云计算是一个庞大的资源池，使用者可以根据需要进行购买。
- 通用性。云计算不针对特定的应用，在"云"的支持下可以构造出千变万化的应用，同一个"云"可以同时支持不同的应用运行。
- 潜在的危险性。

速记法则

重点记忆云计算的特点。

真题练一练

下列不属于云计算的特点是（   ）。

A. 高可靠性   B. 虚拟化

C. 潜在的危险性　　　　　　　　　　D. 极其昂贵

【2020 年下半年系统规划与管理师考试上午综合知识真题第 18 题】

参考答案： D

答案解析：（官方教材第 58 页）云计算的特点包括低成本，而非极其昂贵。

核心考点 3-25　云计算的 3 种服务模式 ★★★★★

服务模式	IaaS	PaaS	SaaS
英文	Infrastructure-as-a-Service	Platform-as-a-Service	Software-as-a-Service
含义	基础设施即服务	平台即服务	软件即服务
特点	提供给用户的服务是对所有计算基础设施的利用，包括处理 CPU、内存、存储、网络和其他基本的计算资源	提供给用户的服务是把用户采用提供的开发语言和工具（如 Java、Python、.NET 等）开发的或收购的应用程序部署到供应商的云计算基础设施上去	提供给用户的服务是运营商运行在云计算基础设施上的应用程序，用户可以在各种设备上通过客户端界面进行访问，如浏览器。用户不需要管理或控制任何云计算基础设施
示例	阿里云	Google App Engine	淘宝

速记法则

- 记住关键特征，I：基础设施；P：平台；S：软件。
- 普通用户接触到的互联网服务大多是 SaaS。

真题练一练

1. 关于我们常用的 QQ、微信，手机中的购物软件 APP 和百度网盘，下列说法正确的是（　　）。

A. QQ 是 PaaS　　　　　　　　　　B. 微信是 IaaS

C. 百度网盘是 PaaS　　　　　　　　D. 淘宝是 SaaS

【2020 年下半年系统规划与管理师考试上午综合知识真题第 21 题】

参考答案： C

答案解析：（官方教材第 59 页）IaaS：基础设施即服务，用户通过互联网可以从完善的计算机基础设施中获得服务，通过互联网就可以获得具有计算能力的服务器，而不需要实际的服务器资源。PaaS：平台即服务，把服务器平台作为一种服务提供的商业模式，通过互联网就能直接使用开发平台，不需要在本地安装各类的开发环境。SaaS：软件即服务，国内通常叫作软件运营模式，通过互联网就能直接使用应用软件，不需要在本地安装。因此，选项中的QQ、微信、淘宝是SaaS，百度网盘是IaaS。

2. 如果将部门聚餐吃烤肉比作购买云计算服务，则去饭店吃自助烤肉、去饭店直接吃烤肉、自己架炉子买肉烤着吃，分别对应（　　）服务。

A. SaaS、PaaS、IaaS　　　　B. PaaS、SaaS、IaaS
C. SaaS、IaaS、PaaS　　　　D. PaaS、IaaS、SaaS

【2019年上半年系统规划与管理师考试上午综合知识真题第13题】

参考答案：B

答案解析：（官方教材第59页）题干中去饭店吃自助烤肉相当于PaaS，去饭店直接吃烤肉相当于SaaS，自己架炉子买肉烤着吃相当于IaaS。

核心考点3-26　物联网 ★★★★

物联网（Internet of Things）即"物物相联之网"，指通过射频识别（RFID）、红外感应器、全球定位系统和激光扫描器等信息传感设备，按约定的协议把物与物、人与物进行智能化连接，进行信息交换和通信，以实现智能化识别、定位、跟踪、监控和管理的一种新兴网络。

1. 物联网的概念

- 物：客观世界的物品，主要包括人、商品、地理环境等。
- 联：通过互联网、通信网、电视网及传感网等实现网络互联。
- 网：首先，和通信介质无关，有线无线都可以。其次，和通信拓扑结构无关，总线、星状网均可。最后，只要能满足数据传输的目的即可。

2. 物联网的三层网络架构

- 感知层：负责信息采集和物物之间的信息传输。实现对物理世界的智能感知识别、信息采集处理和自动控制，并通过通信模块将物理实体连接到网络层和应用层，如条码识读器、传感器、摄像头、传感器网络等。
- 网络层：是物联网三层中标准化程度最高、产业化能力最强、最成熟的部分。主要实现信息的传递、路由器和控制，包括延伸网、接入网和核心网。网络层可依托公众电信网和互联网，也可以实现依托行业专用通信资源。
- 应用层：实现应用。包括应用基础设施/中间件和各种物联网应用,如绿色农业、工业监控、公共安全、城市管理、远程医疗、智能家居、智能交通与环境监测等。

3. 感知层作为物联网架构的基础层面的主要技术

- 产品和传感器（条码、RFID、传感器等）自动化识别技术。
- 无线传输技术（WLAN、Bluetooth、ZigBee、UWB）。
- 自组织组网技术。
- 中间件技术。

速记法则

- 物联网的演变：独立计算→互联网→物联网。
- 物联网不能独立存在，它是基于互联网的应用。
- 网络层：2G、3G、4G、5G等网络。
- 感知层：摄像头、传感器、条码、RFID。

真题练一练

1.（　　）不属于物联网架构中各个层次所用的公共技术。

A. 自组网技术　　　B. 编码技术　　　C. 中间件技术　　　D. 解析技术

【2022年上半年系统规划与管理师考试上午综合知识真题第16题】

参考答案： A

答案解析：（官方教材第62页）物联网各个层次所用的公共技术包括编码技术、标识技术、解析技术、安全技术和中间件技术。

2. 以下（　　）技术属于物联网三层架构中的感知层。

A. Bluetooth　　　B. 5G　　　C. 城市管理　　　D. SOA

【2021年上半年系统规划与管理师考试上午综合知识真题第16题】

参考答案： A

答案解析：（官方教材第62页）感知层作为物联网架构的基础层面，主要是达到信息采集并将采集到的数据上传的目的，感知层主要包括自动识别技术产品和传感器（条码、RFID、传感器等），无线传输技术（WLAN、Bluetooth、ZigBee、UWB），自组织组网技术和中间件技术。

3. 以下关于物联网的描述中正确的是（　　）。

A. 物联网也即"物物相连之网"，物联网是一种物理上独立存在的完整网络

B. 物联网感知层是实现物联网全面感知的核心能力

C. 物联网架构中网络层是物联网发展的根本目标

D. 物联网应用层是物联网三层中标准化程度最高、产业化能力最强、最成熟的部分

【2020年下半年系统规划与管理师考试上午综合知识真题第20题】

参考答案： B

答案解析：（官方教材第61页）选项A：物联网不是一种物理上独立存在的完整网络，而是架构在现有互联网或下一代公网或专网基础上的联网应用和通信能力；选项C：应用层是物联网发展的根本目标；选项D：网络层是物联网三层中标准化程度最高，产业化能力最强、最成熟的部分。

4. 以下关于物联网的描述中正确的是（　　）。

　　A. 物联网架构共分三层，分别包括感知层、网络层和应用层，其中网络层是物联网架构的基础层面

　　B. 物联网架构共分三层，分别包括接入层、汇聚层和核心层，其中接入层是物联网架构的基础层面

　　C. 物联网架构共分三层，分别包括感知层、网络层和应用层，其中感知层是物联网架构的基础层面

　　D. 物联网架构共分三层，分别包括接入层、汇聚层和核心层，其中汇聚层是物联网架构的基础层面

【2019年上半年系统规划与管理师考试上午综合知识真题第14题】

参考答案： C

答案解析：（官方教材第61页）物联网架构共分三层，分别为感知层、网络层和应用层，其中感知层是物联网架构的基础层面。感知层作为物联网架构的基础层面，主要是达到信息采集并将采集到的数据上传的目的。

5. 以下关于物联网的描述中不正确的是（　　）。

　　A. 物联网架构中网络层负责物物之间的信息传输

　　B. 物联网利用射频自动识别（RFID）等技术，进行信息的交换与通信

　　C. 物联网是架构在现有互联网或下一代公网或专网基础上的联网应用

　　D. 智慧物流、智能管家、智慧农业等都是物联网的应用

【2018年上半年系统规划与管理师考试上午综合知识真题第14题】

参考答案： A

答案解析：（官方教材第61页）物物之间的信息传输是由感知层负责的。

核心考点 3-27 移动互联网★★★★★

（1）移动互联网 = 移动通信网络 + 互联网内容和应用，它不仅是互联网的延伸，还是互联网的发展方向。

（2）移动互联网不仅具有传统互联网应用的简单复制和移植，还具有如下新特征：
- 接入移动性。
- 时间碎片性。
- 生活相关性。
- 终端多样性。

（3）移动互联网的关键技术包括：
- 架构技术 SOA。面向服务的架构（Service Oriented Architect，SOA），不涉及底层编程接口和通信模型，Web Service 是目前实现 SOA 的主要技术。
- 页面展示技术 Web 2.0。严格来说不是一种技术，而是互联网思维模式。
- 页面展示技术 HTML5。在原有 HTML 的基础上扩展了 API，可直接在网页上进行调试和修改。
- 主流开发平台。如 Android、IOS、Windows Phone、HarmonyOS。

速记法则

- 移动互联网不是传统互联网应用的简单复制和移植。
- SOA 是面向服务的架构。
- 4 个 APP 开发平台。

真题练一练

1. 移动互联网中，（　　）基于开源，虚拟机指令相对少，开发相对简单。
A. Android　　　　B. IOS　　　　C. Windows Phone　　　　D. Web 2.0

【2022 年上半年系统规划与管理师考试上午综合知识真题第 17 题】

参考答案： A

答案解析：（官方教材第 67 页）Android 是一种基于 Linux 的自由及开放源代码的操作系统。其特点是入门容易，虚拟机的指令相对减少，开发相对简单。

2. 移动互联网是一种通过智能移动终端，采用移动无线通信方式获取业务和服务的新兴业务，其主流操作系统开发平台不包括（　　）。

  A. Android   B. Linux   C. IOS   D. Windows Phone

【2021年上半年系统规划与管理师考试上午综合知识真题第17题】

参考答案：B

答案解析：（官方教材第66页）移动互联网主流开发平台包括Android、IOS、Windows Phone、HarmonyOS。Linux是操作系统。

3. 移动互联网的主要特点是（　　）。

①业务与终端、网络的强关联性

②终端和网络的开阔性

③业务使用的安全性

④终端移动性

⑤业务使用的私密性

⑥终端和网络的局限性

  A. ①②③⑤   B. ①②④⑤   C. ①④⑤⑥   D. ①②⑤⑥

参考答案：C

【2020年下半年系统规划与管理师考试上午综合知识真题第22题】

答案解析：（官方教材第65页）本题的题干描述与官方教材略有出入，可以使用排除法加以判断。②和⑥是相对立的，移动互联网业务在便捷的同时，也受到了来自网络能力和终端能力的限制：在网络能力方面，受到无线网络传输环境、技术能力等因素的限制；在终端能力方面，受到终端大小、处理能力、电池容量等的限制。因此②被排除；移动互联网没有有线网络安全，因此③被排除。

核心考点 3-28　Web 2.0 的关键特征 ★★★

项　目	Web 1.0	Web 2.0
页面风格	结构复杂，页面繁冗	页面简洁，风格流畅
个性化程度	垂直化、大众化	个性化，突出自我品牌
用户体验程度	低参与度、被动接受	高参与度、互动接受
通信程度	信息闭塞，知识程度低	信息灵通，知识程度高
感性程度	追求物质性价值	追求精神性价值
功能性	实用，追求功能性利益	体验，追求情感性利益

速记法则

- Web 2.0 几个关键特征：个性化、精神性、情感性和高参与度。
- Web 2.0 的典型应用：博客、播客、抖音、P2P 下载等。

真题练一练

与 Web1.0 相比，Web2.0 具有（　　）的特点。
①高参与度　②个性化　③结构复杂　④追求功能性　⑤信息灵通，知识程度高
A. ①③⑤　　　　　　B. ①③④　　　　　　C. ①②⑤　　　　　　D. ②④⑤

【2021 年上半年系统集成项目管理工程师考试上午综合知识真题第 16 题】

参考答案：C

答案解析：（官方教材第 66 页）结构复杂、追求功能性是 Web1.0 的特点。

第 4 章　信息技术服务知识

➡ 备考提示

本章内容一般占 7～10 分。
本章内容偏重概念知识，考试难度中等。
本章内容主要在上午综合知识选择题考试中进行考查。
本章考查的知识点多参照教材，扩展内容较少。

本章涉及历年考试真题选择题考点分布统计

章　节	2022 年上	2021 年上	2020 年下
4.1 产品、服务和信息技术服务	18. 服务的特性	18. 产品的概念	26. 产品的概念 27. 服务的特性
4.2 运维、运营和经营	19. 运营和经营	19. 运维、运营和经营	28. 运行维护服务
4.3 IT 治理	20.IT 治理	21.IT 治理	
4.4 IT 服务管理		20.ITSM 根本目标	29.ITSM 服务管理
4.5 项目管理		22. 项目群管理	30. 项目群管理
4.6 质量管理理论	23. 质量管理方法 24. 质量管理过程 25. 质量管理工具	23. 六西格玛管理	31. 质量管理理论 32. 质量管理工具
4.7 信息安全管理	26. 信息安全等级保护	25. 信息安全等级保护	24. 信息安全管理体系
	7 分	7 分	8 分

章 节	2019 年上	2018 年上	2017 年下
4.1 产品、服务和信息技术服务	15. 服务的特性	15. 服务的特性	37. 产品的概念
4.2 运维、运营和经营	16. 运维的概念	16. 运维的概念	39. 运维的概念
4.3 IT 治理	17.IT 治理与 IT 管理	17.IT 治理的内容	
4.4 IT 服务管理	18.ITSM 服务管理	18.ITSM 根本目标	38.ITSM 根本目标
4.5 项目管理	19. 单项目管理 20. 项目群管理	19. 单项目管理 20. 项目群管理	41. 单项目管理
4.6 质量管理理论	21. 六西格玛管理	21. 质量控制要点	40. 质量管理常见方法
4.7 信息安全管理	22. 信息安全基本属性 23. 信息安全保护等级	22. 信息安全基本属性 23. 信息安全保护等级	
	9 分	9 分	5 分

注：2017 年下半年的考试，是系统规划与管理师考试第一次开考，出题比较仓促，不具有代表性。2018 年和 2019 年的试题最具有代表性，考点基本一致，题号顺序也基本一致。

本章涉及历年考试真题选择题核心考点分布情况

章 节	核心考点	重要程度	2022	2021	2020	2019	2018	2017
4.1 产品、服务和信息技术服务	核心考点 4-01　产品	★★★		√	√			√
	核心考点 4-02　服务	★★★★★	√		√	√	√	
	核心考点 4-03　信息技术服务	★★★						
4.2 运维、运营和经营	核心考点 4-04　运维	★★★★★		√	√	√	√	√
	核心考点 4-05　运营	★★★	√					
	核心考点 4-06　经营	★★★				√		
4.3 IT 治理	核心考点 4-07　IT 治理	★★★★★	√	√		√	√	
4.4 IT 服务管理	核心考点 4-08　IT 服务管理（ITSM）	★★★★★		√	√	√	√	√
4.5 项目管理	核心考点 4-09　项目的定义和特性	★★★						
	核心考点 4-10　单项目管理	★★★★				√	√	√
	核心考点 4-11　项目群管理	★★★★★		√	√	√		
4.6 质量管理理论	核心考点 4-12　质量管理常见理论方法	★★★★★	√	√	√	√		√
	核心考点 4-13　质量管理过程	★★★★	√	√		√		
	核心考点 4-14　质量管理工具	★★★		√	√			

续表

章 节	核心考点	重要程度	2022	2021	2020	2019	2018	2017
4.7 信息安全管理	核心考点 4-15 信息安全的属性	★★★★★			√	√	√	
	核心考点 4-16 信息安全管理活动	★★★						
	核心考点 4-17 信息安全等级保护	★★★★★	√	√	√	√	√	

4.1 产品、服务和信息技术服务

核心考点 4-01 产品★★★

产品是人们向市场提供的能满足消费者或用户某种需求的任何有形物品或无形服务。广义概念：可以满足人们需求的载体；狭义概念：被生产出的物品。

一种产品可由两个或多个不同类别的产品构成，如服务、软件、硬件、流程性材料。

例如，汽车产品的构成包括硬件（如外壳、发动机、轮胎）、软件（如发动机控制软件、驾驶员手册）、流程性材料（如燃料、冷却液）、服务（如销售人员所做的操作说明）。

速记法则

产品构成速记词：服软硬流。

真题练一练

1. 以下关于产品的描述中，不正确的是（ ）。
A. 产品是指能够提供给市场满足消费者或用户某种需求的任何有形物品或无形服务
B. 任何有形物品都可以转化为产品，而无形服务则不能转化为产品
C. 产品是指能够提供给市场，被人们使用和消费，并能满足人们某种需求的任何东西
D. 产品是一组将输入转化为输出的相互关联或相互作用的活动的结果

【2021年上半年系统规划与管理师考试上午综合知识真题第18题】
参考答案：B

答案解析：（官方教材第69页）无形服务也是能转化为产品。

2. 以下关于产品的描述中，不正确的是（　　）。
   A. 产品是一组将输入转化为输出的相互关联或相互作用的活动的结果
   B. 产品是人们向市场提供的能够满足消费者或用户某种需求的任何有形物品，不包括无形服务
   C. 流程性材料和软件也属于产品的一种
   D. 软件属于无形产品

【2020年下半年系统规划与管理师考试上午综合知识真题第26题】
参考答案： B
答案解析：（官方教材第69页）产品是人们向市场提供的能满足消费者或用户某种需求的任何有形物品或无形服务。

核心考点 4-02 服务 ★★★★★

1. 服务的定义

服务是一种或多或少具有无形性特征的活动或过程，它是在服务提供者与服务接受者的互动过程中完成的。

2. 服务的 4 个独有特性

- 无形性（Intangibility）：无法直接展示给客户。
- 不可分离性（Inseparability）：服务的生产与消费往往同时进行而不可分割。
- 异质性（Heterogeneity）：服务的提供常会因人、因时、因地而发生变化。
- 易消失性（Perishability）：服务无法储存，产能缺乏弹性，对于需求变动无法通过存货调节。

速记法则

4个特性速记词：无形不可分、异质易消失。

真题练一练

1. 下列（　　）不属于服务作为产品的特性。
   A. 不可分离　　　B. 无形性　　　C. 不易消失性　　　D. 异质性

【2022年上半年系统规划与管理师考试上午综合知识真题第18题】

参考答案：C

答案解析：（官方教材第70页）服务不同于一般实体性产品的4个特性：无形性、不可分离性、异质性与易消失性。选项C应为易消失性。

2.下列（　　）不属于服务的特性。

A. 无形性　　　　B. 异质性　　　　C. 易消失性　　　　D. 可分离性

【2020年下半年系统规划与管理师考试上午综合知识真题第27题】

参考答案：D

答案解析：（官方教材第70页）选项D应为不可分离性。

核心考点4-03　信息技术服务★★★

在《信息技术服务 分类与代码》（GB/T 29264—2012）中，对信息技术服务（Information Technology Service）的定义：供方为需方提供开发、应用信息技术的服务，以及供方以信息技术为手段提供支持需方业务活动的服务。

IT服务提供商为其客户提供信息咨询、软件升级、硬件维修等全方位的服务，具体包括产品维护服务、IT专业服务、集成和开发服务、IT管理外包服务等。

常见的IT服务形态包括：

- 信息技术咨询服务。
- 设计与开发服务。
- 信息系统集成实施服务。
- 运行维护服务。
- 数据处理和存储服务。
- 运营服务。
- 数据内容服务。
- 呼叫中心服务。
- 其他信息服务。

速记法则

信息技术服务都与IT技术密切相关。

> **真题练一练**

IT服务供方为需方提供开发、应用信息技术的服务，以及供方以信息技术为手段提供支持需方业务活动的服务。下列不属于IT服务分类的是（　　）。

A. 信息技术咨询服务

B. 财务管理

C. 运行维护服务

D. 呼叫中心服务

【系统规划与管理师考试上午综合知识模拟题】

参考答案：B

答案解析：（官方教材第71页）财务管理不属于IT服务。

4.2　运维、运营和经营

核心考点4-04　运维★★★★★

（1）概念：运维是运行维护的简称，是一种IT服务形态。在《信息技术服务 分类与代码》（GB/T 29264—2012）中对运行维护服务给出的定义为采用信息技术手段及方法，依据需方提出的服务级别要求，对其信息系统的基础环境、硬件、软件及安全等提供的各种技术支持和管理服务。

（2）运维是信息系统全生命周期中的重要阶段，也是内容最多、最繁杂的部分，对信息系统提供维护和技术支持，以及其他相关的支持和服务。

（3）服务对象包括基础设施、硬件平台、基础软件、应用软件，以及依赖于IT基础设施的数据中心、业务应用等信息系统。

（4）服务交付内容主要包括咨询评估、例行操作、响应支持和优化改善。

（5）运行维护服务包括六大分类：基础环境运维、硬件运维服务、软件运维服务、安全运维服务、运维管理服务和其他运行维护服务。

（6）运维服务能力的四个关键要素：人员、资源、技术和过程。

（7）任何组织和个人提供运维服务需要依据需方提出的服务级别要求，并确保提供的运行维护服务符合与需方约定的质量要求。因此，具备相应运维服务能力是服务组织提供服务的必要条件。

速记法则

理解服务的六大分类。

真题练一练

1. 对保证信息系统正常运行所必需的电力、空调、消防、安防等基础设施的例行检查及状态监控、响应支持、故障处理、性能优化等服务属于（　　）类服务。

   A. 信息技术咨询服务

   B. 运营服务

   C. 运行维护服务

   D. 信息系统集成实施服务

【2020 年下半年系统规划与管理师考试上午综合知识真题第 28 题】

参考答案：C

答案解析：（官方教材第 71 页）题干描述的内容属于运行维护服务下的基础环境运维服务。

2. 以下关于运维的描述，不正确的是（　　）。

   A. 运维采用信息技术手段及方法，依据需方提出的服务级别要求，对信息系统基础环境、硬件和软件等提供各种技术支持和管理服务

   B. 面向台式机、便携式计算机及输入/输出设备的运维服务，属于主机运维服务

   C. 运维服务能力的关键要素包括人员、资源、技术和过程

   D. 运维是信息系统全生命周期中的重要阶段，是内容最多、最繁杂的部分

【2019 年上半年系统规划与管理师考试上午综合知识真题第 16 题】

参考答案：B

答案解析：（官方教材第 72 页）面向台式机、便携式计算机及输入/输出设备的运维服务，属于桌面运维服务。面向计算机设备中的巨/大/中型机、小型机、PC 服务器等的运维服务才是主机运维服务。

3.《信息技术服务 分类与代码》（GB/T 29264—2012）中对运行维护服务的定义是：采用信息技术手段及方法，依据需方提出的服务级别要求对其信息系统的（　　）提供的各种技术支持和管理服务。

   A. 网络环境、硬件、软件及安全等

B. 基础架构、硬件、软件及安全等
C. 基础环境、硬件、软件及网络等
D. 基础环境、硬件、软件及安全等

【2018年上半年系统规划与管理师考试上午综合知识真题第16题】
参考答案： D
答案解析：（官方教材第71页）采用信息技术手段及方法，依据需方提出的服务级别要求，对其信息系统的基础环境、硬件、软件及安全等提供的各种技术支持和管理服务。

核心考点4-05 运营★★★

（1）运营是对组织经营过程的计划、组织、实施和控制，是与产品生产和服务创造等密切相关的各项管理工作的总称。运营的目的是保证业务的正常开展。

（2）运营强调以经营为中心，是把投入的资源（生产要素）按照特定要求转换为产出（产品和服务）的过程。

（3）运营管理的对象是运营过程和运营系统。

（4）运营管理指对生产和提供公司主要产品和服务的系统进行设计、运行、评价和改进。

速记法则

运营强调以经营为中心。

真题练一练

1. 以下说法，表述不正确的是（　　）。
A. 运营强调以生产系统为中心，是把投入的资源转换成产出的过程
B. 经营需要有经营者、经营对象、经营权和经营载体
C. 制定经营目标的原则包括目标的关键性、一致性、定量化等
D. 战术性目标是企业短期目标，是战略目标的具体化

【2022年上半年系统规划与管理师考试上午综合知识真题第19题】
参考答案： A
答案解析：（官方教材第73页）运营强调以经营为中心，是把投入的资源转换成产出的过程。

2. 下列关于运营管理的说法，错误的是（　　）。
A. 运营是对组织经营过程的计划、组织、实施和控制，是与产品生产和服务创造等密切

相关的各项管理工作的总称

B. 运营强调以运营管理为中心，是把投入的资源（生产要素）按照特定要求转换为产出（产品和服务）的过程

C. 运营管理的对象是运营过程和运营系统

D. 运营过程不仅是一个投入、转换、产出的过程，也是一个价值增值的过程，它是运营的第一大对象

【系统规划与管理师考试上午综合知识模拟题】

参考答案：B

答案解析：（官方教材第 73 页）运营强调以经营为中心。

核心考点 4-06　经营 ★★★

（1）经营的解释包含 2 个层面：①筹划并管理（如企业等）；②泛指计划和组织。

（2）经营思想的 6 个观念：①市场观念；②竞争观念；③效益观念；④创新观念；⑤长远观念；⑥社会观念。

（3）企业的创新观念主要体现在 3 个方面：①技术创新；②市场创新；③组织创新。

（4）企业的经营目标包括 3 个层次：

- 第 1 层是决定企业长期发展方向、规模、速度的总目标或基本目标。
- 第 2 层是中间目标，分为对外目标与对内目标。对外目标包括产品、服务及其对象的选择、定量化，如产品结构、新产品比例、产品市场占有率等；对内目标就是改善企业素质的目标，如设备目标、人员数量、比例目标、材料利用、成本目标等。
- 第 3 层是具体目标，即生产和市场销售的合理化与效率目标，如劳动生产率、合理库存、费用预算及质量指标等。

（5）企业的经营目标，按其重要性来说，可分为战略目标和战术目标。

（6）根据企业所处发展的不同时期，通常有 3 个方面的战略目标：①成长性目标；②稳定性目标；③竞争性目标。

（7）企业的经营计划是指在经营决策的基础上，根据经营目标对企业的生产经营活动和所需要的各项资源，从时间和空间上进行具体统筹安排所形成的计划体系。

（8）经营计划的特点：①具有决策性；②具有外向性；③具有综合性；④具有激励性。

（9）经营计划的任务：①把经营目标具体化；②分配各种资源；③协调生产经营活动；④提高经济效益。

速记法则

经营泛指企业经营。

真题练一练

以下关于运维、运营和经营的说法，正确的是（　　）。

A. 运营采用信息技术手段及方法，依据需方提出的服务级别要求，对其信息系统的基础环境、硬件、软件及安全等提供的各种技术支持和管理服务

B. 经营强调以运营为中心，是把投入的资源（生产要素）按照特定要求转换为产出（产品和服务）的过程

C. 企业的运营目标，按其重要性来说，可分为战略目标和战术目标

D. 面向操作系统、数据库系统、中间件、语言处理系统和办公软件等的运维服务属于基础软件的运维服务

【2021年上半年系统规划与管理师考试上午综合知识真题第19题】

参考答案：D

答案解析：（官方教材第73页）选项A应为运维是采用信息技术手段及方法，对需方信息系统的基础环境、硬件、软件及安全等提供的各种技术支持和管理服务；选项B应为运营强调以经营为中心，是把投入的资源（生产要素）按照特定要求转换为产出（产品和服务）的过程；选项C应为企业的经营目标按其重要性来说，可分为战略目标和战术目标。

4.3 IT治理

核心考点4-07 IT治理★★★★★

（1）IT治理是指设计并实施信息化过程中各方利益最大化的制度安排，包括业务与信息化战略融合的机制、权责对等的责任担当框架和问责机制、资源配置的决策机制、组织保障机制、核心IT能力发展机制、绩效管理机制，以及覆盖信息化全生命周期的风险管控机制。

（2）IT治理的内容包括如下几个方面：

- IT治理强调信息化目标与企业战略目标保持一致。

- IT 治理是企业利益相关者和经营者共同的责任。
- IT 治理保护利益相关者的权益，对风险进行有效管理，合理利用 IT 资源，平衡成本和收益，确保信息化应用有效、及时地满足需求，并获得期望的收益增强企业的核心竞争力。
- IT 治理通过构建 IT 治理架构和机制，将信息化的决策、实施、服务、监督等流程及 IT 相关的资源与企业战略和目标紧密关联，从而最大化提升企业价值。

（3）IT 治理就是在信息化过程中关于各方利益最大化的制度安排。

（4）IT 治理的一个关键性问题是企业的 IT 投资是否与战略目标一致，从而形成必要的核心竞争力。

速记法则

- IT 治理是最高管理层（董事会）和执行管理层的责任。
- IT 治理是 IT 管理的基石，IT 治理是蓝图，IT 管理是内容。

真题练一练

1. IT 治理强调信息化目标要求与（　　）保持一致。
A. 企业战略目标 B. 企业经营目标
C. 企业利益目标 D. 客户目标

【2022 年上半年系统规划与管理师考试上午综合知识真题第 20 题】

参考答案：A

答案解析：（官方教材第 79 页）IT 治理强调信息化目标与企业战略目标保持一致。

2. 以下关于 IT 治理的描述中，错误的是（　　）。
A. IT 治理强调信息化目标与企业战略目标保持一致
B. IT 治理是指设计并实施信息化过程中各方利益最大化的制度安排
C. IT 管理是 IT 运作的基本框架，IT 治理在这个框架下驾驭企业奔向目标，二者是蓝图和内容的关系
D. IT 治理是企业利益相关者和经营者共同的责任

【2021 年上半年系统规划与管理师考试上午综合知识真题第 21 题】

参考答案：C

答案解析：（官方教材第 79 页）IT 治理是 IT 运作的基本框架，IT 管理在这个框架下驾

驭企业奔向目标。IT 治理是蓝图，IT 管理是内容。

3. 以下关于 IT 治理与 IT 管理的关系描述，不正确的是（　　）。
A. IT 管理和 IT 治理相辅相成，缺一不可
B. IT 治理是 IT 管理的基石
C. IT 治理比 IT 管理更重要
D. IT 治理是在 IT 管理既定模式下采取的行动

【2019 年上半年系统规划与管理师考试上午综合知识真题第 17 题】

参考答案：D

答案解析：（官方教材第 79 页）IT 管理和 IT 治理相辅相成，缺一不可，IT 治理是 IT 管理的基石，某种意义上可以认为 IT 治理比 IT 管理更重要。选项 D 应为：IT 管理是在既定的 IT 治理模式下，管理层为实现组织战略目标而采取的行动。

4.4　IT 服务管理

核心考点 4-08　IT 服务管理（ITSM）★★★★★

（1）IT 服务管理（IT Service Management，ITSM）是一套帮助组织对 IT 系统的规划、研发、实施和运营进行有效管理的方法，是一套方法论。

（2）IT 服务过程方面的问题，更多地不是来自技术，而是来自管理方面。

（3）ITSM 是一套通过服务级别协议（SLA）来保证 IT 服务质量的协同流程，它融合了系统管理、网络管理、系统开发管理等管理活动和变更管理、资产管理、问题管理等许多流程的理论和实践。

（4）ITSM 是一种以流程为导向、以客户为中心的方法。

（5）ITSM 的核心思想是，IT 组织不管是组织内部的还是组织外部的，都是 IT 服务提供者，其主要工作就是提供低成本、高质量的 IT 服务，而 IT 服务的质量和成本则需从 IT 服务的客户（购买 IT 服务）方和用户（使用 IT 服务）方加以判断。

（6）ITSM 是一种 IT 管理，与传统的 IT 管理不同，它是一种以服务为中心的 IT 管理。

（7）实施 ITSM 的根本目标有 3 个：
- 以客户为中心提供 IT 服务。

第4章 信息技术服务知识

- 提供低成本、高质量的服务。
- 提供的服务是可准确计价的。

（8）ITSM 的基本原理可简单地用"二次转换"来概括，第一次是"梳理"，第二次是"打包"。第一次转换将技术管理转化为流程管理，第二次转换将流程管理转化为服务管理。

（9）ITSM 适用于 IT 管理而不是组织的业务管理，清楚这点非常重要，因为它明确划分了 ITSM 与 ERP、CRM 和 SCM 等管理方法和软件之间的界限。这个界限是：前者面向 IT 管理，后者面向业务管理。

（10）ITSM 的重点是 IT 的运营和管理，而不仅仅是 IT 的战略规划。IT 战略规划关注的是组织的 IT 方面的战略问题，而 ITSM 是确保 IT 战略规划得到有效执行的战术性和运营性活动。

（11）虽然技术管理是 ITSM 的重要组成部分，但 ITSM 的主要目标不是管理技术。有关 IT 的技术管理是系统管理和网络管理的任务，ITSM 的主要任务是管理客户和用户的 IT 需求。

速记法则

- 牢记实施 ITSM 的 3 个根本目标。
- ITSM 的核心是提供低成本、高质量的 IT 服务。

真题练一练

1. 实施 ITSM 的根本目标不包括（　　）。
A. 以需求为中心提供 IT 服务　　　　B. 提供低成本、高质量的服务
C. 提供的服务可以准确计价　　　　　D. 以客户为中心提供 IT 服务

【2021 年上半年系统规划与管理师考试上午综合知识真题第 20 题】

参考答案：A

答案解析：（官方教材第 81 页）实施 ITSM 的根本目标有 3 个：① 以客户为中心提供 IT 服务；② 提供低成本、高质量的服务；③ 提供的服务是可准确计价的。

2. 以下关于 ITSM 服务管理的说法，正确的是（　　）。
A. ITSM 是一套帮助组织对 IT 系统的规划、研发、实施和运行进行有效管理的方法，是一套方法论
B. IT 服务过程方面的问题更多的是来自于技术，而不是来自于管理方面
C. ITSM 是一种以客户为导向、以流程为中心的方法
D. ITSM 的基本原理用"二次转换"来概括，第一次是"打包"，第二次是"梳理"

【2020年下半年系统规划与管理师考试上午综合知识真题第29题】

参考答案： A

答案解析：（官方教材第81页）选项B应为：IT服务过程方面的问题，更多地不是来自技术，而是来自管理方面；选项C应为：ITSM是一种以流程为导向、以客户为中心的方法；选项D应为：ITSM的基本原理可简单地用"二次转换"来概括，第一次是"梳理"，第二次是"打包"。

3.以下关于实施IT服务管理（ITSM）的根本目标的描述，不正确的是（　　）。
A. 以客户为中心提供IT服务　　　　　B. 提供低成本、高质量的服务
C. 提供的服务是可定量计价的　　　　D. 以技术为导向，提供专业服务

【2018年上半年系统规划与管理师考试上午综合知识真题第18题】

参考答案： D

答案解析：（官方教材第81页）实施ITSM的根本目标有3个：①以客户为中心提供IT服务；②提供低成本、高质量的服务；③提供的服务是可准确计价的。

4.5 项目管理

核心考点4-09　项目的定义和特性★★★

（1）项目是一组有起止时间的、相互协调的受控活动所组成的特定过程，该过程要达到符合规定要求的目标，包括时间、成本和资源等各方面的要求与约束。

（2）项目定义包含如下3层含义：
- 项目是一项有待完成的任务，且有特定的环境和要求。
- 在一定的组织机构内，利用有限资源（人力、物力、财力等）在规定的时间内完成任务。
- 任务要满足一定性能、质量、数量、技术指标等要求。

（3）所有项目都呈现生命周期结构，即项目启动、项目规划、项目执行与监控、项目收尾。项目管理贯穿整个项目的生命周期，是对项目的全过程管理。

（4）项目至少都必须具备如下特性：
- 临时性。所有的项目都是临时的，有明确的开始和结尾。
- 独特性。指项目的可交付成果（产品或服务）具有非重复性的特点。
- 渐进性。项目的实施过程体现为一个向目标推进的逐步完善的过程。

- 不确定性。导致项目非重复性的主要原因是其外部条件以及实施过程的不确定性。任何项目都不可避免地具有风险。

速记法则

项目的四个特性：临时性、独特性、渐进性、不确定性。

真题练一练

下列关于项目管理特性的叙述中不正确的是（　　）。
A. 项目管理具有明确的开始和完成时间说的是项目临时性的特点
B. 项目的可交付成果（产品、服务）具有非重复性特点是项目独特性的特点
C. 项目实施过程体现了一个向目标推进不断完善的过程是项目不确定性的特点
D. 项目外部受到各种各样的风险，体现了项目的不确定性
【系统规划与管理师考试上午综合知识模拟题】
参考答案：C
答案解析：（官方教材第 84 页）项目实施过程体现了一个向目标推进不断完善的过程是项目渐进性的特点。

核心考点 4-10　单项目管理 ★★★★

（1）单项目管理就是通常意义的项目管理，主要包括如下管理内容。
- 项目范围管理：为了实现项目的目标，对项目的工作内容进行控制的管理过程。
- 项目时间管理：确保项目按时完成。
- 项目成本管理：保证实际成本、费用不超过预算。
- 项目质量管理：达到客户所规定的质量要求。
- 人力资源管理：项目人员的能力和积极性得到最有效的发挥和利用。
- 项目沟通管理：确保项目的信息合理地收集和传输。
- 项目风险管理：涉及项目可能遇到的各种不确定因素所实施的管理措施。
- 项目采购管理：从项目实施组织外获得所需资源或服务。
- 项目集成管理：综合性和全局性的项目管理工作和过程。

（2）在传统的项目管理方法中，项目被分成如下 5 个阶段。
- 项目启动。
- 项目规划。

- 项目执行。
- 项目监控。
- 项目收尾。

注意，不是每个项目都必须经过以上每一个阶段。项目管理试图获得对5个变量的控制，分别是时间、成本、质量、范围、风险。

速记法则

- 5个阶段：启动、规划、执行、监控、收尾。
- 5个变量：时间、成本、质量、范围、风险。

真题练一练

1. 项目管理中，主要是对（　　）4个变量的控制。

A. 时间、成本、质量、范围　　　　B. 时间、风险、质量、人力

C. 时间、成本、人力、风险　　　　D. 时间、风险、范围、沟通

【2019年上半年系统规划与管理师考试上午综合知识真题第19题】

参考答案： A

答案解析：（官方教材第85页）项目管理试图获得对5个变量的控制，分别为时间、成本、质量、范围、风险。

2. （　　）是为了实现项目的目标，对项目的工作内容进行控制的管理过程。

A. 项目范围管理　　　　　　　　B. 项目时间管理

C. 项目成本管理　　　　　　　　D. 项目集成管理

【2017年下半年系统规划与管理师考试上午综合知识真题第41题】

参考答案： A

答案解析：（官方教材第85页）项目范围管理是为了实现项目的目标对项目的工作内容进行控制的管理过程，它包括范围的界定、范围的规划、范围的调整等。

核心考点4-11　项目群管理★★★★★

项目群管理是指为了实现组织的战略目标和利益，而对一组项目（项目群）进行的统一协调管理。项目群管理可以提高IT服务项目提供的质量，统一协调资源，降低成本，能更好地实现企业战略目标和客户需求。

项目群管理以项目管理为核心。项目群管理通常不直接参与对每个项目的日常管理，所做的工作侧重在整体上进行规划、控制和协调，指导各个项目的具体管理工作。

项目群具有其特色的生命周期，包括识别项目群、定义项目群、项目群的综合治理、项目群的组合管理、项目群的收益管理、项目群的收尾管理等。项目群管理团队的主要角色有项目群管理委员会、项目群经理、项目群的支持与保证人员等。

项目群管理组织结构的基本形式为单类项目群组织结构、多类项目群组织结构、复合式项目群组织结构；根据项目群是以业务为导向还是以客户为导向，单类项目群可分为单客户项目群和单业务项目群；多类项目群可分为多客户项目群和多业务项目群。

分 类	业务为导向（职能型）	客户为导向（矩阵型）
单类项目群管理	以业务为单位的项目群管理，如研发类项目群管理，运维类项目群管理	以客户为单位的项目群管理，如某客户项目群管理
多类项目群管理	多业务、多项目聚类整合后的项目群管理	多客户、多项目聚类整合后的项目群管理
复合式项目群管理	中小客户项目采用业务聚类整合，大客户项目采用客户聚类整合	

1. 单类项目群

（1）单客户项目群：以实现客户目标为导向，对应单独的客户，每个客户有多个IT服务业务的项目。

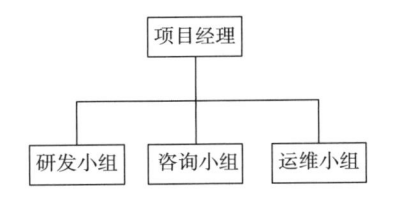

（2）单业务项目群：以服务为导向，对应单独的IT服务，每个IT服务有多个客户的项目。

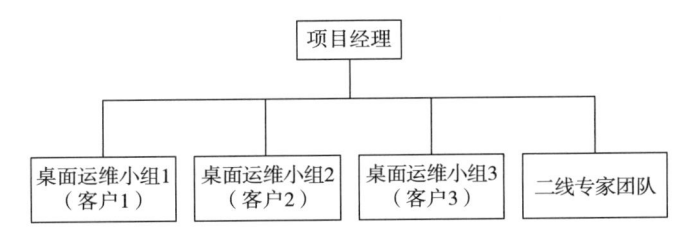

2. 多类项目群

（1）多客户项目群：指按客户目标管理，设置有PMO或IT服务总监，管理多个客户项目，每个客户项目设有项目经理，每个客户都有不同的IT服务业务子项目。

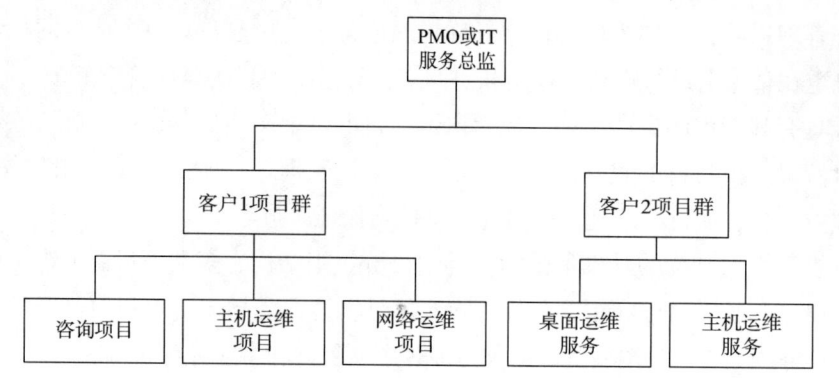

```
                    PMO或IT
                    服务总监
              ┌────────┴────────┐
         客户1项目群          客户2项目群
        ┌────┼────┐         ┌────┴────┐
      咨询  主机运维 网络运维  桌面运维  主机运维
      项目   项目    项目      服务     服务
```

（2）**多业务项目群**：指按业务目标管理，设置有 PMO 或 IT 服务总监，分别管理多个 IT 服务业务，每个业务设有项目经理，每个项目经理分管多个客户。

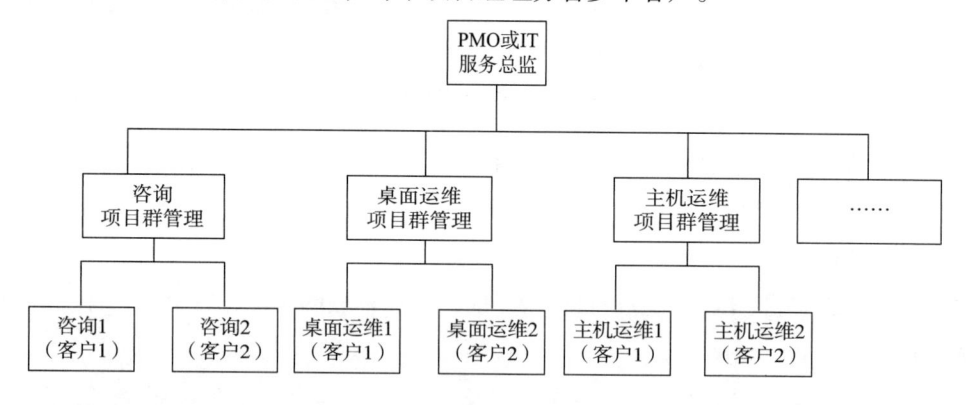

```
                         PMO或IT
                         服务总监
          ┌─────────────┬──────────────┬──────────┐
        咨询           桌面运维        主机运维     ……
      项目群管理      项目群管理      项目群管理
       ┌─┴─┐           ┌─┴─┐           ┌─┴─┐
     咨询1 咨询2   桌面运维1 桌面运维2  主机运维1 主机运维2
    (客户1)(客户2)  (客户1)  (客户2)    (客户1)  (客户2)
```

3. 复合式项目群

复合式项目群是指单类项目群和多类项目群的组合，往往区分大客户和中小客户。大客户以客户目标管理，每个客户下有多个业务；中小客户以业务目标管理，每个业务下面有多个客户。

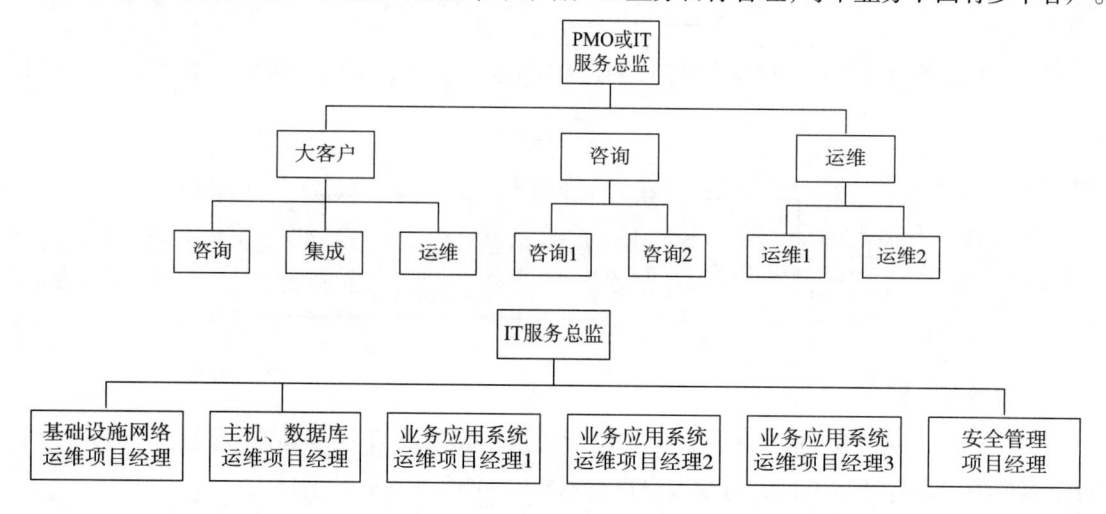

```
                    PMO或IT
                    服务总监
          ┌───────────┼───────────┐
        大客户        咨询         运维
       ┌──┼──┐       ┌─┴─┐        ┌─┴─┐
      咨询 集成 运维  咨询1 咨询2   运维1 运维2

                   IT服务总监
      ┌────────┬────────┬────────┬────────┬────────┐
   基础设施网络 主机、数据库 业务应用系统 业务应用系统 业务应用系统 安全管理
   运维项目经理 运维项目经理 运维项目经理1 运维项目经理2 运维项目经理3 项目经理
```

速记法则

要能根据组织架构图识别其属于何种项目群。

真题练一练

1. 下图中描述的属于（　　）的管理框架。

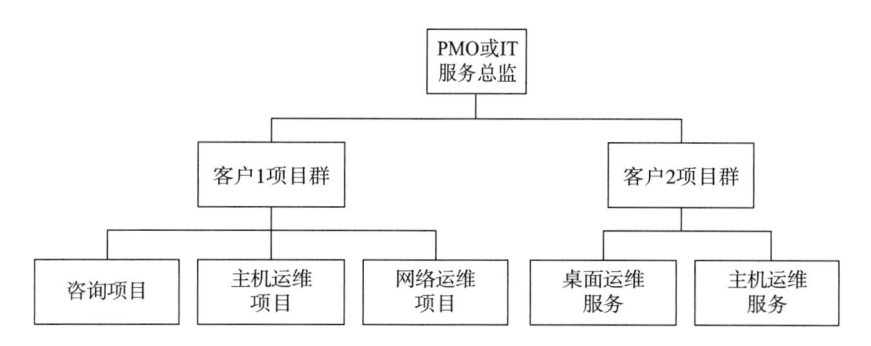

```
                    PMO或IT
                    服务总监
                   /        \
          客户1项目群         客户2项目群
         /    |    \          /      \
    咨询项目 主机运维 网络运维  桌面运维  主机运维
            项目     项目      服务      服务
```

A. 复合项目群　　B. 多客户项目群　　C. 多技术项目群　　D. 多业务项目群

【2021 年上半年系统规划与管理师考试上午综合知识真题第 22 题】

参考答案：B

答案解析：（官方教材第 88 页）多客户项目群：指按客户目标管理，设置有 PMO 或 IT 服务总监，管理多个客户项目，每个客户项目设有项目经理，每个客户都有不同的 IT 服务业务子项目。

2. 下图属于项目群管理中的（　　）。

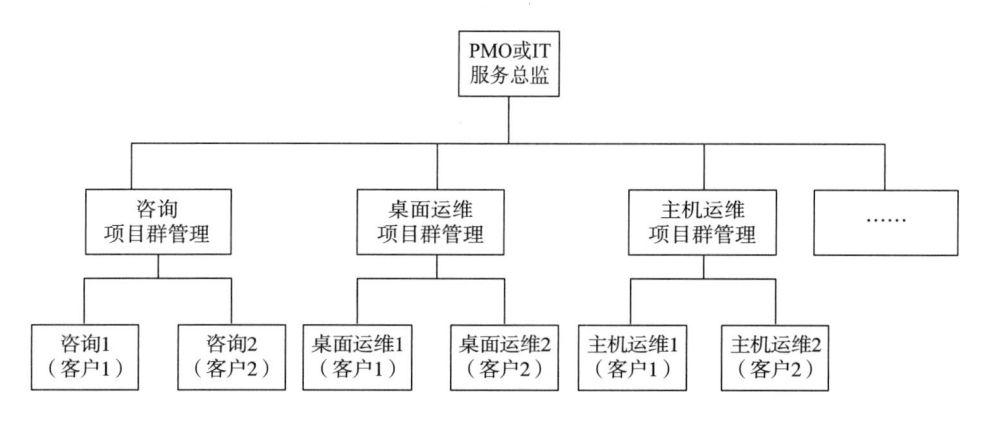

```
                         PMO或IT
                         服务总监
          ┌──────────────┼──────────────┬──────────┐
      咨询           桌面运维         主机运维       ……
   项目群管理      项目群管理        项目群管理
    /     \         /     \          /     \
  咨询1   咨询2  桌面运维1 桌面运维2  主机运维1 主机运维2
 （客户1）（客户2）（客户1）（客户2） （客户1） （客户2）
```

A. 多业务项目群　　　　　　　　B. 多客户项目群

087

C. 复合项目群 　　　　　　　　　D. 单业务项目群

【2020年下半年系统规划与管理师考试上午综合知识真题第30题】

参考答案：A

答案解析：（官方教材第89页）多业务项目群：指按业务目标管理，设置有PMO或者IT服务总监，分别管理多个IT服务业务，每个业务设有项目经理，每个项目经理分管多个客户。

3. 以下（　　）不属于项目管理的组织结构类型。

A. 单类项目群　　　　　　　　　B. 多类项目群

C. 集中式项目群　　　　　　　　D. 复合式项目群

【2018年上半年系统规划与管理师考试上午综合知识真题第20题】

参考答案：C

答案解析：（官方教材第86页）项目群可分为三类，分别是单类项目群、多类项目群、复合式项目群。

4.6 质量管理理论

核心考点4-12　质量管理常见理论方法★★★★

1. PDCA循环（戴明环）

- PDCA循环对全面质量管理的发展有着十分重要的意义。
- 在PDCA循环中，Plan-Do-Check-Act的管理循环是现场质量保证体系运行的基本方式，它反映了不断提高质量应遵循的科学程序。

2. 质量三部曲

- 质量三部曲和质量螺旋是对全面质量管理的最大贡献。
- 质量三部曲指的是质量策划、质量改进和质量控制。
- 质量螺旋要求我们首先去识别顾客的需求，开发出适合客户需求的产品，然后生产和销售这样的产品使顾客满意，顾客满意后又会产生新的需求，企业可以根据顾客的新需求进行新一轮的循环。

3. 零缺陷

- 质量应定义成符合要求，而不是好或优秀。

- 质量保证体系的原则是预防不合格,而不是对不合格进行评估。
- 工作标准应该是零缺陷,而不是差不多就行。
- 以不合格付出的代价来衡量质量,而不是用不合格的百分比来衡量质量。

4. 六西格玛管理

- 六西格玛(6σ)是一种改善企业质量流程管理的技术,既着眼于产品和服务质量,又关注过程的改进。
- 做 100 万件事情,其中只有 3.4 件事情是有缺陷的。
- 为了达到六西格玛,首先要制定标准,在管理中随时跟踪考核操作与标准的偏差,不断改进,其遵循五步循环改进法,即 DMAIC 模式(定义 Define、测量 Measure、分析 Analyze、改进 Improve、控制 Control)。

六西格玛人员包括绿带、黑带和黑带大师:

- 绿带的工作是兼职的,他们经过培训后,将负责一些难度较小的项目小组,或成为其他项目小组的成员。
- 黑带是六西格玛变革的中坚力量,对黑带的认证通常由外部咨询公司配合公司内部有关部门完成。黑带由企业内部选拔,接受培训并取得认证后被授予黑带称号,可担任项目小组负责人,同时负责培训绿带。
- 黑带大师是六西格玛管理专家的最高级别,一般为统计方面的专家,负责在 6σ 管理中提供技术指导。

速记法则

六西格玛管理是重点。

真题练一练

1. 质量管理方法不包括( )。
A. PDCA　　　　B. Pareto　　　　C. DMAIC　　　　D. PECA

【2022 年上半年系统规划与管理师考试上午综合知识真题第 23 题】

参考答案:D

答案解析:(官方教材第 92 页)选项 A 为 PDCA 戴明环;选项 B 为帕累托最优;选项 C 为 DMAIC 五步循环改进法。

2. 六西格玛是一种改善企业质量流程管理的技术,以"零缺陷"的完美商业追求,带动质量成本的大幅度降低,在六西格玛人员中,等级最高的是( )。

A. 红带 B. 绿带 C. 红黑带 D. 黑带大师

【2021年上半年系统规划与管理师考试上午综合知识真题第23题】

参考答案： D

答案解析：（官方教材第93页）六西格玛人员包括绿带、黑带和黑带大师，其中黑带大师是最高级别，一般是统计方面的专家，负责提供技术指导。

3. 六西格玛管理是一种改善企业质量流程管理方法，以"零缺陷"的完美商业追求，带动质量成本的大幅度降低。以下关于六西格玛管理的描述，不正确的是（ ）。

A. 六西格玛遵循五步循环改进法，即定义、测量、分析、改进、回顾

B. 六西格玛人员包括绿带、黑带和黑带大师

C. 六西格玛管理中过程能力用西格玛来度量，西格玛越大过程波动越小

D. 六西格玛管理既着眼于产品、服务质量，又关注过程改进

【2019年上半年系统规划与管理师考试上午综合知识真题第21题】

参考答案： A

答案解析：（官方教材第93页）六西格玛改进遵循五步循环改进法，即DMAIC模式（定义Define、测量Measure、分析Analyze、改进Improve、控制Control）。

4. 质量管理常见的方法有PDCA循环、（ ）等。

A. 零缺陷、质量三部曲和CMMI

B. 零缺陷、六西格玛和客户关系管理

C. 质量三部曲、零缺陷和六西格玛

D. 质量三部曲、零缺陷和客户关系管理

【2017年下半年系统规划与管理师考试上午综合知识真题第40题】

参考答案： C

答案解析：（官方教材第92页）质量管理常见的方法有PDCA循环、质量三部曲、零缺陷和六西格玛。

核心考点4-13 质量管理过程★★★★

1. 质量策划的内容

- 设定质量目标。来源于其输入的质量方针或上一级质量目标要求，以及顾客和其他相关方的需求和期望。
- 确定达到目标的途径。实现目标的过程可能是链式的，也可能是并列的或两者结合的，

任何一个质量目标的实现都需要多种过程。因此，在进行质量策划时，要充分考虑所需要的过程。
- 确定相关的职责和权限是质量策划的重点和难点。
- 确定所需的其他资源，包括人员、设施、材料、信息、经费、环境等。并不是所有的质量策划都需要确定的这些资源，只有新增的、特殊的、必不可少的资源才需要纳入到质量策划中。
- 确定实现目标的方法和工具。并不是所有的质量策划都是需要的。但如果某项质量职能或某个过程是一种新的工作，或者是一种需要改进的工作，那就需要确定其使用的方法和工具。
- 确定其他的策划需求。包括质量目标和具体措施完成的时间、检查或考核的方法、评价其业绩成果的指标、完成后的奖励方法、所需的文件和记录等。一般来说，完成时间是必不可少的，应当确定下来。

2. 质量控制的要点
- 质量控制范围包括生产过程和质量管理过程。
- 质量控制的关键是使所有质量过程和活动始终处于完全受控状态。
- 质量控制的基础是过程控制。

3. 质量保证
- 质量保证活动侧重于为满足质量要求提供使对方信任的证据，而质量控制活动侧重于如何满足质量要求。
- 质量保证工作的主要内容包括制定质量保证计划、过程与产品质量检查、编制质量保证工作报告和问题跟踪与持续改进。

4. 质量改进
- 质量改进是为了消除系统性或者长期性的质量问题，对现有的质量水平在控制的基础上加以提高，使质量达到一个新水平、新高度。
- 质量控制是质量改进的前提，质量改进是质量控制的发展方向。质量控制是日常进行的工作，而质量改进是阶段性工作。
- 质量改进涉及质量管理的全过程，改进的对象既包括产品或服务的质量，也包括各部门的工作质量。
- 改进项目的选择重点应是长期性的缺陷，一般将影响企业质量方针实现的主要问题作为质量改进的选择对象。

5. 质量改进实施方法
- PDCA 实施方法。7 个步骤：①明确问题；②掌握现状；③分析问题产生的原因；④拟订对策并实施；⑤确认效果；⑥防止问题再发生并标准化；⑦总结。
- DMAIC 方法。定义 Define、测量 Measure、分析 Analyze、改进 Improve、控制 Control。

速记法则

质量策划→质量控制→质量保证→质量改进。

真题练一练

1.以下关于质量管理的说法，正确的是（　　）。
A.质量策划不应该形成文件输出
B.质量改进是依据"操作规程"加以贯彻执行的
C.质量保证侧重于如何满足质量要求
D.质量控制是保证产品和服务质量，并使产品和服务质量不断提高的一种质量管理方法

【2022 年下半年系统规划与管理师考试上午综合知识真题第 24 题】

参考答案：D

答案解析：（官方教材第 95 页）选项 A：质量策划都应形成文件输出；选项 B：质量控制是日常进行的工作，可以纳入操作规程中加以贯彻执行；选项 C：质量保证活动侧重于为满足质量要求提供使对方信任的证据，而质量控制活动侧重于如何满足质量要求。

2.以下关于质量管理的描述，正确的是（　　）。
A."第一次就把事情做对"和"质量是免费的"是质量管理大师朱兰提出的
B.零缺陷，指的是做 100 万件事情，其中只有 3.4 件事情是有缺陷的
C.六西格玛改进循环的五步改进法 DMAIC，分别代表了定义、测量、分析、改进和控制
D.质量改进是质量控制的前提，质量控制是质量改进的发展方向

【2020 年下半年系统规划与管理师考试上午综合知识真题第 31 题】

参考答案：C

答案解析：（官方教材第 93 页）选项 A："第一次就把事情做对"和"质量是免费的"是克劳斯比的零缺陷理论；选项 B：六西格玛指的是做 100 万件事情，其中只有 3.4 件事情是有缺陷的；选项 D：质量控制是质量改进的前提，质量改进是质量控制的发展方向。

3.以下关于质量控制要点的描述，正确的是（　　）。
A.质量控制的范围包括生产过程和质量管理过程
B.质量控制的关键是使所有质量过程和活动始终处于完全摸索状态

C. 质量控制是对于生产过程中产品质量的控制

D. 质量控制内容包括制定质量保证计划、过程与产品检查、问题跟踪与持续改进

【2018 年上半年系统规划与管理师考试上午综合知识真题第 21 题】

参考答案：A

答案解析：（官方教材第 96 页）选项 B：质量控制的关键是使所有质量过程和活动始终处于完全受控状态；选项 C：质量控制的基础是过程控制，而不是产品；选项 D：质量保证内容包括质量保证计划、过程与产品检查、质量保证报告、问题跟踪和持续改进，而不是质量控制内容。

核心考点 4-14　质量管理工具★★★

1. 质量管理旧七工具

- 统计分析表：利用统计表对数据进行整理和初步原因分析的一种工具，其格式多样，简单有效。
- 数据分层法：将性质相同的，在同一条件下收集的数据归纳在一起，以便进行比较分析。其常与统计分析表结合使用。
- 排列图（帕累托图）：分析和寻找影响质量主要因素的一种工具，通过对帕累托图的观察分析可抓住影响质量的主要因素。
- 因果分析图（鱼骨图）：以结果作为特性，以原因作为因素，在它们之间用箭头表示因果关系。
- 直方图（柱状图）：表示数据变化情况的一种主要工具。
- 散布图（相关图）：将两个可能相关的变量数据用点画在坐标图上，用于表示一组成对的数据之间是否具有相关性。
- 控制图：对生产或者服务过程的关键质量特性值进行测定、记录、评估，并监测过程是否处于控制状态的一种图形方法。通过观察控制图上质量特性值的分布状况，分析和判断生产过程是否发生了异常，一旦发现异常要及时采取必要的措施加以清除。

2. 质量管理新七工具

- 系统图：系统地分析、探索实现目标的最好手段的方法。
- 关联图：把现象和问题有关系的各种因素串连起来的图形，找出与此问题有关系的一切要素，从而进一步抓住重点问题并寻求解决对策。
- 亲和图（KJ 法）：把收集到的大量的各种数据、资料，按其之间的亲和性（相近性）进行归纳整理，使问题明朗化，从而有利于解决问题。

- 矩阵图：从问题事项中找出成对的因素群，分别排列成行和列，找出其间行与列的相关性或相关程度的大小。
- 矩阵数据分析法：与矩阵图类似，区别在于不是在矩阵图上填符号，而是填数据。
- PDPC（Process Decision Program Chart，过程决策程序图）法：在制定达到研制目标的计划阶段，对计划执行中可能出现的各种障碍及结果作出预测，并相应地提出多种应变计划。
- 箭条图法（矢线图法）：是计划评审法在质量管理中的具体运用，使质量管理的计划安排具有时间进度内容的一种方法。其有利于从全局出发，抓住关键线路，集中力量，按时和提前完成计划。

速记法则

- "旧工具"的特点是强调用数据说话，重视对制造过程的质量控制。
- "新工具"基本是整理、分析语言文字资料（非数据）的方法，着重解决全面质量管理中 PDCA 循环的 P（计划）阶段的有关问题。

真题练一练

1. 以下（　　）不属于质量管理新工具。
A. 数据分层法　　　B. 关联图　　　C. 矢线图　　　D. 亲和图

【2022 年上半年系统规划与管理师考试上午综合知识真题第 25 题】

参考答案：A

答案解析：（官方教材第 98 页）数据分层法属于质量管理旧七工具。

2. 在质量管理工具中，（　　）强调用事实说话，靠"灵感"发现新思想，解决新问题。
A. 关联图　　　B. KJ 法　　　C. PDPC 法　　　D. 帕累托图

【2020 年下半年系统规划与管理师考试上午综合知识真题第 32 题】

参考答案：B

答案解析：（官方教材第 101 页）亲和图（KJ 法）是把收集到的大量各种数据、资料，按其之间的亲和性（相近性）进行归纳整理，使问题明朗化，从而有利于解决问题。KJ 法不同于统计方法，统计方法强调一切用数据说话，而 KJ 法主要靠用事实说话、靠灵感发现新思想、解决新问题。

4.7 信息安全管理

核心考点 4-15　信息安全的属性★★★★★

1. 信息安全管理体系

信息安全管理体系（Information Security Management System，ISMS）是整个管理体系的一部分，它基于业务风险来建立、实施、运行、监视、评审、保持和改进信息安全。

2. 信息安全的基本属性

- 完整性：信息在存储或传输过程中保持不被修改、不被破坏、不被插入、不延迟、不乱序和不丢失的特性。
- 可用性：信息可被合法用户访问并能按照要求顺序使用的特性。
- 保密性：信息不被泄露给非授权的个人和实体，或供其使用的特性。
- 可控性：授权机构可以随时控制信息的机密性。
- 可靠性：信息以用户认可的质量连续服务于用户的特性。

速记法则

完整性、可用性、保密性是重点。

真题练一练

1. 信息安全管理体系（ISMS）是整个管理体系的一部分。它基于（　　）来建立、实施、运行、监视、评审、保持和改进信息安全。

　　A. 企业战略　　　　B. 业务风险　　　　C. 客户需求　　　　D. 安全目标

【2020 年下半年系统规划与管理师考试上午综合知识真题第 24 题】

参考答案：B

答案解析：（官方教材第 103 页）信息安全管理体系（ISMS）是整个管理体系的一部分。它基于业务风险来建立、实施、运行、监视、评审、保持和改进信息安全。

2. 信息安全的基本属性包括 5 个方面，除了保密性、完整性、可用性和可控性外，还包括（　　）。

  A. 主动性　　　　　B. 合规性　　　　　C. 校验性　　　　　D. 可靠性

【2019 年上半年系统规划与管理师考试上午综合知识真题第 22 题】

参考答案： D

答案解析：（官方教材第 103 页）信息安全的基本属性包括 5 个方面，分别为保密性、完整性、可用性、可控性、可靠性。

3. "信息不被泄露给非授权的个人和实体，或供其使用的特性"属于信息安全基本属性的（　　）。

  A. 完整性　　　　　B. 可用性　　　　　C. 保密性　　　　　D. 可靠性

【2018 年上半年系统规划与管理师考试上午综合知识真题第 22 题】

参考答案： C

答案解析：（官方教材第 103 页）信息安全基本属性的保密性是指信息不被泄露给非授权的个人和实体，或供其使用的特性。

核心考点 4-16　信息安全管理活动 ★★★

信息安全管理活动主要包括以下几个方面：
- 定义信息安全策略。
- 定义信息安全管理体系的范畴。
- 进行信息安全风险评估。
- 确定管理目标和选择管理措施。
- 准备信息安全适用性声明。

速记法则

了解这 5 项活动。

真题练一练

下列不属于信息安全管理活动的是（　　）。

A. 定义信息安全策略

B. 定义信息安全管理体系的范畴

C. 进行信息安全风险评估

D. 实施安全检查

【系统规划与管理师考试上午综合知识模拟题】

参考答案：D

答案解析：（官方教材第 103 页）信息安全管理活动包括定义信息安全策略、定义信息安全管理体系的范畴、进行信息安全风险评估、确定管理目标和选择管理措施和准备信息安全适用性申明。

核心考点 4-17　信息安全等级保护★★★★★

1. 信息系统的安全保护等级

- 第一级：信息系统受到破坏后，会对公民、法人和其他组织的合法权益造成损害，但不损害国家安全、社会秩序和公共利益。
- 第二级：信息系统受到破坏后，会对公民、法人和其他组织的合法权益造成严重损害，或者对社会秩序和公共利益造成损害，但不损害国家安全。
- 第三级：信息系统受到破坏后，会对社会秩序和公共利益造成严重损害，或者对国家安全造成损害。
- 第四级：信息系统受到破坏后，会对社会秩序和公共利益造成特别严重损害，或者对国家安全造成严重损害。
- 第五级：信息系统受到破坏后，会对国家安全造成特别严重损害。

2. 信息安全等级保护工作的主要环节

- 信息系统定级。
- 信息系统备案。
- 信息系统安全建设整改。
- 等级测评。
- 监督检查。

速记法则

通过表格的递进关系快速记忆五个等级：

等　　级	合法权益	社会秩序和公共利益	国家安全
第一级	ý		
第二级	ýý	ý	

续表

等级	合法权益	社会秩序和公共利益	国家安全
第三级		ýý	ý
第四级		ýýý	ýý
第五级			ýýý

表格中 ý 表示损害，ýý 表示严重损害，ýýý 表示特别严重损害。

真题练一练

1. 信息系统受到破坏后，会对社会秩序和公共利益造成严重损害，或者对国家安全造成损害的，属于信息系统安全保护等级的（　　）。

　　A. 第一级　　　　B. 第二级　　　　C. 第三级　　　　D. 第四级

【2022 年上半年系统规划与管理师考试上午综合知识真题第 26 题】

参考答案：C

答案解析：（官方教材第 104 页）第三级：信息系统受到破坏后，会对社会秩序和公共利益造成严重损害，或者对国家安全造成损害。

2. 信息安全等级保护工作的主要环节的第一步是（　　）。

　　A. 测评　　　　　B. 检查　　　　　C. 定级　　　　　D. 备案

【2021 年上半年系统规划与管理师考试上午综合知识真题第 25 题】

参考答案：C

答案解析：（官方教材第 104 页）信息安全等级保护工作的主要环节：定级、备案、安全建设整改、等级评测和安全检查。

3. 信息系统受到破坏后，会对社会秩序和公共利益造成严重损害，或者对国家安全造成损害，属于信息系统安全等级保护的（　　）要求。

　　A. 一级　　　　　B. 二级　　　　　C. 三级　　　　　D. 四级

【2019 年上半年系统规划与管理师考试上午综合知识真题第 23 题】

参考答案：C

答案解析：（官方教材第 104 页）第三级：信息系统受到破坏后，会对社会秩序和公共利益造成严重损害，或者对国家安全造成损害。

4.《信息安全技术 信息系统安全等级保护定级指南》（GB/T 22240—2008）将信息系统的

安全保护等级分为五级。其中"信息系统受到破坏后，会对公民、法人和其他组织的合法权益造成严重损害，或者对社会秩序和公共利益造成损害，但不损害国家安全。"属于（　　）。

【2018年上半年系统规划与管理师考试上午综合知识真题第23题】

A. 第一级　　　　B. 第二级　　　　C. 第三级　　　　D. 第四级

参考答案：B

答案解析：（官方教材第104页）第二级：信息系统受到破坏后，会对公民、法人和其他组织的合法权益造成严重损害，或者对社会秩序和公共利益造成损害，但不损害国家安全。

第 5 章　IT 服务规划设计

→ 备考提示

本章内容会涉及单选题、案例分析及论文全部的三类题型。
本章内容偏重管理知识，考试难度中等。
本章考查的知识点多参照教材，扩展内容较少

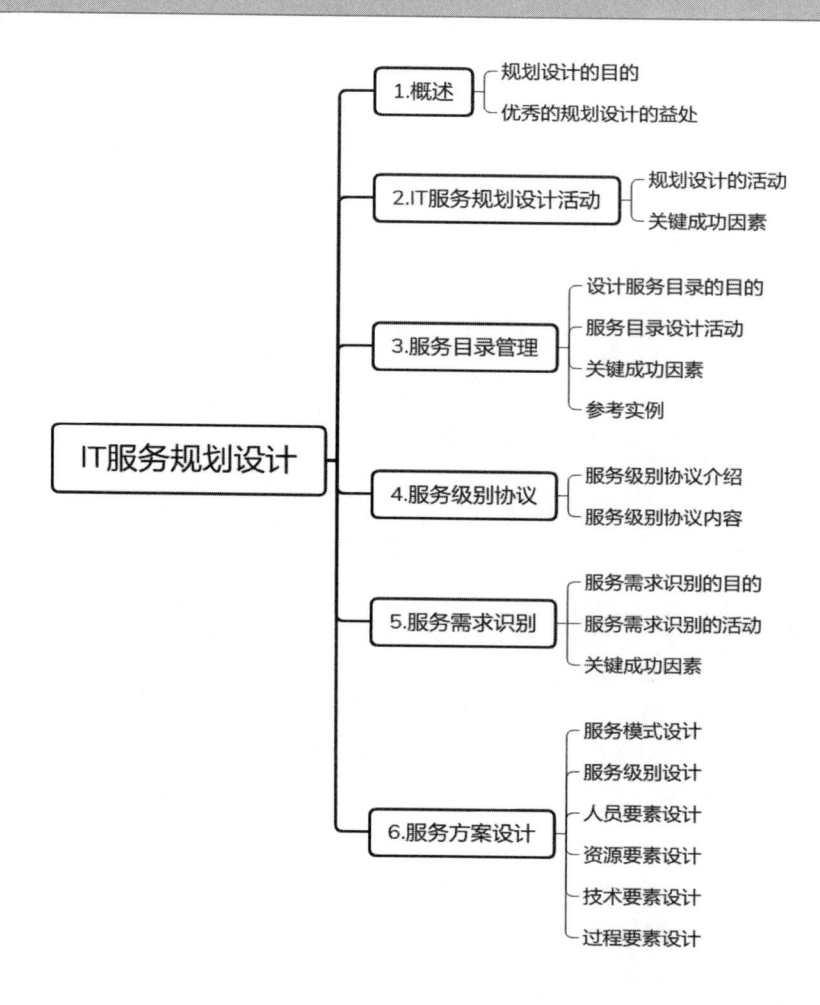

```
IT服务规划设计
├── 1.概述
│   ├── 规划设计的目的
│   └── 优秀的规划设计的益处
├── 2.IT服务规划设计活动
│   ├── 规划设计的活动
│   └── 关键成功因素
├── 3.服务目录管理
│   ├── 设计服务目录的目的
│   ├── 服务目录设计活动
│   ├── 关键成功因素
│   └── 参考实例
├── 4.服务级别协议
│   ├── 服务级别协议介绍
│   └── 服务级别协议内容
├── 5.服务需求识别
│   ├── 服务需求识别的目的
│   ├── 服务需求识别的活动
│   └── 关键成功因素
└── 6.服务方案设计
    ├── 服务模式设计
    ├── 服务级别设计
    ├── 人员要素设计
    ├── 资源要素设计
    ├── 技术要素设计
    └── 过程要素设计
```

本章涉及历年考试真题选择题考点分布统计

章　节	2022 年上	2021 年上	2020 年下
5.1 概述			
5.2 IT 服务规划设计活动			35. 服务方案设计
5.3 服务目录管理	28. 服务目录 29. 服务目录管理	26. 服务目录 27. 服务目录制定步骤	
5.4 服务级别协议	30. 服务级别协议	36. 服务级别协议	36. 服务级别协议
5.5 服务需求识别	31. 识别服务需求 33. 信息安全需求	28.IT 服务可用性指标	
5.6 服务方案设计	27. 服务方案设计 32. 服务级别设计 34. 资源要素设计	29. 服务方案设计 30. 服务级别设计 31.SMART 原则 32. 人员要素设计的活动 33. 资源要素工具的选择 34. 过程 KPI 设计的活动 35. 服务模式设计的关键成功因素 37. 技术要素设计的目的	37. 资源要素设计的目的 38. 过程 KPI 设计 39.SMART 原则
	8 分	12 分	5 分

章　节	2019 年上	2018 年上	2017 年下
5.1 概述			42. 规划设计主要目的
5.2 IT 服务规划设计活动		24. 规划设计的活动	
5.3 服务目录管理	25. 服务目录设计成员 26. 服务目录变量及促进因素	25. 服务目录设计活动 26. 服务目录管理	
5.4 服务级别协议		27. 服务级别协议	
5.5 服务需求识别	28. 系统可靠性指标	28. 服务需求识别活动	
5.6 服务方案设计	30. 人员要素设计	29. 服务模式设计	45. 资源要素的关键成功因素
	4 分	6 分	2 分

注：2017 年下半年的考试是系统规划与管理师考试第一次开考，出题比较仓促，不具有代表性。2018 年和 2019 年的试题最具有代表性，考点基本一致，题号顺序也基本一致。案例分析及

论文部分，分别在案例分析和论文章节进行详细分析。

本章涉及历年考试真题选择题核心考点分布情况

章　节	核心考点	重要程度	2022	2021	2020	2019	2018	2017
5.1 概述	核心考点 5-01 规划设计的目的和益处	★★★						√
5.2 IT 服务规划设计活动	核心考点 5-02 规划设计的活动	★★★★			√	√	√	
	核心考点 5-03 规划设计的关键成功因素	★★★						
5.3 服务目录管理	核心考点 5-04 服务目录的两种形态	★★★★	√	√		√		
	核心考点 5-05 服务目录设计的目的	★★★						
	核心考点 5-06 服务目录设计的步骤	★★★★★		√		√	√	
	核心考点 5-07 服务目录的附加价值	★★★				√		
	核心考点 5-08 服务目录的关键成功因素	★★★	√					
5.4 服务级别协议	核心考点 5-09 服务级别协议	★★★★★	√		√	√		
5.5 服务需求识别	核心考点 5-10 服务需求识别的目的	★★★	√					
	核心考点 5-11 服务需求识别的活动	★★★★	√				√	
	核心考点 5-12 IT 服务可用性指标	★★★★★		√		√		
	核心考点 5-13 服务需求识别的关键成功因素	★★★						
5.6 服务方案设计	核心考点 5-14 服务方案设计概述	★★★	√	√				
	核心考点 5-15 服务模式的分类	★★★★					√	
	核心考点 5-16 服务模式设计的 WHK	★★★★★		√				
	核心考点 5-17 服务级别设计的 WHK	★★★★		√				
	核心考点 5-18 人员要素设计的 WHK	★★★★		√		√		
	核心考点 5-19 人员绩效 SMART 原则	★★★★★		√	√			
	核心考点 5-20 资源要素设计的 WHK	★★★★★		√	√			√
	核心考点 5-21 技术要素设计的 WHK	★★★★	√	√				
	核心考点 5-22 过程要素设计	★★★		√	√			

5.1 概述

核心考点 5-01 规划设计的目的和益处 ★★★

规划设计处于整个 IT 服务生命周期中的前端，可以帮助 IT 服务供方了解客户的需求，并对其进行全面的需求分析，然后对服务要素（包括人员、技术、过程和资源）、服务模式、服务方案进行具体设计，最终形成服务级别协议（Service Level Agreement，SLA），包括服务的内容、连续性、可用性、服务能力和服务费用等。

规划设计的范围不仅包括新的服务，还包括服务连续性保障、服务水平的满足和对标准、规则的遵从，以及在服务生命周期过程中为了保持和增加服务价值所做的必要变更。

1. 规划设计的主要目的

- 设计满足业务需求的 IT 服务。
- 设计 SLA、测量方法和指标。
- 设计服务过程及其控制方法。
- 规划服务组织架构、人员编制、岗位及任职要求。
- 识别风险，并定义风险控制措施和机制。
- 识别和规划支持服务所需的技术及资源。
- 评估 IT 服务成本，制定服务预算，控制服务成本。
- 制定服务质量管理计划，以全面提高 IT 服务质量。

2. 规划设计的益处

- 减少总体拥有成本（Total Cost Ownership，TCO）。
- 使新的或变更的服务的实施更便利。
- 改进服务流程。
- 服务执行更有效。
- 提示 IT 服务管理。
- 服务管理更有效。

速记法则

了解规划设计的主要目的和益处。

真题练一练

以下关于IT服务规划设计主要目的的叙述中,错误的是( )。

A. 设计满足业务需求的IT服务

B. 设计SLA、测量方法和指标

C. 无须识别风险,应由客户定义风险控制措施

D. 规划服务的组织架构、人员编制、岗位及任职要求

【2017年下半年系统规划与管理师考试上午综合知识真题第42题】

参考答案:C

答案解析:(官方教材第107页)IT服务规划设计的主要目的在于:设计满足业务需求的IT服务;设计SLA、测量方法和指标;设计服务过程及其控制方法;规划服务组织架构、人员编制、岗位及任职要求;识别风险,并定义风险控制措施和机制;识别和规划支持服务所需的技术和资源;评估IT服务成本,制定服务预算,控制服务成本;制定质量管理计划,以全面提高服务质量。提示:选项C这种带有"无须"的类似词语大多都是错误选项。

5.2 IT服务规划设计活动

核心考点5-02 规划设计的活动★★★★

规划设计流程中的主要活动包括服务需求识别、服务目录设计、服务方案设计(含服务模式设计、服务级别设计、人员要素设计、过程要素设计、技术要素设计、资源要素设计)、服务成本评估和服务级别协议设计。

规划设计从服务需求出发,终点为设计出符合业务需求和成果的服务方案。在需求阶段,客户结合服务目录的定义和自身要求,提出服务级别需求,服务供方根据服务需求,进行服务模式设计、服务级别设计、服务要素设计等关键活动,同时兼顾成本控制和定价,最终形成服务级别协议、运营级别协议和支持合同。

第 5 章 IT 服务规划设计

```
                    客户 ←─────┐
        需求阶段      ↓     服务目录
                 服务级别需求 ←┘

         ┌─────────────────────────────────────┐
         │ 服务模式设计  服务级别设计  服务要素设计 │
    ┌───→│                   ↓                  │
    │    └─────────────────────────────────────┘  规划设计
  服务成本 ┌─────────────────────────────────────┐
    │    │            服务级别协议              │
    └───→│            ↙        ↘               │
         │       运营级别协议   支持合同         │
         └─────────────────────────────────────┘
```

速记法则

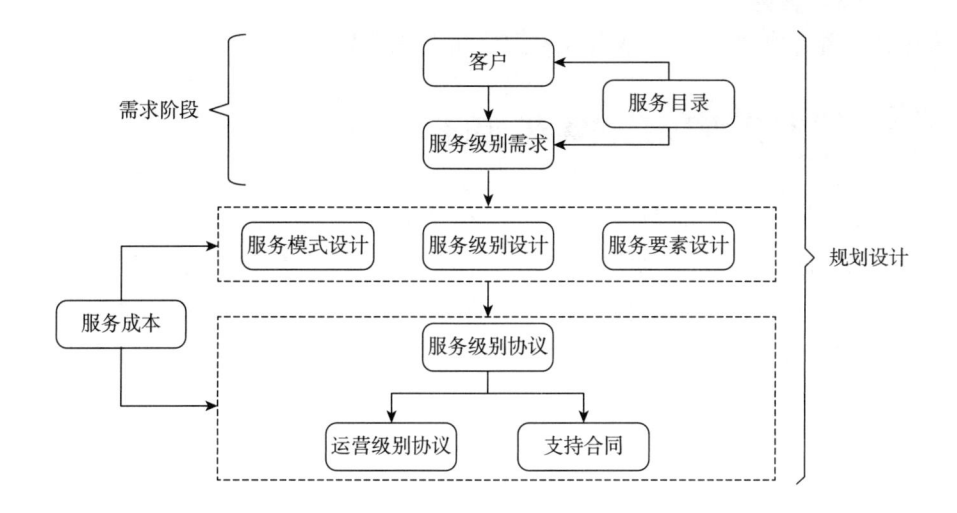

- 先识别需求，再根据需求制定目录，制定方案，最终形成协议。
- 服务方案设计包括 6 项：模式、级别、人员、过程、技术、资源。

真题练一练

1. 服务方案设计中不包括（　　）。
A. 服务模式设计　　B. 服务类型设计　　C. 过程要素设计　　D. 资源要素设计

【2020 年下半年系统规划与管理师考试上午综合知识真题第 35 题】

参考答案：B

答案解析：（官方教材第 108 页）服务方案设计包括 6 项：模式、级别、人员、过程、技术、资源。

2. 规划设计的优劣对 IT 服务目标的实现有重大影响，以下（　　）不属于规划设计阶段的主要活动。

A. 应急响应预案的制定　　　　　　B. 服务目录设计
C. 服务需求识别　　　　　　　　　D. 服务方案设计

【2018 年上半年系统规划与管理师考试上午综合知识真题第 24 题】

参考答案：A

答案解析：（官方教材第 108 页）规划设计流程中的主要活动包括服务需求识别、服务目录设计、服务方案设计（含服务模式设计、服务级别设计、人员要素设计、过程要素设计、

105

技术要素设计、资源要素设计）、服务成本评估和服务级别协议设计。

核心考点 5-03　规划设计的关键成功因素 ★★★

规划设计的关键成功因素包括：
- 确保规划设计考虑全面，使规划设计包含 IT 服务的所有活动及与业务相关的接口。
- 当服务变更或补充规划设计的任一独立元素时，都要综合考虑有关职能、管理和运营等层面的问题。
- 明确重点，充分沟通。
- 计划、执行、检查和处理（PDCA）。

速记法则

简单了解即可。

真题练一练

下列（　　）不是规划设计的有效实施需充分考虑的内容。
A. 确保规划设计考虑全面
B. 综合考虑有关职能、管理和运营等层面的问题
C. 明确重点，保证质量
D. 计划、执行、检查和处理

【系统规划与管理师考试上午综合知识模拟题】
参考答案：C
答案解析：（官方教材第 109 页）选项 C 应为：明确重点，充分沟通。

5.3　服务目录管理

核心考点 5-04　服务目录的两种形态 ★★★★

（1）服务目录是梳理服务产品和管理客户期望的重要工具，是服务供方为客户提供的 IT

服务集中式的信息来源，以确保业务领域可以准确地看到可用的 IT 服务及服务的细节和状态。

（2）服务目录是公开的，无论是客户还是服务供方都能随时查阅。

（3）服务目录定义了服务供方所提供服务的全部种类和目标，但是在很多情况下，由于涉及的内容很可能已经在其他文档（如 SLA）中被提及，为了避免文档的重复，服务目录往往不再单独列出。

（4）服务目录有以下两种形态：

- 业务服务目录。业务服务目录包含提交给客户的所有 IT 服务细节，并将其关联到依靠 IT 服务的业务单元和业务流程，是客户视角的服务目录。
- 技术服务目录。技术服务目录包含提交给客户的所有 IT 服务细节，并将其关联到提供给业务的必需的支持服务、共享服务、组件和配置项，支撑业务服务目录，是技术视角的服务目录。通常客户不关注技术服务目录。

速记法则

业务服务目录是客户视角，技术服务目录是技术视角。

真题练一练

1. 以下关于服务目录的描述，不正确的是（　　）。
A. 服务目录应该是公开的，方便客户或服务供方查询
B. 业务服务目录支持技术服务目录
C. 客户通常不关注技术服务目录
D. 服务目录能促进 IT 服务组织与客户建立长期稳固的关系

【2022 年上半年系统规划与管理师考试上午综合知识真题第 28 题】

参考答案：B

答案解析：（官方教材第 110 页）技术服务目录包含提交给客户的所有 IT 服务细节，并将其关联到提供给业务的必需的支持服务、共享服务、组件和配置项，支撑业务服务目录。

2. 以下关于服务目录设计的描述，正确的是（　　）。
A. 服务目录分为两种，分别是技术服务目录和管理服务目录
B. 技术服务目录包含提交给客户的所有 IT 服务细节，并将其关联到依靠 IT 服务的业务单元和业务流程，是技术视角的服务目录
C. 通过实施正规的 IT 服务目录，可增强客户的需求意识，提高 IT 服务供方的市场可视性
D. 设计服务目录时，要确保向需方提供的每个服务都是某个大服务的一部分

【2021年上半年系统规划与管理师考试上午综合知识真题第26题】

参考答案：C

答案解析：（官方教材第110页）选项A应为：服务目录分为两种，分别是技术服务目录和业务服务目录；选项B应为：技术服务目录包含提交给客户的所有IT服务细节，并将其关联到提供给业务的必需的支持服务、共享服务、组件和配置项，支撑业务服务目录，是技术视角的服务目录；选项D应为：确保向需方提供的每个服务都是独立的，而不是某个大服务的一部分。

3. 以下关于服务目录的描述，不正确的是（　　）。

A. 服务目录是公开的，相关方都应该可以方便地查阅

B. 服务目录定义了服务供方所提供服务的全部种类和服务目标

C. 如果服务目录涉及的内容已在其他文档中被提及，可不必单独列出

D. 服务目录分为业务服务目录和技术服务目录，必须提交给客户

【2018年上半年系统规划与管理师考试上午综合知识真题第26题】

参考答案：D

答案解析：（官方教材第110页）技术服务目录包含提交给客户的所有IT服务细节，并将其关联到提供给业务的必需的支持服务、共享服务、组件和配置项，支撑业务服务目录，是技术视角的服务目录。客户通常不关注技术服务目录。

核心考点5-05 服务目录设计的目的★★★

（1）服务目录设计的目的是为所有商定的服务提供单一、连贯的信息来源，并且确保所有获准使用相关服务的人能够知道这些信息。服务目录促使IT部门与客户之间建立起一种长期稳固的关系。

（2）实施一套正规IT服务目录的潜在效益包括：

- 促进部门同外部及内部的沟通。
- 对业务要求和挑战有更好的理解。
- 能有效地把适当的成本分配给某个具体的业务部门、单位。
- 服务供方能积极、有效地改变终端用户的消费量及其消费行为。
- 增强客户的需求意识，提高IT服务供方的市场可视性。
- 提高IT服务和流程的效率。
- 把IT资源重新分配到核心业务系统中。

- 降低服务提供的出错率。
- 降低 IT 部门的操作成本。

速记法则

简单了解即可。

真题练一练

实施一套正规 IT 服务目录的潜在效益不包括（　　）。
A. 促进部门同外部及内部的沟通
B. 能有效地把适当的成本分配给某个具体的业务部门、单位
C. 降低 IT 服务和流程的效率
D. 把 IT 资源重新分配到核心业务系统中
【系统规划与管理师考试上午综合知识模拟题】
参考答案：C
答案解析：（官方教材第 111 页）选项 C 应为：提高 IT 服务和流程的效率。

核心考点 5-06　服务目录设计的步骤 ★★★★

IT 服务目录设计一般按照如下步骤进行：

（1）确定小组成员。参与人员至少应包括需方业务代表、系统规划与管理师和 IT 服务工程师。

（2）列举服务清单。列出一个包括所有 IT 服务在内的清单。

（3）服务分类与编码。对服务清单中的内容按照服务对象的技术维度或服务性质维度进行分类。

（4）服务项详细描述。详细描述各服务项包括的内容、价值、目标、服务级别指标和技术实现方法等。

（5）评审并发布服务目录。服务目录在经修改、评审、定稿后，可正式在供方组织内部发布，以作为服务交付和服务管理的基准。

（6）完善服务目录。根据客户服务需求或行业要求，继续改进服务目录，包括服务时间、服务方式、服务人员、服务定价等。

速记法则

- 确定成员→列举→分类→服务项→评审发布→完善。
- 按照顺序牢记 IT 服务目录设计的步骤。

真题练一练

1. 服务目录设计一般按照如下步骤进行：(　　)。
①列举服务清单　　　　　　　　②确定小组成员
③服务分类与编码　　　　　　　④服务项详细描述
⑤完善服务目录　　　　　　　　⑥评审并发布服务目录
A. ②①③④⑥⑤
B. ④②①③⑥⑤
C. ②①③④⑤⑥
D. ②③④①⑥⑤

【2021 年上半年系统规划与管理师考试上午综合知识真题第 27 题】

参考答案： A

答案解析：（官方教材第 111 页）确定成员→列举→分类→服务项→评审发布→完善。

2. 参与服务目录设计活动的小组成员至少应包括（　　）。
A. 需方业务代表、质量管理工程师、系统规划与管理师
B. 系统规划与管理师、运维项目经理、研发工程师
C. 需方业务代表、系统规划与管理师、IT 服务工程师
D. 运维项目经理、IT 服务工程师、风险评估师

【2019 年上半年系统规划与管理师考试上午综合知识真题第 25 题】

参考答案： C

答案解析：（官方教材第 111 页）参与人员至少应包括需方业务代表、系统规划与管理师和 IT 服务工程师，以确保制定服务目录时的视角是全面的。

3. (　　) 标志着 IT 服务目录条款的最终确定。
A. 服务目录通过了组织内部的逐层审核或评审
B. 服务目录中的服务项大部分有效实施
C. 服务目录中的服务项逐一实施并被客户认同
D. 服务目录通过第三方的评审

【2018 年上半年系统规划与管理师考试上午综合知识真题第 25 题】

参考答案： C

答案解析：（官方教材第 111 页）不同的组织针对 IT 服务目录的制定成本、复杂性及实施难度会有所不同，这完全取决于最终存档的服务目录的服务项数量。因此，只有在服务目录中的服务项逐一实施并被客户认同之后，服务目录的条款才能最终确定。

核心考点 5-07　服务目录的附加价值★★★

（1）服务目录包含众多条款和变量，可以为 IT 组织和部门创造更多、更有意义的附加价值。

（2）服务目录可能包含的变量及促进因素包括：

- 对服务进行统一收费。
- 确定服务使用费或基于服务能力的收费额。
- 增加循环过程中服务消费的数量或单元。
- 确定相似服务提供时的优先次序。
- 获取新的服务或添加附加客户的流程及程序。

速记法则

简单了解即可。

真题练一练

在服务目录设计中，可以通过（　　），为 IT 组织和部门创造更多、更有意义的附加价值。
① 对桌面运维服务进行统一收费
② 根据服务呼叫数量来确定费用
③ 降低服务器巡检频率、性能优化次数
④ 增加数据迁移服务等其他运维服务

A. ①②③　　　　B. ①②④　　　　C. ②③④　　　　D. ①③④

【2019 年上半年系统规划与管理师考试上午综合知识真题第 26 题】

参考答案： B

答案解析：（官方教材第 112 页）③明显不对，不能通过降低巡检频率、性能优化次数这种降低服务质量的方式来创造价值。

核心考点 5-08　服务目录的关键成功因素 ★★★

服务目录的关键成功因素包括：
- 确保向需方提供的每个服务都是独立的，而不是某个大服务的一部分。
- 可以根据客户的需求和内部情况，对服务内容进行控制和衡量。
- 服务成本可以根据客户需求的不同而进行改变。
- 客户容易认可和感受对服务成本有较大影响的服务。

速记法则

简单了解即可。

真题练一练

1. 以下关于服务目录管理的描述，不正确的是（　　）。
A. 对于服务分类时，既可以按照技术维度，也可以按照服务性质维度
B. 制定服务目录时，应邀请客户代表参与
C. 服务目录中的服务产品包括已经开展的服务和即将开展的服务
D. 向客户提供的服务可以是服务目录中某个大服务的一部分

【2022 年上半年系统规划与管理师考试上午综合知识真题第 29 题】

参考答案：D

答案解析：（官方教材第 112 页）确保向需方提供的每个服务都是独立的，而不是某个大服务的一部分。

2. 下列不属于服务目录设计的关键成功因素的是（　　）。
A. 确保向需方提供的每个服务都是独立的，而不是某个大服务的一部分
B. 可以根据客户的需求和内部情况，对服务内容进行控制和衡量
C. 服务成本不因客户需求的不同而进行改变
D. 客户容易认可和感受对服务成本有较大影响的服务

【系统规划与管理师考试上午综合知识模拟题】

参考答案：C

答案解析：（官方教材第 112 页）选项 C 应为：服务成本可以根据客户需求的不同而进行改变。

5.4 服务级别协议

核心考点 5-09　服务级别协议 ★★★★

1. 服务级别协议（Service Level Agreement，SLA）
- 服务级别协议是在一定成本控制下，为保障 IT 服务的性能和可靠性，服务供方与客户间定义的一种双方认可的协定。
- 一个完整的 SLA 也是一个合法的文档，包括涉及的当事人、协定条款、违约的处罚、费用和仲裁机构、政策、修改条款、报告形式和双方的义务等。

2. 运营级别协议（Operational Level Agreement，OLA）
- 运营级别协议是与某个内部 IT 部门就某项 IT 服务所签订的后台协议。
- OLA 在 IT 内部定义了所有参与方的责任，并将这些参与方联合在一起提供某项特别服务。各方就所提供服务的质量和数量等级达成一致。

3. 支持合同（Underpinning Contract，UC）
- 支持合同是与外部服务供应商或组织签订的合同，是正规的、具备法律效力的协议，是 SLA 中的重要部分。SLA 只是内部或对客户的协议，不具有法律效力。
- 从内容上看，UC 主要由依据 SLA 的内容加上法律条文中的责任、权利和义务构成。

速记法则

- 注意 SLA、OLA、UC 的区别。
- SLA 对客户；OLA 对内部部门；UC 对外部服务供应商。

真题练一练

1. 以下关于服务级别协议（SLA）、运营级别协议（OLA）和支持合同（UC）的描述，不正确的是（　　）。

A. SLA 可具有法律效力

B. OLA 与 UC 的作用之一是分解 SLA 中的工作责任、服务目标

C. OLA 是必须签署的，UC 不是必须签署的

D. UC 由 SLA 的内容加上法律条文中的责任、权利和义务构成

【2022 年上半年系统规划与管理师考试上午综合知识真题第 30 题】

参考答案：A

答案解析：（官方教材第 114 页）服务级别协议是服务供方与客户间定义的一种双方认可的协定，不具有法律效力；支持合同是与外部服务供应商或组织签订的合同，是正规的、具备法律效力的协议。

2. 以下关于服务级别协议的描述，不正确的是（　　）。

A. 服务级别协议包括服务范围、服务时间、服务交付方式、服务交付内容等，各方代表需签字

B. 服务级别协议是在一定成本控制下，为保障 IT 服务性能和可维护性，服务供方与其内部部门间定义的一种双方认可的协定

C. 如果服务级别协议中包含了针对某个具有高优先事件的总目标，则运营级别协议中就应该包括针对整个支持链的每个环节的具体目标

D. 一个完整的服务级别协议包括涉及的当事人、协定条款、违约处罚、双方义务等

【2020 年下半年系统规划与管理师考试上午综合知识真题第 36 题】

参考答案：B

答案解析：（官方教材第 114 页）服务级别协议是在一定成本控制下，为保障 IT 服务的性能和可靠性，服务供方与客户间定义的一种双方认可的协定；运营级别协议是与某个内部 IT 部门就某项 IT 服务所签订的后台协议。

3.（　　）是在一定成本控制下，为保障 IT 服务的性能和可靠性，服务供方与客户间定义的一种双方认可的协定。

A. 服务级别协议（SLA）

B. 服务级别管理（SLM）

C. 运营级别协议（OLA）

D. 支持合同（UC）

【2018 年上半年系统规划与管理师考试上午综合知识真题第 27 题】

参考答案：A

答案解析：（官方教材第 114 页）服务级别协议是在一定成本控制下，为保障 IT 服务的性能和可靠性，服务供方与客户间定义的一种双方认可的协定。

5.5 服务需求识别

核心考点 5-10　服务需求识别的目的 ★★★

（1）通过对客户业务和 IT 服务需求的了解，可以将服务需求划分为可用性需求、连续性需求、能力需求、信息安全需求和价格需求；然后对 IT 服务进行具体的设计，包括连续性设计、可用性设计、能力设计、收费模式和定价、IT 服务报告设计，最终形成 IT 服务方案。

（2）服务需求识别的目的包括：
- 了解客户的基本需求，分析潜在客户的不同需求，为 IT 服务方案设计打下基础。
- 了解客户对系统可用性和连续性的需求。
- 进行合理的 IT 服务资源配置。
- 为预算 IT 服务成本、设计定价和收费模式奠定基础。

速记法则

简单了解即可。

真题练一练

1.在 IT 服务规划设计阶段识别服务需求时，常见的客户服务需求不包括（　　）。

A．服务工具需求

B．业务连续性需求

C．服务能力需求

D．信息安全需求

【2022 年上半年系统规划与管理师考试上午综合知识真题第 31 题】

参考答案： A

答案解析：（官方教材第 116 页）通过对客户业务和 IT 服务需求的了解，可以将服务需求划分为可用性需求、连续性需求、能力需求、信息安全需求和价格需求。

2. 下列（ ）不是服务需求识别的目的。

A. 了解客户的基本需求，分析潜在客户的不同需求，为 IT 服务方案设计打下基础

B. 了解客户对系统可用性和连续性的需求

C. 进行合理的 IT 服务资源配置

D. 为提高 IT 服务质量奠定基础

【系统规划与管理师考试上午综合知识模拟题】

参考答案：D

答案解析：（官方教材第 117 页）选项 D 应为：为预算 IT 服务成本、设计定价和收费模式奠定基础。

核心考点 5-11 服务需求识别的活动 ★★★★

活　动	描　述
IT 服务可用性需求识别	• IT 服务不可用对业务的影响，即客户可以承受多长的停机时间 • 从业务角度分析，IT 服务不可用（或质量下降）时造成的成本损失
业务连续性需求识别	识别影响风险因素，形成风险评估表及风险应对计划
IT 服务能力需求识别	保证信息系统的性能和 IT 服务能力可以以最及时、最有效的方式满足服务级别协议（SLA）中所有当前和未来的需求
信息安全需求识别	• 机密性（保密性）：信息仅可以被授权的人访问和使用 • 完整性：保护信息防止未授权的修改 • 可用性：在协议规定的时间内，信息都应该是可获取且可用的
价格需求识别	（供方）成本包括设备成本、系统与应用、软件成本、人力成本、第三方支持成本、管理成本和其他成本等
IT 服务报告需求识别	典型报告包括：①按照既定服务水平目标衡量的服务绩效；②主要工作的绩效报告，如定期的服务概况、事件、变更汇报；③工作的特点和工作量信息；④某段事件的趋势信息；⑤未来计划工作的信息

速记法则

6 种需求识别：可用性、连续性、能力、安全、价格、报告。

真题练一练

1. 客户对信息安全需求包含多个方面，（　　）是指保护信息防止未授权的修改。

A. 完整性　　　　　B. 保密性　　　　　C. 机密性　　　　　D. 可用性

【2022年上半年系统规划与管理师考试上午综合知识真题第33题】

参考答案： A

答案解析：（官方教材第118页）机密性（保密性）：信息仅可以被授权的人访问和使用；完整性：保护信息防止未授权的修改；可用性：在协议规定的时间内，信息都应该是可获取且可用的。

2.在服务设计过程中，需针对如下（　　）方面进行风险评估。
① IT 服务可用性　　② 业务连续性　　③ IT 服务能力
④ 信息安全　　　　⑤ 价格　　　　　⑥ IT 服务报告
A. ①③⑤　　　　　B. ①②④　　　　　C. ②③④　　　　　D. ②④⑥

【2018年上半年系统规划与管理师考试上午综合知识真题第28题】

参考答案： C

答案解析：（官方教材第118页）进行风险评估可以确定可能造成信息系统中断、灾难的潜在威胁，包括具有负面影响的事件、存在安全隐患的环境因素等。风险评估可以预测这些威胁可能造成的损失，并且评估措施是否能有效防止威胁的发生，是否能有效防止威胁发生后造成的损失。涉及连续性、服务能力和信息安全方面。

核心考点 5-12　IT 服务可用性指标★★★★

1. 平均无故障时间（Mean Time Between Failures，MTBF）
- 从一次事件中恢复到下一次事件发生之间的平均间隔时间，也称为正常运行时间。
- 该指标与 IT 服务的可靠性有关。

2. 平均修复时间（Mean Time To Repair，MTTR）
- 故障发生和 IT 服务恢复之间的平均时间，是检测时间与解决时间之和，也称为宕机时间。
- 该指标与 IT 服务的可恢复性和可服务性有关。

3. 平均系统事件间隔时间（Mean Time Between System Incidents，MTBSI）
- 两次相邻事件之间的间隔时间。
- 平均系统事件间隔时间（MTBSI）等于平均修复时间（MTTR）与平均无故障时间（MTBF）之和。

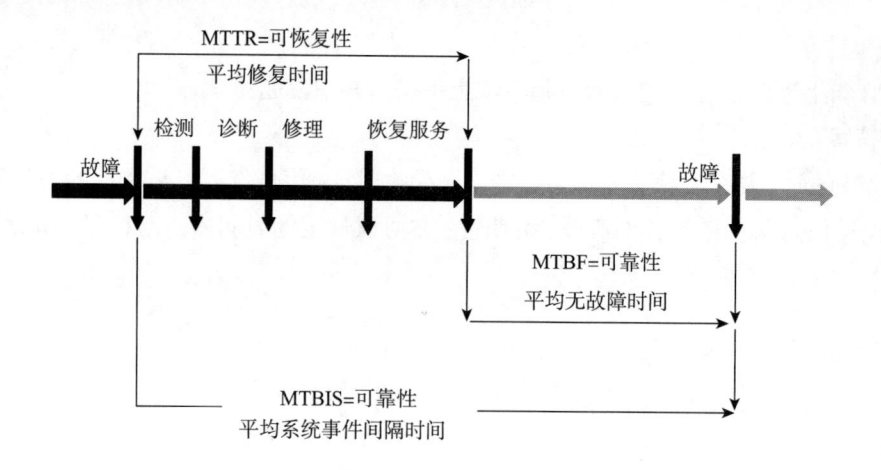

```
                    MTTR=可恢复性
                    平均修复时间
              检测  诊断  修理  恢复服务
    故障                                          故障
    ───►▼────▼────▼────▼──────────────────▼────►
                              MTBF=可靠性
                              平均无故障时间

              MTBIS=可靠性
              平均系统事件间隔时间
```

可用性指标	标 杆	备 注
平均无故障时间	5.0 小时	平均无故障时间 = 系统运行时间 / 系统在运行时间的故障次数 平均无故障时间越长，表示系统的可靠性越高
平均修复时间	0.5 小时	平均修复时间 = 系统故障耗时 / 故障次数 平均修复时间越短，表示系统的可恢复性越好
平均系统事件间隔时间	5.5 小时	平均系统事件间隔时间 = 平均无故障时间 + 平均修复时间 平均系统事件间隔时间越长，表示系统的可靠性越高

计算实例：一个 7×24 的 IT 系统运行了 365 天（8760 小时），在这期间一共发生了 2 次系统宕机导致业务中断，两次中断的时间分别为 6 小时和 14 小时，各项指标应如何计算？

平均无故障时间 =（8760−6+14）/2=4370 小时。

平均修复时间 =（6+14）/2=10 小时。

平均系统事件间隔时间 =4370+10=4380 小时。

可用性 =（8760−6+14）/8760 × 100%=99.77%

或

=MTBF /（MTBF + MTTR）=4370/4380 × 100%=99.77%

速记法则

- 需要掌握这三个可用性指标的区别和计算方法。
- 注意区分可靠性与可用性的区别与联系。可靠性高简单来说就是不易坏，可用性高就是不易坏或者坏了很快就能修好。可见，可用性包含可靠性。

> 真题练一练

1. IT 服务可用性需求识别涉及三个指标，以下关于这三个指标的描述，不正确的是（　　）。

A. MTBF 描述从一次事件中恢复到下一次事件恢复之间的平均间隔时间，也称为正常运行时间，与可靠性有关

B. MTTR 描述故障发生和 IT 服务恢复之间的平均时间，是检测时间与解决时间之和，也称为宕机时间，与可恢复性和可服务性有关

C. MTBSI 描述两次相邻事件之间的间隔时间。MTBSI 越长，表示可靠性越高

D. MTTR= 系统故障耗时 / 故障次数，MTTR 越长越好，MTBF 越短越好

【2021 年上半年系统规划与管理师考试上午综合知识真题第 28 题】

参考答案：D

答案解析：（官方教材第 117 页）平均无故障时间（Mean Time Between Failures，MTBF）：从一次事件中恢复到下一次事件发生之间的平均间隔时间，也称为正常运行时间，该指标与 IT 服务的可靠性有关。平均修复时间（Mean Time To Repair，MTTR）：故障发生和 IT 服务恢复之间的平均时间，是检测时间与解决时间之和，也称为宕机时间。该指标与 IT 服务的可恢复性和可服务性有关。MTTR 越短越好，MTBF 越长越好。

2. 下列系统可靠性最高的是（　　）。

A. 系统运行时间 6000 小时，发生故障 2 次，故障 1 耗时 4 小时，故障 2 耗时 5 小时

B. 系统运行时间 7000 小时，发生故障 3 次，故障 1 耗时 2 小时，故障 2 耗时 5 小时，故障 3 耗时 3 小时

C. 系统运行时间 5000 小时，发生故障 1 次，故障 1 耗时 5 小时

D. 系统运行时间 4000 小时，发生故障 2 次，故障 1 耗时 2 小时，故障 2 耗时 3 小时

【2019 年上半年系统规划与管理师考试上午综合知识真题第 28 题】

参考答案：C

答案解析：（官方教材第 117 页）系统可靠性通常用平均无故障时间表示，平均无故障时间越长，则系统的可靠性越高。平均无故障时间 = 系统运行时间 / 系统在运行时间的故障次数。A=6000/2=3000，B=7000/3=2333，C=5000/1=5000，D=4000/2=2000，所以 C 的可靠性最高。

核心考点 5-13　服务需求识别的关键成功因素 ★★★

服务需求识别的关键成功因素包括：

- 明确服务范围、服务内容和服务目标。
- 识别客户对于可用性、连续性、信息安全、服务能力、价格和服务报告方面的需求，以便对规划设计进行规划。
- 与需方进行充分的沟通，全面了解明示的和隐含的服务需求。

速记法则

简单了解即可。

真题练一练

下列（　　）不是服务需求识别的关键成功因素。

A. 了解客户的基本需求，分析潜在客户的不同需求，为 IT 服务方案设计打下基础

B. 明确服务范围、服务内容和服务目标

C. 识别客户对于可用性、连续性、信息安全、服务能力、价格和服务报告方面的需求，以便对规划设计进行规划

D. 与需方进行充分的沟通，全面了解明示的和隐含的服务需求

【系统规划与管理师考试上午综合知识模拟题】

参考答案：A

答案解析：（官方教材第 119 页）选项 A 是服务需求识别的目的。

5.6 服务方案设计

核心考点 5-14　服务方案设计概述 ★★★

（1）服务方案设计（when）：在识别需方的 IT 服务需求后，就开始设计方案。

（2）服务方案设计（who）：系统规划与管理师。

（3）服务方案设计（what）：服务方案设计是整个规划设计阶段的核心工作，需要综合考虑 IT 服务供需双方及第三方的能力和要求，设计出让各方都满意的 IT 服务方案。

速记法则

- 理解服务方案设计的 when、who、what。
- 服务方案设计是整个规划设计阶段的核心工作。

真题练一练

1. 在对 IT 服务进行规划设计时，服务供方根据（　　）进行服务方案设计。

A. 服务目录　　　　　　　　　B. 服务级别需求

C. 服务成本　　　　　　　　　D. 服务级别协议

【2022 年上半年系统规划与管理师考试上午综合知识真题第 27 题】

参考答案：D

答案解析：（官方教材第 119 页）在对 IT 服务进行规划设计时，服务供方根据服务级别协议进行服务方案设计。

2. 在 IT 服务生命周期过程中，（　　）是整个规划设计阶段的核心工作，系统规划与管理师需要综合考虑 IT 服务各相关方的要求来进行设计。

A. 服务级别协议设计

B. 服务方案设计

C. 服务需求识别

D. 服务成本评估

【2021 年上半年系统规划与管理师考试上午综合知识真题第 29 题】

参考答案：B

答案解析：（官方教材第 119 页）服务方案设计是整个规划设计阶段的核心工作。

核心考点 5-15　服务模式的分类 ★★★

IT 服务模式的划分方法如下：

- 将 IT 服务模式划分为远程支持（电话或邮件）、现场服务（上门技术支持、常驻现场）、集中监控等多种技术支持服务模式。
- 将 IT 服务模式分为 IT 外包（Information Technology Outsourcing，ITO）、业务流程外包（Business Process Outsourcing，BPO）、知识流程外包（Knowledge Process Outsourcing，KPO）等外包服务和新兴服务模式，如 SaaS、云计算等。

分 类	IT 服务内容示例
远程支持	通过电话、远程登录，在客户配合下进行 IT 服务请求的处理和系统故障的排除，包括呼叫中心、远程帮助台等技术支持
现场服务（上门技术支持）	远程技术支持不能成功而必须现场服务时，提供上门的技术支持，包括到客户现场进行巡检工作
现场服务（常驻现场）	指派专人常驻客户现场，和客户 IT 人员一起工作，随时响应客户服务请求，处理系统故障
集中监控	通过特定的监控平台，对客户信息系统进行实时监控，如发生任何异常，及时介入处理或告知客户

速记法则

理解常见的 IT 服务模式的分类。

真题练一练

A 公司为某矿业集团开发了一套 ERP 系统，在签署运行维护合同时，客户提出 A 公司应指派专人在指定地点和客户 IT 人员一起工作，随时响应客户服务需求，处理系统故障。这属于（　　）服务模式。

A. 远程支持　　　　B. 上门技术支持　　　　C. 常驻现场　　　　D. 集中监控

【2018 年上半年系统规划与管理师考试上午综合知识真题第 29 题】

参考答案： C

答案解析：（官方教材第 120 页）现场服务（常驻现场）：指派专人常驻客户现场，和客户 IT 人员一起工作，随时响应客户服务请求，处理系统故障。

核心考点 5-16　服务模式设计的 WHK ★★★★★

目的（WHY）	活动（HOW）	关键成功因素（KEY）
更好地满足客户需求，提升客户满意度	在服务模式设计过程中，需要充分考虑 IT 服务需求识别中客户对于可用性、连续性、安全、能力等方面的需求	• 选择的 IT 服务模式与客户需求一致 • 跟踪客户需求的变化，及时调整 IT 服务模式 • IT 服务供方具备同时提供多种 IT 服务模式的能力 • IT 服务供方人员配置和资源配置与 IT 服务模式匹配

速记法则

充分考虑 IT 服务需求识别中客户对于可用性、连续性、安全、能力等方面的需求。

真题练一练

以下不属于服务模式设计的关键成功因素的是（　　）。
A. 正确识别供方服务能力，得到足够的运营级别协议或支持合同的支持
B. 识别客户对于可用性、连续性、信息安全等方面的需求，以便进行规划
C. 跟踪客户需求的变化，及时调整 IT 服务模式
D. 重视服务模式设计，投入足够的资源和时间

【2021 年上半年系统规划与管理师考试上午综合知识真题第 35 题】
参考答案：B
答案解析：（官方教材第 120 页）选项 B 是服务需求识别的关键成功因素。

核心考点 5-17　服务级别设计的 WHK ★★★★

扫一扫，看视频

目的（WHY）	活动（HOW）	关键成功因素（KEY）
• 通过对 IT 服务绩效的协商、监控、评价和报告等一整套相对固定的运营流程，来维持和改进 IT 服务的质量，使之即符合业务需求，又满足成本约束的要求 • 采取适当的行动来消除或改进不符合级别要求的 IT 服务 • 提高客户满意度，以改善与客户的关系 • 督促 IT 服务供方	• 了解服务内容 • 确定服务范围、服务对象和服务内容 • 定义服务级别目标 • 明确双方职责 • 识别风险 • 对服务级别设计的评审和修改 • 服务级别谈判和沟通	• 重视服务级别设计，投入足够的资源和时间 • 在服务级别设计过程中，服务级别应尽可能地获得多数人的同意和认可，以获得必要的支持 • 充分考虑客户需求，服务级别是根据 IT 与业务需求的结合而设定的 • 验证服务目录是否可实现，在签约 SLA 前对这些服务目录进行核实 • 正确识别供方服务能力，得到足够的运营级别协议或支持合同的支持 • 在设定服务级别过程中各方的责任定义明确

速记法则

SLA 中最关注的是关键服务的关键指标。

> **真题练一练**

1. 在 IT 服务规划设计阶段，（　　）不是服务级别设计的主要活动。

A. 确定服务范围，服务对象和服务内容

B. 确定服务成本

C. 明确双方责任

D. 识别风险

【2022 年上半年系统规划与管理师考试上午综合知识真题第 32 题】

参考答案：B

答案解析：（官方教材第 122 页）服务级别设计的主要活动：①了解服务内容；②确定服务范围、服务对象和服务内容；③定义服务级别目标；④明确双方责任；⑤识别风险；⑥对服务级别设计的评审和修改；⑦服务级别谈判和沟通。

2. 关于服务级别设计，以下描述中不正确的是（　　）。

A. 一般来说，SLA 中最关注的是关键服务的关键指标

B. 服务级别的设定有助于限制用户需求的膨胀，避免期望蔓延，即对客户未成文要求的服务进行有效管理和限制

C. 服务级别是指服务供方与客户就服务的功能、性能等方面所达成的双方共同认可的级别要求

D. 服务级别设计需要验证服务目标是否可实现，在签约 SLA 前对这些服务目标进行核实

【2021 年上半年系统规划与管理师考试上午综合知识真题第 30 题】

参考答案：C

答案解析：（官方教材第 121 页）服务级别是指服务供方与客户就服务的质量、性能等方面所达成的双方共同认可的级别要求。

核心考点 5-18　人员要素设计的 WHK ★★★★

目的（WHY）	活动（HOW）	关键成功因素（KEY）
• 确保服务团队组织架构与业务需求和服务模式相适应 • 确保配置的服务人员数量能同时满足服务和成本两方面的需求	• 人员岗位和职责设计（管理岗、技术支持岗和操作岗）	• 是否具有成熟的知识管理体系 • 岗位培训是否充足且适用 • 进行服务意识及沟通能力培训 • 团队内人员能力的互备性

续表

目的（WHY）	活动（HOW）	关键成功因素（KEY）
• 确保服务人员的能力持续满足服务的需求 • 保持服务人员稳定的工作状态 • 保持服务人员的连续性	• 人员绩效方案设计（SMART原则）：人员绩效指标的识别及定义、明确人员绩效指标的计算考核方法、定义考核信息来源、定义人员绩效考核周期、设计绩效考核策略 • 人员培训方案设计：培训需求分析、培训内容设计、培训计划设计、培训效果评价方法设计	• 人员考核指标设定是否符合 SMART 原则 • 人员考核结果应用是否真正落地有效 • 建立良好的沟通协作机制 • 设计有效的人员储备管理措施 • 引导积极向上的团队文化，举行团队活动或其他方式的团队建设

速记法则

- 服务供方在选择人员和配置人员时，需要对人员能力和服务工作量进行评估。
- 知识、技能和经验是主要的关键成功因素。

真题练一练

1. 以下（　　）不属于规划设计过程中人员要素设计的活动。

A. 设定人员岗位职责，包括管理岗、技术支持岗、操作岗

B. 设定专人负责服务请求的处理

C. 定义人员绩效考核周期

D. 进行交付和应急培训

【2021年上半年系统规划与管理师考试上午综合知识真题第32题】

参考答案：B

答案解析：（官方教材第124页）选项B设定专人负责服务请求的处理是资源要素设计中服务台设计的内容。

2. 以下关于IT服务人员要素设计活动的描述，不正确的是（　　）。

A. 服务团队对关键岗位采取A/B岗机制，并适当进行人员储备

B. 每年一次对运输人员的绩效进行考核评估，对不达标者进行培训

C. 服务团队每年至少进行一次交付和应急培训，并进行效果评价

D. IT服务团队的人员岗位设计为管理岗和操作岗两类

【2019年上半年系统规划与管理师考试上午综合知识真题第30题】

参考答案：D

答案解析：（官方教材第 124 页）一个完整的 IT 服务团队应该包括管理岗、技术支持岗和操作岗等。

核心考点 5-19　人员绩效 SMART 原则★★★★

- 明确的（Specific）：清楚地说明要达成的行为标准。
- 可以衡量的（Measurable）：目标是量化的，且验证这些目标的数据或信息是可以获得的，无法量化就无法衡量和考核。
- 可以达到的（Attainable）：目标在付出努力的情况下可以实现，避免设立过高或过低的目标。
- 可实现的（Relevant）：在现实条件下是否可行、可操作。
- 时限性（Time-bound）：指标的订立要有明确的时间期限说明。

速记法则

理解并掌握 SMART 原则的内容。

真题练一练

1. 某运维团队在设定人员绩效指标考核时，设定了如下指标：要增强客户服务意识，热线服务满意度大于 85%，客户满意度 100%，要求在 8 月 31 日前完成项目第一期运维计划。关于 SMART 原则，下列说法中不正确的是（　　）。

　A. 不符合 SMART 原则中的 S，"增强客户服务意识"不明确

　B. 符合 SMART 原则中的 M，目标可以衡量

　C. 符合 SMART 原则中的 T，有一定的时限性

　D. 符合 SMART 原则中的 A，可以达到

【2021 年上半年系统规划与管理师考试上午综合知识真题第 31 题】

参考答案：D

答案解析：（官方教材第 125 页）题干中要求客户满意度达到 100%，不符合 SMART 原则中的 A。该指标很不现实，虽然服务质量是一致的，但不同的客户在不同的情形下，服务感知不同，因而很难达到 100% 的满意度。

2. "为提高下个月的销售业绩，运维团队要提前做好技术准备工作"，这不符合目标设定

SMART 原则的（　　）原则。

　　A. 明确的　　　　　B. 可以衡量的　　　　C. 可实现的　　　　D. 时限性

【2020 年下半年系统规划与管理师考试上午综合知识真题第 39 题】

参考答案：B

答案解析：（官方教材第 125 页）题干中的目标描述，没有具体的量化，无法进行测量和考核。

核心考点 5-20　资源要素设计的 WHK ★★★★★

根据已经识别的服务需求和设定的服务级别，IT 服务供方需要进行服务资源配置，确保服务供方具备提供足够资源的能力，以满足与需方约定的及需方未来的 IT 服务需求。

资源要素设计包括对服务工具、服务台、备件库、知识库的设计。

目的（WHY）	活动（HOW）	关键成功因素（KEY）
• 确保服务供方具备提供足够资源的能力，以满足客户的服务需求 • 确保服务供方可以使用有效手段和方法受理客户的服务请求，及时跟踪服务请求的处理进展，确保达到 SLA 要求 • 分析当前的业务需求并预测将来的业务需求，确保这些需求有足够的服务资源进行保障 • 确保当前的服务资源能够发挥最大的效能，提供最佳的服务品质	• 服务工具选择（监控类、过程管理类和其他工具） • 服务台设计 • 备件及备件库设计 • 知识库设计	• 服务人员能力达标，能正确使用各种服务工具 • 服务台的职能明确，服务过程规范 • 备件管理规范与 SLA 中的条款相一致 • 有效的监控平台能提高主动发现事故或事件的概率，提前做好预防工作 • 及时根据服务级别和服务需求的变更调整服务资源的配置 • 如备件库由第三方提供，第三方的支持服务级别应充分满足服务需求

1. 选择工具时需考虑的因素

- 服务内容。
- 成本。
- 客户的期望。
- 工具的技术架构及团队的技术水平。
- 工具的通用性和集成性。

2. 服务台设计的主要内容

- 设置专门的沟通渠道作为与需方的联络点，沟通渠道可以是热线电话、传真、网站、电子邮箱等。
- 设定专人负责服务请求的处理。

- 针对沟通渠道整合服务过程，建立管理制度，包括服务请求的接收、记录、跟踪和反馈等机制，以及日常工作的监督和考核。

3. 备件库的管理设计

- 备件响应方式和级别定义，能够满足 SLA 所约定的备件支持。
- 备件供应商管理，能够规范备件的采购过程，对供应商进行选择和评价。
- 备件出入库管理，能够对入库备件进行标识，规范备件的使用和核销，备件物品的账务管理。
- 备件可用性管理，能够定期对备件状态进行检测，以确保其功能满足运维需求。

4. 知识库的设计

- 针对常见问题的描述、分析和解决方法建立知识库。
- 确保整个组织内的知识是可用的、可共享的。
- 选择一种合适的知识管理策略。
- 知识库具备知识的添加、更新和查询功能。
- 针对知识管理要求制定相关管理制度，并进行知识生命周期管理。

速记法则

理解并掌握工具、服务台、备件库、知识库的设计。

真题练一练

1. 资源要素设计中，在选择工具时需要考虑的因素不包括（　　）。

A. 服务成本

B. 客户的期望

C. 工具的专用性和集成性

D. 团队的技术水平

【2021年上半年系统规划与管理师考试上午综合知识真题第33题】

参考答案：C

答案解析：（官方教材第130页）工具的选择：①根据服务内容；②考虑成本；③考虑客户的期望；④考虑工具的技术架构及团队的技术水平；⑤考虑工具的通用性和集成性。

2. 资源要素设计的目的不包括（　　）。

A. 确保服务供方具备提供足够资源的能力，以满足客户的服务需求

B. 确保服务团队组织架构与业务需求和服务模式相适应

C. 分析当前的业务需求并预测将来的业务需求，确保这些需求有足够的服务资源进行保障

D. 确保当前的服务资源能够发挥最大的效能，提供最佳的服务品质

【2020年下半年系统规划与管理师考试上午综合知识真题第37题】

参考答案：B

答案解析：（官方教材第128页）选项B：确保服务团队组织架构与业务需求和服务模式相适应是人员要素设计的目的。

3. 以下不属于服务设计的关键成功因素的是（　　）。

A. 获取新的服务或添加附加客户的流程及程序

B. 备件管理规范与SLA的协调性

C. 服务人员能力达标，能正确使用各种服务工具

D. 及时根据服务级别和服务需求的变更调整服务资源的配置

【2017年下半年系统规划与管理师考试上午综合知识真题第45题】

参考答案：A

答案解析：（官方教材第132页）选项B、C、D都是资源要素设计的关键成功因素。选项A：获取新的服务或添加附加客户的流程及程序是服务目录中可能包含的一些变量及促进因素。

核心考点5-21　技术要素设计的WHK ★★★★

目的（WHY）	活动（HOW）	关键成功因素（KEY）
• 提高服务质量 • 减少人员流失带来的损失 • 提高IT服务的效率 • 降低服务成本 • 对各类IT服务所需的技术进行统一管理，可以做到对成熟技术及时进行推广，并随时研发新的技术 • 给IT服务供方和需方提供一致的技术标准 • 对技术和方法进行说明，可根据自身需求挑选IT服务项目所需的技术	• 技术研发 • 发现问题的技术：识别监控对象，制定设备监控指标及阈值表编制计划；制定测试环境建设计划 • 解决问题的技术：识别常用技术，制定常用技术活动标准操作步骤编制计划；识别突发事件类型和等级，制定应急预案编制计划；识别知识转移需求，制定知识转移计划	• 服务人员技术能力达到岗位要求 • 正确识别服务需方要求或技术发展趋势 • 重视技术方面的使用、管理和维护，建立发现和解决问题的技术体系

速记法则

区分发现问题的技术和解决问题的技术。

真题练一练

1. 以下关于 IT 服务资源要素设计的描述，不正确的是（　　）。

A. 服务方为用户和 IT 服务组织提供一个统一联系点

B. 进行服务工具设计时，应考虑工具的通用性和集成性

C. 识别监控对象、编制监控指标计划属于解决问题的技术

D. 备件可用性管理的目的是确保备件功能满足服务要求

【2022 年上半年系统规划与管理师考试上午综合知识真题第 34 题】

参考答案：C

答案解析：（官方教材第 133 页）识别监控对象、编制监控指标计划，属于发现问题的技术。

2. 技术要素设计的目的，不包括（　　）。

A. 给 IT 服务供方和需方提供一致的技术标准

B. 根据自身需求挑选项目所需的技术

C. 降低服务成本

D. 控制风险，消除因未明确定义而引发的潜在风险

【2021 年上半年系统规划与管理师考试上午综合知识真题第 37 题】

参考答案：D

答案解析：（官方教材第 133 页）选项 D：控制风险，消除因未明确定义而引发的潜在风险，属于过程 KPI 设计的目标。

核心考点 5-22　过程要素设计 ★★★

扫一扫，看视频

1. 过程管理模型

- **过程**：为达到某个目的或目标，而以确定的方式执行或发生的一个或一系列有规律的行动或活动。
- **规则**：规则+过程，也称为标准作业程序（Standard Operation Procedure，SOP），是指将某一事件的标准操作步骤和要求以统一的格式描述出来，用于指导和规范日常的工作。它不仅是一套技术性范本，更涵盖了管理思想、管理理念和管理手段。

2. 过程管理模型的特性

- 有明确的目标。
- 可重复性。
- 可衡量性。
- 明确的服务提供者和服务对象。
- 对特定事件的响应。
- 本身的执行需要相应的信息输入。

3. 过程识别和定义

目的（WHY）	活动（HOW）
• 过程符合可行性、适用性 • 过程稳定，可重复使用 • 过程符合效率要求 • 过程符合效益要求 • 过程可被监控和管理 • 过程可追溯、可审计 • 过程可被衡量和评价	• 识别客户服务内容、范围、目标、管理要求过程的最终目标是交付合格的服务结果 • 识别需要的过程及过程目标常用过程，包括需求管理、事件管理、问题管理、变更管理、发布管理等管理过程 • 定义角色和职责对应选择的过程定义相应的角色 • 识别过程的活动，定义活动的相互关系、顺序、活动目标、活动的资源限制及管理要求 • 定义相关活动详细操作规程及衡量标准过程活动的定义是相对高级别的操作汇总 • 定义过程的表单及信息记录保存要求 • 定义过程评价

4. 过程 KPI 设计

目的（WHY）	活动（HOW）
• 通过分层细化过程 KPI，确保过程可管理性、可衡量性 • 控制风险，消除因未明确定义而引发的潜在风险 • 对过程进行定期评价与衡量，改进调整 KPI 设计，保持过程的有效性	• 确定过程 KPI 指标 • 明确 KPI 计算方法 • 明确 KPI 信息来源 • 定义 KPI 考核周期 • 定义过程 KPI 评价、评估及改进机制

5. 过程监控设计

目的（WHY）	活动（HOW）
• 确保过程执行的规范性、有效性，进而确保服务质量的达成 • 及时发现过程执行中的问题，采取应对及改进措施 • 对过程本身进行评估，持续改进优化过程	• 过程监控的执行，并及时采取干预应对措施 • 过程审计 • 过程 KPI 考核

6. 常见的 IT 服务管理过程设计

- 服务级别管理过程设计。
- 服务报告管理过程设计。
- 事件管理过程设计。
- 问题管理过程设计。
- 配置管理过程设计。
- 变更管理过程设计。
- 发布管理过程设计。
- 信息安全管理过程设计。

速记法则

过程 KPI 设计是重点。

真题练一练

1. 以下不属于过程 KPI 设计的活动的是（　　）。
A. 过程 KPI 考核
B. 定义 KPI 考核周期
C. 确定 KPI 指标
D. 明确 KPI 信息来源

【2021 年上半年系统规划与管理师考试上午综合知识真题第 34 题】
参考答案： A
答案解析：（官方教材第 140 页）过程 KPI 设计的活动包括：①确定过程 KPI 指标；②明确 KPI 计算方法；③明确 KPI 信息来源；④定义 KPI 考核周期；⑤定义过程 KPI 评价、评估及改进机制。

2. 过程 KPI 设计通常采用如下过程，其顺序应为（　　）。
①明确 KPI 计算方法
②明确 KPI 信息来源
③确定过程 KPI 指标
④定义过程 KPI 评价、评估及改进机制
⑤定义 KPI 考核周期

A. ②①③⑤④
B. ②①③④⑤
C. ③①②④⑤
D. ③①②⑤④

【2020年下半年系统规划与管理师考试上午综合知识真题第38题】

参考答案: D

答案解析:(官方教材第140页)过程KPI设计的活动包括:①确定过程KPI指标;②明确KPI计算方法;③明确KPI信息来源;④定义KPI考核周期;⑤定义过程KPI评价、评估及改进机制。

第6章 IT 服务部署实施

> 备考提示
>
> 本章内容会涉及单选题、案例分析及论文全部三类题型。
> 本章内容偏重管理知识，考试难度中等。
> 本章考查的知识点多参照教材，扩展内容较少。

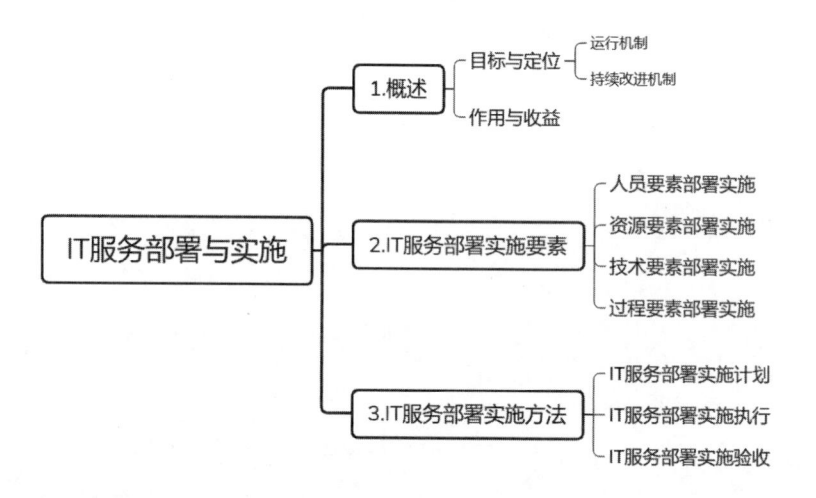

```
IT服务部署与实施
├── 1.概述
│   ├── 目标与定位
│   │   ├── 运行机制
│   │   └── 持续改进机制
│   └── 作用与收益
├── 2.IT服务部署实施要素
│   ├── 人员要素部署实施
│   ├── 资源要素部署实施
│   ├── 技术要素部署实施
│   └── 过程要素部署实施
└── 3.IT服务部署实施方法
    ├── IT服务部署实施计划
    ├── IT服务部署实施执行
    └── IT服务部署实施验收
```

本章涉及历年考试真题选择题考点分布统计

章　节	2022 年上	2021 年上	2020 年下
6.1 概述	35. 部署实施作用	38. 部署实施的定位	
6.2 IT 服务部署实施要素	36. 资源要素 37. 技术要素 38. 过程要素	39. 人员要素团队组建 40. 资源要素 41. 知识转移的内容 42. 突发事件的等级 43. SOP 编写原则 44. 过程要素体系试运行	40. 资源要素工具 42. 突发事件的等级

第 6 章　IT 服务部署实施

续表

章　节	2022 年上	2021 年上	2020 年下
6.3 IT 服务部署实施方法	39. 计划阶段 40. 执行阶段 41. 验收阶段	45. 部署实施计划 46. 部署实施计划完整性 47. 部署实施验收	41. 部署实施计划可用性 43. 紧急变更 44. 验收的关键成功因素 45. 交付物验收
	7 分	10 分	6 分

章　节	2019 年上	2018 年上	2017 年下
6.1 概述			
6.2 IT 服务部署实施要素	31. 人员要素团队组建 32. 工具部署上线 33. 应急响应演练 34. 过程要素内容	31. 人员要素内容 32. 资源要素工具上线 33. 技术要素 34. 过程要素	46. 知识转移 47. 技术手册发布流程
6.3 IT 服务部署实施方法	35. 计划阶段的工作 36. 与客户的回顾内容 37. 交付物验收	35. 实施阶段的风险 36. 控制项目变更 37. 交付物验收	48. 部署实施计划
	7 分	7 分	3 分

注：2017 年下半年的考试，是系统规划与管理师考试第一次开考，出题比较仓促，不具有代表性。2022 年、2019 年和 2018 年的试题最具有代表性，考点基本一致，题号顺序也基本一致。案例分析及论文部分，分别在案例分析和论文章节中进行详细分析。

本章涉及历年考试真题选择题核心考点分布情况

章　节	核心考点	重要程度	2022	2021	2020	2019	2018	2017
6.1 概述	核心考点 6-01　部署实施的目标与定位	★★★★		√				
	核心考点 6-02　部署实施的作用与收益	★★★	√					

135

续表

章　节	核心考点	重要程度	2022	2021	2020	2019	2018	2017
6.2 IT 服务部署实施要素	核心考点 6-03　人员要素部署实施	★★★★★		√		√	√	
	核心考点 6-04　资源要素部署实施	★★★★★	√	√	√	√		
	核心考点 6-05　技术要素部署实施	★★★★★	√					
	核心考点 6-06　知识转移	★★★★	√	√				√
	核心考点 6-07　突发事件等级划分	★★★★★		√	√			
	核心考点 6-08　应急响应演练	★★★				√		
	核心考点 6-09　SOP 标准操作规范	★★★		√				
	核心考点 6-10　技术手册发布	★★★					√	√
	核心考点 6-11　过程要素部署实施	★★★★	√	√		√		
6.3 IT 服务部署实施方法	核心考点 6-12　IT 服务部署实施计划的活动	★★★★★		√		√		√
	核心考点 6-13　IT 服务部署实施计划的风险	★★★★★	√	√		√		
	核心考点 6-14　IT 服务部署实施执行的活动	★★★	√					
	核心考点 6-15　变更管理机制	★★★★★			√		√	
	核心考点 6-16　IT 服务回顾机制	★★★				√		
	核心考点 6-17　IT 服务部署实施验收的活动	★★★★★	√	√		√	√	
	核心考点 6-18　IT 服务部署实施验收的关键成功因素	★★★			√			

6.1 概述

核心考点 6-01 部署实施的目标与定位 ★★★

1. 概念

IT 服务部署实施是衔接 IT 服务规划设计与 IT 服务运营的中间阶段，负责对服务组件进行客户化。

2. IT 服务部署实施的定位

IT 服务部署实施的定位是将 IT 服务运营纳入标准化与规范化的管理轨道，主要包括两方面的内容：

- 运行机制。
- 持续改进机制。

3. IT 服务部署实施的目标

- 协调并组织组成服务的所有要素。
- 对于复杂的 IT 服务部署实施，标准化部署实施过程，提升新服务或变更服务的交付质量。
- 在 IT 服务部署实施期间，确保客户、终端用户及服务团队等相关方的满意度。
- 确保新服务或变更的服务与客户的业务组织、业务过程的顺利衔接。
- 确保新服务或变更的服务可以正常运转，且可以被有效管理，同时使客户对其有更明确的、合理的期望。
- 为 IT 服务运营提供标准化与规范化的管理方法，尽可能识别和管理服务运营过程中存在的风险。
- 为 IT 服务运营提供切实可行的服务质量管理方法和指导，以缩小实际的服务绩效与预期的服务绩效之间的差异。

速记法则

IT 服务部署实施的定位是将 IT 服务运营纳入标准化与规范化的管理轨道。

真题练一练

IT 服务部署实施的定位是（　　）。

A. 保障服务的连续性

B. 满足客户的需求

C. 服务的标准化和规范化

D. 服务的规范化

【2021 年上半年系统规划与管理师考试上午综合知识真题第 38 题】

参考答案：C

答案解析：（官方教材第 148 页）IT 服务部署实施的定位是将 IT 服务运营纳入标准化与规范化的管理轨道。

核心考点 6-02　部署实施的作用与收益 ★★★

- 衔接 IT 服务规划设计阶段与 IT 服务运营阶段。
- IT 服务部署实施可视为 IT 服务运营的规划阶段和初始化阶段，搭建起合理、有效的管理体系。
- 导入 IT 服务管理体系，包括 IT 服务质量管理（安全性、可靠性、响应性、有形性、友好性）、信息安全管理（如账号安全、数据安全、数据交互验证机制等）、业务关系管理（客户满意度、投诉、服务回顾）等方面。
- 在服务初始化阶段为服务团队定义量化的服务目标，规划目标的发展轨道，并定义目标的测量周期与测量方式。
- IT 服务部署实施为 IT 服务运营过程中不同客户的差异化服务需求提供服务交付基线。
- IT 服务部署实施阶段会全面考虑 IT 服务运营过程中的风险。

速记法则

简单了解即可。

真题练一练

1. IT 服务部署实施的主要作用不包括（　　）。

A. 将 IT 服务规划设计中的要素在客户的实际环境中落地

B. 为 IT 服务运营过程中不同客户的差异化服务需求提供服务交付基线

C. 提前识别 IT 服务运营中的风险

D. 评估 IT 服务成本，制定服务预算

【2022 年上半年系统规划与管理师考试上午综合知识真题第 35 题】

参考答案：D

答案解析：（官方教材第 149 页）选项 D 是 IT 服务规划设计的目标。

2. IT 服务部署实施的作用与收益不包括（　　）。

A. 可视为 IT 服务运营的规划阶段和初始化阶段，搭建起合理、有效的管理体系

B. 在服务初始化阶段为服务团队定义量化的服务目标，规划目标的发展轨道

C. 为 IT 服务运营过程中不同客户的差异化服务需求提供服务交付基线

D. 协调并组织组成服务的所有要素

【系统规划与管理师考试上午综合知识模拟题】

参考答案：D

答案解析：（官方教材第 149 页）选项 D 是 IT 服务部署实施的目标。

6.2　IT 服务部署实施要素

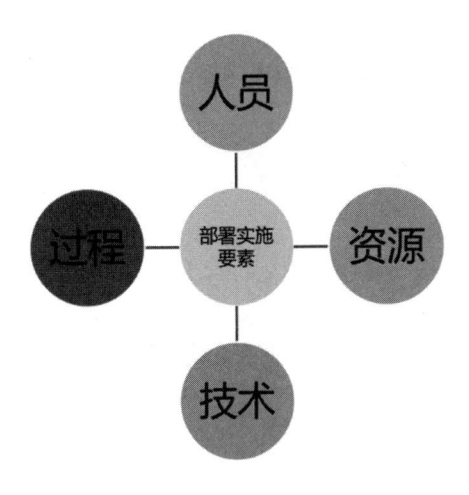

扫一扫，看视频

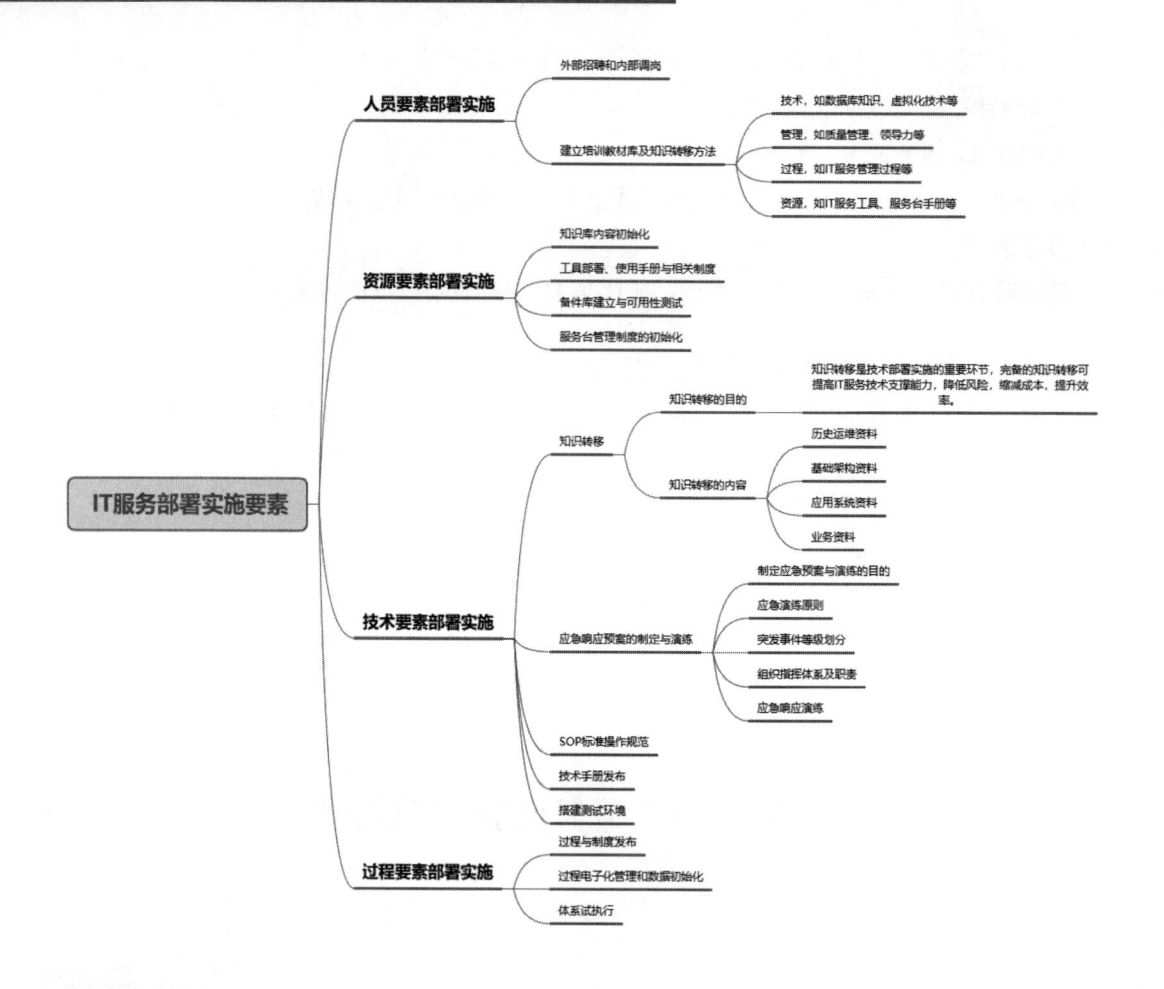

```
IT服务部署实施要素
├── 人员要素部署实施
│   ├── 外部招聘和内部调岗
│   └── 建立培训教材库及知识转移方法
│       ├── 技术，如数据库知识、虚拟化技术等
│       ├── 管理，如质量管理、领导力等
│       ├── 过程，如IT服务管理过程等
│       └── 资源，如IT服务工具、服务台手册等
├── 资源要素部署实施
│   ├── 知识库内容初始化
│   ├── 工具部署、使用手册与相关制度
│   ├── 备件库建立与可用性测试
│   └── 服务台管理制度的初始化
├── 技术要素部署实施
│   ├── 知识转移
│   │   ├── 知识转移的目的（知识转移是技术部署实施的重要环节，完备的知识转移可提高IT服务技术支撑能力，降低风险，缩减成本，提升效率。）
│   │   └── 知识转移的内容
│   │       ├── 历史运维资料
│   │       ├── 基础架构资料
│   │       ├── 应用系统资料
│   │       └── 业务资料
│   └── 应急响应预案的制定与演练
│       ├── 制定应急预案与演练的目的
│       ├── 应急演练原则
│       ├── 突发事件等级划分
│       ├── 组织指挥体系及职责
│       └── 应急响应演练
└── 过程要素部署实施
    ├── SOP标准操作规范
    ├── 技术手册发布
    ├── 搭建测试环境
    ├── 过程与制度发布
    ├── 过程电子化管理和数据初始化
    └── 体系试执行
```

核心考点 6-03　人员要素部署实施★★★★★

IT 服务规划设计阶段的人员要素	IT 服务部署实施阶段的人员要素
• 人员岗位和职责设计 • 人员绩效方案设计（SMART 原则） • 人员培训方案设计	• 外部招聘和内部调岗 • 建立培训教材库及知识转移方法

- 招聘：分为外部招聘和内部调岗。需参照储备计划，根据岗位说明书中对人员的知识、技能、经验三方面的要求分别进行判断，并建立绩效考核指标。
- 培训：建立培训教材库及知识转移方法。培训教材应涵盖技术、管理、工具等方面的内容，包括但不限于技术、管理、过程、资源。

速记法则

与 IT 服务规划设计阶段的人员要素做对比记忆。

真题练一练

1. 在人员要素部署实施过程中，系统规划与管理师需要协助 HR 进行团队组建，应该根据（　　）来进行选人。

    A. 人员组织结构图　　　　　　　　B. 岗位说明书

    C. 人才储备计划　　　　　　　　　D. 人力资源管理计划

【2021 年上半年系统规划与管理师考试上午综合知识真题第 39 题】

参考答案： B

答案解析：（官方教材第 150 页）系统规划与管理师协助 HR 采用外部招聘和内部调岗的方式来组建服务团队，在此过程中，系统规划与管理师需参照储备计划，根据岗位说明书中对人员的知识、技能、经验三方面的要求分别进行判断。

2. 系统规划与管理师协助 HR 组建服务团队，需要参照（　　），根据岗位说明书对人员的知识、技能、经验三方面的要求分别进行判断。

    A. 储备计划　　　B. 招聘计划　　　C. 服务级别协议　　　D. 培训计划

【2019 年上半年系统规划与管理师考试上午综合知识真题第 31 题】

参考答案： A

答案解析：（官方教材第 150 页）系统规划与管理师协助 HR 采用外部招聘和内部调岗的方式来组建服务团队，在此过程中，系统规划与管理师需参照储备计划，根据岗位说明书中对人员的知识、技能、经验三方面的要求分别进行判断。

3.（　　）不属于 IT 服务项目经理在人员要素部署实施阶段应该完成的活动。

    A. 协助 HR 采用外部招聘和内部调岗的方式来组建服务团队

    B. 组织相关人员编写培训教材并完善知识体系

    C. 协助 HR 定期组织技术、管理、组织等方面的培训

    D. 根据公司业务和人员实际状况编制培训计划

【2018 年上半年系统规划与管理师考试上午综合知识真题第 31 题】

参考答案： D

答案解析：（官方教材第 150 页）外部招聘和内部调岗：协助 HR 组建服务团队。建立培训教材库及知识转移方法：与 HR 定期组织相关培训,体系化地补充现有服务团队人员的知识,

组织相关人员编写培训教材并完善知识体系，适当形成培训教材库并进行定期的维护和更新。选项 D 是规划设计阶段做的工作。

核心考点 6-04 资源要素部署实施★★★★★

IT 服务规划设计阶段的资源要素	IT 服务部署实施阶段的资源要素
• 服务工具选择（监控类、过程管理类和其他工具） • 服务台设计 • 备件及备件库设计 • 知识库设计	• 工具部署、使用手册和相关制度 • 服务台管理制度的初始化 • 备件库建立与可用性测试 • 知识库内容初始化

1. **工具部署、使用手册和相关制度**
- 工具部署前做好工具的测试。
- 规划好工具上线后的试运行阶段。
- 依据风险级别与影响度范围，决策工具部署上线是否采用阶段式部署。
- 与工具相关的知识应从开发团队或工具厂商处有效转移给工具的 IT 服务团队。

2. **服务台管理制度的初始化**
- 服务台中各岗位的角色和职责。
- 服务台的主要工作流程。
- 记录事件与服务请求的具体要求。
- 事件与服务请求分派的原则。
- 事件回访的相关规定与要求。
- 服务台的绩效考核指标。

3. **备件库建立与可用性测试**
- 向供应商采购所需备件和服务。
- 对所选备件进行可用性测试。
- 做好备件入库登记，账务管理，定期对备件状态进行检测。
- 发布备件管理制度与规范。

4. **知识库内容初始化**
- 来源：由信息技术支持工程师提供、从过往的事件和问题的处理日志中提炼。
- 审核：由资深技术人员审核内容的正确性和完整性。
- 发布：管理员依据审核人的意见批准或拒绝此条知识内容。

第6章 IT服务部署实施

速记法则

- 与IT服务规划设计阶段的资源要素做对比记忆。
- 资源要素四大件：知识库、工具、备件库、服务台。

真题练一练

1. 资源要素部署实施的主要活动不包括（　　）。

A. 知识库内容初始化

B. 服务工具选型

C. 备件库建立与可用性测试

D. 服务台管理制度初始化

【2022年上半年系统规划与管理师考试上午综合知识真题第36题】

参考答案： B

答案解析：（官方教材第150页）资源要素部署实施的主要活动：① 工具部署、使用手册和相关制度；② 服务台管理制度的初始化；③ 备件库建立与可用性测试；④ 知识库内容初始化。

2. 某公司服务团队正在组织人员从过往的历史事件和问题日志中提炼知识，并计划将其审核后再进行发布。据此推断，这属于（　　）要素的部署工作。

A. 人员　　　　B. 资源　　　　C. 技术　　　　D. 过程

【2021年上半年系统规划与管理师考试上午综合知识真题第40题】

参考答案： B

答案解析：（官方教材第150页）题干描述的属于知识库内容初始化，因此属于资源要素的部署实施。

3. 某公司服务团队正在依据风险级别与影响范围，讨论一个服务监控工具部署上线的方式。据此推断，他们正在开展（　　）要素的部署实施工作。

A. 人员　　　　B. 资源　　　　C. 技术　　　　D. 过程

【2020年下半年系统规划与管理师考试上午综合知识真题第40题】

参考答案： B

答案解析：（官方教材第150页）题干描述的属于工具部署方面的内容，因此属于资源要素的部署实施。

4. 依据（　　）进行决策，以决定工具部署上线是否采用阶段式部署。

A. 服务响应级别与影响度范围

B. 风险级别与影响度范围

C. 风险级别与部署复杂度

D. 服务响应级别与部署复杂度

【2019年上半年系统规划与管理师考试上午综合知识真题第32题】

参考答案：B

答案解析：（官方教材第151页）工具部署、使用手册与相关制度；①工具部署前做好工具的测试，以测试结果作为重要的部署决策依据；②规划好工具上线后的试运行阶段，包括试运行的周期、试运行的目标和结束标准；③依据风险级别与影响度范围，决策工具部署上线是否采用阶段式部署；④与工具相关的知识应从开发团队或工具厂商处有效转移给工具的IT服务团队，包括各类工具的使用手册、使用说明与服务管理制度。

核心考点6-05　技术要素部署实施★★★★

IT服务规划设计阶段的技术要素	IT服务部署实施阶段的技术要素
• 技术研发 • 发现问题的技术 • 解决问题的技术	• 知识转移 • 应急响应预案的制定与演练 • SOP标准操作规范 • 技术手册发布 • 搭建测试环境

速记法则

与IT服务规划设计阶段的技术要素做对比记忆。

真题练一练

技术要素部署实施不包括（　　）。

A. 外部招聘和内部调岗

B. 知识转移

C. 应急响应预案的制定与演练

D. SOP标准操作规范

【系统规划与管理师考试上午综合知识模拟题】

参考答案： A

答案解析：（官方教材第 152 页）选项 A 属于人员要素的部署实施。

核心考点6-06 知识转移★★★★

1. 知识转移的目的

知识转移是技术部署实施的重要环节，完备的知识转移可提高 IT 服务技术支撑能力，降低风险，缩减成本，提高效率。

2. 知识转移的内容

- 历史运维资料。相关工作界面和人员职责说明书，内外部支持信息。
- 基础架构资料。系统部署和网络物理拓扑，系统架构说明（软/硬件配置），系统数据备份与恢复操作说明书，系统应急、容灾处理方案（如集群切换和恢复），系统日常运维操作手册。
- 应用系统资料。应用系统测试报告、应用系统使用手册、应用系统需求和设计文档、应用系统安装配置手册、应用版本说明。
- 业务资料。业务架构图、业务流程、业务场景说明、业务培训资料、业务运维文档（业务问题 FAQ、业务问题诊断）。

速记法则

知识转移四类内容：历史、架构、应用、业务，都是文档。

真题练一练

1. 以下关于技术要素部署实施的描述正确的是（   ）。

A. 知识转移的内容包括应用系统资料、基础架构资料、业务资料等
B. 标准操作规范（SOP）用于解决复杂技术性问题，以便资深技术人员使用
C. 综合应急预案应采用实战演练方式，专项应急预案应采用桌面演练方式
D. 技术手册发布的流程为审核→发放→存档→培训

【2022 年上半年系统规划与管理师考试上午综合知识真题第 37 题】

参考答案： A

答案解析：（官方教材第 152 页）知识转移的内容包括历史运维资料、基础架构资料、应用系统资料、业务资料等。

2. 知识转移的内容不包括（　　）。

   A. 基础架构资料　　　　　　　　B. 历史运维资料

   C. 基础环境资料　　　　　　　　D. 业务资料

【2021年上半年系统规划与管理师考试上午综合知识真题第41题】

参考答案：C

答案解析：（官方教材第152页）知识转移的内容包括历史运维资料、基础架构资料、应用系统资料、业务资料。

3. 知识转移是技术部署的重要环节，完备的知识转移可以提高IT服务技术支撑能力、降低风险、缩减成本、提升效率。知识转移的内容主要包括（　　）。

   A. 基础架构资料、应用系统资料、业务资料、提高工作效率

   B. 规范工作流程、应用系统资料、业务资料、提高工作效率

   C. 历史运维资料、基础架构资料、应用系统资料、业务资料

   D. 历史运维资料、规范工作流程、提高工作效率、业务资料

【2017年下半年系统规划与管理师考试上午综合知识真题第46题】

参考答案：C

答案解析：（官方教材第152页）知识转移的内容包括历史运维资料、基础架构资料、应用系统资料、业务资料。

核心考点6-07　突发事件等级划分★★★★★

突发事件等级	描　　述	记忆公式
特别重大突发事件（I级）	（1）系统性故障造成20%～60%的集中的基础、核心、关键的系统不可用，且在24小时内无法恢复； （2）60%以上的集中的基础、核心、关键的系统不可用且在12小时内无法修复	X>24 or Y>12
重大突发事件（II级）	系统性故障造成20%～60%的集中的基础、核心、关键的应用系统不可用，且在12小时内无法恢复	12<X<24
较大突发事件（III级）	关键业务全国性地中断，且预计恢复时间大于6小时、少于12小时	6<X<12
其他造成区域性业务中断的故障	造成区域性业务中断的故障，恢复时间小于6小时，IT事件按照日常事件处理流程执行	X<6

速记法则

根据恢复时间的记忆公式进行快速记忆。

真题练一练

1. 某公司因信息系统突发故障，造成该公司 60% 以上的集中的基础、核心、关键的应用系统不可用，并且在 12 小时内无法修复。这属于突发事件的（　　）等级。

A. I 级　　　　　　B. II 级　　　　　　C. III 级　　　　　　D. IV 级

【2021 年上半年系统规划与管理师考试上午综合知识真题第 42 题】

参考答案： A

答案解析：（官方教材第 154 页）特别重大突发事件（I 级）：系统性故障造成 20%～60% 的集中的基础、核心、关键系统不可用，且在 24 小时内无法恢复；或 60% 以上的集中的基础、核心、关键的系统不可用且在 12 小时内无法修复。

2. 某公司因信息系统突发故障，造成该公司 20%～60% 的集中的基础、核心、关键的应用系统不可用，并且在 12 小时内无法恢复。这属于突发事件的（　　）等级。

A. 特别重大突发事件（I 级）

B. 重大突发事件（II 级）

C. 较大突发事件（III 级）

D. 其他造成区域性业务中断的故障

【2020 年下半年系统规划与管理师考试上午综合知识真题第 42 题】

参考答案： B

答案解析：（官方教材第 154 页）重大突发事件（II 级）：系统性故障造成 20%～60% 的集中的基础、核心、关键系统不可用，且在 12 小时内无法恢复。

核心考点 6-08　应急响应演练 ★★★

1. 演练启动

- 通知及举行简短仪式：应急指挥办公室。
- 宣布并启动：演练总指挥。

2. 演练执行

- 演练指挥与行动：参演人员根据控制信息和指令，按照演练方案规定的程序开展应急处置行动，完成各项演练活动。

- 演练过程控制：综合应急预案采用桌面演练方式进行，专项应急预案及现场处置方案采用实战演练方式进行。
- 演练记录：采用文字、照片和音像等手段记录演练过程。

3. 演练结束与中止

- 演练结束与中止的程序。发出结束信号：总策划；宣布演练结束：演练总指挥。
- 演练结束与中止的条件。各预案演练结束的条件：方案的演练目的、内容、程序都已按要求演练完毕；演练中止的条件：出现真实突发事件，需要参演人员参与应急处置时，要中止演练，使参演人员迅速回归其工作岗位。

4. 应急演练评估与总结

- 演练评估：演练过程中，评估组人员分别对各个场景进行演练记录，填写《演练方案实施情况评估表》。
- 演练总结：现场总结，事后总结。

5. 成果运用

对演练暴露出来的问题，演练单位要及时采取措施予以改进，包括修改完善应急预案、有针对性地加强应急人员的教育和培训、对应急物资装备有计划地更新等，并建立改进任务表，按规定时间对改进情况进行监督检查。

6. 文件归档与备案

- 备案：演练计划、演练方案、应急预案演练评估报告、应急预案演习报告。
- 归档：留一份归档保存，保存的期限通常为 6 年。

7. 考核与奖惩

演练组织单位有权对演练参与单位、部门及人员进行考核。

速记法则

启动→执行→结束→总结→运用→归档→考核。

真题练一练

以下关于应急响应演练的描述，正确的是（　　）。
A. 综合应急预案采用实战演练方式进行，专项应急预案采用桌面演练方式进行
B. 演练中止条件为方案的演练目的、内容、程序都已按要求演练完毕
C. 演练总结分为现场总结、评估总结、事后总结
D. 演练结束后应对演练计划、演练方案等相关资料备案保存 6 年

【2019年上半年系统规划与管理师考试上午综合知识真题第33题】
参考答案: D
答案解析:（官方教材第155页）选项A，综合应急预案采用桌面演练方式进行，专项应急预案及现场处置方案采用实战演练方式进行；选项B，演练中止的条件是出现真实突发事件，需要参演人员参与应急处置时，要中止演练，使参演人员迅速回归其工作岗位；选项C，演练总结分为现场总结和事后总结；选项D，演练组织单位在演练结束后应将演练计划、演练方案、应急预案演练评估报告、应急预案演习报告（总结）等资料按规定报有关部门备案，并留一份归档保存，保存的期限通常为6年，是正确的。

核心考点6-09 SOP标准操作规范★★★

1. SOP的目的
将某一事件的标准操作步骤和要求以统一的格式描述出来，用于指导和规范日常工作，SOP的精髓是将细节进行量化。

2. SOP的作用
- 将企业积累下来的技术和经验记录在标准文件中，以免因技术人员的流动导致技术流失。
- 使操作人员经过短期培训，快速掌握较为先进合理的操作技术。
- 树立良好的服务形象，获取客户的信赖与满意。
- SOP是贯彻标准化作业的具体体现，实现服务管理规范化、服务流程条理化、标准化、操作的形象化、简单化。
- SOP是系统规划与管理师最基本、最有效的技术管理手段。

3. SOP的编写要点
- 在人力、财力、物力等资源允许的范围内。
- IT服务人员能看懂且每个人的理解都相同。
- 效率最高、成本最低，并能识别关键的风险点。
- SOP正式发布前要经过测试与评价环节。
- 可以根据业务和技术的发展需求实现快速迭代。

速记法则

SOP就是把操作步骤进行标准化。

> **真题练一练**

编写 SOP 需要遵循一定的原则，以下不属于 SOP 编写原则的是（   ）。
A. 效率最高，成本最低
B. 标准操作规范编写完成后不能随意改变
C. 编写的 SOP 要经过评审
D. 每个人看到 SOP 理解的意思是相同的

【2021 年上半年系统规划与管理师考试上午综合知识真题第 43 题】
参考答案：C
答案解析：（官方教材第 156 页）SOP 编写原则：①在人力、财力、物力等资源允许的范围内可以做到；② IT 服务人员都能看懂，且每个人的理解都相同；③效率最高、成本最低，并识别出关键风险点；④ SOP 正式发布前要经过测试与评价环节；⑤可以根据业务与技术的发展需求实现快速迭代。

核心考点 6-10　技术手册发布 ★★★

1. 技术手册发布的目的
编写各类用于发现与解决问题的技术手册，应包含发现问题的技术手段，如监控阈值、测量方法等，以及解决问题的措施与可选方案。

2. 技术手册发布的流程
- 审核：技术手册在发布前应进行审核，验证可行后以文档管理的要求进行存档。
- 存档：为了高效使用技术手册，应采用分级管理的方法，分级管理便于使用者快速定位到所需要查看的技术手册。
- 发放：通知相关人员进行查看，组织培训讲解，确保使用者按手册要求进行操作。

> **速记法则**

审核了才能存档，存档了才能发放。

> **真题练一练**

1. A 公司承接了将某市税务局所有应用系统迁移到市政府新建的云服务平台上的任务，服务团队与开发团队完成了知识转移并搭建了异地测试环境，制定了应急响应预案并进行了一次正式演练，编制了相关的 SOP 操作规范的技术手册，并对其进行了评审。A 公司在技术要素部署实施阶段的工作完成情况应获得的评价是（　　）。

A. 全部完成　　　　　　　　　　B. 未做技术手册发布
C. 未部署运维工具　　　　　　　D. 未进行数据初始化

【2018 年上半年系统规划与管理师考试上午综合知识真题第 33 题】

参考答案：B

答案解析：（官方教材第 156 页）技术要素部署实施包括知识转移、应急响应预案的制定与演练、SOP 标准操作规范、技术手册发布、搭建测试环境。题干中未完成技术手册的发布。

2. 技术手册的发布流程为（　　）。

A. 发放→存档→审核　　　　　　B. 审核→存档→发放
C. 存档→审核→发放　　　　　　D. 存档→发放→审核

【2017 年下半年系统规划与管理师考试上午综合知识真题第 47 题】

参考答案：B

答案解析：（官方教材第 156 页）审核了才能存档，存档了才能发放。

核心考点 6-11　过程要素部署实施★★★★

IT 服务规划设计阶段的过程要素	IT 服务部署实施阶段的过程要素
• 过程管理模型 • 过程识别和定义 • 过程 KPI 设计 • 过程监控设计 • 8 种管理过程设计	• 过程与制度发布 • 过程电子化管理和数据初始化 • 体系试运行

1. 过程与制度发布

- 制度的发布及工具的部署上线。
- 对相关人员进行充分的培训。
- 进行相应的宣传贯彻。

2. 过程电子化管理和数据初始化

- 过程电子化管理：通过对记录的追踪、KPI 的统计分析、定制化的客户服务等方式实现。
- 数据的初始化工作：组织基础信息、人员基础信息、过程角色、客户信息、历史信息、其他信息。

3. 体系试运行

- 管理目标达成情况。
- 客户满意度。
- 服务工具的使用效果。

速记法则

与 IT 服务规划设计阶段的过程要素做对比记忆。

真题练一练

1. 过程要素部署实施的主要活动不包括（　　）。

A. 服务过程与制度的制定与发布

B. 服务过程与制度的培训及宣贯

C. 过程电子化管理和数据初始化

D. 体系试运行

【2022 年上半年系统规划与管理师考试上午综合知识真题第 38 题】

参考答案: B

答案解析:（官方教材第 157 页）过程要素部署实施的主要活动包括过程与制度发布、过程电子化管理和数据初始化、体系试运行。

2. IT 服务部署实施过程中对过程要素的部署需要进行体系试运行的验证和检查，以下（　　）不属于验证和检查的内容。

A. 客户满意度　　　　　　　　B. 客户对服务质量的直接感知

C. 管理目标达成情况　　　　　D. 服务工具的使用效果

【2021 年上半年系统规划与管理师考试上午综合知识真题第 44 题】

参考答案: B

答案解析:（官方教材第 158 页）体系试运行：管理目标达成情况、客户满意度、服务工具的使用效果。

3. 以下（　　）不属于过程要素部署实施的工作内容。

A. 过程与制度发布　　　　　　B. 过程电子化管理和数据初始化

C. 搭建测试环境　　　　　　　D. 体系试运行

【2019 年上半年系统规划与管理师考试上午综合知识真题第 34 题】

参考答案：C

答案解析：（官方教材第 157 页）过程要素部署实施的工作内容包括过程与制度发布、过程电子化管理和数据初始化、体系试运行。选项 C，搭建测试环境是技术要素部署实施的内容。

6.3　IT 服务部署实施方法

核心考点 6-12　IT 服务部署实施计划的活动 ★★★★

扫一扫，看视频

1. 计划沟通

- 在与客户的沟通中，着重了解客户的期望，以及客户能够提供何种资源上的支持。
- 在与规划设计环节负责人的沟通中，着重了解规划设计的要素并确保无遗漏，避免出现与规划设计差距较大的情况；同时要详细了解规划设计环节中已经考虑到的风险控制机制，以确保在部署实施阶段将其导入生产环境。
- 在与服务交付团队负责人的沟通中，着重了解其服务支持和提供的能力，以确保为其计划培训时间与培训内容，同时依据其服务能力定义合理的服务目标和实施里程碑。

2. 计划制定

- 部署实施阶段的责任人。
- 角色与职责。
- 运维项目情况。
- 各阶段的具体工作任务与负责人。
- 交付物列表。
- 交付物验收标准。
- 对客户的要求（客户的参与）。

3. 计划评估确认

IT 服务部署实施计划制定完成后，系统规划与管理师要和 IT 服务总监、项目管理办公室（PMO）和客户接口人做充分地沟通并确认。

4. 计划修订

在计划评估环节，若发现存在潜在的风险或不合理的行动计划，则需要对计划进行修订。

速记法则

沟通→计划→评估确认→修订。

真题练一练

1. 关于IT服务部署实施计划阶段的描述,正确的是（　　）。

A. IT服务部署实施计划阶段包括的流程有计划制定、计划沟通、计划修订、计划评审

B. 与服务交付团队沟通时,着重了解其能够提供何种资源上的支持

C. 在IT服务部署计划阶段,要与干系人达成关于交付物及验收标准的共识

D. 与规划设计负责人沟通时,要了解其服务支持和提供的能力,以便为其计划培训时间与培训内容

【2021年上半年系统规划与管理师考试上午综合知识真题第45题】

参考答案: C

答案解析:（官方教材第159页）选项A应为计划沟通、计划制定、计划评估确认、计划修订；选项B应为在与客户的沟通中,着重了解客户的期望,以及客户能够提供何种资源上的支持；选项D应为在与服务交付团队负责人的沟通中,着重了解其服务支持和提供的能力,以确保为其计划培训时间与培训内容。

2. 开发工具指导书和标准操作规范属于（　　）阶段的工作内容。

A. IT服务部署实施计划

B. IT服务部署实施执行

C. IT服务部署实施改进

D. IT服务部署实施验收

【2019年上半年系统规划与管理师考试上午综合知识真题第35题】

参考答案: A

答案解析:（官方教材第160页）IT服务部署实施在计划阶段的主要工作包括：IT服务部署实施启动会；服务团队组建计划；服务团队培训与知识转移计划；服务工具采购、安装部署、测试、初始化与上线计划；核对服务目标；核对服务目录；设定服务模型；客户化服务管理过程；设定过程绩效指标；初始化服务文档体系与文档管理规范；初始化配置管理数据库（CMDB）；客户化服务规范；开发工作指导书和标准操作规范；编写服务计划；服务发布会/部署实施总结会。

3. IT服务部署实施计划阶段的主要活动包括：计划沟通、计划制定、计划评估确认与计划修订。"通过与服务团队负责人交流，了解其服务支持和提供的能力，以确保为其计划培训时间与培训内容，同时依据其服务能力定义合理的服务目标和实施里程碑"应属于（　　）活动。

A. 计划沟通　　　　B. 计划制定　　　　C. 计划评估确认　　　D. 计划修订

【2017年下半年系统规划与管理师考试上午综合知识真题第48题】

参考答案：A

答案解析：（官方教材第159页）计划沟通：在制定部署实施计划之前，需要分别与客户、规划设计环节的负责人和服务交付团队的负责人进行详细的沟通。各自的要点如下：①在与客户的沟通中，着重了解客户的期望，以及客户能够提供何种资源上的支持。②在与规划设计环节负责人的沟通中，着重了解规划设计的要素，确保无遗漏，避免出现与规划设计差距较大的情况；同时要详细了解规划设计环节中已经考虑到的风险控制机制，以确保在部署实施阶段将其导入生产环境。③在与服务交付团队负责人的沟通中，着重了解其服务支持和提供的能力，以确保为其计划培训时间与培训内容，同时依据其服务能力定义合理的服务目标和实施里程碑。

核心考点6-13　IT服务部署实施计划的风险★★★★

1. IT服务部署实施计划的完整性和条理性

- 常见的计划完整性问题：①未考虑IT服务部署实施期间的服务连续性；②忽略了IT服务运营团队的培训；③未考虑供应商的配合；④未明确对客户的资源要求等方面的内容。
- 常见的计划条理性问题：①服务工具未上线即启动服务测试；②未定义服务目标即开始客户化服务管理过程；③过程与规范未开发完成即启动团队培训；④服务运营团队未组建完成即开始进行知识转移。

2. IT服务部署实施计划本身的可用性

可用性是指计划本身的可操作性、可交付性和可控制性。

- 可操作性：指所有的服务组件或服务资源，可以支撑在规定时间内的计划实施，且无职责的盲区或职责的重叠。
- 可交付性：指计划的输出物是明确的、合理的，不超出能力范围，且责任人能够清晰地理解对交付物的要求。
- 可控制性：指各项计划不仅有责任人，还有专人负责全程监控、及时预警，并设有专人对交付物的质量做初步验收。

3. IT服务部署实施交付物的可验收性

- 交付物的验收标准不明确是计划阶段最大的风险，这不仅会导致部署实施团队输出不合格的交付物，也会导致客户对交付物的理解偏差，对验收结果带来严重的影响。
- 交付物的验收标准要清晰、明确、可量化，且可被测量，验收方式要具备可操作性，通常可以遵循 SMART 原则进行设定。

IT服务部署实施计划的风险还包括与 IT 服务规划设计和 IT 服务运营的吻合性。

速记法则

完整性和条理性、可用性（可操作性、可交付性、可控制性）、可验收性。

真题练一练

1. 以下关于 IT 服务部署实施计划阶段的内容，表述有误的是（　　）。

A. 制定部署实施计划之前，需要与客户代表、服务交付团队负责人等进行沟通

B. IT 服务部署实施计划阶段不仅要对 IT 服务能力和资源进行合理准确的预测，还需要对 IT 服务进行连续性保障

C. IT 服务部署实施计划评估过程发现潜在风险时，可以进入计划修订阶段

D. IT 服务部署实施计划的可控制性是指计划的输出物是明确的、合理的、不超出能力范围，且责任人能够清晰地理解对交付物的要求

【2022年上半年系统规划与管理师考试上午综合知识真题第39题】

参考答案：D

答案解析：（官方教材第163页）IT 服务部署实施计划的可交付性是指计划的输出物是明确的、合理的、不超出能力范围，且责任人能够清晰地理解对交付物的要求。

2. IT 服务部署实施计划的完整性问题包括的内容可能有（　　）。

A. 未考虑供应商的配合

B. 团队组建未完成就开始知识转移

C. 工具未上线前先进行测试，以确保可用

D. 未定义 KPI 指标就开始客户化服务管理过程，未雨绸缪

【2021年上半年系统规划与管理师考试上午综合知识真题第46题】

参考答案：A

答案解析：（官方教材第162页）常见的计划完整性问题包括未考虑 IT 服务部署实施期

间的服务连续性、忽略了 IT 服务运营团队的培训、未考虑供应商的配合、未明确对客户的资源要求等方面。常见的计划条理性问题包括服务工具未上线即启动服务测试、未定义服务目标即开始客户化服务管理过程、过程与规范未开发完成即启动团队培训、服务运营团队未组建完成即开始进行知识转移。

3. IT 服务部署实施计划本身的可用性中，（　　）是指各项计划不仅有责任人，还有专人负责全程监控，及时预警，并设有专人对交付物的质量做初步验收。

A. 完整性　　　　　B. 可控制性　　　　C. 可操作性　　　　D. 可验收性

【2020 年下半年系统规划与管理师考试上午综合知识真题第 41 题】

参考答案：B

答案解析：（官方教材第 163 页）可用性是指计划本身的可操作性、可交付性、可控制性。可控制性是指各项计划不仅有责任人，还有专人负责全程监控、及时预警，并设有专人对交付物的质量做初步验收。

4.（　　）不属于 IT 服务部署实施计划阶段考虑的风险和问题。

A. IT 服务部署实施计划的完整性和条理性

B. 客户 IT 服务需求识别的完整性和条理性

C. IT 服务部署实施交付物的可验收性

D. 与 IT 服务规划设计和 IT 服务运营的吻合性

【2018 年上半年系统规划与管理师考试上午综合知识真题第 35 题】

参考答案：B

答案解析：（官方教材第 163 页）IT 服务部署实施计划阶段可能存在的风险有：IT 服务部署实施计划的完整性和条理性；IT 服务部署实施计划本身的可用性；IT 服务部署实施交付物的可验收性；与 IT 服务规划设计和 IT 服务运营的吻合性。

核心考点 6-14　IT 服务部署实施执行的活动 ★★★

IT 服务部署实施执行的活动包括：

- 按规划开展活动，以实现项目目标，创造项目的可交付成果。
- 管理、培训、配置运维团队成员。
- 验证、获取、使用和管理资源。
- 执行已经计划好的过程、方法、标准。
- 可信赖的发布管理机制。

- IT 服务连续性管理机制。
- IT 服务回顾机制。
- 满意度管理机制。
- 标准操作程序（服务作业指导书）。
- IT 服务质量计划。
- 特有的过程、专有的规范。

速记法则

整体简单了解，IT 服务回顾机制需要重点掌握（单独考点）。

真题练一练

1.（　　）不属于 IT 服务部署实施执行阶段的主要活动。

A. 积累知识　　　　　　　　　　B. 编写服务作业指导书

C. 开展客户满意度调查　　　　　D. 配置管理数据库的初始化

【2022 年上半年系统规划与管理师考试上午综合知识真题第 40 题】

参考答案： C

答案解析：（官方教材第 165 页）选项 C 属于验收阶段。

2. 下列关于 IT 服务部署实施执行的活动的说法，错误的是（　　）。

A. 按规划开展活动，以实现项目目标，创造项目的可交付成果

B. 执行已经计划好的过程、方法、标准

C. 标准操作程序（服务作业指导书）

D. IT 服务可持续性管理机制

【系统规划与管理师考试上午综合知识模拟题】

参考答案： D

答案解析：（官方教材第 165 页）A、B、C 三项都属于 IT 服务部署实施执行的活动。

核心考点 6-15　变更管理机制★★★★

1. 变更的类型

- 紧急变更：指当系统出现重大突发事件时，为解决这些突发事件而提出的变更。如果不立即采取措施而是按照正常变更管理过程，将会严重影响正常的业务运作，此时应

遵循紧急变更管理过程。
- 标准变更：指风险很小或没有风险的变更，并且执行这些变更的步骤和方法已经很成熟，这些变更事先已经得到审批并记录在案，遵循简化的标准变更管理过程。当单个标准变更发生时，无须送至变更经理处进行审批，直接执行变更即可。
- 常规变更：指其他不在标准变更、紧急变更范围内的变更，定义为常规变更，其遵循常规变更管理过程。

2. **变更的流程**

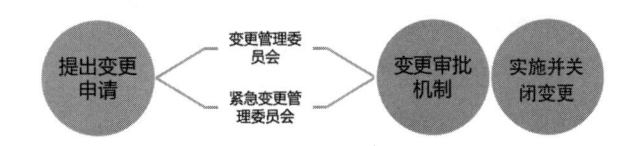

```
提出变更申请 → 变更管理委员会 / 紧急变更管理委员会 → 变更审批机制 → 实施并关闭变更
```

- 变更的审批机制：串行审批（如依次审批）、并行审批（如举手表决）。
- 变更管理委员会：需要明确变更管理委员会的成员名单，通常包含客户方接口人或客户方决策人、服务项目总监、服务经理。
- 紧急变更管理委员会：需要明确紧急变更管理委员会的成员名单，通常包含在变更管理委员会中。
- 变更窗口机制：对于软件、硬件的变更通常要遵循变更窗口机制，尽量避开正常业务时间或业务高峰时段，以免影响业务的正常运转。

速记法则

掌握紧急变更、标准变更、常规变更的概念。

真题练一练

1. 对于软件、硬件的紧急变更通常要遵循（　　），尽量避开正常业务时间或业务高峰时段，以免影响业务的正常运转。
   A. 紧急变更机制　　　　　　　　B. 变更窗口机制
   C. 变更审批机制　　　　　　　　D. 特殊变更机制

【2020年下半年系统规划与管理师考试上午综合知识真题第43题】

参考答案：B

答案解析：（官方教材第168页）变更窗口机制：对于软件、硬件的变更通常要遵循变更窗口机制，尽量避开正常业务时间或业务高峰时段，以免影响业务的正常运转。

2. IT 服务部署实施执行阶段，采用（　　　）等方法可以有效控制项目变更。
①制定项目变更控制程序
②记录所有引起变更的项目问题
③非计划性地对项目进展进行评审
④评估变更对项目的影响
⑤对引起变更的问题进行评价并确定优先顺序
⑥建立变更管理委员会以管理变更批准
A. ①②④⑤⑥　　　　　　　　　　B. ①②③④⑤
C. ①②③④⑥　　　　　　　　　　D. ①②③④⑤⑥

【2018 年上半年系统规划与管理师考试上午综合知识真题第 36 题】
参考答案：A
答案解析：（官方教材第 168 页）非计划性地对项目进展进行评审不利于有效控制项目变更。

核心考点 6-16　IT 服务回顾机制 ★★★

（1）IT 服务回顾既要考虑与客户的回顾机制和回顾内容，还要考虑服务运营团队内部的回顾机制和回顾内容。

（2）回顾机制不仅指服务内容，还包括服务回顾的频率、不同级别的服务回顾的参与人等方面。

（3）与客户的回顾内容主要包括：
- 服务合同执行情况。
- 服务目标达成情况。
- 服务绩效（服务级别协议）与成果。
- 服务范围与工作量。
- 客户业务需求的变化。
- 本周期内遇到的特殊或疑难问题。
- 本周期内的服务运营团队的各项绩效指标总结。
- 下周期工作计划安排等。

速记法则

简单了解与客户的回顾内容。

> 真题练一练

在IT服务部署实施执行阶段，与客户的回顾内容不包括（　　）。
A. 服务目标达成情况　　　　　　　B. 服务范围与工作量
C. 对交付物的特殊说明　　　　　　D. 客户业务需求的变化
【2019年上半年系统规划与管理师考试上午综合知识真题第36题】
参考答案：C
答案解析：（官方教材第168页）选项C是IT服务部署实施验收阶段与项目干系人进行服务实施期回顾的内容。

核心考点6-17　IT服务部署实施验收的活动★★★★

1. IT服务部署实施期报告应包含的内容

- 部署实施计划的完成情况。
- 资源使用情况。
- 交付物列表。
- 部署实施期的经验总结。
- 部署实施期的重大事件回顾。
- 对服务运营期的建议。

2. IT服务部署实施回顾应包含的内容

- 时间点与里程碑的达成情况回顾。
- 对各方面资源的配合情况回顾。
- 对交付物的特殊说明。
- 部署实施期的服务指标完成情况。
- 正式声明进入服务运营期。

3. 交付物验收

- 交付物验收是部署实施验收阶段最重要的工作，按照部署实施计划阶段的交付物验收标准进行验收即可。
- 若交付物与计划有出入，需要做正式的书面说明，并经过项目干系人签字确认。
- 验收结果也要形成正式的书面验收报告，且经过项目干系人的签字确认。

速记法则

报告、回顾、交付物，交付物验收是重点。

真题练一练

1.（　　）属于 IT 服务部署实施验收阶段的活动。

A. 历史运维资料转移

B. 编写 IT 服务部署实施期报告

C. 确定 IT 服务回顾机制

D. 确定满意度管理机制

【2022 年上半年系统规划与管理师考试上午综合知识真题第 41 题】

参考答案： B

答案解析：（官方教材第 175 页）IT 服务部署实施验收阶段的主要活动：IT 服务部署实施期报告、IT 服务部署实施回顾、交付物验收。

2. 在 IT 服务部署实施验收阶段，如果交付物与计划有出入，应该（　　）。

A. 通过验收，补充说明

B. 与客户充分沟通，运用软技能搞定

C. 找各干系人进行说明，签字确认

D. 正式书面声明，并经过干系人签字确认

【2021 年上半年系统规划与管理师考试上午综合知识真题第 47 题】

参考答案： D

答案解析：（官方教材第 175 页）若交付物与计划有出入，需要做正式的书面说明，并经过项目干系人签字确认。

3. A 项目按照部署实施计划阶段的交付物验收标准进行验收，验收过程中发现交付物与交付计划标准不符，则需（　　）。

A. 重新制定交付计划

B. 做出正式书面声明，项目干系人确认签字

C. 按实际交付物完成验收

D. 通过电话与项目干系人确认

【2019年上半年系统规划与管理师考试上午综合知识真题第37题】

参考答案：B

答案解析：（官方教材第175页）若交付物与计划有出入，需要做正式的书面说明，并经过项目干系人签字确认。

4. 交付物验收是部署实施验收阶段最重要的工作，若发现交付物与计划有出入，应该（　　）。

A. 与项目干系人进行口头沟通，并对交付物进行确认

B. 与项目干系人通过邮件沟通，并对验收标准达成一致

C. 编制一个正式的书面声明，并经过项目干系人签字确认

D. 编制一个正式的书面声明，并经过客户项目经理签字确认

【2018年上半年系统规划与管理师考试上午综合知识真题第37题】

参考答案：C

答案解析：（官方教材第175页）若交付物与计划有出入，需要做正式的书面说明，并经过项目干系人签字确认。

核心考点6-18　IT服务部署实施验收的关键成功因素★★★

IT服务部署实施验收阶段的关键成功因素包括：

- 客户的满意度。
- 客户对服务质量的直接感知。
- 服务级别协议（SLA）的完成情况。

速记法则

满意度、质量、SLA完成情况。

真题练一练

下面不属于IT服务部署实施验收阶段的关键成功因素的是（　　）。

A. 客户满意度

B. 客户对服务质量的直接感知

C. SLA完成情况

D. 服务级别协议中的验收准则不够清晰

【2020年下半年系统规划与管理师考试上午综合知识真题第44题】

参考答案： D

答案解析：（官方教材第176页）IT服务部署实施验收阶段的关键成功因素：①客户的满意度；②客户对服务质量的直接感知；③服务级别协议的完成情况。选项D是IT服务部署实施验收阶段可能存在的风险。

第 7 章　IT 服务运营管理

➡ 备考提示

本章内容涉及单选题、案例分析及论文三类题型。

本章内容偏重管理知识，考试难度中等。

本章考查的知识点多参照教材，扩展内容较少。

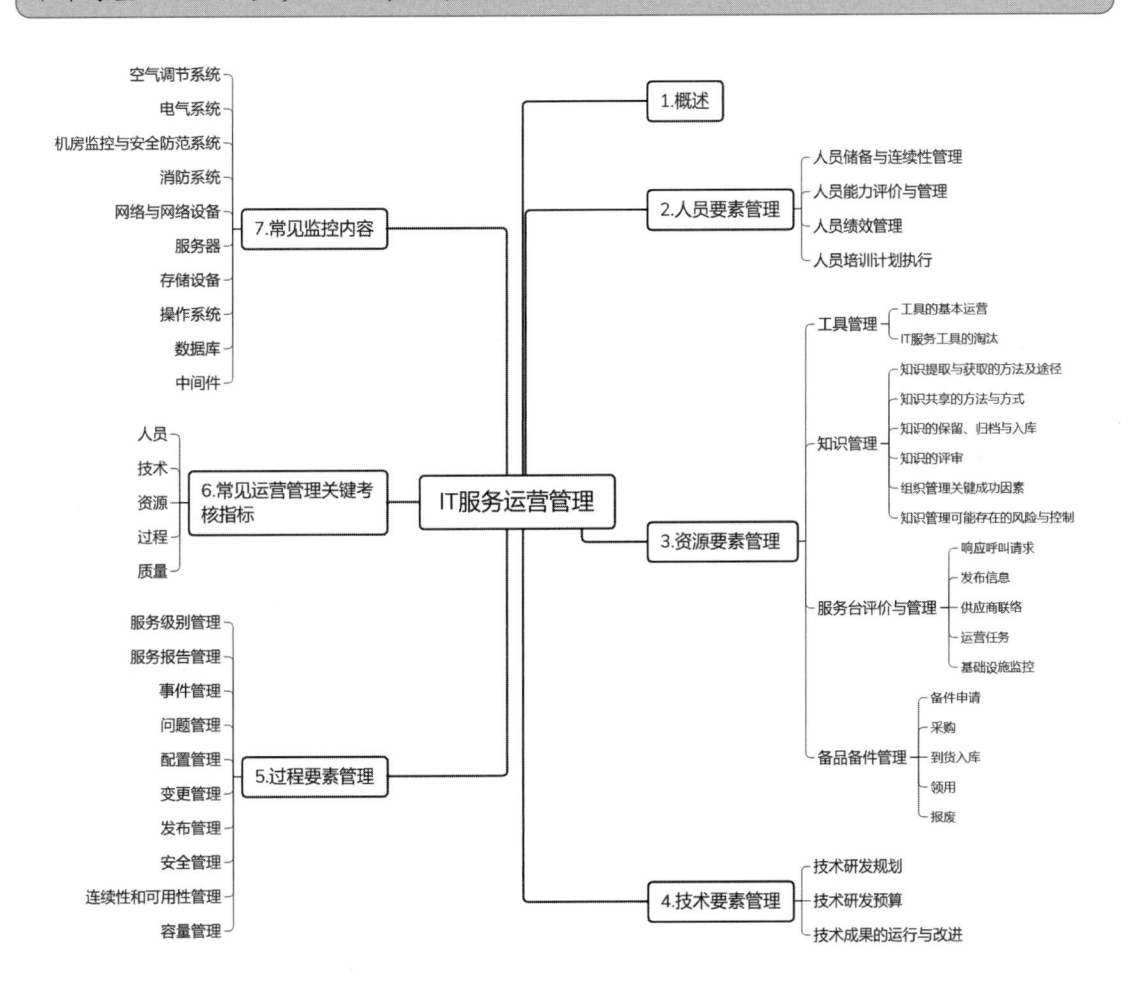

- IT 服务运营管理
  - 1. 概述
  - 2. 人员要素管理
    - 人员储备与连续性管理
    - 人员能力评价与管理
    - 人员绩效管理
    - 人员培训计划执行
  - 3. 资源要素管理
    - 工具管理
      - 工具的基本运营
      - IT 服务工具的淘汰
    - 知识管理
      - 知识提取与获取的方法及途径
      - 知识共享的方法与方式
      - 知识的保留、归档与入库
      - 知识的评审
      - 组织管理关键成功因素
      - 知识管理可能存在的风险与控制
    - 服务台评价与管理
      - 响应呼叫请求
      - 发布信息
      - 供应商联络
      - 运营任务
      - 基础设施监控
    - 备品备件管理
      - 备件申请
      - 采购
      - 到货入库
      - 领用
      - 报废
  - 4. 技术要素管理
    - 技术研发规划
    - 技术研发预算
    - 技术成果的运行与改进
  - 5. 过程要素管理
    - 服务级别管理
    - 服务报告管理
    - 事件管理
    - 问题管理
    - 配置管理
    - 变更管理
    - 发布管理
    - 安全管理
    - 连续性和可用性管理
    - 容量管理
  - 6. 常见运营管理关键考核指标
    - 人员
    - 技术
    - 资源
    - 过程
    - 质量
  - 7. 常见监控内容
    - 空气调节系统
    - 电气系统
    - 机房监控与安全防范系统
    - 消防系统
    - 网络与网络设备
    - 服务器
    - 存储设备
    - 操作系统
    - 数据库
    - 中间件

本章涉及历年考试真题选择题考点分布统计

章　节	2022 年上	2021 年上	2020 年下
7.1 概述			
7.2 人员要素管理	42. 人员连续性管理 43. 人员能力管理 44. 人员绩效管理 45. 人员培训计划执行	48. 人员储备与连续性	46. 人员储备与连续性 47. 人员能力管理 58. 人员绩效管理
7.3 资源要素管理	46. 工具管理 47. 知识管理 48. 服务台管理	49. 资源要素管理 51. 知识管理的风险	48. 知识评审
7.4 技术要素管理		50. 技术要素管理的目的	
7.5 过程要素管理	49. 过程要素管理 50. 容量管理、连续性、可用性管理	52. 过程要素管理	
7.6 常见运营管理关键考核指标	51. 常见运营管理指标		
7.7 常见监控内容		53. 应用资源监控	
	10 分	6 分	4 分

章　节	2019 年上	2018 年上	2017 年下
7.1 概述			
7.2 人员要素管理	38. 人员绩效管理	38. 人员储备与连续性	50. 人员要素风险控制
7.3 资源要素管理	39. 知识管理	39. 知识管理	51. 资源要素管理 52. 工具管理
7.4 技术要素管理	40. 零基预算	40. 技术研发预算	
7.5 过程要素管理	41. 服务级别管理 42. 变更管理 43. 连续性和可用性管理	41. 安全管理 42. 事件管理	49. 问题管理
7.6 常见运营管理关键考核指标			
7.7 常见监控内容	44. 应用资源监控	44. 硬件设备监控	
	7 分	6 分	4 分

注：2017 年下半年的考试，是系统规划与管理师考试第一次开考，出题比较仓促，不具有代

表性。2018 年和 2019 年的试题最具有代表性，考点基本一致，题号顺序也基本一致。案例分析及论文部分，分别在案例分析和论文章节详细分析。

本章涉及历年考试真题选择题核心考点分布情况

章　节	核心考点	重要程度	2022	2021	2020	2019	2018	2017
7.1 概述	核心考点 7-01　IT 服务运营的目的	★★★						
7.2 人员要素管理	核心考点 7-02　人员要素管理活动	★★★★★						√
	核心考点 7-03　人员储备与连续性管理	★★★★★	√	√	√			
	核心考点 7-04　人员能力评价与管理	★★★		√	√			
	核心考点 7-05　人员绩效管理	★★★★	√		√	√		
	核心考点 7-06　人员培训计划执行	★★★	√					
7.3 资源要素管理	核心考点 7-07　工具管理	★★★	√					√
	核心考点 7-08　知识管理	★★★★★	√	√	√	√	√	
	核心考点 7-09　服务台管理与评价	★★★★	√					√
	核心考点 7-10　备品备件管理	★★★			√			
7.4 技术要素管理	核心考点 7-11　技术要素管理	★★★★			√		√	
7.5 过程要素管理	核心考点 7-12　服务级别管理	★★★				√		
	核心考点 7-13　服务报告管理	★★★						
	核心考点 7-14　事件管理	★★★					√	
	核心考点 7-15　问题管理	★★★						√
	核心考点 7-16　配置管理	★★★						
	核心考点 7-17　变更管理	★★★				√		
	核心考点 7-18　发布管理	★★★	√					
	核心考点 7-19　安全管理	★★★					√	
	核心考点 7-20　连续性和可用性管理	★★★				√		
	核心考点 7-21　容量管理	★★★	√					

续表

章 节	核心考点	重要程度	2022	2021	2020	2019	2018	2017
7.6 常见运营管理关键考核指标	核心考点 7-22 运营管理关键考核指标	★★★★★	√					
7.7 常见监控内容	核心考点 7-23 常见信息系统监控内容	★★★★★		√		√	√	

7.1 概述

核心考点 7-01　IT 服务运营的目的 ★★★

IT 服务运营的主要目的是提供低成本、高质量的 IT 服务。IT 服务运营方面的问题更多地不是来自产品或技术，而是来自管理方面。

为了达成 IT 服务运营的目的，需要在 IT 服务运营的过程中对人员、资源、技术、过程四要素进行有效的管控。

客户是 IT 服务运营过程的直接参与者，IT 服务的提供者应控制客户的预期，适当地引导客户以提高其在服务过程中的配合程度，从而有效地达成客户满意。

速记法则

将 IT 服务运营纳入标准化与规范化的管理轨道。

真题练一练

IT 服务运营过程的直接参与者是（　　）。
A. 技术人员　　　　　　　　　　B. 项目团队
C. 客户　　　　　　　　　　　　D. 项目经理
【系统规划与管理师考试上午综合知识模拟题】
参考答案：C

答案解析：（官方教材第 179 页）客户是 IT 服务运营过程的直接参与者，IT 服务的提供者应控制客户的预期，适当地引导客户以提高其在服务过程中的配合程度，从而有效地达成客户满意。

7.2　人员要素管理

核心考点 7-02　人员要素管理活动★★★★★

扫一扫，看视频

1. 人员管理成功的关键因素

- 是否具有成熟的知识管理体系。
- 岗位培训是否充足且适用。
- 团队能力的互备性。
- 人员考核指标设定是否符合 SMART 原则。
- 人员考核结果应用是否真正落地有效。

2. 人员要素的风险控制

可能的风险	影　响	控制措施
沟通问题	影响团队协作	建立良好的沟通协作机制，进行服务意识及沟通能力培训
人员连续性问题	服务持续性	实行有效的人员连续性管理措施
负面情绪	影响团队士气及工作积极性	引导积极向上的团队文化，举行团队活动等其他方式进行团队建设
考核指标不明确	无法评估和执行考核	按照 SMART 原则定义人员绩效指标

3. 人员要素的主要活动

IT 服务规划设计阶段的人员要素	IT 服务部署实施阶段的人员要素	IT 服务运营管理阶段的人员要素
• 人员岗位和职责设计 • 人员绩效方案设计 • 人员培训方案设计	• 外部招聘和内部调岗 • 建立培训教材库及知识转移方法	• 人员储备和连续性管理 • 人员能力评价和管理 • 人员绩效管理 • 人员培训计划执行

> **速记法则**

将规划设计阶段、部署实施阶段、运营管理阶段的人员要素对比进行记忆。

> **真题练一练**

在人员要素管理中，人员要素风险控制涉及许多内容，下面（　　）不是IT服务运营管理阶段中的人员要素风险控制项。

A. 人员连续性问题　　　　　　　　B. 负面情绪

C. 软件开发过程指标　　　　　　　D. 考核指标不明确

【2017年下半年系统规划与管理师考试上午综合知识真题第50题】

参考答案：C

答案解析：（官方教材第179页）人员要素风险控制包括沟通问题、人员连续性问题、负面情绪、考核指标不明确。

核心考点7-03 人员储备与连续性管理★★★★

人员连续性主要面临的场景是人员离职和人员调岗。

1. 目标

- 保证IT服务连续性，满足客户对服务质量及满意度的要求。
- 保持客户对IT服务的信心和信任，并获取支持。
- 保持供应商及第三方接口关系的连续性。
- 保持供应商及第三方的信心，并获取支持。

2. 预防性活动

- 服务能力规划。
- 知识管理及培训。
- 岗位互备及轮岗。
- 识别能力发展曲线。
- 明确岗位交接管理说明。
- 与客户、供应商及第三方明确相关的人员连续性管理流程。

3. 被动性活动

- 岗位交接及培训。
- 面向客户及服务团队进行人员更换说明。

- 面向供应商及相关第三方进行接口关系变更。
- 人员连续性安全管理。

速记法则

- 预防性活动：人员离职等情况还没有发生，提早做的准备工作。
- 被动性活动：人员离职等情况已经实际发生，做的补台工作。

真题练一练

1. 在人员连续性管理活动中，（　　）属于预防性活动。

A. 启动岗位交接管理流程

B. 向客户通报人员更换信息

C. 采用轮岗方式培养后备人员

D. 消除原岗位人员接触的服务信息权限

【2022年上半年系统规划与管理师考试上午综合知识真题第42题】

参考答案：C

答案解析：（官方教材第180页）预防性活动包括：服务能力规划，知识管理及培训，岗位互备及轮岗，识别能力发展曲线，明确岗位交接管理说明，与客户、供应商及第三方明确相关的人员连续性管理流程。选项C属于岗位互备及轮岗。选项A、B、D都属于被动性活动，人员离职等情况已经实际发生，做的补台工作。

2. 以下（　　）不属于人员储备与连续性管理中的被动性活动。

A. 岗位交接及培训

B. 岗位互备及轮换

C. 人员连续性安全管理

D. 面向客户进行人员更换说明

【2021年上半年系统规划与管理师考试上午综合知识真题第48题】

参考答案：B

答案解析：（官方教材第180页）被动性活动包括：岗位交接及培训、面向客户及服务团队进行人员更换说明、面向供应商及相关第三方进行接口关系变更、人员连续性安全管理。

3. 在人员储备与连续性管理中，不属于人员连续性活动中的预防性活动的是（　　）。

A. 知识管理及培训

B. 识别能力发展曲线

171

C. 岗位交接及培训

D. 与客户、供应商及第三方明确相关的人员连续性管理流程

【2020 年下半年系统规划与管理师考试上午综合知识真题第 46 题】

参考答案： C

答案解析：（官方教材第 180 页）预防性活动包括：服务能力规划，知识管理及培训，岗位互备及轮岗，识别能力发展曲线，明确岗位交接管理说明，与客户、供应商及第三方明确相关的人员连续性管理流程。

核心考点 7-04 人员能力评价与管理 ★★★

1. 目标
- 建立人员能力模型。
- 对人员能力进行评价与分析。
- 提供人员能力培养与晋升的信息。

2. 活动
- 建立岗位职责的能力需求说明书。
- 建立人员能力现状评估和差异分析表，包括能力现状评估、能力差异分析、评价结果运用。

速记法则

对人员能力进行有效的评价和管理。

真题练一练

1. 以下关于人员能力评价与管理的表述，不正确的是（   ）。

A. 对于担任同一岗位和职责或同一工作的不同人员要求具有相同的能力

B. 人员能力评估可以采取本人自评、主管审批的方式

C. 建立人员能力现状评估和差异分析表

D. 人员能力评估的结果，可运用于人员职级的评定、岗位晋升或调动

【2022 年上半年系统规划与管理师考试上午综合知识真题第 43 题】

参考答案： A

答案解析：（官方教材第 181 页）对于担任同一职责或同一工作的不同人员的能力要求具有差异，如具有同一工作职责的助理工程师和高级工程师的能力要求不同。

2. 建立人员能力现状评估和差异分析表不包括（　　）。
A. 能力现状评估　　　　　　　　　B. 能力差异分析
C. 能力评价结果　　　　　　　　　D. 评价结果运用

【2020 年下半年系统规划与管理师考试上午综合知识真题第 47 题】

参考答案：C

答案解析：（官方教材第 182 页）建立人员能力现状评估和差异分析表包括能力现状评估、能力差异分析、评价结果运用。

核心考点 7-05　人员绩效管理★★★★

1. 目标
- 对人员绩效的成果进行分析。
- 结合人员能力模型与岗位要求进行评价。
- 根据评价的结果建立人员能力提升或工作改进的方法。

2. 活动
- 绩效考核成果报告。
- 绩效考核成果分析。
- 基于绩效考核分析的改进。

3. 绩效改进的措施
- 管理改进：如果绩效考核存在普遍性，就要考虑从管理入手，解决过程体系的问题。
- 培训：如果是人员能力出现问题，就要针对人员能力进行系统的培训和辅导。
- 激励：如果是人员的积极性出现问题，可以考虑采用激励手段。常见的激励手段有奖金、升迁、表扬等方式，必要情况下惩罚机制也能起到激励作用。
- 改变绩效考核方案：如果发现绩效的设置明显不符合业务需求，或者存在无法实现的可能，又或是绩效过于容易实现，没有起到管理与促进的作用，此时就需要改变绩效考核方案，包括考核的标准与考核的方法。

速记法则

对绩效考评后的结果采用评价、奖罚、改进等多种方式进行人员最终的提升。

真题练一练

1. 以下关于人员绩效管理的表述不正确的是（　　）。

A. 对绩效考核成果报告进行分析，分析绩效无法达成的原因是组织原因还是个人原因

B. 如果绩效考核存在普遍性，就要考虑从管理入手，解决过程体系的问题

C. 基于绩效考核分析的改进的方法只有培训和激励的手段

D. 如果人员能力出现问题，要针对人员能力进行系统的培训与辅导

【2022年上半年系统规划与管理师考试上午综合知识真题第44题】

参考答案： C

答案解析：（官方教材第182页）基于绩效考核分析的改进方法包括管理改进、培训、激励、改变绩效考核方案。

2. 某运维团队发现服务台工作人员一线解决率比较低，并且存在普遍性，估计可能是知识库不够完整，也可能是服务过程中出现了问题。这属于人员绩效管理中的（　　）。

A. 能力现状评估　　　　　　　　B. 绩效考核成果报告

C. 基于绩效考核分析的改进　　　D. 绩效考核成果分析

【2020年下半年系统规划与管理师考试上午综合知识真题第58题】

参考答案： D

答案解析：（官方教材第182页）绩效考核成果分析，就是对绩效考核结果报告进行分析，尤其对具有共性的问题进行根本分析，分析绩效无法达成的原因是组织原因还是个人原因。

3. 对服务台人员进行绩效考核时发现，某服务台工程师一线解决率低于平均值，对其进行绩效考核成果分析，结果表明该服务台工程师个人能力不够且积极性较差。针对该考核结果，不宜采取（　　）方式进行改进。

A. 对该名服务台工程师进行服务台业务知识培训

B. 对其进行口头批评、扣罚奖金

C. 通过沟通进行适当激励

D. 对其设置岗位互备

【2019年上半年系统规划与管理师考试上午综合知识真题第38题】

参考答案： D

答案解析：（官方教材第182页）管理改进：如果绩效考核存在普遍性，就要考虑从管理入手，解决过程体系的问题，或引入知识库，还可能要引入升级机制和沟通机制。培训：如果是人员能力出现问题，就要针对人员能力进行系统的培训与辅导。激励：如果是人员的积极性出现问题，可以考虑采用激励手段，常见的激励手段有奖金、升迁、表扬等方式，必要情况下惩罚机制也能起到激励作用。

核心考点 7-06　人员培训计划执行 ★★★

1. 目标

确保有效执行人员计划并确保培训效果。

2. 活动

- 按人员培训计划进行培训：企业内训、外部培训、拓展训练。
- 对培训结果进行评价：收集培训反馈、对学员进行测试或评价。
- 培训机构与培训讲师管理。
- 人员培训回顾和改进过程：人员培训回顾、人员培训改进。

速记法则

重点记忆培训及培训的改进。

真题练一练

以下关于人员培训计划执行的表述不正确的是（　　）。
A. 系统规划与管理师应不定期地对人员培训进行回顾
B. 人员培训计划可以通过企业内训、外部培训和拓展训练进行
C. 对培训结果进行评价
D. 依据培训回顾的结果，对人员培训过程进行改进

【2022 年上半年系统规划与管理师考试上午综合知识真题第 45 题】

参考答案：A

答案解析：（官方教材第 185 页）系统规划与管理师应定期地对人员培训进行回顾。

7.3　资源要素管理

核心考点 7-07　工具管理 ★★★

1. 工具的基本运营

- 保持稳定性，按生产系统管理。

- 挑选合适的员工进行日常维护（工具维护岗）。
- 适时地改进。

2. 工具淘汰的两种原因
- 技术过时落后，有新的工具可以代替。
- 服务项目终止。

速记法则

简单了解即可。

真题练一练

在资源要素管理中，工具管理是其一项主要管理内容，其中工具的基本运营管理中不包括下面选项中的（　　）。

A. 保持稳定性，按生产系统管理　　　B. 挑选合适的员工进行日常维护

C. 适时地改进　　　　　　　　　　　D. 不断进行工具测试

【2017年下半年系统规划与管理师考试上午综合知识真题第52题】

参考答案：D

答案解析：（官方教材第186页）工具的基本运营包括保持稳定性，按生产系统管理；挑选合适的员工进行日常维护（工具维护岗）；适时地改进。

核心考点 7-08 知识管理 ★★★★

（1）知识管理流程的目标是将运维生产过程中产生的各类信息所包含的知识最大限度地提取、保留，通过评审后加以应用，包括实现知识共享、实现知识转化、避免知识流失、提高运维响应速度和质量、挖掘和分析IT应用信息。

（2）知识管理包括系统规划与管理师对知识的获取、共享、保留（归档）、评审。

（3）IT服务项目常见知识分类包括：
- 项目相关业务知识。
- 项目相关已知问题（故障）解决方案。
- IT服务相关技术跟踪。
- 其他知识。

（4）IT服务项目知识的提取分为：
- 内部提取。日常运维故障典型解决方案的总结、积累，如在建立流程体系时规定必须

从已知问题的解决方案中提取知识，这也是 IT 服务项目最实用的知识。
- 外部查找。与其他类似项目进行知识共享，在互联网上查找、跟踪供应商发布的知识等。

（5）IT 服务项目知识共享分为：
- 对内共享。
- 对外共享。

（6）知识保留、归档及入库时分为：
- 根据知识的分类进行分级工作，知识入库时应按照分类进行保存。
- 知识入库时要进行审核性工作，以保证知识质量。
- 一方面要重视知识管理工具的建设，另一方面要积极协调技术专家一同进行知识的入库审核。

（7）定期组织技术专家团队对知识进行全面评审，评审及评审后的工作包括：
- 审核知识的时效性、完整性、正确性。
- 评审后应出具《知识评审报告》。
- 根据评审结果对知识库中的内容进行更新、删除、合并等维护工作。

（8）知识管理的关键成功因素包括：
- 从流程制度考虑：知识识别与分类是否准确、知识管理流程是否制定且合理。
- 从知识的使用衡量指标考核：知识积累的数量、知识的利用率、知识的更新率、知识完整性、各类知识的比重、知识新增数量与事件和问题发生数量的对比关系。

（9）知识管理可能存在的风险与控制主要包括：
- 知识私有化观念（主动性）。
- 知识共享的风险，可能造成核心技术的泄漏。
- 知识管理工具使用风险。
- 持续性风险（知识的有效性、时效性）。
- 隐性知识很难转化成显性知识。

速记法则

获取、共享、保留（归档）、评审。

真题练一练

1. 以下关于知识管理的表述，不正确的是（　　）。
A. 知识获取可以从外部或内部获取
B. 隐性知识很难转化成显性知识

C. 采取措施，激励员工共享自己所拥有的知识

D. 制定知识共享制度，知识共享只对内进行

【2022年上半年系统规划与管理师考试上午综合知识真题第47题】

参考答案： D

答案解析：（官方教材第187页）知识共享分为对内共享和对外共享两种。

2. 知识管理可能存在的风险不包括（　　）。

A. 显性知识难以转化成隐性知识

B. 知识共享可能会出现保密性问题

C. 知识管理工具不好用

D. 员工不愿意提交知识

【2021年上半年系统规划与管理师考试上午综合知识真题第51题】

参考答案： A

答案解析：（官方教材第188页）知识管理可能存在的风险：①知识私有化观念；②知识共享的风险；③知识管理工具使用风险；④持续性风险；⑤隐性知识很难转化成显性知识。

3. "运维技术主管把三个月前的提取技术删除并更换了新的提取技术"，这属于知识评审的（　　）。

A. 完整性　　　　　B. 正确性　　　　　C. 周期性　　　　　D. 时效性

【2020年下半年系统规划与管理师考试上午综合知识真题第48题】

参考答案： D

答案解析：（官方教材第187页）题干中强调的删除三个月前的提取技术，显然属于时效性。

4. A公司运维团队每季度对知识库进行全面评审，评审后将更新、整合的知识内容重新纳入知识管理流程，该工作属于（　　）的工作内容。

A. IT服务部署实施阶段的知识库初始化

B. IT服务部署实施阶段的知识转移

C. IT服务规划设计阶段的知识库需求识别

D. IT服务运营管理阶段的知识管理

【2019年上半年系统规划与管理师考试上午综合知识真题第39题】

参考答案： D

答案解析：（官方教材第187页）IT服务运营管理阶段的知识管理的内容包括：知识的获取、共享、保留、评审。其中知识的评审是指定期组织技术专家团队对知识库的知识进行全

面评审，审核知识的时效性、完整性和正确性。

5. 知识管理是资源要素管理的重要组成部分，以下关于知识管理的描述不正确的是（　　）。
   A. 知识管理应包括知识的获取、共享、保留（归档）和评审
   B. 对知识库的知识要从时效性、安全性、一致性三方面进行全面评审
   C. 知识入库时应按照分类进行保存，知识地图也是一种好的分类方式
   D. 隐性知识很难转化成显性知识，解决方法是把知识管理融入日常工作过程中

【2018 年上半年系统规划与管理师考试上午综合知识真题第 39 题】

参考答案：B

答案解析：（官方教材第 187 页）对知识库的知识应该从时效性、完整性、正确性等方面进行评审。

核心考点 7-09　服务台管理与评价 ★★★★

1. 服务台

服务台是 IT 服务提供方服务顾客的前台，它能够在无须联系专家的情况下提供用户支持，包括处理某些客户询问和事件，确保能为用户找到合适的支持人员来帮助解决其问题或请求。

2. 服务台的目标

- 为顾客和用户提供单一联系点。
- 保证有关的呼叫请求能够到达 IT 部门并进行支持性活动来提供约定的服务。
- 协调顾客与 IT 部门的关系，为 IT 服务运行提供支持，从而提高顾客的满意度。
- 作为首次联系点，服务台通过截取不相关的问题和容易回答的问题，从而减轻其他 IT 部门的工作量。

3. 服务台的主要工作

- 响应呼叫请求。
- 发布信息。
- 供应商联络。
- 运营任务。
- 基础设施监控。

速记法则

熟记服务台的 5 项工作。

> **真题练一练**

1. 以下不属于服务台管理工作的是（　　）。
   A. 响应呼叫请求　　　　　　　　B. 采购
   C. 联络供应商　　　　　　　　　D. 基础设施监控

【2022 年上半年系统规划与管理师考试上午综合知识真题第 48 题】

参考答案： B

答案解析：（官方教材第 189 页）服务台的主要工作：①响应呼叫请求；②发布信息；③供应商联络；④运营任务；⑤基础设施监控。

2. 在资源要素管理中，涉及多种资源类别，下面（　　）不属于资源要素管理类别。
   A. 服务台管理与评价　　　　　　B. 服务报告管理
   C. 备品备件管理　　　　　　　　D. 知识管理

【2017 年下半年系统规划与管理师考试上午综合知识真题第 51 题】

参考答案： B

答案解析：（官方教材第 188 页）资源要素管理包括工具管理、知识管理、服务台管理与评价和备品备件管理。

> **核心考点 7-10　备品备件管理 ★★★**

备件管理的活动包括：
- 备件申请。
- 采购。
- 到货入库。
- 领用。
- 报废。

> **速记法则**

熟记备件管理的流程。

> **真题练一练**

IT 服务运营过程中，关于资源要素管理，以下说法中正确的是（　　）。

A. IT 服务工具应当作生产系统进行维护，不要轻易移动、关停和改进
B. 知识的保留评审与归档需要分类分级
C. 知识评审是评审知识的时效性、可用性和完整性
D. 打印机坏了联络供应商维修，属于备品备件管理的工作

【2021 年上半年系统规划与管理师考试上午综合知识真题第 49 题】
参考答案：B
答案解析：（官方教材第 188 页）选项 A：IT 服务工具应当作生产系统进行维护，不要轻易移动、关停重启服务，所有的改动都通过严格的变更流程进行控制。选项 C：知识评审涉及时效性、完整性、正确性。选项 D：打印机坏了联络供应商维修，属于服务台管理的工作。

7.4 技术要素管理

核心考点 7-11 技术要素管理★★★★

1. 技术研发规划
- 如何从发现问题和解决问题的过程中发现需要做技术研发的需求。
- 完成立项评审。
- 研发成果如何转为新的服务资源。

2. 技术研发预算
- 增量预算（预留费用）。
- 零基预算（更详细的分析）。

3. 技术成果的运行与改进
- 对技术成果进行培训与知识转移：知识性研发成果培训、工具类研发成果培训、应急预案与解决方案手册的知识转移。
- 对技术成果的内容进行演练或推演。
- 对技术成果进行优化改进。

速记法则

区分增量预算和零基预算。

> 真题练一练

1. IT 服务运营过程中，技术要素管理的目的是（　　）。

A. 能够及时发现问题和解决问题

B. 使用先进的技术解决项目中的疑难杂症

C. 保证服务级别协议高标准地完成

D. 提高服务的效率和质量

【2021 年上半年系统规划与管理师考试上午综合知识真题第 50 题】

参考答案：C

答案解析：（官方教材第 191 页）技术管理的目的是按照 IT 服务中技术工作的规律性，建立科学的管理工作程序，有计划地、合理地利用技术力量和资源，保证服务级别协议高标准地完成。

2.（　　）不属于零基预算的优点。

A. 不受现有费用项目限制

B. 编制预算的工作量小

C. 有利于合理利用资金

D. 不受现行预算约束

【2019 年上半年系统规划与管理师考试上午综合知识真题第 40 题】

参考答案：B

答案解析：（官方教材第 192 页）零基预算是指不考虑过去的项目预算和收支水平，以零为基点编制的预算。它不受以往预算安排情况的影响，一切从实际需要出发，逐项审议预算年度内各项费用的内容及其开支标准，并结合财力状况，在综合平衡的基础上编制预算。这是一种科学的现代预算编制方法。详细的现状分析、费用分析、需求预测、效率提升比、研发投入与产出比、投资回报率分析，当管理层拿到这样的数据或报告时，才可能被打动，进而持续地拿出一笔资金投入一个已在运行的工作中。其优点是有利于合理分配资金，有利于提高预算管理，不受现有费用项目限制，不受现行预算约束。缺点是编制预算的工作量大。

3. A 公司为某数据中心提供网络设备运维服务，开发部署了一套网络监控工具，运行过程中发现告警过多需要改进，IT 服务项目经理依据改进需求重新进行了技术研发规划，并严格按照增量预算的方式进行费用管理，他做的这些工作属于（　　）阶段的工作内容。

A. IT 服务规划设计的服务需求识别

B. IT 服务部署实施的资源要素部署实施

C. IT 服务运营管理的技术要素管理
D. IT 服务持续改进的服务测量

【2018 年上半年系统规划与管理师考试上午综合知识真题第 40 题】

参考答案： C

答案解析：（官方教材第 192 页）技术研发预算属于 IT 运营阶段的技术要素管理。

7.5 过程要素管理

核心考点 7-12 服务级别管理 ★★★

	规划设计阶段——服务级别管理过程设计	服务运营阶段——服务级别管理过程
目的	设计服务级别管理过程，明确角色与职责，梳理过程活动和顺序，设计过程管理指标和改进机制	服务级别管理过程须确保供方通过定义、签订和管理服务级别协议，满足需方对服务质量的要求
活动	建立服务目录 需方签订服务级别协议 根据需方的考核评估要求	更新服务目录并管理服务级别变更 监控服务级别协议执行情况
指标	服务目录定义的完整性 签订服务级别协议文件的规范性 SLA 考核评估机制的有效性和完整性	服务目录定义的完整性 签订服务级别协议文件的规范性 服务级别考核评估机制的有效性和完整性

速记法则

将规划设计阶段和服务运营阶段对比记忆。

真题练一练

在服务运营中，（　　）不会更新服务目录。

A. 服务范围扩大

B. 在原有服务范围的基础上变更服务级别需求

C. 更新服务报告模板

D. 组织的服务能力提升

【2019年上半年系统规划与管理师考试上午综合知识真题第41题】

参考答案: C

答案解析:(官方教材第194页)在服务运营中,随时会产生新的服务需求和请求,或组织的服务能力提升、服务范围扩大,或客户在原有服务范围的基础上变更服务级别需求,均应对服务目录进行及时更新,并在与客户协商一致的基础上对服务级别协议进行变更。

核心考点 7-13 服务报告管理★★★

	规划设计阶段——服务报告管理过程设计	服务运营阶段——服务报告管理过程
目的	设计服务报告管理过程,根据服务需求和项目干系人的需要来设计报告内容和频度	服务报告管理过程须确保供方通过及时、准确、可靠的报告与需方建立有效的信息沟通,为双方管理层提供决策支持
活动	设计与服务报告过程一致的活动 设计服务报告计划 设计服务报告模板	建立、审批、分发服务报告 对服务报告进行归档 更新服务报告模板
指标	服务报告过程的完整性 服务报告的及时性、准确性	服务报告过程的完整性 服务报告的及时性、准确性

速记法则

将规划设计阶段和服务运营阶段对比记忆。

真题练一练

服务报告管理流程在IT服务运营的流程中应当充分执行的事项不包括( )。

A. 建立、审批、分发服务报告

B. 对服务报告进行评审

C. 对服务报告进行归档

D. 更新服务报告模板

【系统规划与管理师考试上午综合知识模拟题】

参考答案: B

答案解析：（官方教材第195页）服务报告管理流程在IT服务运营的流程中应当充分执行的事项有建立、审批、分发服务报告；对服务报告进行归档；更新服务报告模板。

核心考点 7-14　事件管理 ★★★

	规划设计阶段——事件管理过程设计	服务运营阶段——事件管理过程
目的	设计事件发生分类和分级，设计处理各类事件的活动和顺序，设计各类事件的考核指标，设计事件处理情况的定期回顾机制	事件管理过程须确保供方具有检测事件和尽快解决事件的能力
活动	设计与事件管理过程一致的活动 设计事件分类、分级机制 设计事件升级机制 设计满意度调查机制 设计事件解决评估机制	对事件进行受理与处理 对事件进展进行监控与跟踪 对事件进行升级 进行事件满意度调查 完成事件报告
指标	事件管理过程的完整性、有效性 事件解决评估机制的有效性	事件管理过程的完整性、有效性 事件解决评估机制的有效性

速记法则

将规划设计阶段和服务运营阶段对比记忆。

真题练一练

（　　）发生时，服务台必须启动事件升级程序。
①服务器宕机时长超过了服务级别协议（SLA）规定的停机时间
②因为无法预料的情况增加了备份失效对业务的影响
③受事故影响的用户数比最初预计的数量多3倍以上
④工程师反馈说短时间内无法找到服务器宕机的根本原因
A. ①②③④　　　　B. ①②③　　　　C. ②③④　　　　D. ①③④

【2018年上半年系统规划与管理师考试上午综合知识真题第42题】

参考答案： A

答案解析：（官方教材第197页）当出现技术不足、超时、事件范围超出、沟通不利、需要外部资源沟通等情况时，需要对事件根据预定的规则进行升级。

核心考点 7-15　问题管理★★★

	规划设计阶段——问题管理过程设计	服务运营阶段——问题管理过程
目的	设计问题管理过程，定义什么是问题、什么情况下启动问题处理过程，设计问题分类和分级，重点关注事件与问题转换的处理方式，规划处理问题的人员与工作机制，设计必要问题管理过程和顺序、考核机制	问题管理过程须确保供方通过识别引起事件的原因并解决问题，预防同类事件重复发生
活动	设计与问题管理过程一致的活动 设计问题分类管理机制 设计问题导入知识库机制 设计问题解决评估机制	对问题管理进行受理 采用并更新知识库 完成问题报告
指标	问题管理过程的完整性 问题解决评估机制的有效性	问题管理过程的完整性 问题解决评估机制的有效性

速记法则

将规划设计阶段和服务运营阶段对比记忆。

真题练一练

以下对问题管理描述正确的是（　　）。

A. 问题管理过程须确保供方具有检测事件、尽快解决事件的能力

B. 问题管理过程须确保供方通过识别引起事件的原因并解决问题，预防同类事件重复发生

C. 问题管理过程须确保维护运行维护服务对象的必要记录

D. 问题管理过程须确保供方通过管理、控制变更的过程，确保变更有序实施

【2017年下半年系统规划与管理师考试上午综合知识真题第49题】

参考答案： B

答案解析：（官方教材第197页）问题管理流程须确保供方通过识别引起事件的原因并解决问题，预防同类事件重复发生。

核心考点 7-16　配置管理 ★★★

	规划设计阶段——配置管理过程设计	服务运营阶段——配置管理过程
目的	设计配置管理过程，设计配置管理的范围和颗粒度，设计资产的状态属性和连接关系属性，设计配置信息的收集方式，以及配置信息的增、删、改的活动过程，设计配置信息的考核指标和计算方式	配置管理过程须确保供方维护运行维护服务对象的必要记录，并保证配置数据的可靠性和时效性，关联支持其他服务过程
活动	与配置管理过程一致的活动，包括识别、记录、更新和审计等 配置数据库管理机制 配置项审计机制	对配置项进行识别、记录、更新 对配置数据库进行管理与维护 对配置项进行审计
指标	配置管理过程的完整性 配置数据的准确、完整、有效、可用、可追溯 配置项审计机制的有效性	配置管理过程的完整性 配置数据的准确、完整、有效、可用、可追溯 配置项审计机制的有效性

速记法则

将规划设计阶段和服务运营阶段对比记忆。

真题练一练

配置管理过程在 IT 服务运营的过程中应当充分执行的事项不包括（　　）。

A. 对配置项进行识别、记录、更新

B. 对配置项进行分析

C. 对配置数据库进行管理与维护

D. 对配置项进行审计

【系统规划与管理师考试上午综合知识模拟题】

参考答案：B

答案解析：（官方教材第 198 页）配置管理过程在 IT 服务运营的过程中应当充分执行的事项包括对配置项进行识别、记录、更新；对配置数据库进行管理与维护；对配置项进行审计。

核心考点 7-17 变更管理 ★★★

	规划设计阶段——变更管理过程设计	服务运营阶段——变更管理过程
目的	设计变更管理过程，定义变更管理的控制范围，定义变更的分类和分级，设计变更控制活动和顺序	变更管理过程须确保供方通过管理、控制变更的过程，确保变更有序实施
活动	建立与变更管理过程一致的活动，包括请求、评估、审核、实施、确认和回顾等 建立变更类型和范围的管理机制 对变更完成情况进行统计分析	受理变更请求 对变更进行评估、审核 对变更进行实施、确认和回顾等 生成变更报告
指标	变更管理过程的完整性 变更记录的完整性	变更管理过程的完整性 变更记录的完整性

速记法则

将规划设计阶段和服务运营阶段对比记忆。

真题练一练

变更顾问委员会会议召开的频率是（　　）。
A. 每天一次　　　B. 每周一次　　　C. 每月一次　　　D. 按需召开
【2019 年上半年系统规划与管理师考试上午综合知识真题第 42 题】
参考答案：D
答案解析：（官方教材第 198 页）对变更进行评估、审核：对变更进行评估并最终审核，要充分考虑变更所带来的风险，对于变更或不变更带来的后果需要进行分析，必要时应该召开变更顾问委员会（CAB）会议进行讨论。

核心考点 7-18 发布管理 ★★★

	规划设计阶段——发布管理过程设计	服务运营阶段——发布管理过程
目的	设计发布管理过程，设计发布管理的范围、分类、分级和活动顺序，设计与外部资源的沟通和约束机制，设计发布管理考核指标、计算方式和回顾机制	发布管理过程确保一个或多个变更的成功导入

续表

	规划设计阶段——发布管理过程设计	服务运营阶段——发布管理过程
活 动	建立与发布管理过程一致的活动 建立发布类型和范围的管理机制 制定完整的方案，包括发布计划、回退方案、发布记录等 对发布完成情况进行统计分析	执行发布计划，对发布进行测试 发布失败时执行回退方案 对发布进行记录，更新配置数据库 生成发布报告
指 标	发布管理过程的完整性 发布过程记录的完整性、准确性	发布管理过程的完整性 发布过程记录的完整性、准确性

速记法则

将规划设计阶段和服务运营阶段对比记忆。

真题练一练

以下关于过程要素管理的表述，不正确的是（　　）。
A. 发布可以导入变更，确保发布顺利进行
B. 当业务环境发生重大变更时，可用性和连续计划必须被重新测试
C. 变更管理的流程必须评估变更对可用性和连续性计划的影响
D. 问题管理是预防同类事件的发生

【2022 年上半年系统规划与管理师考试上午综合知识真题第 49 题】

参考答案：A

答案解析：（官方教材第 198 页）发布管理过程确保一个或多个变更的成功导入，在发布失败时，需要协调变更管理进行回退方案的执行。

核心考点 7-19　安全管理★★★

	规划设计阶段——安全管理过程设计	服务运营阶段——安全管理过程
目 的	设计信息安全管理过程，识别服务中的信息安全风险，定义信息安全管理范围，定义信息安全事件的特征和等级，分析信息安全风险，制定应对措施，并文件化、常态化	安全管理过程确保供方提供符合信息安全要求的服务

续表

	规划设计阶段——安全管理过程设计	服务运营阶段——安全管理过程
活 动	建立与安全管理过程一致的活动,包括识别、评估、处置和改进等 建立与运行维护服务要求一致的信息安全策略、方针和措施	执行安全策略 对违反安全策略的事件进行监控与追踪
指 标	运行维护服务过程中信息的保密性 运行维护服务过程中信息的可用性 运行维护服务过程中信息的完整性	运行维护服务过程中信息的保密性 运行维护服务过程中信息的可用性 运行维护服务过程中信息的完整性

速记法则

将规划设计阶段和服务运营阶段对比记忆。

真题练一练

在 IT 服务运营管理过程中,要对运行维护服务过程进行安全管理,以保证信息的保密性、完整性和( )。

A. 可审计性　　　　B. 可靠性　　　　C. 可用性　　　　D. 可维护性

【2018 年上半年系统规划与管理师考试上午综合知识真题第 41 题】

参考答案：C

答案解析：(官方教材第 199 页) IT 服务运营阶段的安全管理指标：运行维护服务过程中信息的保密性,运行维护服务过程中信息的可用性,运行维护服务过程中信息的完整性。

核心考点 7-20　连续性和可用性管理 ★★★

连续性和可用性管理应确保向客户承诺的协议的可用性、连续性在任何环境下都能满足。在 IT 服务运营中应充分执行以下事项：

- 可用性和连续性计划必须至少每年开发、检查,确保协定的需求在从遭受一般损失到巨大损失的任何情况下,都得到满足。
- 当业务环境发生重大变更时,可用性和连续性计划必须被重新测试。
- 变更管理流程必须评估变更对可用性和连续性计划的影响。
- 可用性必须被测量和记录。
- 连续性计划、联系列表和配置管理数据库在正常办公室访问被禁止时必须仍可使用。

- 连续性计划必须被测试，以保证与业务的需求一致。
- 所有的连续性计划的测试必须被记录，对测试失败必须产生行动计划。

速记法则

对关键指标进行管理：可用性、中断次数、演练成功/失败次数。

真题练一练

A 企业最近将现有的客户关系系统迁移至虚拟化平台，并对应用软件进行全面的功能性升级。针对该过程，（　　）不能保证满足可用性和连续性。

A. 计算可用性指标是否达到服务级别协议

B. 对可用性和连续性计划进行重新测试

C. 记录可用性和连续性计划的测试结果，测试失败须产生行动计划

D. 评估系统迁移对可用性和连续性计划的影响

【2019 年上半年系统规划与管理师考试上午综合知识真题第 43 题】

参考答案： A

答案解析：（官方教材第 200 页）选项 A "计算可用性指标是否达到服务级别协议"，只计算不行动，并不能保证可用性和连续性。

核心考点 7-21　容量管理 ★★★

容量管理须确保服务提供者在任何时间都有足够的能力来满足当前和未来的客户业务需求。在 IT 服务运营中应充分执行以下事项：

- 必须产生、维护一个能力计划。
- 容量管理必须满足业务需求，包括当前的和未来的容量和性能需求；服务升级时间、阈值和成本；对计划的服务升级、变更请求、新技术和新技能对能力所产生的作用的评估；外部变更对容量可能产生的影响；提出用来进行预测分析的数据、流程和方法。
- 监控服务能力、调整服务绩效、提供足够能力的方法、步骤和技术必须被明确。

速记法则

阈值对关键指标进行管理。

> **真题练一练**

关于容量管理、连续性和可用性管理的描述,不正确的是(   )。
A. 连续性计划必须包括对正常工作的回复
B. 当业务环境发生重大变更时,可用性和连续性计划应被重新测试
C. 变更管理流程需活化变更时对可用性和连续性计划的影响
D. 容量管理关注当前的业务需求,连续性管理关注未来的业务需求

【2022 年上半年系统规划与管理师考试上午综合知识真题第 50 题】
参考答案: D
答案解析:(官方教材第 200 页)容量管理须确保服务提供者在任何时间都有足够的能力来满足当前和未来的客户业务需求。

7.6 常见运营管理关键考核指标

核心考点 7-22 运营管理关键考核指标★★★★★

要素	考核项目	计算公式/方法	建议考核周期
人员	关键岗位人员储备率	(关键岗位储备人员的数量/关键岗位人员数量)×100%	年度
	人员招聘达成率	(实际招聘的人数/计划招聘的人数)×100%	年度
	人员培训次数	检查培训计划和培训实施记录	年度
	人员绩效考核合格率	(人员绩效考核合格数量/被考核人员总数)×100%	年度
技术	研发成果数量	年度累计技术研发成果数量	年度
资源	备件可用率	(定期检查备件完好数量/定期抽检备件总数)×100%	季度
	新增知识条目	统计知识库中新增知识条目	年度
	服务台一次派单成功率	[1-(退回的派单/派单总数)]×100%	季度
	服务台录入事件的完整性	[1-(不完整事件数/总事件数)]×100%	季度

续表

要素	考核项目	计算公式/方法	建议考核周期
过程	SLA 达成率	（SLA 达成事件之和/事件总数）×100%	年度
	服务报告交付及时率	服务报告按时提交的数量/服务报告总数量	季度
	事件解决率	成功解决事件数/已关闭事件总数	季度
	变更成功率	1-（回退变更/变更总数）×100%	季度
	发布成功率	1-（回退发布/发布总数）×100%	季度
	信息安全事件数量	发生信息安全事件的次数	季度
质量	客户满意度	客户满意度综合评分	年度
	管理评审次数	开展管理评审的次数	年度
	内部审核次数	开展内部审核的次数	年度

速记法则

- 要会对指标进行计算。
- 案例分析题经常考查相关计算。

真题练一练

（　　）是常见的服务资源管理关键考核指标。

A. 人员绩效考核合格率

B. SLA 达成率

C. 内部审核次数

D. 服务台一次派单成功率

【2022 年上半年系统规划与管理师考试上午综合知识真题第 51 题】

参考答案： D

答案解析：（官方教材第 201 页）选项 A 是人员管理指标；选项 B 是过程管理指标；选项 C 是质量管理指标；选项 D 是资源管理指标。

7.7 常见监控内容

核心考点7-23 常见信息系统监控内容★★★★★

1. 机房基础设施监控内容
- 空气调节系统（精密空调系统、新风系统）。
- 电气系统（供配电系统、UPS系统、发电机系统、防雷接地系统）。
- 机房监控与安全防范系统（环境和设备监控系统、视频监控系统和门禁系统）。
- 消防系统。

2. 硬件设备监控内容
- 网络及网络设备。
- 服务器。
- 存储设备。

3. 基础软件监控内容
- 操作系统。
- 数据库。
- 中间件。

4. 应用资源监控内容
- 应用的请求和反馈响应时间。
- 资源消耗情况。
- 进程状态。
- 服务或端口响应情况。
- 会话内容情况。
- 日志和告警信息。
- 数据库连接情况。
- 存储连接情况。
- 作业执行情况。

第 7 章　IT 服务运营管理

> **速记法则**

记住四个大类的分类和大致归属。

> **真题练一练**

1. 日志和告警信息属于常见监控内容中的（　　）。
   A. 机房基础设施监控
   B. 硬件设备监控
   C. 基础软件监控
   D. 应用资源监控

【2021 年上半年系统规划与管理师考试上午综合知识真题第 53 题】

参考答案： D

答案解析：（官方教材第 203 页）应用资源监控包括：应用的请求和反馈响应时间、资源消耗情况、进程状态、服务或端口响应情况、会话内容情况、日志和告警信息、数据库连接情况、存储连接情况、作业执行情况。

2. 在 IT 服务运营过程中，（　　）属于应用资源监控的内容。
   ①应用服务运行情况
   ②服务或端口响应情况
   ③作业执行情况
   ④资源消耗情况
   ⑤安全事件审计
   ⑥管理权限用户的行为审计
   A. ④⑤⑥　　　　B. ③④⑤　　　　C. ①③⑥　　　　D. ②③④

【2019 年上半年系统规划与管理师考试上午综合知识真题第 44 题】

参考答案： D

答案解析：（官方教材第 203 页）应用资源监控包括：应用的请求和反馈响应时间、资源消耗情况、进程状态、服务或端口响应情况、会话内容情况、日志和告警信息、数据库连接情况、存储连接情况、作业执行情况。而⑤安全事件审计和⑥管理权限用户的行为审计都属于对服务运营过程的审计，一般情况下是事后审计，不属于监控的范畴。

3. 在 IT 服务运营过程中，对硬件设备进行监控时，监控内容不包括（　　）。
   A. 服务器电源工作情况

B. 设备软件配置变动审计
C. 储存介质空间使用情况
D. 进程状态

【2018年上半年系统规划与管理师考试上午综合知识真题第44题】
参考答案: D
答案解析:(官方教材第203页)进程状态属于应用资源监控的内容。

第8章　IT服务持续改进

➡ **备考提示**

本章内容会涉及单选题、案例分析题及论文全部三类题型。
本章内容偏重管理知识，考试难度中等。
本章考查的知识点多参照教材，扩展内容较少。

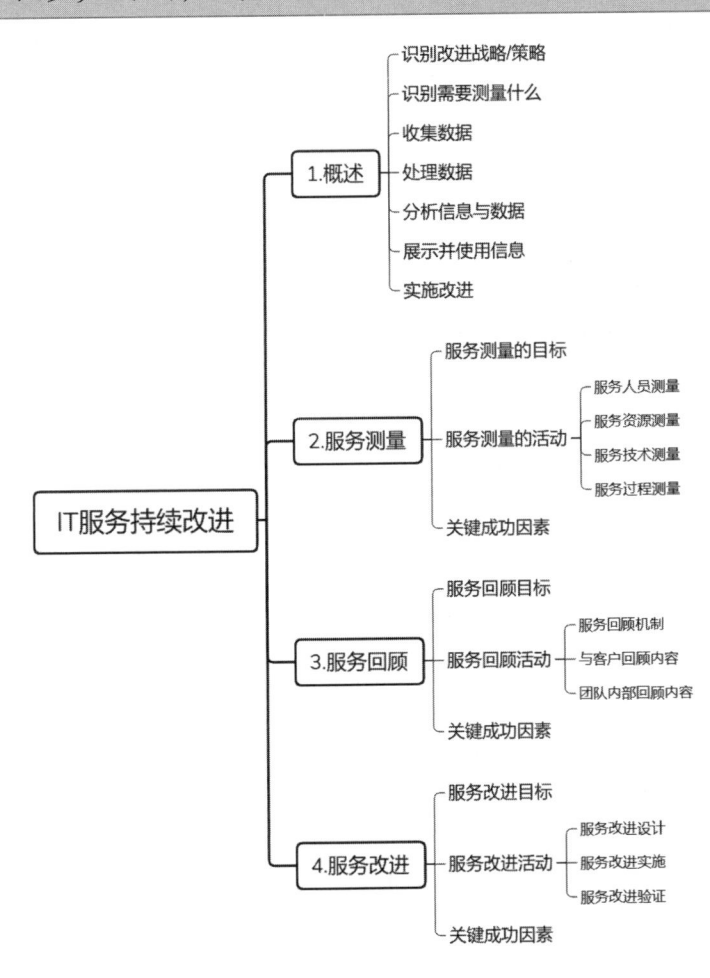

```
                              ┌─ 识别改进战略/策略
                              ├─ 识别需要测量什么
                              ├─ 收集数据
                   ┌─ 1.概述 ─┼─ 处理数据
                   │          ├─ 分析信息与数据
                   │          ├─ 展示并使用信息
                   │          └─ 实施改进
                   │
                   │              ┌─ 服务测量的目标
                   │              │                  ┌─ 服务人员测量
                   │              │                  ├─ 服务资源测量
                   ├─ 2.服务测量 ─┼─ 服务测量的活动 ─┼─ 服务技术测量
IT服务持续改进 ────┤              │                  └─ 服务过程测量
                   │              └─ 关键成功因素
                   │
                   │              ┌─ 服务回顾目标
                   │              │                  ┌─ 服务回顾机制
                   ├─ 3.服务回顾 ─┼─ 服务回顾活动 ───┼─ 与客户回顾内容
                   │              │                  └─ 团队内部回顾内容
                   │              └─ 关键成功因素
                   │
                   │              ┌─ 服务改进目标
                   │              │                  ┌─ 服务改进设计
                   └─ 4.服务改进 ─┼─ 服务改进活动 ───┼─ 服务改进实施
                                  │                  └─ 服务改进验证
                                  └─ 关键成功因素
```

本章涉及历年考试真题选择题考点分布统计

章 节	2022 年上	2021 年上	2020 年下
8.1 概述	52.持续改进的步骤	54.持续改进的目的	49.持续改进的步骤
8.2 服务测量	54.服务执行测量 56.服务技术测量	55.服务测量指标 56.服务技术测量	
8.3 服务回顾	55.服务回顾的活动	57.服务回顾的形式目标	50.服务回顾的活动 51.服务回顾四级机制
8.4 服务改进	53.服务改进的目标	58.服务改进验证	
	5 分	5 分	3 分

章 节	2019 年上	2018 年上	2017 年下
8.1 概述			43.持续改进的描述 53.持续改进的步骤
8.2 服务测量	45.服务过程测量 47.技术指标	45.服务资源测量 47.服务过程测量	54.服务测量指标
8.3 服务回顾	48.服务回顾四级机制 49.服务回顾四级机制	48.服务回顾的活动	
8.4 服务改进	46.服务四要素改进	49.服务改进验证	
	5 分	4 分	3 分

注：2017 年下半年的考试，是系统规划与管理师考试第一次开考，出题比较仓促，不具有代表性。2022 年和 2021 年的试题最具有代表性，考点分布基本一致。案例分析及论文部分，分别在案例分析和论文章节中进行详细分析。

本章涉及历年考试真题选择题核心考点分布情况

章 节	核心考点	重要程度	2022	2021	2020	2019	2018	2017
8.1 概述	核心考点 8-01　服务持续改进的目标	★★★		√				√
	核心考点 8-02　服务持续改进的方法模型	★★★★★	√		√			√
8.2 服务测量	核心考点 8-03　服务测量的概念和指标	★★★★★		√		√		√
	核心考点 8-04　服务测量的目标	★★★						
	核心考点 8-05　服务测量的活动	★★★★	√	√		√	√	
	核心考点 8-06　服务测量的关键成功因素	★★★						

续表

章 节	核心考点	重要程度	2022	2021	2020	2019	2018	2017
8.3 服务回顾	核心考点 8-07　服务回顾的形式和目标	★★★		√				
	核心考点 8-08　服务回顾的四级机制	★★★★★			√	√		
	核心考点 8-09　服务回顾的活动	★★★★★	√		√		√	
	核心考点 8-10　服务回顾的关键成功因素	★★★				√		
8.4 服务改进	核心考点 8-11　服务改进的活动	★★★★★	√	√		√	√	

8.1 概述

核心考点 8-01 服务持续改进的目标 ★★★

扫一扫，看视频

IT 服务持续改进的目标包括：
- 使得 IT 服务可以一直适应不断变化的业务需求。
- 通过识别改进机会并实施改进活动，使得 IT 服务有效支持相关的业务活动。

需要注意，改进的是 IT 服务，不是业务。改进活动贯穿于 IT 服务的全生命周期，且是持续性的，并不存在明显的起止时间。

持续改进通过评审和分析服务级别实现的结果，识别和改进 IT 服务的效率和有效性，在不影响客户满意度的情况下改进 IT 服务提供的成本效益。

速记法则

改进活动的特点：全生命周期、持续性、不存在明显的起止时间。

真题练一练

1. 持续改进通过评审和分析服务级别实现的结果，识别和改进 IT 服务的效率和（　　），

199

在不影响客户满意度的情况下改进 IT 服务提供的成本效益。

  A. 连续性   B. 可靠性   C. 有效性   D. 可用性

【2021 年上半年系统规划与管理师考试上午综合知识真题第 54 题】

参考答案： C

答案解析：（官方教材第 205 页）持续改进通过评审和分析服务级别实现的结果，识别和改进 IT 服务的效率和有效性，在不影响客户满意度的情况下改进 IT 服务提供的成本效益。

2. 以下关于服务持续改进的叙述中，正确的是（ ）。

  A. 服务持续改进活动存在明显的起止时间

  B. 服务持续改进活动具有阶段性

  C. 服务持续改进活动贯穿于 IT 服务的整个生命周期

  D. 服务持续改进活动对客户的预期进行管理

【2017 年下半年系统规划与管理师考试上午综合知识真题第 43 题】

参考答案： C

答案解析：（官方教材第 205 页）服务持续改进的主要目标是，使得 IT 服务可以一直适应不断变化的业务需求，通过识别改进机会并实施改进活动，使得 IT 服务有效支持相关的业务活动。服务持续改进活动贯穿于 IT 服务的全生命周期，且是持续性的，并不存在明显的起止时间。

核心考点 8-02　服务持续改进的方法模型★★★★

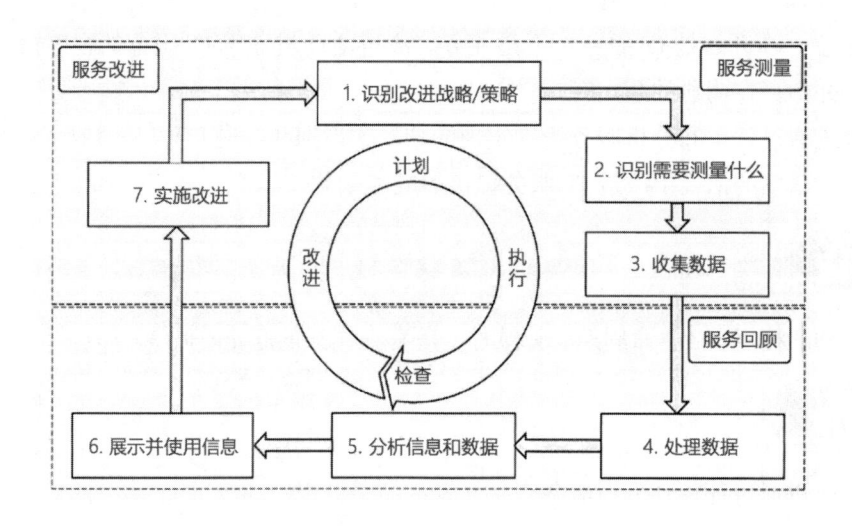

上图为服务持续改进的方法模型，其中1、2、3项属于服务测量，4、5、6项属于服务回顾。从IT服务管理的价值体现来看，满意度与投诉管理工作是服务持续改进的一个重要环节。

速记法则

牢记7个步骤及其顺序。

真题练一练

1. IT服务持续改进方法的过程为：识别改进战略/策略→识别需要测量什么→（　　）→实施改进。
①分析信息和数据　　②处理数据　　③收集数据　　④展示并使用信息
A. ①②③④　　　　B. ①③②④　　　　C. ③②①④　　　　D. ③①②④

【2022年上半年系统规划与管理师考试上午综合知识真题第52题】

参考答案：C

答案解析：（官方教材第205页）IT服务持续改进方法的过程为：识别改进战略/策略，识别需要测量什么，收集数据，处理数据，分析信息和数据，展示并使用信息，实施改进。

2. IT服务持续改进方法的过程是（　　）。
①收集数据
②识别改进战略/策略
③处理数据
④识别需要测量什么
⑤分析信息和数据
⑥实施改进
⑦展示并使用信息
A. ①②④⑤③⑥⑦　　　　　　　　　B. ②④①③⑤⑦⑥
C. ①②④③⑤⑥⑦　　　　　　　　　D. ②①③⑤④⑥⑦

【2020年下半年系统规划与管理师考试上午综合知识真题第49题】

参考答案：B

答案解析：（官方教材第205页）IT服务持续改进方法的过程为识别改进战略/策略，识别需要测量什么，收集数据，处理数据，分析信息和数据，展示并使用信息，实施改进。

3. 随着IT服务运营过程中知识的不断沉淀和积累、客户期望值的不断提高，必然带来不

201

间断的服务改进需求，所以需要对 IT 服务进行持续改进。持续改进方法的过程中包括下面七个阶段（①②③④⑤⑥⑦未按顺序排列）：①分析信息和数据；②实施改进；③识别改进战略/策略；④收集数据；⑤识别需要测量什么；⑥展示并使用信息；⑦处理数据。按照持续改进方法的正确过程顺序，下面（　　）是正确选项。

A. ③→⑤→②→①→⑥→④→⑦
B. ④→⑦→③→⑤→①→②→⑥
C. ③→⑤→④→⑦→①→⑥→②
D. ④→⑤→⑥→⑦→③→①→②

【2017 年下半年系统规划与管理师考试上午综合知识真题第 53 题】

参考答案：C

答案解析：（官方教材第 205 页）IT 服务持续改进方法的过程为：识别改进战略/策略，识别需要测量什么，收集数据，处理数据，分析信息和数据，展示并使用信息，实施改进。

8.2　服务测量

核心考点 8-03　服务测量的概念和指标 ★★★★

服务测量用于获得与服务交付过程相关的各种数据，进而获得服务改进活动所需的各种原始材料。对服务进行有效测量是进行服务改进的基础。

服务测量的范围包括 IT 服务全生命周期阶段的每个方面，覆盖战略、战术和操作等多个层面。

测量指标的类型包括以下 3 种：

- 技术指标：基于 IT 组件和应用的测量，如可用性、性能。
- 过程指标：通常以 KPI 表示，反映服务管理过程的运行或健康状况。KPI 有助于回答过程的质量、绩效、价值和符合性这些关键问题。
- 服务指标：对端到端的服务绩效的测量，通过技术指标和过程指标加以计算。

速记法则

牢记以下内容：①技术指标（如可用性、性能）；②过程指标（KPI）；③服务指标（端到端的服务绩效）。

真题练一练

1.服务测量用于获得与服务交付过程相关的各种数据，进而获得服务改进活动所需的各种原始资料，测量指标类型包括（　　）。

A.业务指标、服务指标、技术指标

B.技术指标、过程指标、服务指标

C.业务指标、过程指标、技术指标

D.服务指标、业务指标、过程指标

【2021年上半年系统规划与管理师考试上午综合知识真题第55题】

参考答案： B

答案解析：（官方教材第207页）测量指标类型包括技术指标、过程指标、服务指标。

2. Web服务器CPU利用率≤85%，该测量指标属于（　　）。

A.技术指标　　　　B.过程指标　　　　C.服务指标　　　　D. KPI指标

【2019年上半年系统规划与管理师考试上午综合知识真题第47题】

参考答案： A

答案解析：（官方教材第207页）技术指标：基于IT组件和应用的测量，如可用性、性能。Web服务器的CPU利用率属于技术指标。

3.服务测量用于获得与服务交付过程相关的各种数据，进而获得服务改进活动所需的各种原始资料，其测量指标可分为3种类型，包括（　　）。

A.技术指标、人员能力指标、过程指标

B.技术指标、过程指标、服务指标

C.人员能力指标、服务指标、过程指标

D.技术指标、服务指标、人员能力指标

【2017年下半年系统规划与管理师考试上午综合知识真题第54题】

参考答案： B

答案解析：（官方教材第207页）测量指标的类型可分为如下3种：①技术指标：基于IT组件和应用的测量，如可用性、性能。②过程指标：通常以KPI表示，反映服务管理过程的运行或健康状况。KPI有助于回答4个关键问题：过程的质量、绩效、价值和符合性，持续服务改进利用这些KPI识别对各过程的改进机会。③服务指标：对端到端的服务绩效的测量，通过技术指标和过程指标加以计算。

核心考点 8-04　服务测量的目标 ★★★

服务测量的目标是监视、测量并评审服务及服务管理目标的完成情况，分析与服务计划的差距，并为服务改进提供依据。服务测量的价值体现在以下几个方面：
- 验证之前所做的决策是否正确，所做的工作是否有效果。
- 较目前的服务在成本、质量、有效性等方面是否比之前得到了改进。
- 证明服务改进活动的必要性，并向管理层争取必要的资源，以支持服务改进。
- 指导服务改进活动的方向和目标。

速记法则

监视、测量并评审。

真题练一练

以下（　　）不是服务测量活动的价值体现。
A. 验证之前所做的决策是否正确，所做的工作是否有效果
B. 较目前的服务在成本、质量、有效性等方面是否比之前得到了改进
C. 证明服务改进活动的必要性，并向管理层争取必要的资源，以支持服务改进
D. 改进服务流程

【系统规划与管理师考试上午综合知识模拟题】
参考答案：D
答案解析：（官方教材第 207 页）服务测量指导服务改进活动的方向和目标。

核心考点 8-05　服务测量的活动 ★★★★

在实施服务测量的各项数据收集活动前，系统规划与管理师应明确测量的目标和方向是否与服务供方的运营目标及业务需求相匹配。应依据成本和技术能力进行筛选，尽可能避免主观判断的测量项。

1. 服务人员测量
- 识别备份工程师的满足度和可用性（现有备份的）。
- 测量人员招聘需求的匹配度（预计招聘的）。

- 收集培训的应用情况。
- 人员能力测量。
- 服务工作量测量（工作配比预测）。
- 岗位职责更新情况。
- 人员绩效考核分配机制测量。
- 实时监控团队工作状态。

2. 服务资源测量

- IT 服务运维工具的测量指标：测量工具的功能与服务管理过程是否有效匹配（工具针对性）；周期性识别相关工具的使用手册是否有效并进行相关验证（工具可操作性）；监控 IT 服务运维工具的健康状态（工具可用性及准确性）。
- 服务台测量指标：如接听率、派单准确率、录单率、平均通话时间等。
- 备件库：如盘点备件资产、统计备件损坏率、统计备件命中率、统计备件复用率等。
- 知识库：收集知识的积累数量、知识的利用率、知识的更新率、知识的完整性、各类知识的比重、知识新增数量与事件、问题发生数量的对比关系。

3. 服务技术测量

- 识别研发规划。
- 识别研发成果。
- 技术手册及 SOP 统计。
- 应急预案实施统计。
- 监控点和阈值统计。

4. 服务过程测量

- 服务管控测量。
- 服务执行测量。

测量类型	目标	发布人	活动
事件统计分析	动态跟踪服务过程中每个事件的完成情况，及时发现服务过程的不足之处，并予以纠正	事件管理负责人	• 重大事件回顾 • 事件统计分析 • 汇总和发布
问题统计分析	降低事件发生概率，提高事件处理效率	问题管理负责人	• 定期统计 • 出具分析报告
变更与发布统计分析	有效监控变更与发布执行过程中的风险，提升服务可用性水平	变更经理	• 监控变更 • 跟踪变更 • 汇总和统计分析

续表

测量类型	目标	发布人	活动
配置统计分析	有效进行配置状态的统计，保证配置数据的准确、完整、有效、可用、可追溯	配置管理负责人	• 记录配置细节 • 定期检查

速记法则

人员、资源、技术、过程。

真题练一练

1. 服务过程测量活动覆盖服务管控、服务执行两个层次，以下（　　）不属于服务执行测量。

A. 事件统计分析　　　　　　　　　B. 变更与发布统计分析

C. 服务级别达成情况分析　　　　　D. 配置统计分析

【2022年上半年系统规划与管理师考试上午综合知识真题第54题】

参考答案：C

答案解析：（官方教材第210页）服务执行测量包括：事件统计分析、问题统计分析、变更与发布统计分析、配置统计分析。

2. 以下测量活动中，（　　）属于服务技术测量。

A. 服务台派单准确率测量　　　　　B. 备件命中率测量

C. 应急预案升级时间测量　　　　　D. 知识的利用率测量

【2022年上半年系统规划与管理师考试上午综合知识真题第56题】

参考答案：C

答案解析：（官方教材第209页）服务技术测量包括：①识别研发规划；②识别研发成果；③技术手册及SOP统计；④应急预案实施统计；⑤监控点和阈值统计。选项C应急预案升级时间测量属于服务技术测量中的应急预案实施统计。

3. 进行服务技术测量的工作包括识别研发规划、识别研发成果、技术手册及SOP统计、（　　）。

A. 人员技术培训统计、人员技术能力统计

B. 备件资产统计、录单准确率统计
C. 组织机构变化统计、变更成功率统计
D. 监控点和阈值统计、应急预案实施统计

【2021年上半年系统规划与管理师考试上午综合知识真题第56题】

参考答案： D

答案解析：（官方教材第209页）服务技术测量包括：①识别研发规划；②识别研发成果；③技术手册及SOP统计；④应急预案实施统计；⑤监控点和阈值统计。

4. 项目经理提交项目绩效分析报告，总结分析人员绩效情况、服务SLA达成情况、重大事件处理情况等。该活动是对（　　）进行测量。

  A. 服务技术　　　　B. 服务过程　　　　C. 服务资源　　　　D. 服务安全

【2019年上半年系统规划与管理师考试上午综合知识真题第45题】

参考答案： B

答案解析：（官方教材第209页）服务过程测量中的服务管控测量活动是由系统规划与管理师制定阶段性项目计划及需求，进行统计分析，并形成"项目绩效分析"作为项目总结报告或月度服务报告的核心组成部分。评测内容包括（但不限于）：服务SLA达成率分析、重大事件分析（MTTR、服务效率）、人员绩效分析等。

5. A公司知识库管理员每月初向服务质量负责人提交上个月知识的新增人员数据和知识的利用率数据，该项工作属于IT服务持续改进的（　　）的测量。

  A. 服务资源　　　　B. 服务技术　　　　C. 服务人员　　　　D. 服务过程

【2018年上半年系统规划与管理师考试上午综合知识真题第45题】

参考答案： A

答案解析：（官方教材第209页）服务资源测量分为以下4种：

（1）IT服务运维工具。测量工具的功能与服务管理过程是否匹配有效、周期性识别相关工具的使用手册是否有效并进行相关验证、监视IT服务运维工具的健康状态。

（2）服务台。接听率、派单准确率、录单率、平均通话时间等。

（3）备件库。盘点备件资产、统计备件损坏率、统计备件命中率、统计备件复用率等。

（4）知识库。收集知识的积累数量、知识的利用率、知识的更新率、知识的完整性、各类知识的比重、知识新增数量与事件、问题发生数量的对比关系。

6. 在服务过程的测量工作中，以下关于事件统计分析描述不正确的是（　　）。

  A. 重大事件回顾指分析过去一段时间内所发生的重大事件或故障，总结经验教训，并对

所采取的纠正弥补措施进行有效性分析

　　B.事件统计和分析指在项目执行阶段，将对执行过程中发生的所有事件进行统计和分析

　　C.汇总和发布指定期将总结报告进行汇总，并发布给客户及用户，出具重大事件报告、事件分析总结报告

　　D.事件统计分析的目标是动态跟踪服务过程中关键事件的完成情况，及时发现服务过程的不足之处，并予以纠正

【2018年上半年系统规划与管理师考试上午综合知识真题第47题】

参考答案： D

答案解析：（官方教材第210页）事件统计分析的目标是动态跟踪服务过程中每个事件的完成情况，及时发现服务过程的不足之处，并予以纠正。

核心考点 8-06　服务测量的关键成功因素 ★★★

服务测量的关键成功因素包括：
- 针对性的服务测量框架。
- 有效的自动化监控和测量工具。
- 渠道的测量方法，如监控、评估、调查、座谈、抽样等。
- 避免成本约束。准备足够的资金来购买和部署相应的监控和测量工具。
- 降低人员阻力。增强用户及服务人员对服务测量活动的理解和配合，如可适当采用激励方式，鼓励用户积极参与满意度调查，适当采用绩效考核，要求服务工程师及时上传知识文档等。
- 获取管理层的支持。
- 通过接受培训等方式，获取成熟的服务管理过程。
- 利用机制管理技术部门与业务部门之间的有效沟通和协调。

速记法则

简单了解即可。

真题练一练

下列（　　）不属于服务测量的关键成功因素。
A.明确岗位职责和过程清晰，有问题时应及时进行调整
B.渠道的测量方法有监控、评估、调查、座谈、抽样等

C. 通过接受培训等方式，获取成熟的服务管理过程
D. 利用机制管理技术部门与业务部门之间的有效沟通和协调

【系统规划与管理师考试上午综合知识模拟题】

参考答案：A

答案解析：（官方教材第 211 页）选项 A 为服务回顾的关键成功因素。

8.3 服务回顾

核心考点 8-07 服务回顾的形式和目标 ★★★

1. 服务回顾的形式

客户服务回顾、项目内部会议、视频会议、电话会议、服务报告、服务改进计划、第三方机构意见收集等。

2. 服务回顾的目标
- 主要目标是为适当的受众（包括用户、业务部门、供应商、技术人员、管理层等）回顾各种服务测量数据，并作为后续活动的参考和依据。
- 及时关注并发现客户业务需求的变化，并及时有效地对这些需求变化作出回应。
- 保持与客户之间沟通渠道的有效和畅通。

速记法则

简单了解即可。

真题练一练

关于服务回顾，以下描述正确的是（　　）。

A. 第三方机构意见收集不是服务回顾的形式
B. 服务回顾的关键成功因素有避免成本约束、降低人员阻力等
C. 服务回顾的主要活动根据服务需方与供方不同的关注内容可分为两类，分别是与客户回顾内容、团队内部回顾内容
D. 避免重要的服务回顾内容项缺失，应设定针对服务回顾完成率的绩效考核项

【2021 年上半年系统规划与管理师考试上午综合知识真题第 57 题】
参考答案： C
答案解析：（官方教材第 212 页）选项 A，第三方机构意见收集是服务回顾的形式。服务回顾的形式多种多样，包括客户服务回顾、项目内部会议、视频会议、电话会议、服务报告、服务改进计划、第三方机构意见收集等。选项 B，避免成本约束、降低人员阻力是服务测量的关键成功因素。选项 D，避免重要的服务回顾内容项缺失，应采用全面严谨的服务回顾模板和会议纪要模板。

核心考点 8-08　服务回顾的四级机制 ★★★★

服务回顾机制的构成内容，包括回顾级别、具体内容、频率和参与者。

级别	内容	频率	参与者
一级	针对重大事件、特殊事件的沟通，包括服务内容变更、客户投诉等	不定期按需沟通	系统规划与管理师、客户接口人
二级	项目月度例会，向客户汇报当月服务情况，包括服务量、SLA 达成率、当月重大事件等内容	每月度	系统规划与管理师、客户接口人
三级	项目季度回顾，向客户汇报当季项目运营情况，包括服务数据分析、SLA 达成率、客户满意度、服务改进计划等内容	每季度	系统规划与管理师、服务供方业务关系经理、客户接口人
四级	合作年度回顾，回顾项目的整体实施交付情况	每年度	服务供方高层管理人员、系统规划与管理师、服务供方业务关系经理、客户接口人

速记法则

4 个级别快速记忆：特殊、月度、季度、年度。

真题练一练

1. "不定期对客户投诉进行沟通"属于服务回顾的（　　）机制。
　　A. 一级　　　　B. 二级　　　　C. 三级　　　　D. 四级
【2020 年下半年系统规划与管理师考试上午综合知识真题第 51 题】
参考答案： A

答案解析：(官方教材第 212 页)服务回顾的一级机制：针对重大事件、特殊事件的沟通，包括服务内容变更、客户投诉等。

2. 针对重大事件、特殊事件的沟通，包括服务内容变更、客户投诉等属于（　　）服务回顾机制。

A. 一级　　　　　　B. 二级　　　　　　C. 三级　　　　　　D. 四级

【2019 年上半年系统规划与管理师考试上午综合知识真题第 49 题】

参考答案：A

答案解析：(官方教材第 212 页)服务回顾的一级机制：针对重大事件、特殊事件的沟通，包括服务内容变更、客户投诉等。

核心考点 8-09　服务回顾的活动★★★★

服务回顾的活动，包括客户回顾和团队内部回顾。

客户回顾	团队内部回顾
• 服务合同执行情况 • 服务目标达成情况 • 服务绩效、成果 • 满意度调查 • 服务范围、工作量 • 客户业务需求的变化 • 服务中存在的问题及行动计划 • 上一次会议中制定的行动计划的进展汇报	• 上周期工作计划回顾 • 本周期内遇到的特殊或疑难工单 • 讨论本周期内未解决的工单 • 各小组工作简报 • 本周期内的问题回顾 • 本周期内的工程师 KPI 总结 • 下周期工作计划安排

速记法则

注意区分客户回顾和团队内部回顾。

真题练一练

1. 以下关于服务回顾的描述，不正确的是（　　）。

A. 服务回顾工作可与服务质量评审会议一起举行，供方和客户一同参与

B. 与客户服务回顾的内容包括合同执行情况、目标达成情况、工程师 KPI 总结等

C. 与客户高层进行年度服务回顾时，应回顾项目的整体交付实施情况

D. 为避免服务回顾延期，应设置回顾服务完成率的考核

【2022年上半年系统规划与管理师考试上午综合知识真题第55题】

参考答案：B

答案解析：（官方教材第212页）工程师KPI总结属于团队内部回顾的内容。

2. 下列属于IT持续改进的客户回顾内容的是（　　）。

①服务合同执行情况

②服务目标达成情况

③工程师KPI总结

④服务绩效

A. ①②③　　　　B. ①②④　　　　C. ②③④　　　　D. ①③④

【2020年下半年系统规划与管理师考试上午综合知识真题第50题】

参考答案：B

答案解析：（官方教材第212页）工程师KPI总结属于团队内部回顾的内容。

3. 在服务回顾活动中，（　　）不属于与客户回顾的内容。

A. 服务合同执行情况

B. 服务绩效

C. 本周期内的工程师KPI总结

D. 客户业务需求的变化

【2018年上半年系统规划与管理师考试上午综合知识真题第48题】

参考答案：C

答案解析：（官方教材第212页）工程师KPI总结属于团队内部回顾的内容。

核心考点 8-10　服务回顾的关键成功因素 ★★★

服务回顾的关键成功因素包括：

- 根据违规记录，进行违规根源分析并加以校正，决定是进行服务升级/服务变更，还是对相关负责人进行处理。
- 基于回顾报告，从满足业务和客户需求的角度出发，进行调整和改进。
- 进行精细的服务管理变更的控制，包括过程的变更、过程文档的变更、过程交互的变更和角色职责的变更等。
- 服务回顾的更新要能够满足业务和客户对IT服务能力的需求，同时要确保相关人员对新内容的认知和认同感。

- 避免重要的服务回顾内容项部分缺失，应采用全面严谨的服务回顾模板及会议纪要模板。
- 避免服务回顾会议延期，应设定服务经理针对服务回顾完成率的绩效考核项。
- 明确岗位职责和过程清晰，有问题时应及时进行调整。

速记法则

- 四个级别的区分。
- 客户回顾、团队内部回顾的区分。

真题练一练

关于服务回顾的描述，不正确的是（　　）。

A. 服务回顾的工作包括服务回顾机制、内容和对象，服务回顾的目的和作用、目标受众，以及如何进行服务回顾

B. 服务回顾的形式包括客户服务回顾、项目内部会议、第三方机构意见收集、服务报告等

C. 服务回顾的主要活动根据服务需方与供方不同的关注内容可分为两类

D. 基于回顾报告，从满足项目管理需求的角度出发进行调整和改进

【2019 年上半年系统规划与管理师考试上午综合知识真题第 48 题】

参考答案：D

答案解析：（官方教材第 213 页）基于回顾报告，从满足业务和客户需求的角度出发，进行调整和改进。

8.4 服务改进

核心考点 8-11　服务改进的活动★★★★★

服务改进活动需要进行生命周期管理，主要包括服务改进设计、服务改进实施、服务改进验证，涉及服务管理人员、资源、技术、过程等方面。

1. 服务改进的活动——服务改进设计

定义服务改进目标	识别服务改进输入	制定服务改进计划	确认服务改进职责
• 改进目标应与服务目标相一致，需要客户参与 • 改进目标应是现实可行并是可测定的 • 改进目标必须满足用户和客户部门的需求，并且符合相关法律法规及相关标准	• 主要来自服务改进需求 • 是否与服务运营结果一致 • IT服务管理业界标准 • 内部员工提出的改进 • 与管理层沟通的结果 • 服务目标 • 服务管理体系内审 • KPI指标的变化趋势 • 过程改进实施后的反馈 • 业务和技术上的变革 • 发现不符合项 • 发现存在的问题	• 文档介绍 • 服务改进活动基本信息 • 服务改进描述 • 服务改进方案 • 角色和职责 • 服务改进回顾	• 识别服务四要素改进需求 • 制定具体改进目标和方案 • 管理控制服务四要素改进实施 • 负责改进活动的结果 • 定期组织改进回顾，巩固改进成果 • 改进项目完成后进行知识转移

2. 服务改进的活动——服务改进实施

人员	资源	技术	过程
• 改善人员管理体制 • 提高IT人员素质 • 调整人员储备比例 • 调整人员和岗位结构	• 保障各类资源对业务的完整覆盖和支撑作用 • 持续完善IT工具 • 持续优化服务台管理制度 • 知识库管理制度改进 • 备件库管理制度改进	• 技术研发计划重新规划及改进 • 技术成果优化改进 • 完善技术文档 • 改进应急预案 • 更新监控指标及阈值	• 完善现有过程 • 建立新的服务管理过程 • 调整过程考核指标 • 提升对外服务形象 • 提供新的服务 • 为业务部门提供管理报表

3. 服务改进的活动——服务改进验证

服务改进项目的检查	提交服务改进报告
• 系统规划与管理师组织服务交付部门按服务改进计划中所列项目，对项目指标完成情况进行检查，检查结果记录在服务改进控制表中 • 对于未达标的项目，组织相关部门进行原因分析，并制定改进措施 • 形成书面统计分析及改进报告，分别提报主管领导及监督部门 • 服务质量监督部分按照相关规定实施过程考核	• 服务质量责任人负责监督服务改进计划的执行情况，并根据执行结果和检查情况，编写服务改进报告 • 服务改进报告应包括服务改进计划的相应内容

4. 服务改进的关键成功因素

- 确定服务改进的使因，如客户请求或主动修改。
- 识别所有重要的服务改进输入（包括人员、资源、技术及过程）。
- 改进结果应可测量、可追溯，协商服务改进的衡量及验收标准。
- 公布完整详尽的服务改进计划。
- 保障相关干系人的较高参与度。
- 定义对已存在的服务管理过程和服务的更改。
- 提交新的服务对人力资源和招聘需求的影响。
- 分析服务改进后对相关过程、测量、方法和工具的影响，及时更新服务目录及服务手册。
- 制定服务改进对预算和时间计划的影响。

速记法则

设计、实施、验证三步曲。

真题练一练

1. 关于服务改进的描述，不正确的是（　　）。

A. 服务改进的目标不一定与服务目标相一致，但需要客户参与，并与相关部门进行有效沟通

B. 服务改进的来源包括 IT 服务管理业界标准、业务和技术上的变革、内部员工提出的改进等

C. 服务改进实施效果未能达到预期效果时，应进行原因分析，制定相应改善计划并实施或重新制定改善计划并实施

D. 服务质量责任人负责监督服务改进计划的执行情况并编写服务改进报告

【2022 年上半年系统规划与管理师考试上午综合知识真题第 53 题】

参考答案： A

答案解析：（官方教材第 214 页）服务改进的目标应与服务目标相一致。

2. 在服务改进验证过程中，（　　）负责监督服务改进计划的执行情况，并根据执行结果和检查情况，编写服务改进报告。

A. 服务质量责任人

B. 系统规划与管理师

C. 项目经理

D. IT 服务总监

【2021年上半年系统规划与管理师考试上午综合知识真题第58题】

参考答案： A

答案解析：（官方教材第216页）在服务改进验证过程中，服务质量责任人负责监督服务改进计划的执行情况，并根据执行结果和检查情况，编写服务改进报告。

3. 以下不属于系统规划与管理师在服务四要素改进中的工作职责的是（　　）。

A. 负责具体的改进目标和方案审批

B. 负责定期组织改进回顾

C. 负责管理和控制服务四要素改进项目的实施

D. 负责该项目完成后进行知识转移

【2019年上半年系统规划与管理师考试上午综合知识真题第46题】

参考答案： A

答案解析：（官方教材第214页）服务四要素改进主要由系统规划与管理师和服务质量负责人负责，其主要工作职责有：①识别服务四要素改进需求；②制定具体的改进目标和方案，报服务管理体系负责人审批；③管理和控制服务四要素改进项目的实施；④对改进活动的结果负责；⑤定期组织改进回顾，巩固改进成果；⑥改进项目完成后进行知识转移。

4. 在服务改进项目的检查中，当服务改进项目实施完成后，（　　）核对服务改进活动的目标达成情况，会同相关人员对实施效果进行验证，并记录验证或验收评价结果。

A. 服务供需双方

B. 服务供方

C. 服务需方

D. 服务用户

【2018年上半年系统规划与管理师考试上午综合知识真题第49题】

参考答案： A

答案解析：（官方教材第216页）当服务改进项目实施完成后，系统规划与管理师应对照服务改进计划中定义的服务改进目标，发起服务改进回顾会议，服务供需双方核对服务改进活动的目标达成情况，会同相关人员对实施效果进行验证，并记录验证或验收评价结果。

第 9 章 监督管理

→ **备考提示**

本章内容会涉及单选题、案例分析题及论文全部三类题型。
本章内容偏重管理知识，考试难度中等。
本章考查的知识点多参照教材，扩展内容较少。

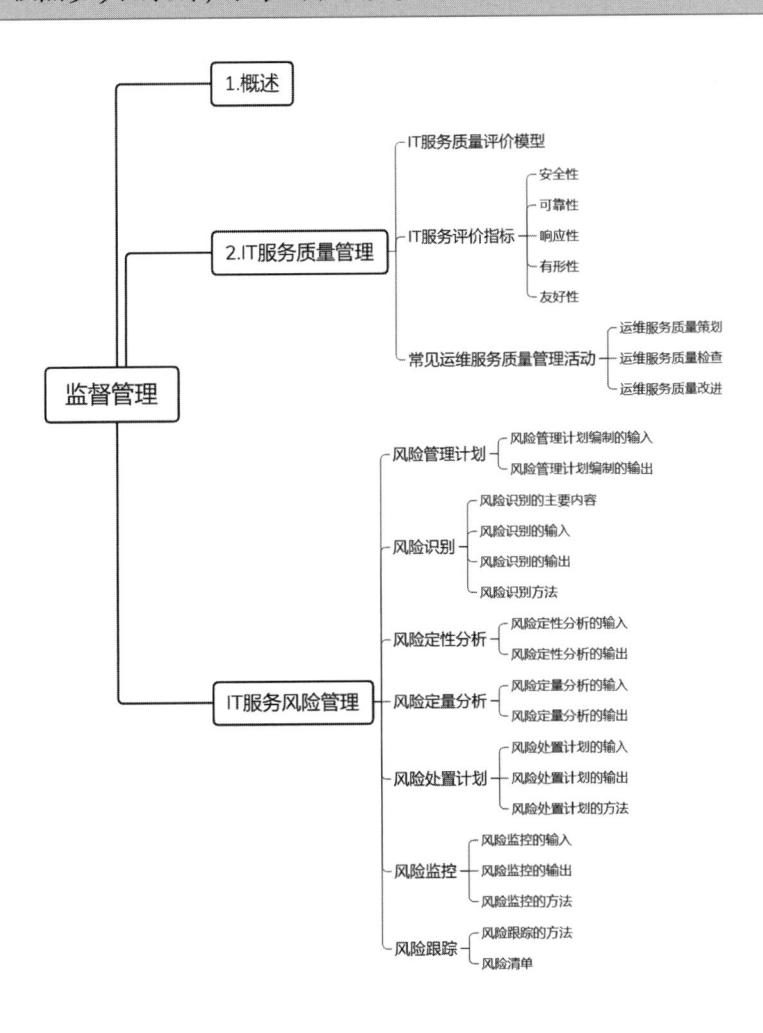

- 监督管理
  - 1.概述
  - 2.IT服务质量管理
    - IT服务质量评价模型
    - IT服务评价指标
      - 安全性
      - 可靠性
      - 响应性
      - 有形性
      - 友好性
    - 常见运维服务质量管理活动
      - 运维服务质量策划
      - 运维服务质量检查
      - 运维服务质量改进
  - IT服务风险管理
    - 风险管理计划
      - 风险管理计划编制的输入
      - 风险管理计划编制的输出
    - 风险识别
      - 风险识别的主要内容
      - 风险识别的输入
      - 风险识别的输出
      - 风险识别方法
    - 风险定性分析
      - 风险定性分析的输入
      - 风险定性分析的输出
    - 风险定量分析
      - 风险定量分析的输入
      - 风险定量分析的输出
    - 风险处置计划
      - 风险处置计划的输入
      - 风险处置计划的输出
      - 风险处置计划的方法
    - 风险监控
      - 风险监控的输入
      - 风险监控的输出
      - 风险监控的方法
    - 风险跟踪
      - 风险跟踪的方法
      - 风险清单

本章涉及历年考试真题选择题考点分布统计

章 节	2022 年上	2021 年上	2020 年下
9.1 概述			
9.2 IT 服务质量管理	62. 有形性的子特性 63. 工具的专业性计算 64. 质量检查	59. 可靠性的特性 60. 运维服务质量管理	52. 运维服务质量活动 53. 可靠性的特性
9.3 IT 服务风险管理	65. 风险识别 66. 风险处置计划 67. 风险处置计划	61. 风险识别 62. 风险定量分析	54. 风险定性分析 55. 风险识别 56. 风险监控 57. 风险监控
	6 分	4 分	6 分

章 节	2019 年上	2018 年上	2017 年下
9.1 概述			
9.2 IT 服务质量管理	57. IT 服务质量评价模型	55. 可靠性的特性 56. 安全性的特性 57. 运维服务质量活动	55. 安全性的特性 56. 运维服务质量活动
9.3 IT 服务风险管理	58. 风险识别 59. 风险定性分析 60. 风险跟踪	58. 风险识别 59. 负面风险应对策略 60. 风险跟踪	57. 风险识别 58. 风险监控
	4 分	6 分	4 分

注：2017 年下半年的考试，是系统规划与管理师考试第一次开考，出题比较仓促，不具有代表性。2018 年和 2022 年的试题最具有代表性，考点基本一致。案例分析及论文部分，分别在案例分析和论文章节中详细分析。

本章涉及历年考试真题选择题核心考点分布情况

章 节	核心考点	重要程度	2022	2021	2020	2019	2018	2017
9.1 概述	核心考点 9-01　监督管理基本概念	★★						

续表

章 节	核心考点	重要程度	2022	2021	2020	2019	2018	2017
9.2 IT 服务质量管理	核心考点 9-02 IT 服务质量评价模型	★★★★★	√	√	√	√	√	
	核心考点 9-03 常见运维服务质量管理活动	★★★★★	√	√	√		√	√
9.3 IT 服务风险管理	核心考点 9-04 IT 服务风险管理概述	★★★						
	核心考点 9-05 风险管理计划	★★						
	核心考点 9-06 风险识别	★★★★★	√	√	√	√	√	√
	核心考点 9-07 风险定性分析	★★★			√			
	核心考点 9-08 风险定量分析	★★★		√				
	核心考点 9-09 风险处置计划	★★★	√				√	
	核心考点 9-10 风险监控	★★★						√
	核心考点 9-11 风险跟踪	★★★				√	√	

9.1 概述

核心考点 9-01 监督管理基本概念 ★★

1. IT 服务质量的五类特性

- 安全性：可用性、完整性、保密性。
- 可靠性：完备性、连续性、稳定性、有效性、可追溯性。
- 有形性：可视性、专业性、合规性。
- 响应性：及时性、互动性。
- 友好性：主动性、灵活性、礼貌性。

2. IT 服务评价指标

- 指标名称。
- 测量目的。
- 应用方法。
- 公式及数据元计算。
- 测量值解释。
- 数据类型。
- 测量输入。

3. IT 服务质量评价四个步骤

- 确定需求。
- 指标选型。
- 实施评价。
- 评价结果分级。

速记法则

IT 服务质量的五类特性的谐音记忆：安可有想好？

真题练一练

监督管理师依据国家 IT 服务标准对 IT 服务进行整体评价，并对供方的服务过程、交付结果实施监督和绩效评估。（　　）是监督管理的重要内容。

A. 成本管理、进度管理、信息安全管理

B. 进度管理、质量管理、过程管理

C. 可靠性管理、风险管理、信息安全管理

D. 质量管理、风险管理、信息安全管理

【系统规划与管理师考试上午综合知识模拟题】

参考答案：D

答案解析：(官方教材第219页)监督管理师依据国家 IT 服务标准对 IT 服务进行整体评价，并对供方的服务过程、交付结果实施监督和绩效评估。质量管理、风险管理和信息安全管理是监督管理的重要内容。

9.2 IT 服务质量管理

核心考点 9-02　IT 服务质量评价模型 ★★★★

特性	子特性	指标名称	测量目的
安全性	可用性	供方访问权限的控制率	供方对需方信息的访问权限能否匹配双方运维协议的约定
		需方访问权限的满足率	需方对运维服务过程和结果信息的访问权限能否匹配业务要求
	完整性	信息的完整状态比率	服务过程中信息是否发生非授权篡改、破坏和转移
	保密性	保密机制的运行情况	评测供方是否具备应对保密问题的能力
		泄密事故的发生情况	评价供方在服务履行过程中的保密管理水平
可靠性	完备性	服务项实现的完整度	按照服务协议，服务项实现的完整程度
	连续性	重大事故发生情况	是否有重大事故发生
		事故发生情况（非重大事故）	事故发生次数是否得到有效控制
		服务按时恢复的事件比例	对服务恢复事件进行评价
		服务的可用程度	信息技术服务的可用程度（统计中断时间）
		关键业务应急就绪程度	支撑关键业务的信息技术服务是否进行了有效应急机制
	稳定性	服务人员的稳定性	供方为保证服务得到连续实施而保持服务团队的稳定性
	有效性	接通率	正常情况下用户发起服务请求后接通的比率
		服务报告及时提交率	评价服务报告按照服务协议要求及时提交的比率
		首问解决率	首次请求就得到应答及解决的比率
		解决率	服务请求得到解决的比率
	可追溯性	服务记录的可追溯性	运行维护服务过程记录是否可追溯

续表

特　性	子特性	指标名称	测量目的
响应性	及时性	及时响应率	供方对服务请求的响应速度
		及时解决率	供方对服务请求的解决速度
	互动性	互动沟通机制	评测供方互动沟通机制的建立和实施状况
		服务报告提交率	评价服务报告按照服务协议要求提交的比率
		投诉处理率	评价服务投诉是否得到有效解决的比率
有形性	可视性	服务交付物的呈现规范性	运维服务交付物的呈现规范程度
	专业性	工具的专业性	是否具备与服务相匹配的专业性工具
		服务流程的专业性	是否建立并实施了规范化的服务流程
		人员的专业性	是否具备了与服务相匹配的专业人员团队
	合规性	服务的依从性	服务是否遵循相关的法律法规和制定的标准
友好性	主动性	主动进行服务监控	检查服务监控的主动程度（监控规范的建立和实施）
		主动进行服务趋势分析	检查服务趋势分析的主动程度
		主动介绍服务的相关内容	检查服务的相关内容介绍的主动程度
	灵活性	需求响应灵活性	供方应对需方需求变化的能力
	礼貌性	服务语言、行为和态度规范	检查服务语言、行为和态度的规范程度

速记法则

理解每个特性的子特性的指标含义。

真题练一练

1. 服务质量特性中对"有形性"进一步分为若干子特性，其子特征不包括（　　）。
　A. 完整性　　　　　B. 可视性　　　　　C. 专业性　　　　　D. 合规性
【2022 年上半年系统规划与管理师考试上午综合知识真题第 62 题】
参考答案：A
答案解析：（官方教材第 220 页）有形性包括可视性、专业性和合规性。

2. 依据《信息技术服务 质量评价指标体系》（GB/T 33850—2017）标准，某企业的工厂服务工具专业性得分为 0.6，对其解读正确的是（　　）。

A. 在所有服务中都使用了工具，按不完全匹配
B. 在所有服务中都使用了完全匹配的工具
C. 在部分服务中使用了匹配的工具
D. 在部分服务中使用了工具，但匹配度较低

【2022 年上半年系统规划与管理师考试上午综合知识真题第 63 题】

参考答案： C

答案解析：（官方教材第 227 页）工具的专业性计算公式：X=A/5，此题中 X=0.6，则 A=3，代表在部分服务中使用了匹配的工具。

3. 信息技术服务质量评价指标体系中，指标"服务项实现的完整度"描述的是（　　）质量特性。
   A. 完整性　　　　B. 可靠性　　　　C. 安全性　　　　D. 连续性

【2021 年上半年系统规划与管理师考试上午综合知识真题第 59 题】

参考答案： B

答案解析：（官方教材第 220 页）可靠性下的完备性。

4. 下列属于服务质量特性中的可靠性的是（　　）。
   ①完备性 ②可用性 ③连续性 ④稳定性 ⑤有效性 ⑥可追溯性 ⑦专业性
   A. ①④⑤⑥⑦　　　　　　　　　B. ②③④⑤⑥
   C. ①②③④⑤　　　　　　　　　D. ①③④⑤⑥

【2020 年下半年系统规划与管理师考试上午综合知识真题第 53 题】

参考答案： D

答案解析：（官方教材第 220 页）可靠性包括完备性、连续性、稳定性、有效性、可追溯性。

5. 以下关于 IT 服务质量评价模型的描述，不正确的是（　　）。
   A. IT 服务质量的评价来自于 IT 服务供方、需方和第三方的需要
   B.《信息技术服务 质量评价指标体系》中给出了用于评价信息技术服务质量的模型
   C. 模型定义了服务质量的安全性、可靠性、无形性、响应性、友好性特性
   D. 评价步骤为确定需求、指标选型、实施评价及评价结果分级

【2019 年上半年系统规划与管理师考试上午综合知识真题第 57 题】

参考答案： C

答案解析：（官方教材第 220 页）IT 服务质量评价模型定义了服务质量的安全性、可靠性、有形性、响应性、友好性五个特性。

6. 服务质量特性中的可靠性包含如下子特性：完备性、连续性、（　　）、有效性、可追溯性。

A. 及时性　　　　B. 主动性　　　　C. 稳定性　　　　D. 可用性

【2018 年上半年系统规划与管理师考试上午综合知识真题第 55 题】

参考答案：C

答案解析：（官方教材第 220 页）可靠性包括完备性、连续性、稳定性、有效性、可追溯性。

7. IT 运维服务质量的评价来自于 IT 服务供方、需方和第三方的需要，由于 IT 运维服务的有形性、不可分离性、差异性等特点，《信息技术服务 质量评价指标体系》给出了用于评价信息技术服务质量的模型。其中，安全性是五类特性中的重要一项，下列（　　）不属于安全评价指标。

A. 完整性　　　　B. 可用性　　　　C. 可测试性　　　　D. 保密性

【2018 年上半年系统规划与管理师考试上午综合知识真题第 56 题】

参考答案：C

答案解析：（官方教材第 220 页）安全性包括可用性、完整性、保密性。

核心考点 9-03　常见运维服务质量管理活动 ★★★★★

1. 运维服务质量策划

- 确定运维服务质量管理的目标。
- 确定运维服务质量管理的活动：①项目质量保证；②用户满意度管理；③客户投诉管理；④日常检查；⑤质量文化和质量教育；⑥体系内审和管理评审。
- 确定运维服务质量管理相关的职责和权限。
- 时间安排。
- 形成质量策划文件。

2. 运维服务质量检查

- 进行满意度调查。
- 运维各项目质量保证工作实施。
- 内审。
- 管理评审。
- 日常检查。
- 质量文化培训。

3. 运维服务质量改进

- 指定质量负责人和业务负责人。

- 清楚当前的质量情况。
- 确定改进方向和改进目标。
- 安排具体质量人员落实质量改进任务。
- 负责人定期关注，出现偏差及时纠正。

速记法则

策划→检查→改进。

真题练一练

1. 公司质量人员向客户调查运维服务满意度，该活动属于运维服务质量管理活动中的( )。
   A. 运维服务质量策划　　　　　　B. 质量改进
   C. 质量评估　　　　　　　　　　D. 质量检查

【2022年上半年系统规划与管理师考试上午综合知识真题第64题】

参考答案： D

答案解析：（官方教材第233页）运维服务质量检查的活动包括：①进行满意度调查；②运维各项目质量保证工作实施；③内审；④管理评审；⑤日常检查；⑥质量文化培训。

2. 运维服务质量管理过程包括质量策划、( )。
   A. 质量保证、质量控制　　　　　B. 质量控制、质量保证
   C. 质量检查、质量控制　　　　　D. 质量检查、质量改进

【2021年上半年系统规划与管理师考试上午综合知识真题第60题】

参考答案： D

答案解析：（官方教材第233页）策划→检查→改进。

3. 以下不属于常见的运维服务质量活动的形式的是( )。
   A. 进行满意度调查　　　　　　　B. 管理评审和内审
   C. 进行项目质量保证　　　　　　D. 确定相关的职责和权限

【2020年下半年系统规划与管理师考试上午综合知识真题第52题】

参考答案： D

答案解析：（官方教材第233页）选项D确定相关的职责和权限不属于质量管理活动。

4. 在运维服务质量检查过程中，常见的检查活动不包括( )。

A. 满意度调查　　　　B. 内审　　　　C. 事件统计分析　　　　D. 管理评审

【2018年上半年系统规划与管理师考试上午综合知识真题第57题】

参考答案：C

答案解析：（官方教材第233页）运维服务质量检查的活动包括：①进行满意度调查；②运维各项目质量保证工作实施；③内审；④管理评审；⑤日常检查；⑥质量文化培训。

5. 常见的运维服务质量实施和检查活动包括（　　）。

①内审

②管理评审

③进行满意度调查

④质量文化培训

A. ①②③　　　　B. ①③④　　　　C. ②③④　　　　D. ①②③④

【2017年下半年系统规划与管理师考试上午综合知识真题第56题】

参考答案：D

答案解析：（官方教材第233页）运维服务质量检查的活动包括：①进行满意度调查；②运维各项目质量保证工作实施；③内审；④管理评审；⑤日常检查；⑥质量文化培训。

9.3　IT服务风险管理

核心考点9-04　IT服务风险管理概述★★★

（1）风险通常包括人员、技术、资源、过程和其他5个方面。

（2）风险管理包括策划、组织、领导、协调和控制等活动，通过风险识别、风险分析和风险评估，提供一个有效的事先计划，并合理使用回避、减少、分散或转移等方法。

（3）风险管理主要包括以下几个方面：

- 风险管理计划：在服务正式启动前定义一个如何进行服务的风险管理活动的过程。
- 风险识别：识别可能会对服务产生影响的风险，并将风险的特征等记录下来形成文档的一个不断重复的过程。

风险定性分析：对已识别的风险通过对风险的发生概率和影响程度的综合评估来确定其优先级。

第 9 章 监督管理

- 风险定量分析：定量地分析风险对目标的影响。
- 风险处置计划：针对排序及量化后的风险考虑实际需要，把应对风险所需的成本和措施加入 IT 服务预算和进度中。
- 风险监控：跟踪已识别的危险，监测残余风险和识别新的风险，保证风险计划的执行，并评价这些计划对减轻风险的有效性。
- 风险跟踪：包括对已识别风险和其他突发风险的观察记录和对风险的发展状况进行记录和查询。

速记法则

速记短语：计识性量处监跟。

核心考点 9-05 风险管理计划 ★★

风险管理计划	风险管理计划是在服务正式启动前或启动初期，基于风险角度对服务的一个纵观全局的考虑、分析和规划		
	输入	输出	
	• 服务范围说明书 • 服务预算 • 沟通管理计划 • 组织过程资产 • 事业环境因素 • 进度管理计划（必要时）	• 方法 • 预算 • 风险类别 • 风险影响力 • 报告的格式	• 角色与职责 • 制定时间表 • 风险概率 • 概率及影响矩阵 • 跟踪

速记法则

了解风险管理计划的输入和输出。

核心考点 9-06 风险识别 ★★★★★

风险识别	风险识别是指识别可能会对服务产生影响的风险，并将这些风险的特征形成文档，是一个不断重复的过程		
	输入	输出	方法

227

续表

风险识别	• SLA • 范围说明书 • 风险管理计划 • 组织过程资产 • 环境及组织因素	• 风险记录：包括已识别出的风险列表，已识别出的风险，以及风险的根本原因、风险造成的影响；风险征兆或警告信号；潜在的风险应对方法列表；风险的根本原因；更新的风险分类 • 更新管理计划	• 文档评审 • 信息收集技术（头脑风暴法、德尔菲法、访谈法、优劣势分析法） • 检查表 • 分析假设 • 图解技术

（1）IT服务风险识别是一项风险管理工作，其目标是识别和确定出风险、风险的基本特性，以及可能影响到的方面。

（2）服务风险包括内部因素造成的风险和外部因素造成的风险。内部因素造成的风险能控制，而外部因素造成的风险只能规避或转移。

（3）风险识别的主要内容包括以下三个方面：

- 识别并确定IT服务的潜在风险。
- 识别引起风险的主要因素。
- 识别IT服务风险可能引起的后果。

（4）信息收集技术主要包括以下方法：

- 头脑风暴法。成员产生对风险的想法，并在会议上公布这些风险来源，让大家一起参与检查，然后根据风险类别进行风险分类，这样风险定义就清晰化了。
- 德尔菲法。使用问卷征求重要风险方面的意见，将意见结果反馈给每位专家，重复此过程几个回合，即可在主要的风险上达成一致意见。
- 访谈法。通过访谈资深系统规划与管理师相关领域的专家进行风险识别。访谈对象依据他们的经验、服务的信息，以及他们所发现的其他有用供方，对风险进行识别。
- 优劣势分析法（Strengths Weaknesses Opportunities Threats，SWOT）。对优势、劣势、面临的潜在机会及外部威胁进行检查。

因果图又称特性要因图、鱼刺图或石川图，它是1953年在日本川琦制铁公司由质量管理专家石川馨最早使用的，是为了寻找产生某种质量问题的原因，发动大家谈看法、作分析，将群众的意见反映在一张图上而形成的。用此图分析产生问题的原因，便于集思广益。

速记法则

重点了解风险识别的方法。

真题练一练

1. 成员产生对风险的想法，并在会议上公布这些风险来源，让大家一起参与讨论。这种信息收集技术是（　　）。

　　A. 德尔菲法　　　　B. 头脑风暴法　　　　C. 访谈法　　　　D. 优势劣势分析法

【2022 年上半年系统规划与管理师考试上午综合知识真题第 65 题】

参考答案： B

答案解析：（官方教材第 236 页）头脑风暴法：成员产生对风险的想法，并在会议上公布这些风险来源，让大家一起参与检查，然后根据风险类别进行风险分类，这样风险定义就清晰化了。

2. 某公司在运维项目过程中开展了这样的工作：找出对运维服务项目可能造成影响的各种风险，并将这些风险的特征形成了文档。这描述的是（　　）过程。

　　A. 风险定性分析　　B. 风险识别　　　　C. 风险定量分析　　D. 风险跟踪

【2021 年上半年系统规划与管理师考试上午综合知识真题第 61 题】

参考答案： B

答案解析：（官方教材第 235 页）风险识别是指识别可能会对服务产生影响的风险，并将这些风险的特征形成文档，是一个不断重复的过程。

3. 在风险识别过程中，"依据专家的经验进行风险的识别"是信息收集技术的（　　）。

　　A. 头脑风暴法　　　B. 德尔菲法　　　　C. 访谈法　　　　D. 优势劣势分析法

【2020 年下半年系统规划与管理师考试上午综合知识真题第 55 题】

参考答案： C

答案解析：（官方教材第 236 页）访谈法：通过访谈资深系统规划与管理师相关领域的专家进行风险识别。访谈对象依据他们的经验、服务的信息，以及他们所发现的其他有用供方，对风险进行识别。

4. 以下关于风险识别的描述，不正确的是（　　）。

　　A. 风险识别是指识别可能会对服务产生影响的风险，是一个不断重复的过程

　　B. 内部因素造成的服务风险能够控制、规避或转移

　　C. 外部因素造成的服务风险只能规避或转移

　　D. 该阶段界定风险可能带来的后果主要依靠定量分析

【2019 年上半年系统规划与管理师考试上午综合知识真题第 58 题】

参考答案： D

答案解析：（官方教材第 235 页）风险识别是一项风险管理工作，识别可能会对服务产生影响的风险，是一个不断重复的过程。服务风险包括内部因素造成的风险和外部因素造成的风险，内部因素造成的风险能控制，而外部因素造成的风险只能规避或转移。这一阶段主要依靠定性分析来界定风险可能带来的各种后果。

5. 识别风险后需要采用信息收集技术，常见的方法包括（　　）。
   A. 头脑风暴法、德尔菲法、访谈法、SWOT
   B. 头脑风暴法、德尔菲法、访谈法、PDCA
   C. 头脑风暴法、奥卡姆剃刀法、访谈法、SWOT
   D. 头脑风暴法、德尔菲法、文档评审法、SWOT

【2018 年上半年系统规划与管理师考试上午综合知识真题第 58 题】

参考答案： A

答案解析：（官方教材第 236 页）可用于风险识别的信息收集技术包括头脑风暴法、德尔菲法、访谈法和优劣势分析法（SWOT）。

6. IT 服务风险管理中，对风险的识别是很重要的一项工作。识别方法中，通常采用文档审查、信息收集技术、检查表、分析假设和图解技术。下面（　　）不属于信息收集技术。
   A. 德尔菲法　　　B. 访谈法　　　C. 头脑风暴法　　　D. 因果分析图法

【2017 年下半年系统规划与管理师考试上午综合知识真题第 57 题】

参考答案： D

答案解析：（官方教材第 236 页）可用于风险识别的信息收集技术包括头脑风暴法、德尔菲法、访谈法和优劣势分析法（SWOT）。

核心考点 9-07　风险定性分析 ★★★

	风险定性分析是对已识别风险进行优先级排序，通过对风险的发生概率和影响程度的综合评估来确定其优先级	
	输入	输出
风险定性分析	• 风险管理计划 • 风险记录 • 组织过程资产 • 工作绩效信息 • 范围说明	• 按优先级或相对等级排列的风险 • 按种类的风险分组 • 要近期作出响应的风险列表 • 需要进一步分析和应对的风险列表 • 低优先级风险的监视表 • 风险定性分析结果中反映的趋势

第 9 章 监督管理

> **速记法则**

风险定性分析是对风险的优先级进行排序。

> **真题练一练**

按优先级或相对等级排列的风险属于（　　）。
A. 风险定性分析的输入　　　　B. 风险定量分析的输出
C. 风险定性分析的输出　　　　D. 风险处置计划的输入

【2020 年下半年系统规划与管理师考试上午综合知识真题第 54 题】
参考答案：C
答案解析：（官方教材第 237 页）风险定性分析的输出包括：①按优先级或相对等级排列的风险；②按种类的风险分组；③要近期作出响应的风险列表；④需要进一步分析和应对的风险列表；⑤低优先级风险的监视表；⑥风险定性分析结果中反映的趋势。

核心考点 9-08　风险定量分析 ★★★

	风险定量分析过程是指定量地分析风险对目标的影响	
	输入	输出
风险定量分析	• 管理计划 • 风险管理计划 • 经过更新的风险记录 • 包含活动的逻辑关系及活动历时估算的进度管理计划 • 包含成本估算的成本管理计划 • 范围说明和范围管理计划 • 工作分解结构 • 组织过程资产	• 可能性分析 • 实现成本和进度目标的可能性 • 已量化风险的优先级列表 • 风险定量分析结果中的趋势

> **速记法则**

定量地分析风险对目标的影响。

231

> **真题练一练**

以下属于风险定量分析的输出的是（　　）。
A. 按种类的风险分组
B. 近期需要作出响应的风险列表
C. 实现成本和进度目标的可能性
D. 需要进一步进行分析和应对的风险列表

【2021年上半年系统规划与管理师考试上午综合知识真题第62题】
参考答案：C
答案解析：（官方教材第238页）风险定量分析的输出包括：①可能性分析；②实现成本和进度目标的可能性；③已量化风险的优先级列表；④定量风险分析结果中的趋势。

核心考点 9-09　风险处置计划 ★★★

风险处置计划是指依据相应优先级的顺序，同时考虑实际需要，把应对风险所需成本和措施加入IT服务预算和进度中

	输入	输出	方法
风险处置计划	• 风险管理计划 • 风险记录	• 已识别的风险及其描述 • 风险责任人及其职责 • 定性和定量风险分析过程的结果 • 一致认同的应对策略 • 执行选定的应对策略所需的具体行动 • 在应对策略执行后，期望的残留风险水平 • 风险发生时的预警和信号 • 风险应对策略所需的预算和时间 • 时间和成本的应急储备 • 启动应急计划的触发条件 • 风险一旦反升后所采用的回退计划 • 残留风险 • 二级风险：执行某一风险应对措施而直接引发的风险 • 需要的应急储备量 • 风险相关的合同协议	• 负面风险应对策略：避免、转移、减轻 • 机遇应对策略：开拓、分享、强大 • 同时使用威胁和机遇的应对策略 • 应急响应策略

速记法则

掌握风险处置计划的方法。

真题练一练

1. 风险管理过程中,"期望的残留风险水平"属于(　　)的输出。

A. 风险处置计划　　　　　　　　B. 风险分析

C. 风险识别　　　　　　　　　　D. 风险监控

【2022 年上半年系统规划与管理师考试上午综合知识真题第 66 题】

参考答案: A

答案解析:(官方教材第 239 页)残留风险属于风险处置计划的输出。

2. 某 IDC 企业要把设备搬进机房,购买了设备运输过程中可能损坏的保险服务,属于(　　)风险应对。

A. 避免　　　　　B. 减轻　　　　　C. 转移　　　　　D. 接受

【2022 年上半年系统规划与管理师考试上午综合知识真题第 67 题】

参考答案: C

答案解析:(官方教材第 239 页)风险转移是指把威胁的不利影响及风险应对的责任转移到第三方的做法,如保险、外包等。

3. 识别风险后,对负面威胁类风险的处置应对策略不包含(　　)。

A. 避免:修改计划以消除相应的威胁、隔离目标免受影响、放宽目标等

B. 转移:把威胁的不利影响及风险应对的责任转移到第三方

C. 减轻:通过降低风险的概率和影响程度,使之达到一个可接受的范围

D. 消除:利用技术和管理手段,确保该风险不会发生

【2018 年上半年系统规划与管理师考试上午综合知识真题第 59 题】

参考答案: D

答案解析:(官方教材第 239 页)对负面风险的应对策略包括:①避免:修改计划以消除相应的威胁、隔离目标免受影响、放宽目标等;②转移:把威胁的不利影响及风险应对的责任转移到第三方;③减轻:通过降低风险的概率和影响程度,使之达到一个可接受的范围。

核心考点 9-10　风险监控 ★★★

	风险监控是指跟踪已识别的危险，监测残余风险和识别新的风险，保证风险计划的执行，并评价这些计划对减轻风险的有效性。风险监控是整个生命周期中持续进行的过程		
风险监控	输入	输出	方法
	• 风险管理计划 • 风险记录 • 工作绩效信息 • 批准的变更请求	• 建议的纠正措施 • 变更申请 • 风险记录 • 组织过程资产	• 风险评估 • 风险审计和定期的风险评审 • 差异和趋势分析 • 技术的绩效评估 • 预留管理

速记法则

掌握风险监控的方法。

真题练一练

IT 服务风险管理中，风险的监控是指跟踪已识别的危险，监测残余风险和识别新的风险，保证风险计划的执行，并评价这些计划对减轻风险的有效性。风险监控是整个生命周期中持续进行的过程。下面（　　）不是风险监控的基本方法。

A. 风险评估　　　　　　　　　B. 技术指标分析
C. 技术的绩效评估　　　　　　D. 差异和趋势分析

【2017 年下半年系统规划与管理师考试上午综合知识真题第 58 题】

参考答案： B

答案解析：（官方教材第 240 页）风险监控的方法包括：①风险评估：风险监控需要重新评估新的风险。重复的次数和详细程度取决于计划对目标的实现程度；②风险审计和定期的风险评审：进行风险审计并记录应对的效用，风险检查应该定期进行，在小组例会上风险管理应作为一个议程；③差异和趋势分析：通过对绩效数据的分析，可以看出发展的趋势。分析结果可以用来对进度和成本目标的潜在偏差进行预测；④技术的绩效评估：通过比较执行过程的技术成果和原始计划的差别来完成；⑤预留管理：通过比较剩余的预留储备和剩余的风险，可以看出预留储备是否合适。

核心考点 9-11 风险跟踪 ★★★

风险跟踪	风险跟踪包括对已识别风险和其他突发风险的观察记录，对风险的发展状况进行记录和查询	
	输出	方法
	风险清单	• 风险审计 • 偏差分析 • 技术指标分析

速记法则

风险跟踪输出风险清单。

真题练一练

1. 系统规划与管理师在今年 2 月进行风险审核，重点关注运维工程师笔记本电脑的使用情况，对新发现的 U 盘滥用风险编制了处置计划。该活动采用的风险跟踪方法是（　　）。

A. 差异与趋势分析　　　　　　　　B. 风险审计

C. 技术指标分析　　　　　　　　　D. 风险评估

【2019 年上半年系统规划与管理师考试上午综合知识真题第 60 题】

参考答案： B

答案解析：（官方教材第 240 页）风险审计：系统规划与管理师定期进行风险审核，在关键点进行事件跟踪和主要风险因素跟踪，对没有预计到的风险制定新的处置计划。偏差分析：系统规划与管理师定期和计划比较，分析成本和时间上的偏差。技术指标分析：比较原定技术指标和实际技术指标的差异。

2. 在风险跟踪工作中，以下关于风险清单的描述，正确的是（　　）。

A. 风险清单指明了服务在任何时候面临的最大风险，风险管理负责人应经常维护这张清单，直到服务结束前对其不断更新

B. 风险清单指明了服务在任何时候面临的所有风险，风险管理负责人应经常维护这张清单，直到服务结束前对其不断更新

C. 风险清单指明了服务在任何时候面临的最大风险，项目管理负责人应经常维护这张清单，直到服务结束前对其不断更新

D. 风险清单指明了服务在任何时候面临的所有风险，项目管理负责人应经常维护这张清

单，直到服务结束前对其不断更新

【2018年上半年系统规划与管理师考试上午综合知识真题第60题】

参考答案：A

答案解析：（官方教材第240页）风险清单指明了服务在任何时候面临的最大风险，风险管理负责人应经常维护这张清单，直到结束前不断更新这张清单，并给这些风险排列优先顺序，更新风险解决情况。

第 10 章　IT 服务营销

➡ 备考提示

本章内容会涉及单选题、案例分析题及论文全部三类题型。

本章内容偏重管理知识，考试难度中等。

本章考查的知识点多参照教材，扩展内容较少。

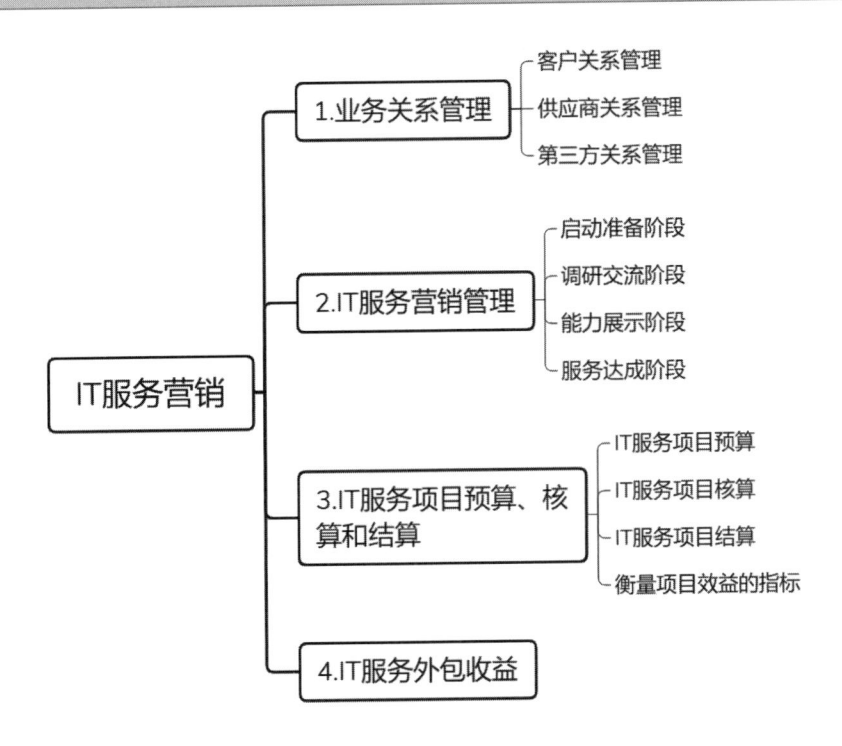

IT服务营销
- 1.业务关系管理
  - 客户关系管理
  - 供应商关系管理
  - 第三方关系管理
- 2.IT服务营销管理
  - 启动准备阶段
  - 调研交流阶段
  - 能力展示阶段
  - 服务达成阶段
- 3.IT服务项目预算、核算和结算
  - IT服务项目预算
  - IT服务项目核算
  - IT服务项目结算
  - 衡量项目效益的指标
- 4.IT服务外包收益

本章涉及历年考试真题选择题考点分布统计

章　节	2022 年上	2021 年上	2020 年下
10.1 业务关系管理	57. 第三方关系管理	63. 增值服务的原则	59. 客户关系管理的活动 60. 供应商的审核
10.2 IT 服务营销过程		64. 调研交流阶段	
10.3 IT 服务项目预算、核算和结算	59. 指标计算 60. 核算目的和意义		61. 核算的目的 62. 指标计算 63. 指标计算
10.4 IT 服务外包	61. 服务外包收益		64. 服务外包收益
	4 分	2 分	6 分

章　节	2019 年上	2018 年上	2017 年下
10.1 业务关系管理	50. 增值服务的原则	50. 业务关系管理的目标	59. 供应商关系管理活动
10.2 IT 服务营销过程	51. 服务达成阶段	51. 需求的层次	60. IT 服务营销过程
10.3 IT 服务项目预算、核算和结算	52. 指标计算 53. 核算分析与总结	52. 预算的目的和意义 53. 指标含义	61. 预算的制定步骤
10.4 IT 服务外包	54. 服务外包收益	54. 服务外包收益	62. 服务外包收益
	5 分	5 分	4 分

注：2017 年下半年的考试，是系统规划与管理师考试第一次开考，出题比较仓促，不具有代表性。2018 年、2019 年、2020 年这三年的试题最具有代表性，考点基本一致。案例分析及论文部分，分别在案例分析和论文章节中进行详细分析。

本章涉及历年考试真题选择题核心考点分布情况

章　节	核心考点	重要程度	2022	2021	2020	2019	2018	2017
10.1 业务关系管理	核心考点 10-01　客户关系管理	★★★★★		√	√	√		
	核心考点 10-02　供应商关系管理	★★★★★			√		√	√
	核心考点 10-03　第三方关系管理	★★★	√					

续表

章 节	核心考点	重要程度	2022	2021	2020	2019	2018	2017
10.2 IT服务营销过程	核心考点10-04 IT服务营销过程	★★★★★		√		√	√	√
10.3 IT服务项目预算、核算和结算	核心考点10-05 IT服务项目预算	★★★					√	√
	核心考点10-06 IT服务项目核算	★★★★	√		√	√		
	核心考点10-07 IT服务项目结算	★★★						
	核心考点10-08 衡量项目效益的指标	★★★★★	√		√	√	√	
10.4 IT服务外包	核心考点10-09 IT服务外包收益	★★★★★	√		√	√		√

10.1 业务关系管理

扫一扫，看视频

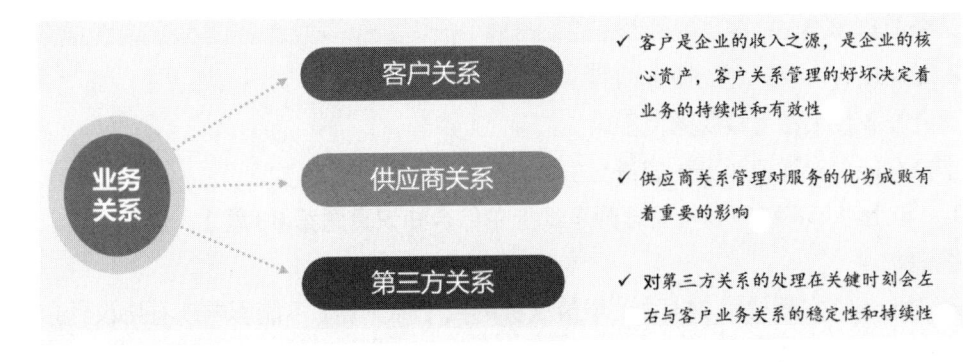

- 客户关系
  - ✓ 客户是企业的收入之源，是企业的核心资产，客户关系管理的好坏决定着业务的持续性和有效性
- 业务关系 → 供应商关系
  - ✓ 供应商关系管理对服务的优劣成败有着重要的影响
- 第三方关系
  - ✓ 对第三方关系的处理在关键时刻会左右与客户业务关系的稳定性和持续性

核心考点 10-01 客户关系管理 ★★★★★

目 的	活 动	关键成功因素	可能存在的风险和控制
• 服务并管理好客户需求 • 培养客户对服务更积极的评价和应用 • 与客户建立长期和有效的业务关系 • 实现共赢发展	• 定期沟通 • 日常沟通 • 投诉管理 • 表扬管理 • 满意度调查 • 增值服务	• 服务本身的达成能力 • 服务的一致性及标准化能力 • 服务态度及意识 • 对客户需求变化的跟进理解能力 • 对客户需求变化的灵活应变能力 • 对客户需求的引导管理能力 • 服务本身促进客户业务自身价值的提升 • 系统规划与管理师本身的沟通协调能力	• 未能了解客户的真正需求，特别是关键客户的需求 • 服务相关干系人多，服务需求多样化

增值服务需要把握的四个原则：
- 不能影响现有协议约定的服务内容。
- 增值服务贴合客户需要。
- 增值服务投入在可接受的范围内。
- 本身有能力对增值服务内容进行引申。

速记法则

重点记忆客户关系管理六项活动和增值服务的四个原则。

真题练一练

1. 以下不属于增值服务需要把握的原则的是（　　）。
A. 贴合项目需求
B. 不影响现有协议约定的服务内容
C. 增值服务投入在可接受的范围内
D. 本身有能力对增值服务内容进行引申

【2021年上半年系统规划与管理师考试上午综合知识真题第63题】

参考答案：A

答案解析：（官方教材第244页）增值服务的四个原则：①不能影响现有协议约定的服务内容；②增值服务贴合客户需要；③增值服务投入在可接受的范围内；④本身有能力对增值服务内容进行引申。

2. 在业务关系管理中，以下属于客户关系管理的活动的是（　　）。
A. 争议处理，表扬管理　　　　　　　　B. 增值服务，投诉管理
C. 定期沟通，信息收集分享　　　　　　D. 支持合同管理，满意度调查

【2020年下半年系统规划与管理师考试上午综合知识真题第59题】

参考答案：B

答案解析：（官方教材第243页）客户关系管理的活动包括定期沟通、日常沟通、投诉管理、表扬管理、满意度调查、增值服务。

3. 增值服务通常是指超出协议约定内容之外的服务，以下（　　）不属于增值服务的原则。
A. 不能影响现有协议约定的服务内容
B. 增值服务贴合客户需要
C. 能力范围内对增值服务内容进行缩减
D. 增值服务投入在可接受的范围内

【2019年上半年系统规划与管理师考试上午综合知识真题第50题】

参考答案：C

答案解析：（官方教材第244页）增值服务的四个原则：①不能影响现有协议约定的服务内容；②增值服务贴合客户需要；③增值服务投入在可接受的范围内；④本身有能力对增值服务内容进行引申。

核心考点 10-02　供应商关系管理 ★★★★★

目的	活动	关键成功因素	可能存在的风险和控制
• 建立互信、有效的协作关系 • 整合资源，共同开拓保持客户 • 与供应商建立长期、紧密的业务关系 • 实现与供应商的合作共赢	• 供应商的选择/推荐 • 供应商审核及管理 • 供应商之间的协调 • 争议处理 • 支持合同管理	• 提前筛选合格的供应商 • 支持合同的有效性，提前消除争议产生的空间 • 供应商的定期审核及评估 • 确保合作的共赢 • 系统规划与管理师本身的沟通协调能力	• 未能提前识别并约定所有可能的情景，出现利益及责任分配问题 • 多供应商之间的配合问题 • 供应商组织变动或业务发生变更 • 多级分包对服务质量及业务连续性保障造成的挑战 • 供应商不配合

1. 选择供应商的原则
● 供应商注册资本。

241

- 人员规模、学历及专业构成。
- 供应商已有客户规模。
- 供应商运维服务、信息安全相关资质。
- 供应商的服务流程规范性、支持服务体系。
- 供应商服务范围的可扩展性。
- 供应商的人员能力体系及发展通道是否健全。
- 供应商服务面临压力时的可扩展性。
- 供应商与自身服务业务的竞争性及互补性。
- 供应商的业界评价。

2. 供应商的审核的六个方面

- 响应能力。
- 问题解决能力。
- 问题解决效率。
- 人员稳定性。
- 客户反馈。
- 合作氛围。

速记法则

重点记忆五项活动和供应商的审核的六个方面。
注意区分供应商的选择和供应商的审核。

真题练一练

1. 进行供应商的审核时，需要考虑供应商的（　　）。
A. 供应商的服务流程规范、供应商的业界评价
B. 客户反馈、人员稳定性
C. 供应商注册资本、人员规模
D. 问题解决能力、供应商相关资质

【2020 年下半年系统规划与管理师考试上午综合知识真题第 60 题】
参考答案：B
答案解析：(官方教材第 245 页) 供应商的审核的六个方面：①响应能力；②问题解决能力；③问题解决效率；④人员稳定性；⑤客户反馈；⑥合作氛围。

2. 业务关系管理包括客户关系、供应商关系和第三方关系管理。以下关于业务关系管理的描述，不正确的是（ ）。

　　A. 客户关系管理中，需要关注定期沟通、投诉管理、表扬管理等

　　B. 供应商关系管理中，可能存在的风险包括多供应商配合问题、供应商组织变动或业务变更、多级分包带来的质量挑战等

　　C. 第三方关系管理中，要注意建立良好的第三方协作沟通机制

　　D. 业务关系管理的目标是保证服务供方利益不受损失

【2018年上半年系统规划与管理师考试上午综合知识真题第50题】

参考答案： D

答案解析：（官方教材第245页）业务关系管理的目标应该是实现双方共赢发展，而不是供方利益不受损失。

3. IT服务营销中，供应商关系的管理是一项重要工作，其活动包括：①供应商之间的协调；②支持合同管理；③供应商的选择/推荐；④供应商审核及管理；⑤争议处理。按照活动规律，其正确的顺序是（ ）。

　　A. ①→④→③→⑤→②　　　　　　B. ③→①→④→②→⑤
　　C. ③→④→①→⑤→②　　　　　　D. ①→③→②→④→⑤

【2017年下半年系统规划与管理师考试上午综合知识真题第59题】

参考答案： C

答案解析：（官方教材第245页）供应商关系的管理活动包括：①供应商的选择/推荐；②供应商审核及管理；③供应商之间的协调；④争议处理；⑤支持合同管理。

核心考点10-03　第三方关系管理★★★

目的	活动	关键成功因素	可能存在的风险和控制
培养发展长期、互信、良性的第三方业务合作关系，进而更好地获得客户认可，实现与客户建立长期和有效的业务关系	• 定期沟通 • 日常沟通 • 信息收集共享 • 第三方关系协调 • 配合支持第三方工作	• 有效的第三方伙伴选择 • 第三方协作内容界定的有效性，提前消除争议产生的空间 • 第三方的定期审核及评估 • 系统规划与管理师本身的沟通协调能力 • 与第三方的协作关系需要获得最终客户的认可与支持	• 沟通不顺畅 • 未能提前识别并约定所有可能的情景，出现利益及责任分配问题 • 第三方工作得不到客户的支持

243

速记法则

重点记忆五项活动。

真题练一练

某政务云建设项目,实施及验收需要由监理公司完成相关配合工作,针对监理公司的管理属于(   )。

A. 供应商管理　　　　　　　　　　B. 客户关系管理
C. 第三方关系管理　　　　　　　　D. 安全管理

【2022年上半年系统规划与管理师考试上午综合知识真题第57题】
参考答案:C
答案解析:(官方教材第247页)监理公司管理属于第三方关系管理。

10.2 IT服务营销过程

核心考点10-04 IT服务营销过程★★★★★

阶　段	主要活动	内容描述
启动准备阶段	营销准备	充分和妥善的服务营销准备是有效沟通的基础
	营销计划	对每个IT服务产品、目标客户群、营销方式等编制营销计划
调研交流阶段	做好需求调研	包括高层领导访谈(了解战略规划)、信息化建设现状梳理(摸清家底)、信息化建设需求收集(理清需求)和挖掘客户潜在需求
	编制解决方案	编制解决方案(或项目建议书)是营销工作的核心过程。编制解决方案的活动包括熟悉解决方案(或项目建议书)的格式和规范、细化解决方案的内容、评审解决方案、沟通论证和确定解决方案
能力展示阶段	做好产品展示	产品展示的目的是让客户直观地感受到IT服务的效果,具体活动包括服务产品展示的准备、说明、展示、展示的互动,以及提供现场考察和技术交流
	保持持续沟通	包括制定持续沟通计划、保持持续沟通、沟通信息整理和沟通信息的汇报

续表

阶 段	主要活动	内容描述
服务达成阶段	达成服务协议	包括准备服务级别协议、服务级别协议的协商、服务级别协议的达成和签订服务级别协议
	做好持续服务	包括提高客户满意度、维持好业务关系、做好需求的挖掘、促使客户新需求落地实施、提供部分增值服务和适当的IT营销管理方法

速记法则

重点记忆四个阶段、八个活动。

真题练一练

1. 在IT服务营销过程的调研交流阶段，（　　）是营销工作的核心过程，起到承上启下的作用。

　　A. 制定营销计划　　　　　　　　B. 编制服务目录
　　C. 编制会议纪要　　　　　　　　D. 编写解决方案

【2021年上半年系统规划与管理师考试上午综合知识真题第64题】

参考答案： D

答案解析：（官方教材第250页）调研交流阶段的活动包括做好需求调研和编制解决方案。编制解决方案（或项目建议书）是营销工作的核心过程，起到承上启下的作用。

2. 在IT服务营销过程的（　　）阶段，要求系统规划与管理师做好现有IT服务项目升级需求的挖掘工作。

　　A. 启动准备　　　B. 调研交流　　　C. 能力展示　　　D. 服务达成

【2019年上半年系统规划与管理师考试上午综合知识真题第51题】

参考答案： D

答案解析：（官方教材第252页）升级需求的挖掘活动属于服务达成阶段的做好持续服务。

3. 在进行需求调研时，要了解客户需求的层次，需求从浅到深，价值逐渐增加的顺序是（　　）。

　　A. 表述的需求、未表明的需求、潜在的需求、令人愉悦的需求
　　B. 表述的需求、未表明的需求、令人愉悦的需求、潜在的需求
　　C. 未表明的需求、表述的需求、令人愉悦的需求、潜在的需求

D. 潜在的需求、表述的需求、未表明的需求、令人愉悦的需求

【2018年上半年系统规划与管理师考试上午综合知识真题第51题】

参考答案：B

答案解析：（官方教材第250页）需求的层次依次为：①表述的需求：客户直接说出的需求；②真正的需求：客户实际期望的需求；③未表明的需求：客户期待的需求；④令人愉悦的需求：客户期待的需求；⑤潜在的需求：客户期待、其他相关人员反馈的需求。

4. IT服务营销过程共分为四个阶段，下面（　　）不属于这四个阶段的内容。
A. 服务执行阶段　　　B. 服务达成阶段　　　C. 启动准备阶段　　　D. 能力展示阶段

【2017年下半年系统规划与管理师考试上午综合知识真题第60题】

参考答案：A

答案解析：（官方教材第248页）IT服务营销过程共分四个阶段：①启动准备阶段；②调研交流阶段；③能力展示阶段；④服务达成阶段。

10.3 IT服务项目预算、核算和结算

核心考点10-05　IT服务项目预算★★★

1. 预算的组成成分
- 收入：从客户方获取的项目可支配费用。
- 开支：项目周期内所有涉及人员、资源、技术、过程管理活动所产生的费用总和。

2. 建立预算的目的和意义
- 便于形成资金使用计划。
- 便于交流资金使用规划意图。
- 协调资金使用活动。
- 便于项目资源分配。
- 提供责任计算框架。
- 费用开支授权。
- 建立资金控制系统。
- 评估资金使用效果。

3. 项目预算的制定的步骤

(1) 识别项目预算收入项和开支项。

(2) 划分 IT 服务项目执行阶段。

(3) 形成预算表。

4. IT 服务项目预算表样例 1

月 份	项目收入	人工开支	硬件开支	软件开支	场地开支	外部支持开支	其他开支
1月份	120	10	1.5	1	0.6	0.5	0.3
2月份		10	1.5	1	0.6	0.5	0.3
3月份		10	1.5	1	0.6	0.5	0.3
…							
合计	220	120	18	12	7.2	6	3.6

5. IT 服务项目预算表样例 2

月 份	项目收入	人工开支	服务台开支	备品备件开支	运维工具开支	知识库开支	运维研发分摊开支	过程管理活动开支
1月份	60	2	0.3	1	0.2	0.15	0.3	0.85
2月份		2	0.3	1	0.2	0.15	0.3	0.85
3月份		2	0.3	1	0.2	0.15	0.3	0.85
…								
合计	100	24	3.6	12	2.4	1.8	3.6	10.2

速记法则

了解项目预算的目的和意义、制定步骤，以及预算表。

真题练一练

1. 建立 IT 服务项目预算的目的和意义不包含（　　）。

A. 便于项目资源分配，提供责任计算框架

B. 便于形成资金使用计划，协调资金使用活动

C. 便于改进预算编制方法，提高预算编制准确性

D. 便于建立资金控制系统，评估资金使用效果

【2018 年上半年系统规划与管理师考试上午综合知识真题第 52 题】

参考答案： C

答案解析：（官方教材第 253 页）建立 IT 服务项目预算的目的和意义：便于形成资金使用计划，便于交流资金使用规划意图，协调资金使用活动，便于项目资源分配，提供责任计算框架，费用开支授权计费，建立资金控制系统，评估资金使用效果。

2. 在 IT 服务营销中，对 IT 服务项目的预算，让系统规划与管理师能够从财务的角度来衡量 IT 服务项目工作开展的有效性，达到高效利用项目资金，提高服务投入产出比的目的。项目预算的制定分为三个步骤，下面（　　）不在这三个步骤之列。

A. 识别项目预算收入项与开支项

B. 划分 IT 服务项目执行阶段

C. 形成预算表

D. 寻找控制成本开支方法

【2017 年下半年系统规划与管理师考试上午综合知识真题第 61 题】

参考答案： D

答案解析：（官方教材第 253 页）项目预算的制定分为三个步骤：①识别项目预算收入项与开支项；②划分 IT 服务项目执行阶段；③形成预算表。

核心考点 10-06　IT 服务项目核算 ★★★★

1. 核算的目的和意义

- 随时掌握项目收入、开支情况及项目盈亏状态。
- 形成及时调整项目资源分配的依据。
- 寻找控制成本开支的改进方法。
- 改进预算编制方法，提高预算编制的准确性。

2. 核算的主要内容和方法

- 编制核算记录表。首先编制流水表，然后编制汇总表。
- 核算组织资源使用情况。资源包括人员、备件、硬件设备、软件工具、场地设施等。
- 核算分析与总结。

3. 核算的检查和改进

- 预算开支项的设计是否合理。

- 预算资源及资金在开支项上的分配是否合理。
- 预算资源及资金在时间周期上的分配是否合理。
- 核算范围是否全面，涵盖了所有收入和开支。
- 核算数据是否准确。
- 项目资金运用上是否出现亏损或严重偏离预算。
- 对资金投入大、超支大的开支项进行成本降低方案分析。

4. IT服务项目核算表（流水表）样例

序 号	发生日期	科 目	收 入	支 出	盈 亏
1	1月5日	项目首付款	120	0	120
2	1月5日	硬件开支	0	14	106
3	1月15日	场地开支	0	1.5	101.5
4	1月25日	软件开支	0	0	101.5
5	1月25日	人工开支	0	10	91.5
...					
合计			220	94.8	125.2

5. IT服务项目核算表（汇总表）样例

月 份	项目收入	人工开支	硬件开支	软件开支	场地开支	外部支持开支	其他开支	盈 亏
1月份	120	8	1.3	1	0.6	0.5	0.3	110.1
2月份		10	1.3	1	0.6	0.5	0.3	−13.9
3月份		12	1.3	1	0.6	0.5	0.3	−14.9
...								
合计	220	118	18	12	7.2	6	3.6	55.2

速记法则

了解项目核算的目的、主要内容和方法、核算的检查和改进。

真题练一练

1. 以下关于IT服务项目核算目的和意义的描述，不正确的是（　　）。

A. 随时掌握项目收入、开支情况及项目盈亏状态

B. 形成项目结束时调整项目资源、分配的依据

C. 寻找控制成本开支的改进方法

D. 改进预算编制方法，提高预算编制准确性

【2022年上半年系统规划与管理师考试上午综合知识真题第60题】

参考答案：B

答案解析：（官方教材第255页）IT服务项目核算的目的和意义：①随时掌握项目收入、开支情况及项目盈亏状态；②形成及时调整项目资源分配的依据；③寻找控制成本开支的改进方法；④改进预算编制方法，提高预算编制准确性。

2. 以下哪些是IT服务项目核算的目的和意义（　　）。

①便于形成资金使用计划

②改进预算编制方法，提高预算编制准确性

③形成及时调整项目资源分配的依据

④提供责任计算框架

⑤评估资金使用效果

⑥随时掌握项目收入、开支情况及项目盈亏状态

⑦寻找控制成本开支的改进方法

A. ①②③④　　　B. ①③④⑤　　　C. ③④⑤⑥⑦　　　D. ②③⑥⑦

【2020年下半年系统规划与管理师考试上午综合知识真题第61题】

参考答案：D

答案解析：（官方教材第255页）IT服务项目核算的目的和意义：①随时掌握项目收入、开支情况及项目盈亏状态；②形成及时调整项目资源分配的依据；③寻找控制成本开支的改进方法；④改进预算编制方法，提高预算编制准确性。

3. 系统规划与管理师在IT服务的核算分析与总结活动中，以下做法不正确的是（　　）。

A. 对严重偏离预算的资金或资源进行分析

B. 识别项目预算收入项与开支项

C. 预算开支项的设计合理性

D. 预算资源和资金在时间周期上分配的合理性

【2019年上半年系统规划与管理师考试上午综合知识真题第53题】

参考答案：B

答案解析：（官方教材第256页）IT服务核算的分析与总结的目的是改进预算编制过程和核

算过程。主要检查和改进的方面包括：①预算开支项的设计是否合理；②预算资源及资金在开支项上的分配是否合理；③预算资源及资金在时间周期上的分配是否合理；④核算范围是否全面涵盖了所有收入和开支；⑤核算数据是否准确；⑥项目资金运用上是否出现亏损或严重偏离预算；⑦对资金投入大、超支大的开支项进行成本降低方案分析。选项 B 是 IT 服务项目预算的内容。

核心考点 10-07　IT 服务项目结算★★★

（1）IT 服务项目结算是在项目结束后的总体核算，结算是要对整个项目生命周期内所有的收入、开支情况进行总结。

（2）IT 服务项目结算的方法与 IT 服务项目核算的方法类似。

核心考点 10-08　衡量项目效益的指标★★★★

名称	公式	作用
项目投入产出比 （投入资金/产出资金）	$R=K/IN=1：N$（R 为投入产出比，K 为项目投资总额，IN 为项目收入总额。N 越大，经济效益越好）	了解不同项目的盈利水平，确定合理的业务发展方向
项目投资回报率	项目利润/项目投资总额 ×100%	对所开展的不同业务、不同项目的价值进行横向比较，找到获取最佳投资价值的重点方向、重点项目类型
项目净产出	收入 – 开支	了解组织的主要利润来源
人均产出	净利润总额/人员数量	衡量单位人均产出，建立改进目标，持续优化提升

1. 项目投入产出比

某运维服务项目的投资总额为 120 万元，项目总收入为 160 万元，项目的投入产出比为 120/160=1：1.33。

2. 项目投资回报率

某运维服务项目的投资总额为 100 万元，获取净利润为 35 万元，投资回报率为 35/100×100%=35%。

3. 项目净产出

净利润需要在收入的基础上扣除所有开支，包括人员开支、硬件开支、软件开支、场地开支、第三方支持开支等，最终结余的净利润为项目净产出。

4. 人均产出

- 某组织 2014 年净利润为 1000 万元，拥有员工 200 名，单位人均产出为 1000 万元 /200 人 = 5 万元 / 人，即某组织每个成员每年可以为组织带来 5 万元的净利润。
- 某机房运维项目，净利润为 30 万元，项目组成员 5 人，单位人均产出为 30 万元 /5 人 = 6 万元 / 人。

速记法则

掌握这四个指标的计算方法。

真题练一练

1. 某公司中标运维项目，一年服务期结束，公司复盘，相关营收数据如下：投资总额 120 万元，总收入 240 万元，净利润 40 万元，项目人数 10 人。测算结论正确的是（ ）。

A. 人均产出 4 万元　　　　　　　　B. 项目投资回报率 16.7%

C. 项目投入产出比 2∶1　　　　　　D. 以上都不对

【2022 年上半年系统规划与管理师考试上午综合知识真题第 59 题】

参考答案：A

答案解析：（官方教材第 257 页）项目人均产出 = 净利润总额 / 项目人员数量 =40 万元 /10 人 =4 万元 / 人；项目投资回报率 = 项目利润 / 项目投资总额 ×100%=40/120 ×100%=33.3%；项目投入产出比 = 投入资金 / 产出资金 =120/240=1∶2。

2. A 公司今年在某运维项目上的投资总额是 200 万元，项目总收入为 300 万元，团队成员 25 人。根据公司决策，明年计划投入要加大 100 万元，在投资回报率不变的情况下至少需要增加（ ）个人。

A. 13　　　　　　B. 8　　　　　　C. 6　　　　　　D. 10

【2020 年下半年系统规划与管理师考试上午综合知识真题第 62 题】

参考答案：A

答案解析：（官方教材第 257 页）项目投资回报率 = 项目利润 / 项目投资总额 ×100%=100/200 ×100%=50%；投入加大后：300 ×0.5=150；总收入为 300+150=450；团队人数为 450/（300/25）=37.5；需要增加的人数：37.5−25=12.5，也就是至少需要增加 13 个人。

3. 关于某运维项目，下面说法正确的是（ ）。

① A 公司的项目投入产出比是 1∶1.33，项目投资总额为 100 万元

② B 公司的项目投资回报率 35%，项目投资总额为 100 万元

③ C 公司拥有员工 20 人，人均利润 4 万元，项目投资总额 100 万元

④ D 公司项目投资总额 100 万元，项目投资回报率是 B 公司的 2 倍

A. C 公司利润最低　　　　　　　　B. A 公司的利润比 B 公司的利润高

C. D 公司的产出比 C 公司的利润高　D. C 公司收入最高

【2020 年下半年系统规划与管理师考试上午综合知识真题第 63 题】

参考答案： D

答案解析：（官方教材第 257 页）A 公司收入 133 万元，利润为 33 万元；B 公司收入 135 万元，利润为 35 万元；C 公司收入 180 万元，利润为 80 万元；D 公司收入 170 万元，利润为 70 万元。

4. 某公司签署的服务器运维项目的核算表如下所示，该项目已结项，其项目投资回报率为（　　）。

项目核算表　　　　　　　　　　　　　　　　　　　　单位：万元

月 份	项目收入	人工费用	硬件采购	场地费用	外部支持	研发分摊费	其他开支
1 月	180	4		0.8	1.2	1.1	0.5
2 月		6	2	0.8		1.1	
...							
合计	200	120	26	9.6	4.4	2.5	7.5

A. 14.49%　　　　B. 16.95%　　　　C. 17.65%　　　　D. 22.2%

【2019 年上半年系统规划与管理师考试上午综合知识真题第 52 题】

参考答案： C

答案解析：（官方教材第 257 页）项目投资回报率 = 项目利润 / 项目投资总额 × 100%。本题中，项目收入为 200 万元，项目成本为 120+26+9.6+4.4+2.5+7.5=170 万元，项目利润为 200−170=30 万元，项目投资回报率为 30/170 × 100%=17.65%。

5.（　　）指标通过计算项目的净利润产出总额，帮助了解组织的主要利润来源。

A. 项目净产出　　　　　　　　　　B. 项目投资回报率

C. 项目投入产出比　　　　　　　　D. 人均产出

【2018 年上半年系统规划与管理师考试上午综合知识真题第 53 题】

参考答案： A

答案解析：（官方教材第 257 页）项目净产出是项目净利润总额，用于了解组织的主要利润来源。

253

10.4　IT服务外包

核心考点10-09　IT服务外包收益★★★★★

1. 未来我国IT服务外包的发展趋势
- 企业需求从被动转变为主动。
- 部分的、基础系统外包向整体的、应用系统外包转变。

2. IT服务企业外包给企业带来的收益
- 成本效益（降低内部团队建设成本）。
- 效率提升。
- 降低风险。
- 专注于主营业务。
- 管理简单。
- 提升满意度

速记法则

掌握服务外包的六大收益。

真题练一练

1. 以下对选择IT服务外包可能给企业带来收益的描述中，不正确的是（　　）。
　A. 成本效益　　　　B. 业务多元化　　　　C. 效率提升　　　　D. 降低风险
【2022年上半年系统规划与管理师考试上午综合知识真题第61题】
参考答案： B
答案解析：（官方教材第258页）IT服务企业外包给企业带来的收益：①成本效益（降低内部团队建设成本）；②效率提升；③降低风险；④专注于主营业务；⑤管理简单；⑥提升满意度。

2. 以下不属于IT服务外包给企业带来的收益的是（　　）。

A. 可以获取专业风险应对能力　　B. 提升客户满意度

C. 专注于主营业务　　D. 增加风险处置技能和经验

【2020年下半年系统规划与管理师考试上午综合知识真题第64题】

参考答案： D

答案解析：（官方教材第258页）IT服务企业外包给企业带来的收益：①成本效益（降低内部团队建设成本）；②效率提升；③降低风险；④专注于主营业务；⑤管理简单；⑥提升满意度。

3. 下列（　　）不属于IT服务外包的特点。

A. 提升效率　　B. 降低风险

C. 专注于主营业务　　D. 管理复杂

【2019年上半年系统规划与管理师考试上午综合知识真题第54题】

参考答案： D

答案解析：（官方教材第258页）IT服务企业外包给企业带来的收益：①成本效益（降低内部团队建设成本）；②效率提升；③降低风险；④专注于主营业务；⑤管理简单；⑥提升满意度。

4. 随着IT服务外包商的信誉和管理机制的不断提高和健全、国家对IT服务外包行业的积极推动，IT服务外包将迎来快速发展的局面。IT服务外包会给企业带来许多收益，其表现多样，下面（　　）不属于这些收益。

A. 专注于主营业务　　B. 成本效益

C. 提升满意度　　D. 提高软件质量

【2017年下半年系统规划与管理师考试上午综合知识真题第62题】

参考答案： D

答案解析：（官方教材第258页）IT服务企业外包给企业带来的收益：①成本效益（降低内部团队建设成本）；②效率提升；③降低风险；④专注于主营业务；⑤管理简单；⑥提升满意度。

第 11 章 团队建设与管理

➡ 备考提示

本章内容会涉及单选题、案例分析题及论文全部三类题型。
本章内容偏重管理知识，考试难度中等。
本章考查的知识点多参照教材，扩展内容较少。

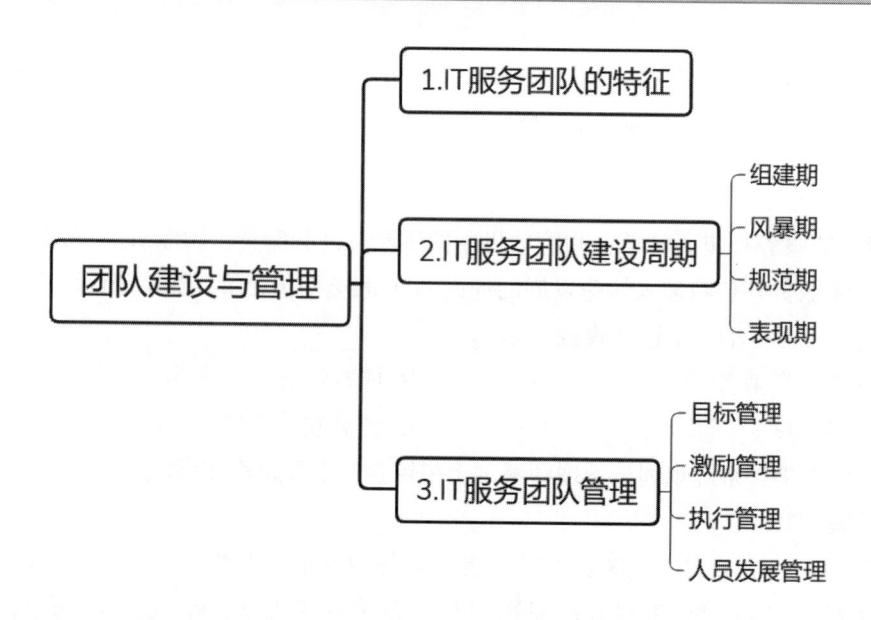

```
团队建设与管理 ─┬─ 1.IT服务团队的特征
               │
               ├─ 2.IT服务团队建设周期 ─┬─ 组建期
               │                      ├─ 风暴期
               │                      ├─ 规范期
               │                      └─ 表现期
               │
               └─ 3.IT服务团队管理 ─┬─ 目标管理
                                   ├─ 激励管理
                                   ├─ 执行管理
                                   └─ 人员发展管理
```

本章涉及历年考试真题选择题考点分布统计

章 节	2022 年上	2021 年上	2020 年下
11.1 IT 服务团队的特征			
11.2 IT 服务团队建设周期	68.规范期的激励	65.团队建设周期	65.风暴期关键步骤
11.3 IT 服务团队管理	69.目标监控		66.目标监控
	2 分	1 分	2 分

续表

章节	2019年上	2018年上	2017年下
11.1 IT 服务团队的特征	61.IT 服务团队的特征	61.IT 服务团队的特征	63.人员岗位结构
11.2 IT 服务团队建设周期	62.风暴期关键步骤	62.表现期关键步骤	64.团队建设周期 65.组建期关键步骤
11.3 IT 服务团队管理	63.马斯洛需求理论	63.团队激励	66.马斯洛需求理论
	3 分	3 分	4 分

注：2017 年下半年的考试，是系统规划与管理师考试第一次开考，出题比较仓促，不具有代表性。2018 年和 2019 年的试题最具有代表性，考点基本一致。案例分析及论文部分，分别在案例分析和论文章节中进行详细分析。

本章涉及历年考试真题选择题核心考点分布情况

章节	核心考点	重要程度	2022	2021	2020	2019	2018	2017
11.1 IT 服务团队的特征	核心考点 11-01　IT 服务团队的特征	★★★★★				√	√	√
11.2 IT 服务团队建设周期	核心考点 11-02　组建期	★★★★★						√
	核心考点 11-03　风暴期	★★★★★				√	√	
	核心考点 11-04　规范期	★★★★★	√					
	核心考点 11-05　表现期	★★★★★			√		√	√
11.3 IT 服务团队管理	核心考点 11-06　目标管理	★★★★	√		√			
	核心考点 11-07　激励管理	★★★★				√	√	
	核心考点 11-08　执行管理	★★★						
	核心考点 11-09　人员发展管理	★★★						

11.1　IT 服务团队的特征

核心考点 11-01　IT 服务团队的特征★★★★

IT 服务团队的 5 个特征：

扫一扫，看视频

257

- 人员的岗位结构分为管理岗、技术岗和操作岗，且团队成员相对固定。
- 需要较高的服务意识。
- 使用专用工具提高服务的质量。
- 工作具有周期性和重复性的特征，注重流程化与规范化。
- 注重知识的积累及转移，以便主动发现问题及解决问题。

速记法则

牢记5个特征：管理技术操作、服务意识、工具、周期性和重复性、知识的积累及转移。

真题练一练

1. IT服务团队的工作具有（　　）的特征，注重流程化与规范性。
   A. 周期性和复杂性　　　　　　　　　B. 临时性和重复性
   C. 临时性和复杂性　　　　　　　　　D. 周期性和重复性

【2019年上半年系统规划与管理师考试上午综合知识真题第61题】

参考答案： D

答案解析：（官方教材第261页）工作具有周期性和重复性的特征，注重流程化与规范化。

2. 以下关于IT服务团队特征的描述，不正确的是（　　）。
   A. 为了提高服务的质量，使用开发专用工具，包含IT服务管理工具、监控工具等
   B. 工作具有周期性和重复性的特征，注重流程化与规范化
   C. 通过IT技术为客户提供服务，从而实现自身的价值
   D. 专注于提高专业技术水平，能够及时响应问题及解决问题

【2018年上半年系统规划与管理师考试上午综合知识真题第61题】

参考答案： D

答案解析：（官方教材第261页）IT服务团队的5个特征：人员的岗位结构相对固定；需要较高的服务意识，通过IT技术为客户提供增值服务，从而实现自身的价值；善于使用专用工具提高服务质量；工作具有周期性和重复性的特征，注重流程化与规范化；注重知识的积累与转移，以便主动发现问题及解决问题。

3. 在IT服务团队的5个特性中，人员的岗位结构特征将岗位分为三类且团队成员相对固定。下面（　　）选项的划分是正确的三类岗位。
   A. 管理岗、技术岗、培训岗　　　　　B. 管理岗、安保岗、技术岗

C. 管理岗、技术岗、操作岗 　　　　　　D. 技术岗、培训岗、操作岗

【2017 年下半年系统规划与管理师考试上午综合知识真题第 63 题】

参考答案：C

答案解析：（官方教材第 261 页）人员的岗位结构分为管理岗、技术岗和操作岗，且团队成员相对固定。

11.2　IT 服务团队建设周期

核心考点 11-02　组建期★★★★★

扫一扫，看视频

周　　期	关键步骤	知识点
组建期	了解现状	了解内容示例：过往 IT 服务的情况、高层领导对部门的要求和期望、相关部门或客户的看法等
	稳定核心成员	• 关键/核心成员的识别：老员工、IT 服务能力较强的员工、出任过小组长的员工等 • 较难面对的两种人：一起成长的同事、资历很深的老员工 • 沟通策略：多征求意见、多支持成员喜欢且有利于团队的行为、多了解成员的期望和看法 • 沟通方式：多听、多问，一对一
	确定目标	• 确定目标需要考虑的问题：是否符合 SMART 原则、初期目标是否合适、对于上级或客户提出的过高目标要有策略地答复（先承诺后申请资源） • 确定目标的原则：与组织的大方向一致、分解目标需征求核心人员意见、加强激励、个人目标以书面形式为准、初期建立定期检查机制
	建立团队价值观	• 缺乏团队价值观的体现：工作不积极、看中个人利益、缺乏团队凝聚力 • 团队的价值观是系统规划与管理师在今后工作中的一个指导原则 • 当遇到制度和流程无法解决的问题时，可通过团队价值观进行判断 • 团队的价值观大部分内容应该是一成不变的，少部分可随组织内、外部环境的改变而做相应的微调

速记法则

牢记 4 个步骤速记词：了稳目价。

真题练一练

在 IT 服务团队建设周期中,组建期有 4 个关键步骤,其前后顺序不能改变。现将次序打乱为:①确定目标;②稳定核心成员;③了解现状;④建立团队价值观。下面( )是其正确的排序方式。

A. ③→④→②→①
B. ③→②→①→④
C. ③→①→②→④
D. ②→④→③→①

【2017 年下半年系统规划与管理师考试上午综合知识真题第 65 题】

参考答案: B

答案解析:(官方教材第 262 页)组建期 4 个关键步骤的顺序为:了解现状、稳定核心成员、确定目标和建立团队价值观。其前后顺序不能改变。

核心考点 11-03 风暴期★★★★

周期	关键步骤	知识点
风暴期	完成关键指标	• 目的是向领导和其他部门的同事证明自己团队的执行能力 • 关键指标的特征:非常重要(对自己部门、对团队士气、对关键客户),需要支持(协调资源) • 本阶段沟通注意事项:把握关键指标的方向(确保员工了解和认可关键指标对团队和个人的重要性);定期检查,确保按时完成
	人员沟通	• 系统规划与管理师需要在本阶段建立自己在团队中的威望 • 通过主动沟通的方式多关注流失率相对较高的员工 • 定期召开现场会议或电话会议,向驻场工程师传达公司大事及客户评价,以正面信息为主,以强化驻场工程师对公司企业文化、价值观的了解和认同 • 妥善处理"小团体"("小团体"特点:凝聚力强、执行力强);与团队目标一致时:鼓励,与团队目标不一致时:调整工作或岗位分配 • 切忌固定思维"只要是小团体,就肯定是不好的",一切出发点都是以组织和团队的整体利益为主,而非系统规划与管理师的个人判断
	建立信任	信任的建立是一门艺术(ART):A(Accept,让员工接受你)、R(Respect,让员工尊敬你)、T(Trust,让员工相信你)
	强化团队价值观	不能因为在所谓的风暴过渡阶段,为"活下来"或完成关键指标而不择手段,违背团队价值观

速记法则

牢记4个步骤速记词：指沟信强化。

真题练一练

1. 下列属于团队建设周期中风暴期的关键步骤的是（　　）。
①确定目标　　　②完成关键目标　　　③团队建设　　　④人员沟通
⑤建立信任　　　⑥强化团队价值观　　⑦自我管理
A.③④⑤⑥　　　B.②④⑤⑥　　　C.①②③⑤　　　D.④⑤⑥⑦

【2020年下半年系统规划与管理师考试上午综合知识真题第65题】

参考答案：B

答案解析：（官方教材第264页）风暴期4个关键步骤的顺序为完成关键指标、人员沟通、建立信任、强化团队价值观。

2. 在（　　），需要让员工在团队中建立信任。
A.组建期　　　B.风暴期　　　C.规范期　　　D.表现期

【2019年上半年系统规划与管理师考试上午综合知识真题第62题】

参考答案：B

答案解析：（官方教材第264页）风暴期4个关键步骤的顺序为完成关键指标、人员沟通、建立信任、强化团队价值观。建立信任是在风暴期。

核心考点 11-04　规范期 ★★★★

周　期	关键步骤	知识点
规范期	团队建设	团队建设始于组建期，在本阶段相对成熟，此时抓紧团队建设工作，有利于团队保持长久的斗志和凝聚力
	信任与尊重	本阶段应给予团队成员更多的信任和尊重，相信团队成员的主动性和自觉性，放手前进；通过非正式沟通，了解团队成员在工作以外的情况，并将更多的精力放在体贴团队成员的日常生活上
	激励与鼓舞（短期）	• 激励的两个方面：物质激励和精神激励 • 激励的考虑因素：公正、及时、方式（场合、时间、形式）、真诚而非走形式
	共享愿景（长期）	一个好的愿景可以在较长一段时间内激励团队的斗志，其效果远超过短期的激励手段，更能激发出团队成员的做事意愿和主观能动性

261

速记法则

规范期相对成熟，关键步骤包括团队建设、信任与尊重、激励与鼓舞、共享愿景。

真题练一练

部门负责人在团队规范期对员工进行激励时，要考虑的因素不包括（　　）。
A. 公平性　　　　B. 及时性　　　　C. 有效性　　　　D. 随时性

【2022年上半年系统规划与管理师考试上午综合知识真题第68题】

参考答案：D

答案解析：（官方教材第267页）当给予员工相应的激励时，一定要考虑以下因素：①公正性；②及时性；③格外注意激励的场合、时间和形式，以免方式不当，造成一些人的积极性下降或增加他们的顾虑。

核心考点 11-05　表现期 ★★★★★

周　期	关键步骤	知识点
表现期	自我管理	本阶段能否提高境界取决于团队成员自身的局限性。此时可以建立学习型组织，保持对外界的开放态度，不断完善自我管理
	授权工作	• 授权不等于放权或分权 • 授权的目的是培养团队核心成员的能力，同时学会与系统规划与管理师进行换位思考
	追求卓越	追求卓越是团队在经理人的带领下对组织的最大回报
	梯队建设	系统规划与管理师应考虑如何给大家更多的发展空间，给予团队核心成员更多的授权和工作范围，在培养团队成员的同时，也为自身发展奠定良好基础

速记法则

自我管理、授权工作、追求卓越、梯队建设。

真题练一练

1. 以下关于团队建设周期的描述中，正确的是（　　）。

A. 在团队组建期建立好团队的价值观以后，内容不能随意改变

B. "只要是小团体，就肯定是不好的"，一切出发点都是以组织和团队的整体利益为主，而非系统规划与管理师的个人判断

C. 团队建设始于规范期，此时抓团队建设工作，有利于团队保持长久的斗志和凝聚力

D. 表现期授权的目的是培养团队核心成员的能力，同时学会与系统规划与管理师进行换位思考

【2021年上半年系统规划与管理师考试上午综合知识真题第65题】

参考答案： D

答案解析：（官方教材第268页）选项A，团队的价值观大部分内容应该是一成不变的，只有少部分可以随着组织内部、外部环境改变而相应微调；选项B，"只要是小团体，就肯定是不好的"是不对的；选项C，在规范期谈团队建设并不意味着在组建期和风暴期就不需要团队建设；选项D，是正确的。

2. 在IT服务团队的建设周期中，梯队建设的工作适合在（ ）阶段开展。

A. 组建期　　　　B. 风暴期　　　　C. 规范期　　　　D. 表现期

【2018年上半年系统规划与管理师考试上午综合知识真题第62题】

参考答案： D

答案解析：（官方教材第268页）表现期：自我管理、授权工作、追求卓越、梯队建设。

3. 任何一个团队从开始组建到最终达到绩效要求，需要一个周期。依据塔克曼群体发展模型，结合IT服务管理工作特性，将团队建设周期分为四个阶段，分别是（未按正确次序排列）：①风暴期；②表现期；③组建期；④规范期。团队建设周期的正确排序为（ ）。

A. ③→①→④→②　　　　　　　　B. ①→③→④→②

C. ③→①→②→④　　　　　　　　D. ①→②→③→④

【2017年下半年系统规划与管理师考试上午综合知识真题第64题】

参考答案： A

答案解析：（官方教材第268页）从最初的组建期开始，经过风暴期和规范期，最终到达表现期。然后随着新成员的不断加入或新团队成员的组成，或者因为系统规划与管理师工作的调离或新系统规划与管理师的调入，又开始新一轮的循环。

11.3 IT 服务团队管理

目标管理	激励管理	执行管理	人员发展管理
• 目标分解 • 目标监控 • 目标完成	• 团队激励 • 个人激励	• 建立执行文化 • 提高执行效率	• 组织发展管理 • 自我发展管理

核心考点 11-06　目标管理 ★★★★

1. 目标分解时应注意的要点
- 必须把团队的目标转化为员工的日常思想与行动，同时与员工的绩效考核挂钩。
- 考虑现有资源情况和人力情况。
- 分解目标必须服从并支撑于部门或组织的总体目标。
- 个人目标应符合 SMART 原则，发生偏差时应及时调整。
- 一般短期目标以周、月目标为主，长期目标指半年或一年以上，长短期目标必须平衡。

2. 目标实现的优先级排序原则
- 对本部门目标的重要程度。
- 上级对本部门的绩效考核标准。
- 实现目标所需资源的现实性及到位的速度。
- 当该目标执行滞后时所带来的损害。
- 竞争对手的影响。
- 客户的期望。

3. IT 服务团队目标的分类及特点
- 目标是公司：目标变化较小，时间相对可控，期望值相对可控。
- 目标是组织内部：目标变化较大，时间相对不可控，期望值不尽相同。

4. 系统规划与管理师所承担的工作目标（无法由其他成员代替）
- 确保团队人力资源及必要的财力物力。
- 协调上级和同级的关系。

- 定期与团队成员、关键成员沟通，及时发现、解决问题。
- 持续鼓励和激励。
- 监控目标的完成情况。

5. **目标监控的要点**

- 目标监控是为了确保项目能够顺利进行。在目标分解完毕后，一个重要的关键点是要确保团队成员已经认同并充分理解目标内容，避免产生片面影响。
- 目标监控过程中，行动计划表的构成包括小组或个人目标、分解目标、具体行动计划、计划完成时间、衡量指标、负责人、关键成功因素、备注。
- "计划完成时间"和"衡量指标"是系统规划与管理师主要的关注项，其次还包括"关键成功因素"。
- "关键成功因素"最好的情况是：大部分都靠团队或个人努力完成（内部因素）。依靠外部力量完成时，存在至少两种情况：①需要投入更多精力来协调外部资源；②充分调动团队成员的主观能动性，引导内部力量取代外部力量。

目标监控的对象主要是人，不同类型的监控方法不同。

类 型	实 例	监控方法
技能低、意愿低	态度一般的新员工	纠正、把控
技能低、意愿高	态度积极的新员工	指导、帮助
技能高、意愿低	老员工	关心、尊重
技能高、意愿高	团队骨干	信任、授权

系统规划与管理师的最终职责是确保整体目标完成。当团队成员无法完成任务时，一般是因为以下4种情况：

- 对目标没有正确理解。可以通过进一步沟通让团队成员正确理解。
- 没有能力做。可以通过培训或传帮带的形式告诉团队成员该如何去做。
- 没有条件去做。可以想方设法创造条件。
- 没有意愿去做。

当团队完成既定目标后，除了经验总结、表彰鼓励外，还应重点提高每位团队成员的能力，无论是技巧方面还是技能方面。

当发现既定目标因特殊原因无法按期完成时，系统规划与管理师要从大局出发，及时作出调整，但应先征得高层领导的支持与同意，再与团队成员沟通，并告知其他相关部门和团队。

速记法则

牢记不同类型的员工的监控方法。

真题练一练

1. 针对团队中能力较强、工作积极性较高的人员，最有效的目标监控方法是（　　）。

   A. 指导、帮助　　　　B. 关心、尊重　　　　C. 信任、授权　　　　D. 纠正、把握

【2022 年上半年系统规划与管理师考试上午综合知识真题第 69 题】

参考答案：C

答案解析：（官方教材第 271 页）对于技能高、意愿高的员工，一般是团队的骨干，应充分给予信任、授权。

2. 在 IT 服务团队管理中，目标监控的主要对象是人，对于态度积极的新员工，在发生偏差后要做好引导工作，而非进行命令，以防止他们将来失去工作的激情。这种监控方法是主要针对（　　）的人。

   A. 技能较低、意愿较低　　　　　　　　B. 技能较低、意愿较高

   C. 技能较高、意愿较低　　　　　　　　D. 技能较高、意愿较高

【2020 年下半年系统规划与管理师考试上午综合知识真题第 66 题】

参考答案：B

答案解析：（官方教材第 272 页）对于技能低、意愿高的员工，一般是态度积极的新员工，应充分给予指导和帮助。

核心考点 11-07　激励管理 ★★★★

1. 团队激励

- 高层表扬（非表扬团队里的个人）。
- 团队奖金（用于团队建设）。
- 邀请高层领导进行经验分享。
- 邀请与 IT 服务相关的部门负责人分享专业知识。
- 邀请业绩优秀员工分享经验。
- 不定期开展团队活动（宜邀请家属）。

2. 个人激励

- 马斯洛需求理论将人的需要划分为五种，从低到高依次为生理的需要、安全的需要、感情的需要、尊重的需要，以及自我实现的需要。
- 在工作中，个人激励表现为物质和精神两方面。
- 系统规划与管理师进行个人激励时，一定要先通过非正式的沟通方式。

速记法则

重点记忆团队激励、个人激励和马斯洛需求理论。

真题练一练

1. 马斯洛需求理论中，公司政策、工作环境属于（　　）层。
   A. 生理需要　　　　B. 安全需要　　　　C. 尊重需要　　　　D. 自我实现

【2019年上半年系统规划与管理师考试上午综合知识真题第63题】

参考答案： B

答案解析：（官方教材第274页）马斯洛需求理论的五个层次：生理的需要、安全的需要、感情的需要、尊重的需要、自我实现的需要。其中安全层次的需要包括公司政策、工作环境、工作保障等。

2. 团队激励的特点是让大家集体参与、共同感受、实时感觉这个团队的存在，为自己身为这个团队的一员而感到骄傲和自豪。以下关于团队激励措施的描述，不正确的是（　　）。
   A. 高层表扬、高层领导经验分享　　　　B. 团队奖金、屏蔽投诉
   C. 团队奖金、部门负责人专业知识分享　　　　D. 高层表扬、团队活动

【2018年上半年系统规划与管理师考试上午综合知识真题第63题】

参考答案： B

答案解析：（官方教材第273页）团队激励的措施：高层表扬，团队奖金，邀请高层领导做经验分享，邀请与IT服务相关的部门负责人分享专业知识，邀请业绩优秀的员工分享经验，不定期开展团队活动。屏蔽投诉显然是不正确的。

3. IT服务团队管理中的激励管理，包括团队激励和个人激励。个人激励相比于团队激励更偏重个人的感受，参照马斯洛需求理论，将人的需求划分为五种，下面（　　）不属于马斯洛需求理论所定义的需求。
   A. 自我实现的需要　　　　　　　　B. 尊重的需要

267

C. 生理的需要　　　　　　　　　　D. 企业社会责任的需要

【2017年下半年系统规划与管理师考试上午综合知识真题第66题】

参考答案： D

答案解析：（官方教材第274页）马斯洛需求理论将人的需要划分为五种，从低到高依次为生理的需要、安全的需要、感情的需要、尊重的需要以及自我实现的需要。

核心考点 11-08　执行管理 ★★★

执行管理是指管理者在特定的组织及社会环境中，充分合理地运用组织资源，不断改进组织环境并提高效率实现组织战略目标的能力，包括建立执行的文化和提高执行的效率。团队执行力的强弱与否，与企业文化、组织目标、组织结构、绩效考核等因素有关。

建立执行的文化，首先要解决思想问题，具体包括：

- 认清来自内外部的挑战。正面、主动、积极地面对，不逃避。
- 建立信念。思想决定行动，信念决定思想。信念不易形成，且形成后不易改变。
- 建立行动准则。行动准则多是原则性描述，不同于制度，尽量详尽易操作。行动准则的制定一定要得到团队成员的认可，避免"一言堂"。

提高执行的效率主要包括以下几个方面：

- 充分理解目标及流程规范。
- 对目标及流程规范保持合理化建议。
- 确保目标及流程规范的执行跟踪。

速记法则

简单了解即可。

真题练一练

团队执行力的强弱与否，与（　　）因素的关系不是非常紧密。

A. 企业文化　　　B. 组织目标　　　C. 团队综合技能　　　D. 绩效考核

【系统规划与管理师考试上午综合知识模拟题】

参考答案： C

答案解析：（官方教材第275页）团队执行力的强弱与否，与企业文化、组织目标、组织结构、绩效考核等因素有关。

核心考点 11-09　人员发展管理 ★★★

人员发展管理包括组织发展管理和自我发展管理两部分内容。

1. 组织发展管理

（1）组织发展管理的概念：指将个人职业发展需求与企业的人力资源需求相关联而做出的有计划的管理过程，其目的是实现企业员工的职业生涯目标与企业发展目标相一致。

（2）组织发展管理的具体内容包括：
- 梳理人力资源是第一资源的管理理念。
- 建立以职业生涯为导向的人力资源管理体系，具体包括职务分析（工作描述与任职说明）、招聘、培训（新员工的适应性培训、员工的职业培训、变动工作的培训）和绩效考评。
- 确定实施职业生涯发展规划的对象。
- 设计职业通道。
- 设立多种发展员工职业生涯的方案。
- 处于不同职业生涯阶段的员工采取的重点对策。

（3）职业通道模式主要分三类：单通道模式、双通道模式和多通道模式。按照职业性质又可分为管理性、技术性、技能性职业通道三种。根据各行业工作性质的不同，宜采用不同的职业通道。例如，技术性职业通道宜采用三通道模式，即技术系列通道、技术带头人通道和技术管理人员通道。

（4）平衡管理与技术类型职业通道的待遇，可直接应用工作评价技术，确定各类各层次岗位的相对重要性，并以此作为确定待遇的依据。

（5）员工在组织内的工作生命周期分为四个阶段：引入阶段、成长阶段、饱和阶段和衰落阶段。新进人员尚未稳定，因此对生涯规划辅导的需求更为强烈。

2. 自我发展管理

（1）自我发展管理的概念：指社会行动者在职业生命周期的全过程中，由职业发展计划、职业策略、职业进入、职业变动和职业位置的一系列变量构成。

（2）职业规划是对职业生涯乃至人生进行持续的系统的计划的过程：由职业定位、目标设定和通道设计三个要素构成。

速记法则

简单了解组织发展管理和自我发展管理。

第 12 章　标准化知识

➡ **备考提示**

本章内容会涉及选择题题型。
本章内容偏重管理知识，考试难度中等。
本章考查的知识点多参照教材，扩展内容较少。

本章涉及历年考试真题选择题考点分布统计

章　节	2022 年上	2021 年上	2020 年下
12.1 概述	6. 标准分类	66. 标准分类 67. 国家标准制定 68. 标准相关概念	68. 国家标准复审
12.2 IT 服务国际标准	22. IT 服务标准	69. ITIL 五个阶段 70. COBIT 基本概念	
12.3 IT 服务国家标准及行业标准			69. ITSS 五个阶段 70. ITSS 成熟度等级
	2 分	5 分	3 分

章　节	2019 年上	2018 年上	2017 年下
12.1 概述	64. 国际标准 65. 国家标准制定	64. 国家标准 65. 国家标准制定	67. 国家标准
12.2 IT 服务国际标准	66. ITIL 四个职能 67. ISO/IEC 20000	66. ITIL 五个阶段 67. ISO/IEC 20000	
12.3 IT 服务国家标准及行业标准	68. ITSS 五个阶段 69. ITSS 成熟度等级 70. 机房温度标准	68. ITSS 体系框架	68. ITSS 四要素 69. GB/T 28827.1—2012
	7 分	5 分	3 分

本章涉及历年考试真题选择题核心考点分布情况

章　节	核心考点	重要程度	2022	2021	2020	2019	2018	2017
12.1 概述	核心考点 12-01　标准的相关概念	★★★		√				
	核心考点 12-02　标准的分类	★★★★★	√	√		√	√	√
	核心考点 12-03　国家标准制定	★★★★★		√	√	√	√	√
12.2 IT 服务国际标准	核心考点 12-04　IT 服务国际标准	★★★★	√			√	√	
	核心考点 12-05　ITIL	★★★★★		√		√	√	
	核心考点 12-06　COBIT	★★★		√				
12.3 IT 服务国家标准及行业标准	核心考点 12-07　ITSS 标准体系	★★★★★			√	√	√	√
	核心考点 12-08　IT 服务国家标准	★★★				√		√
	核心考点 12-09　ITSS 运维能力成熟度模型	★★★			√	√		

12.1　概述

核心考点 12-01　标准的相关概念★★★

（1）标准的相关概念。
- 标准是为了在一定范围内获得最佳秩序，经协商一致制定并由公认机构批准共同使用和重复使用的一种规范性文件，是标准化活动的核心产物。
- 标准化是指为了在一定范围内获得最佳秩序，对现实问题或潜在问题制定共同使用和重复使用的条款的活动。标准是标准化活动的主要成果之一。

（2）标准化活动的主要作用是为了预期目的改进产品、过程或服务的适用性，防止贸易壁垒并促进技术合作。

（3）形成标准体系的主要方式有两种：层次、并列。

（4）标准体系的表现形式：标准体系表。

速记法则

了解标准的相关概念。

真题练一练

以下关于标准规范的描述中，正确的是（　　）。

A. 标准化是为了在一定范围内获得最佳秩序，经协商一致制定并由公认机构批准共同使用和重复使用的一种规范性文件

B. 标准是指为了在一定范围内获得最佳秩序，对现实问题或潜在问题制定共同使用和重复使用的条款的活动

C. 形成标准体系的主要方式有层次和并列两种

D. 标准的主要作用是防止贸易壁垒并促进技术合作

【2021年上半年系统规划与管理师考试上午综合知识真题第68题】

参考答案：C

答案解析：（官方教材第286页）选项A是标准；选项B是标准化；选项D，标准化活动的主要作用是为了预期目的改进产品、过程或服务的适用性，防止贸易壁垒并促进技术合作。

核心考点12-02　标准的分类★★★★

（1）按照适用范围划分：国际标准、国家标准、行业标准、地方标准、企业标准。

（2）按照标准涉及的对象类型划分：术语标准、符号标准、试验标准、产品标准、过程标准、服务标准、接口标准。

（3）按照标准的要求程度划分：规范、规程、指南。

速记法则

了解标准的分类。

真题练一练

1. 按照（　　）分类方法可以将标准划分为术语标准、符号标准等。

A. 标准涉及的对象类型

B. 标准适用范围

C. 标准的要求程度

D. 标准编制的责任单位

【2022 年上半年系统规划与管理师考试上午综合知识真题第 6 题】

参考答案： A

答案解析：（官方教材第 287 页）按照标准涉及的对象类型划分：术语标准、符号标准、试验标准、产品标准、过程标准、服务标准、接口标准。

2. 按照标准涉及的对象类型不同，可以将标准划分为术语标准、试验标准、符号标准和（　　）。

A. 企业标准

B. 设施标准

C. 行业标准

D. 产品标准

【2021 年上半年系统规划与管理师考试上午综合知识真题第 66 题】

参考答案： D

答案解析：（官方教材第 287 页）按照标准涉及的对象类型划分：术语标准、符号标准、试验标准、产品标准、过程标准、服务标准、接口标准。

3. 国际标准是指由"国际标准化组织（ISO）、国际电工委员会（IEC）和（　　）及 ISO 确认并公布的其他组织"制定的标准。

A. 国际电信联盟（ITU）

B. 世界卫生组织（WHO）

C. 国际电报电话咨询委员会（CCITT）

D. 联合国教科文组织（UNESCO）

【2019 年上半年系统规划与管理师考试上午综合知识真题第 64 题】

参考答案： A

答案解析：（官方教材第 286 页）国际标准是指由"国际标准化组织（ISO）、国际电工委员会（IEC）和国际电信联盟（ITU）及 ISO 确认并公布的其他组织"制定的标准。

4. 标准的种类繁多，按照标准的适用范围可以将标准划分为国际标准、国家标准、行业标准等，其中标准号以字母 SJ/T 为首的标准属于（　　）。

A. 国际标准　　　　B. 国家标准　　　　C. 行业标准　　　　D. 地方标准

【2018 年上半年系统规划与管理师考试上午综合知识真题第 64 题】
参考答案： C

答案解析：（官方教材第 286 页）国际标准以 GB 开头，地方标准以 DB 开头，以 SJ 开头的是电子行业的标准。

5. 制定标准的重要基础是在一定范围内充分反映各相关方面的利益，并对不同意见进行协调与协商，从而取得一致。对我国而言，由国务院标准化行政主管部门组织制定，并对全国国民经济和技术发展有重大意义，需要在全国范围内统一的标准是（　　）。

　　A. 行业标准　　　　B. 国际标准　　　　C. 国家标准　　　　D. 企业标准

【2017 年下半年系统规划与管理师考试上午综合知识真题第 67 题】
参考答案： C

答案解析：（官方教材第 286 页）国家标准是指"由国家标准机构通过并公开发布的标准"。对我国而言，国家标准是指由国务院标准化行政主管部门组织制定，并对全国国民经济和技术发展有重大意义，需要在全国范围内统一的标准。国家标准由全国专业标准化技术委员会负责起草、审查，并由国务院标准化行政主管部门统一审批、编号和发布。

核心考点 12-03　国家标准制定★★★★

国家标准的制定阶段可划分为预阶段、立项阶段、起草阶段、征求意见阶段、审查阶段、批准阶段、出版阶段、复审阶段、废止阶段。

阶段代码	阶段名称	阶段任务	阶段成果
00	预阶段	提出新工作项目建议	PWI
10	立项阶段	提出新工作项目	NP
20	起草阶段	完成标准征求意见稿	WD
30	征求意见阶段	征求意见，完成标准送审稿	CD
40	审查阶段	经会审或函审，完成标准报批稿	DS
50	批准阶段	进行审核，最后提出标准出版稿	FDS
60	出版阶段	提出标准出版物	GB，GB/T，GB/Z
90	复审阶段	对实施周期达 5 年的标准进行复审	继续有效/修改/修订/废止
95	废止阶段		废止

速记法则

了解国家标准的制定阶段和流程。

真题练一练

1. 阶段成果为 DS 的属于国家标准制定的（　　）阶段。
   A. 批准　　　　　B. 审查　　　　　C. 出版　　　　　D. 复审

   【2021 年上半年系统规划与管理师考试上午综合知识真题第 67 题】

   参考答案： B

   答案解析：（官方教材第 289 页）DS 属于国家标准制定的审查阶段。

2. 国家标准一般不超过（　　）年进行复审。
   A. 1　　　　　　B. 5　　　　　　C. 2　　　　　　D. 3

   【2020 年下半年系统规划与管理师考试上午综合知识真题第 68 题】

   参考答案： B

   答案解析：（官方教材第 289 页）对实施周期达 5 年的标准进行复审。

3. FDS 稿的国家标准处于（　　）。
   A. 立项阶段　　　B. 批准阶段　　　C. 征求意见阶段　　D. 出版阶段

   【2019 年上半年系统规划与管理师考试上午综合知识真题第 65 题】

   参考答案： B

   答案解析：（官方教材第 289 页）FDS 稿属于批准阶段。

4. 国家标准制定程序将标准的制定划分了若干的阶段和流程，（　　）符合标准制定流程。
   A. 预阶段、立项阶段、起草阶段、征求意见阶段、审查阶段、批准阶段、出版阶段、复审阶段、废止阶段
   B. 预阶段、立项阶段、起草阶段、审查阶段、征求意见阶段、批准阶段、出版阶段、复审阶段、废止阶段
   C. 预阶段、立项阶段、起草阶段、审查阶段、征求意见阶段、复审阶段、出版阶段、废止阶段
   D. 预阶段、立项阶段、起草阶段、征求意见阶段、审查阶段、复审阶段、出版阶段、废止阶段

【2018年上半年系统规划与管理师考试上午综合知识真题第65题】
参考答案：A
答案解析：（官方教材第288页）国家标准的制定有一套正常的程序，分为预阶段、立项阶段、起草阶段、征求意见阶段、审查阶段、批准阶段、出版阶段、复审阶段和废止阶段。

12.2 IT服务国际标准

核心考点12-04 IT服务国际标准 ★★★★

1. ISO/IEC 20000系列标准

目前，我国已经正式发行了两项ISO/IEC 20000系列标准，分别是：

- GB/T 24405.1 信息技术 服务管理 第1部分：规范。
- GB/T 24405.2 信息技术 服务管理 第2部分：实践规则。

2. ISO/IEC 27000系列标准——信息安全管理体系系列标准

- ISO 27000 原理与术语。
- ISO 27001 信息安全管理体系 要求。
- ISO 27002 信息技术 安全技术 信息安全管理实践规范。
- ISO 27003 信息安全管理体系 实施指南。
- ISO 27004 信息安全管理体系 指标与测量。
- ISO 27005 信息安全管理体系 风险管理。
- ISO 27006 信息安全管理体系 认证机构的认可要求 ISMS。
- ISO 27007 信息安全 安全技术 信息安全管理体系审核员指南。

3. ISO 9000系列标准——质量管理体系标准

该系列标准包括以下三个核心标准：

- ISO 9000/GB/T 19000《质量管理体系 基础和术语》为正确理解和实施质量管理体系标准提供必要的基础。
- ISO 9001/GB/T 19001《质量管理体系 要求》规定的要求旨在为组织的产品和服务提供信任，从而增强顾客满意。
- ISO 9004/GB/T 19004《追求组织的持续成功 质量管理方法》为组织选择超出本标准

要求的质量管理方法提供指南。

4. ISO/IEC 38500 标准

该标准提供了一个 IT 治理的框架，以协助组织高层管理者理解并履行他们对于其组织 IT 使用的既定职责，实现 IT 治理的有效性、可用性及效率。

5. ISO 22301 标准

- ISO 22301 规定了建立和管理一个有效的业务连续性管理体系（Business Continuity Management Systems，BCMS）的要求。
- 本标准采用了"计划（Plan）—执行（Do）—检查（Check）—处理（Act）"（PDCA）模型来规划、建立、实施、运行、监视、评审、保持和持续改进组织的 BCMS 的有效性。

速记法则

了解常见的国际标准。

真题练一练

1. 以下哪些完全属于 IT 服务管理的标准（　　）。
A. ISO 27000、ISO 20000、ISO 14000
B. GB 24405、ISO 20000、BS 15000
C. GB 24405、ISO 9000、BS 14000
D. ISO 27000、ISO 2000、ISO 15000

【2022 年上半年系统规划与管理师考试上午综合知识真题第 22 题】

参考答案：B

答案解析：（官方教材第 289 页）2000 年 11 月，英国标准协会（BSI）发布了以 ITIL 为核心的国家标准 BS 15000；随后，2005 年 5 月，国际标准组织（ISO）以快速通道的方式批准通过了 ISO/IEC 20000 的标准决议，并于 12 月 15 日正式发布了 ISO/IEC 20000 标准。在我国，目前已经以等同采用的方式，正式发布了两项 ISO/IEC 20000 标准，分别是《信息技术 服务管理 第 1 部分：规范》（GB/T 24405.1）和《信息技术 服务管理 第 2 部分：实践规则》（GB/T 24405.2）。

2. 2015 年，我国以（　　）的方式发布了 ISO/IEC 20000 的国家推荐标准《信息技术 服务管理 第 1 部分：规范》（GB/T 24405.1）。
A. 修改采用
B. 部分采用
C. 完全采用
D. 等同采用

【2019 年上半年系统规划与管理师考试上午综合知识真题第 67 题】

参考答案：D

答案解析：（官方教材第 289 页）在我国，目前已经以等同采用的方式，正式发布了两项

ISO/IEC 20000 标准，分别是《信息技术 服务管理 第 1 部分：规范》（GB/T 24405.1）和《信息技术 服务管理 第 2 部分：实践导则》（GB/T 24405.2）。

3. ISO/IEC 20000 系列标准对于企业或组织的 IT 服务管理有重要的指导作用，采用了集成化的过程方法，其中不包括（　　）过程。

　　A. 服务需求管理　　　　　　　　B. 服务级别管理
　　C. 信息安全管理　　　　　　　　D. 服务的预算与核算

【2018 年上半年系统规划与管理师考试上午综合知识真题第 67 题】
参考答案：A
答案解析：（官方教材第 290 页）ISO/IEC 20000 服务交付过程包括容量管理、服务级别管理、信息安全管理、服务连续性和可用性管理、服务报告、服务的预算与核算。

核心考点 12-05　ITIL ★★★★★

ITIL（Information Technology Infrastructure Library，IT 基础架构库），是目前业界普遍采用的一类 IT 服务管理的实际标准及最佳实践指南。ITIL 包含着如何管理 IT 基础设施的流程描述，以流程为向导、以客户为中心，通过整合 IT 服务与企业服务，提高企业的 IT 服务提供和服务支持的能力和水平。

自 1980 年至今，ITIL 经历了 4 个主要的版本：

- Version 1（1986—1999 年），主要基于职能型的实践。
- Version 2（1999—2006 年），主要基于流程型的实践。
- Version 3（2004—2007 年），主要强调最佳实践执行。
- Version 4（2011—2011 年），主要加强服务管理办法中的逻辑组织和业务一致性。

ITIL 的 2011 年版本使用了 5 个主要书面指导文件，分别论述了 IT 服务的服务战略、服务设计、服务转换、服务运营和服务的持续改进。涉及 4 个职能：服务台、运营管理、应用管理、技术管理。

速记法则

ITIL 是重点，包括 5 个书面指导文件和 4 个职能。

真题练一练

1. ITIL 的 2011 年版本使用了 5 个主要书面指导文件并涉及 4 个职能，其中 5 个书面指导文件分别论述了 IT 服务的（　　）、服务设计、服务转换、服务运营和服务的持续改进。

A. 服务策划　　　　B. 服务战略　　　　C. 服务需求　　　　D. 服务规划

【2021 年上半年系统规划与管理师考试上午综合知识真题第 69 题】

参考答案： B

答案解析：（官方教材第 295 页）ITIL 的 2011 年版本使用了 5 个主要书面指导文件，分别论述了 IT 服务的服务战略、服务设计、服务转换、服务运营和服务的持续改进。

2. ITIL 的 2011 年版本中涉及的 4 个职能包括（　　）。

①服务台　　　　②事件管理　　　　③应用管理
④技术管理　　　　⑤能力管理　　　　⑥运营管理

A. ①③⑤⑥　　　B. ①③④⑥　　　C. ②③④⑤　　　D. ①②⑤⑥

【2019 年上半年系统规划与管理师考试上午综合知识真题第 66 题】

参考答案： B

答案解析：（官方教材第 295 页）ITIL 的 2011 年版本使用 5 个主要书面指导文件，分别论述了 IT 服务的服务战略、服务设计、服务转换、服务运营和服务的持续改进。涉及 4 个职能：服务台、运营管理、应用管理、技术管理。

3. ITIL（Information Technology Infrastructure Library）从复杂的 IT 管理活动中梳理出各组织所共有的最佳实践，将 IT 服务划分了 5 个阶段：（　　）。

A. 服务规划、服务设计、服务转换、服务运营和持续改进
B. 服务规划、服务设计、服务转换、服务流程和持续改进
C. 服务战略、服务设计、服务转换、服务运营和持续改进
D. 服务战略、服务设计、服务转换、服务流程和持续改进

【2018 年上半年系统规划与管理师考试上午综合知识真题第 66 题】

参考答案： C

答案解析：（官方教材第 294 页）ITIL 的 2011 年版本使用 5 个主要书面指导文件，分别论述了 IT 服务的服务战略、服务设计、服务转换、服务运营和服务的持续改进。

核心考点 12-06　COBIT ★★★

- COBIT（Controlled Objectives for Information and related Technology，信息及相关技术的控制目标）。COBIT 包含 34 个信息技术过程控制，并归集为 4 个控制域：IT 规划和组织（Planning and Organization）、系统获得和实施（Acquisition and Implementation）、

交付与支持（Delivery and Support）、信息系统运行性能监控（Monitoring）。
- COBIT 实现了企业目标与 IT 治理目标之间的桥梁作用。
- 从内容上看，COBIT 覆盖了从分析、设计到开发、实施再到运营、维护的整个过程，COBIT 覆盖了整个信息系统的全部生命周期，其视野是最为开阔的。

速记法则

了解 COBIT 的基本概念。

真题练一练

从内容上看，（　　）覆盖了从分析到设计、开发、实施、运营、维护的整个过程，覆盖了整个信息系统的全部生命周期，其视野是最为开阔的。

A. COBIT　　　　B. ITIL　　　　C. ITSS　　　　D. ISO/IEC 20000

【2021 年上半年系统规划与管理师考试上午综合知识真题第 70 题】

参考答案： A

答案解析：（官方教材第 297 页）从内容上看，COBIT 覆盖了从分析、设计到开发、实施再到运营、维护的整个过程，COBIT 覆盖了整个信息系统的全部生命周期，其视野是最为开阔的。

12.3　IT 服务国家标准及行业标准

核心考点 12-07　ITSS 标准体系 ★★★★

1. ITSS 的概念

ITSS（Information Technology Service Standards，信息技术服务标准）是一套成体系和综合配套的信息技术服务标准库，全面规范了信息技术服务产品及其组成要素，用于指导实施标准化和可信赖的信息技术服务。

2. ITSS 的来源

ITSS 是在工业和信息化部、国家标准化管理委员会的领导和支持下，由 ITSS 工作组研制的一套 IT 服务领域的标准库和一套提供 IT 服务的方法论，是我国 IT 服务行业最佳实践的总结和提升。

3. ITSS 的组成要素

IT 服务由人员（People）、过程（Process）、技术（Technology）和资源（Resource）组成，4 个要素简称 PPTR。

4. ITSS 的生命周期

IT 服务生命周期由规划设计（Planning & Design）、部署实施（Implementing）、服务运营（Operation）、持续改进（Improvement）和监督管理（Supervision）5 个阶段组成，简称 PIOIS。

速记法则

重点记忆 4 个要素和 5 个阶段的内容。

真题练一练

1. 在 ITSS 的 IT 服务生命周期模型中的（　　）阶段，根据 IT 服务部署情况，采用过程方法，全面管理基础设施、服务流程、人员和业务连续性。

　　A. 持续改进　　　　B. 部署实施　　　　C. 服务运营　　　　D. 服务转换

【2020 年下半年系统规划与管理师考试上午综合知识真题第 69 题】

参考答案：C

答案解析：（官方教材第 298 页）在 ITSS 的 IT 服务生命周期模型中的服务运营阶段，根据 IT 服务部署情况，采用过程方法，全面管理基础设施、服务流程、人员和业务连续性，实现业务运营与 IT 服务运营的全面融合。

2. 在 ITSS 的 IT 服务生命周期模型中,（　　）阶段根据 IT 服务部署情况,采用过程方法,全面管理基础设施、服务流程、人员和业务连续性。

　　A. 持续改进　　　　B. 部署实施　　　　C. 服务运营　　　　D. 服务转换

【2019 年上半年系统规划与管理师考试上午综合知识真题第 68 题】

参考答案：C

答案解析：（官方教材第 298 页）在 ITSS 的 IT 服务生命周期模型中的服务运营阶段，根据 IT 服务部署情况，采用过程方法，全面管理基础设施、服务流程、人员和业务连续性，实现业务运营与 IT 服务运营的全面融合。

3. ITSS（Information Technology Service Standards）是一套成体系和综合配套的信息技术服务标准库，包括了 IT 服务全生命周期阶段应遵循的标准。关于 ITSS 体系框架 4.0 的分类，

正确的是（　　）

  A. 基础标准、服务评价标准、服务业务标准、服务外包标准、服务安全标准、服务对象特征和行业应用标准

  B. 基础标准、服务评价标准、服务业务标准、服务外包标准、服务安全标准、标准模式标准和行业应用标准

  C. 基础标准、服务管控标准、服务业务标准、服务外包标准、服务安全标准、标准模式标准和行业应用标准

  D. 基础标准、服务管控标准、服务业务标准、服务外包标准、服务安全标准、服务对象特征和行业应用标准

【2018年上半年系统规划与管理师考试上午综合知识真题第68题】

参考答案：D

答案解析：（官方教材第298页）ITSS体系框架的内容：基础标准、服务管控标准、服务业务标准、服务外包标准、服务安全标准、服务对象特征、行业应用标准。

4. ITSS（Information Technology Service Standards）是一套成体系和综合配套的信息技术服务标准库，全面规范了信息技术服务产品及其组成要素，用于指导实施标准化和可信赖的信息技术服务。该体系的组成要素包括（　　）。

  A. 人员、过程、工具、资源　　　　B. 人员、过程、管理、资源
  C. 人员、过程、技术、资源　　　　D. 人员、过程、组织、资源

【2017年下半年系统规划与管理师考试上午综合知识真题第68题】

参考答案：C

答案解析：（官方教材第297页）IT服务由人员（People）、过程（Process）、技术（Technology）和资源（Resource）四个要素组成，简称PPTR。

核心考点12-08　IT服务国家标准★★★

1.《信息技术服务 分类与代码》（GB/T 29264—2012）

本标准规定了信息技术服务包括信息技术咨询服务、设计与开发服务、信息系统集成实施服务、运行维护服务、数据处理和存储服务、运营服务、数字内容服务、呼叫中心服务和其他信息技术服务。

2.《信息技术服务 运行维护 第1部分：通用要求》（GB/T 28827.1—2012）

本标准为运行维护服务组织提供了一个运行维护服务能力模型，规定了运行维护服务组织在人员、资源、技术和过程方面应具备的条件和能力。

3.《信息技术服务 运行维护 第 2 部分：交付规范》（GB/T 28827.2—2012）

本标准给出了运维服务供需双方从服务级别协议签署到结束的过程中，对交付管理的策划、实施、检查和改进方面提供的原则框架，以及对交付内容、交付方式、交付成果给出的指导建议。

4.《信息技术服务 运行维护 第 3 部分：应急响应规范》（GB/T 28827.3—2012）

本标准规定了应急响应的基本过程和管理方法，包括应急准备、监测与预警、应急处置和总结改进等内容。

5.《信息技术服务 运行维护 第 4 部分：数据中心规范》（SJ/T 11564.4—2015）

本标准规定了通过例行操作、响应支持、优化改善、调研评估四种服务类型对数据中心运维对象提供服务，以保证数据中心连续、稳定、高效及安全地运行。

6.《信息技术服务 外包 第 2 部分：数据（信息）保护规范》（SJ/T 11445.2—2012）

本标准提出了数据保护的整体框架和规则，规定了个人信息保护、商业数据保护相关术语和定义、数据保护原则、数据主体权利、数据管理者的权利和义务、数据保护体系的建立和实施等基本规则和要求。

- 数据保护原则：目的明确、权利限制、数据质量、使用限制、安全保障、责任等。
- 数据保护体系：数据保护方针、管理机制、保护机制、安全机制、过程改进机制等。

7.《信息技术服务 咨询设计 第 1 部分：通用要求》（SJ/T 11565.1—2015）

本标准提出了信息技术咨询服务模型、关键要素，以及提供信息技术咨询服务的各类组织在这些要素方面应具备的条件和能力。

8.《信息技术服务 服务管理 技术要求》（SJ/T 11435—2015）

- 信息技术服务管理的对象是信息技术服务，实施管理的目的是确保提供符合服务级别协议的服务。服务级别协议是指提供服务的企业与客户之间就服务的品质、水准、性能等方面所达成的双方共同认可的协议或契约。
- 信息技术服务宜从监控管理、过程管理和决策支撑三个层面构建信息技术服务管理技术要求。

9.《信息技术服务 从业人员能力规范》（SJ/T 11623—2016）

- 该标准依据信息技术服务行业发展的要求，将信息技术服务从业人员的能力划分为知识、技能和经验三个维度。
- 知识包括基础知识、专业知识和相关知识，技能包括基本技能、专业技能和行为技能。能力评价是组织及第三方机构对信息技术服务从业人员职业能力水平的考核活动。

速记法则

了解 IT 服务国家标准。

真题练一练

1. 依据《计算机场地通用规范》（GB/T 2887—2011）的要求，A 级机房夏季开机时机房温度控制范围应为（　　）。

A. 20±1℃　　　　B. 20±2℃　　　　C. 24±℃　　　　D. 24±2℃

【2019 年上半年系统规划与管理师考试上午综合知识真题第 70 题】

参考答案：C

答案解析：A 级机房夏季开机时机房温度控制范围为 24±1℃，冬季为 20±1℃，相对湿度都为 40%～60%，温度变化率小于 5，不得凝露。

2. ITSS 运行维护系列标准从服务对象、服务过程和服务能力等方面提出了规范性要求。其中（　　）标准为运行维护服务组织提供了一个运行维护服务能力模型，通过策划、实施、检查和改进来帮助组织实施运行维护服务能力的持续提升。

A.《信息技术服务 运行维护 第 1 部分：通用要求》

B.《信息技术服务 分类与代码》

C.《信息技术服务 运行维护 第 2 部分：交付规范》

D.《信息技术服务 运行维护 第 3 部分：应急响应规范》

【2017 年下半年系统规划与管理师考试上午综合知识真题第 69 题】

参考答案：A

答案解析：（官方教材第 304 页）《信息技术服务 运行维护 第 1 部分：通用要求》（GB/T 28827.1—2012）为运行维护服务组织提供了一个运行维护服务能力模型，规定了运行维护服务组织在人员、资源、技术和过程方面应具备的条件和能力。在运行维护服务提供过程中，供方通过策划、实施、检查和改进实现运行维护服务能力的持续提升。

核心考点 12-09　ITSS 运维能力成熟度模型 ★★★

- 是反映运维服务能力水平的框架。该模型按照运维服务组织能力建设和管理的发展历程，定义了逐步进化的四个等级，自低向高分别为基本级、拓展级、改进（协同）级和提升（量化）级。

- 每个能力成熟度等级都由能力管理和能力四要素（人员、资源、技术和过程）组成，并随着能力成熟度等级自低向高地提升。
- 成熟度等级的设定表明，运维服务能力水平的提升是通过渐进的方式实现的，较高的成熟度等级涵盖了低等级的全部要求，成熟度等级不可跨级，这意味着较高的成熟度等级必然以低成熟度等级为基础。

速记法则

基本级→拓展级→改进（协同）级→提升（量化）级。

真题练一练

1. 在 ITSS 运维服务能力成熟度模型中，按照运维服务组织能力建设和管理的发展历程，运维服务能力成熟度分为四个逐步进化的等级，自低向高分别为基本级、（　　）、改进（协同）级和提升（量化）级。

　　A. 进化级　　　　　B. 量化级　　　　　C. 拓展级　　　　　D. 管理级

【2020 年下半年系统规划与管理师考试上午综合知识真题第 70 题】

参考答案：C

答案解析：（官方教材第 317 页）ITSS 运维能力成熟度模型定义了逐步进化的四个等级，自低向高分别为基本级、拓展级、改进（协同）级和提升（量化）级。

2. 关于 ITSS 运维服务能力成熟度模型的描述，不正确的是（　　）。

　　A. 该模型针对 IT 服务的能力管理、人员、过程、资源和技术等进行了规范和引导

　　B. 该模型定义了基本级、拓展级、改进（协同）级和提升（量化）级四个逐步进化的等级

　　C. 基本级以《信息技术 服务管理 第 1 部分：服务管理体系要求》（ISO/IEC 20000-1:2011）为基础提出成熟度要求

　　D. 该模型在实践中为运维服务组织持续深化服务能力建设提供了路线图和方法论

【2019 年上半年系统规划与管理师考试上午综合知识真题第 69 题】

参考答案：C

答案解析：（官方教材第 317 页）运维服务能力成熟度的基本级和拓展级以《信息技术服务 运行维护 第 1 部分：通用要求》（GB/T 28827.1—2012）为基础提出成熟度要求。A、B、D 三个选项都是正确的。

第13章 职业素养与法律法规

➡ 备考提示

本章内容要求具有IT服务人员的职业素养，了解IT服务人员职业道德的有关要求及IT服务相关的法律法规。

涉及选择题题型。

本章试题偏重常识性知识。

本章涉及历年考试真题选择题考点分布统计

章 节	2022年上	2021年上	2020年下
13.1 职业素养	70.职业道德含义		
13.2 法律法规			67.合同法
	1分	0分	1分

章 节	2019年上	2018年上	2017年下
13.1 职业素养			69.行为准则
13.2 法律法规		67.招标法	70.知识产权法
	0分	1分	2分

本章涉及历年考试真题选择题核心考点分布情况

章 节	核心考点	重要程度	2022	2021	2020	2019	2018	2017
13.1 职业素养	核心考点13-01 职业素养	★★★	√					√
13.2 法律法规	核心考点13-02 法律法规	★★★			√		√	√

13.1 职业素养

核心考点13-01 职业素养★★★

1. 职业素养的概念
- 职业素养主要包括职业道德、职业思想（意识）、职业行为习惯和职业技能。前三项属于世界观、价值观和人生观范畴的产物，而后一项是通过学习、培训获得的。
- 具有较高职业素养的人，往往将工作当作自己的事业来做，因此在工作中表现得更热情、更积极、更专业，他们有更好的职业规划和更好的职业发展前景。相反，职业素养不够的人对待工作就比较消极敷衍，这很容易限制其职业发展前景。

2. 行为准则
行为准则从对职业的责任和对客户及公众的责任两方面来规定。

速记法则

从正能量的价值观考量。

真题练一练

1. 关于职业道德的含义，不正确的是（　　）。
A. 是长期以来自然形成的
B. 主要内容是对员工义务的要求
C. 具备实质的约束力
D. 不同的企业具有不同的价值观

【2022年上半年系统规划与管理师考试上午综合知识真题第70题】

参考答案：C

答案解析：（官方教材第319页）职业道德的含义包括以下八方面：①职业道德是一种职业规范，受社会普遍的认可；②职业道德是长期以来自然形成的；③职业道德没有确定的形式，通常体现为观念、习惯、信念等；④职业道德依靠文化、内心信念和习惯，通过员工的自律实现；⑤职业道德大多没有实质的约束力和强制力；⑥职业道德的主要内容是对员工义务的要求；⑦职业道德标准多元化，不同企业可能具有不同的价值观；⑧职业道德承载着企业文化和凝聚力，影响深远。

2. IT服务的广泛应用对从业人员的职业素养和法律法规知识提出更高的要求，在职业素养中，要求从业者具有执业责任，下面（　　）不是要求的职业责任。

A. 应遵守相关组织，如甲方、乙方或业内共识的制度和政策

B. 在合理和清楚的事实基础上，可以不管他人在项目管理方面可能违反行为准则的情况

C. 有责任向客户、用户、供应商说明可能潜在的利益冲突和明显不恰当的重大情况

D. 在职业发展中，应认可和尊重他人开发或拥有的知识产权，以准确、真实和完整的方式在所有与项目有关的各项活动中遵守规则，并推动和支持向其同行宣传职业行为准则

【2017年下半年系统规划与管理师考试上午综合知识真题第69题】

参考答案：B

答案解析：（官方教材第319页）行为准则从对职业的责任和对客户及公众的责任两方面来规定。选项B明显错误。

13.2　法律法规

核心考点13-02　法律法规★★★

扫一扫，看视频

1. 法律概念

- 狭义的法律是指拥有立法权的国家机关，依照一定的立法程序，制定和颁布的规范性文件；广义的法律是指法的整体，包括法律、有法律效力的解释及其行政机关为执行法律而制定的规范性文件。
- 法律通常规定社会政治、经济和其他社会生活中最基本的社会关系或行为准则。
- 一般来说，法律的效力仅低于宪法，其他一切行政法规和地方性法规都不得与法律相抵触，凡有抵触，均属无效。

2. 法律体系

我国的法律体系是以宪法为核心，以法律为主干，包括行政法规、地方性法规等规范性文件在内，由7个法律部门、3个层次法律规范构成的中国特色社会主义法律体系。涵盖宪法及宪法相关法、民商法、行政法、经济法、社会法、刑法、诉讼及非诉讼程序法7个法律

部门。3个层次法律规范是指法律和行政法规、地方性法规，以及自治条例和单行条例3个位阶的规范性文件。

3. 诉讼时效

- 刑事诉讼中所称的"追诉时效"，是指法律规定的对犯罪分子追究刑事责任的有效期限。超过追诉期限的，就不再追究刑事责任；已经追究的，应当撤销案件，或者不起诉，或者终止审理。民事诉讼中称为诉讼时效。
- 根据《中华人民共和国民法典》第135条的规定，享有民事权利的人在知道自己权利受到侵害的两年之内，就应向人民法院提起诉讼，逾期后，其民事权利将不受法律保护。特殊诉讼时效是针对某些特殊的民事法律关系所规定的时效期间，分为短期诉讼时效、长期诉讼时效和最长诉讼时效。《中华人民共和国民法典》第137条规定了最长诉讼时效期间为20年。最长诉讼时效的期间从权利被侵害时开始计算，即使权利人不知道自己的权利被侵犯，人民法院也只在20年的期限内予以保护。
- 《中华人民共和国刑法》第87条规定，犯罪经过下列期限不再追究：①法定最高刑不满5年有期徒刑的，经过5年；②法定最高刑为5年以上不满10年有期徒刑的，经过10年；③法定最高刑为10年以上有期徒刑的，经过15年；④法定最高刑为无期徒刑、死刑的，经过20年，如果20年以后认为必须追诉的，要报请最高人民检察院核准。
- 《行政诉讼法》第39条规定，公民、法人或者其他组织直接向人民法院提起诉讼的，应当在知道做出具体行政行为之日起3个月内提出。法律另有规定的除外。

4. 常用的法律法规

- 《中华人民共和国合同法》（合同法）。
- 《中华人民共和国招标投标法》（招投标法）。
- 《中华人民共和国著作权法》（著作权法）。
- 《中华人民共和国政府采购法》（政府采购法）。
- 《中华人民共和国劳动法》（劳动法）。
- 《中华人民共和国知识产权法》（知识产权法）。
- 《中华人民共和国网络安全法》（网络安全法）。

速记法则

简单了解即可，因所占分值很少，不再做详解。

真题练一练

1.《合同法》属于（　　）。

A. 地方法规　　　　B. 行政法规　　　　C. 条例　　　　　　D. 法律

【2020年下半年系统规划与管理师考试上午综合知识真题第67题】

参考答案： D

答案解析：（官方教材第321页）中华人民共和国合同法。

2. 依据《中华人民共和国招标投标法》，以下描述不正确的是（　　）。

A. 依法必须进行招标的项目，其招标活动不受地区或部门的限制

B. 为保证招标工作的公正性，招标人需委托代理机构，不得自行办理招标事宜

C. 任何单位和个人不得以任何方式为招标人指定招标代理机构

D. 招标代理机构与行政机关和国家机关不得存在隶属关系

【2018年上半年系统规划与管理师考试上午综合知识真题第67题】

参考答案： B

答案解析：（官方教材第321页）招标人有权自行选择招标代理机构，并委托其办理招标事宜。任何单位和个人不得以任何方式为招标人指定招标代理机构，也就是说招标人可以自行招标。

3. 法律通常规定社会政治、经济和其他社会生活中最基本的社会关系或行为准则。一般来说，法律的效力低于宪法，其他一切行政法规和地方性法规都不得与法律相抵触。在常用的法律法规中，因调整知识产权的归属、行使、管理和保护等活动中产生的社会关系的法律规范的总称是（　　）。

A. 著作权法　　　　B. 合同法　　　　C. 劳动法　　　　D. 知识产权法

【2017年下半年系统规划与管理师考试上午综合知识真题第70题】

参考答案： D

答案解析：（官方教材第322页）知识产权法是指因调整知识产权的归属、行使、管理和保护等活动中产生的社会关系的法律规范的总称。知识产权法的综合性和技术性特征十分明显，在知识产权法中，既有私法规范，也有公法规范；既有实体法规范，也有程序法规范。但从法律部门的归属上讲，知识产权法仍属于民法，是民法的特别法。民法的基本原则、制度和法律规范大多适用于知识产权，并且知识产权法中的公法规范和程序法规范都是为确认和保护知识产权这一私权服务的，不占主导地位。

第 14 章　专业英语

14.1　专业英语考点分析及应考方法

系统规划与管理师考试在上午考试的综合知识选择题中，71～75 题会考到 5 分的专业英语选择题。

通过对最近几次考试的情况来看，考试经常考 IT 战略规划、IT 服务规划设计、变更管理、测量指标、持续改进等相关内容。另外，做题时也不需要认识每个单词，有时只需要认识几个重要的单词就可以得分了。总之，笔者还是希望考生能够重视这 5 分。一些常用的单词，大家还是尽力熟悉。

年份	71 题	72 题	73 题	74 题	75 题
2022 年	IT 战略规划	OLA	知识库		测量指标
2021 年	IT 服务规划设计	服务管理	持续改进	SLA/OLA/UC	ITIL
2020 年	IT 战略规划	IT 服务规划设计	变更	服务台	测量指标
2019 年	IT 战略规划	SLA/OLA/UC	应急预案	显性知识	持续改进
2018 年	IT 服务规划设计	IT 服务规划设计	变更管理	SLA	PDCA 循环

14.2　历年专业英语考试真题解析

2022 年 5 月系统规划与管理师考试综合知识英语真题

71. The main steps of IT strategic planning don't include（　　）.
    A. Business Analysis
    B. Evaluate the competitor's system
    C. Identify Opportunities
    D. Selection Scheme

【翻译】

IT 战略规划的主要步骤不包括（   ）。

A. 业务分析　　　　B. 评估竞争系统　　　C. 识别机会　　　D. 选择方案

【解析】

参考答案：B。IT 战略规划包括如下几个主要步骤：①业务分析；②评估现行系统；③识别机会；④选择方案。

【重点单词记忆】

- IT 战略规划：IT strategic planning
- 业务分析：Business Analysis
- 评估现行系统：Evaluate the current system
- 识别机会：Identify Opportunities
- 选择方案：Selection Scheme

72. The best description of an operational level agreement（OLA）is（   ）.

A. an agreement between the service provider and another part of the same organization

B. an agreement between the service provider and an external organization

C. a document that describes how services will be operated on a day-to-day basis to customer

D. a document that business services to operational staff

【翻译】

对运营级别协议（OLA）的最佳描述是（   ）。

A. 服务提供商与同一组织的另一部分之间的协议

B. 服务提供商与外部组织之间的协议

C. 一份向客户描述如何进行日常运营服务的文件

D. 一份为运营人员提供业务服务的文件

【解析】

参考答案：C。运营级别协议（Operational Level Agreement，OLA）是与某个内部 IT 部门就某项 IT 服务所签订的后台协议，OLA 在 IT 内部定义了所有参与方的责任，并将这些参与方联合在一起提供某项特别服务。各方就所提供服务的质量和数量等级达成一致。例如，如果 SLA（Service Level Agreement，服务级别协议）中包含了一个针对恢复某个具有高优先事件的总目标，则 OLA 中就应该包括针对整个支持链的每个环节的具体目标（如针对服务台响应呼叫、进行事件升级的目标，针对网络支持人员启动调查和解决网络相关事件的目标等）。

【重点单词记忆】

- 服务级别协议：Service Level Agreement，SLA
- 运营级别协议：Operational Level Agreement，OLA
- 支持合同：Underpinning Contract，UC

73. The processes of knowledge content Initialization don't include（   ）.

A. obtain　　　　B. audit　　　　C. release　　　　D. edit

【翻译】

知识库内容初始化流程不包括（   ）。

A. 来源　　　　B. 审核　　　　C. 发布　　　　D. 编辑

【解析】

参考答案：D。知识库设计好后，需要对内容进行初始化，可遵循以下流程：来源→审核→发布。

【重点单词记忆】

- 知识库内容初始化：Knowledge content Initialization
- 来源：Obtain
- 审核：Audit
- 发布：Release

75. The type of measurement index don't include which（   ）.

A. Process indication

B. Data indication

C. Technical indication

D. Service indication

【翻译】

测量指标的类型不包括（   ）。

A. 过程指标　　　B. 数据指标　　　C. 技术指标　　　D. 服务指标

【解析】

参考答案：B。服务测量指标的类型可分为如下 3 种：

（1）技术指标。基于 IT 组件和应用的测量，如可用性、性能。

（2）过程指标。通常以 KPI 表示，反映服务管理过程的运行或健康状况。

（3）服务指标。对端到端的服务绩效的测量，通过技术和过程指标加以计算。

【重点单词记忆】

- 技术指标：Technical indication
- 过程指标：Process indication
- 服务指标：Service indication

2021 年 5 月系统规划与管理师考试综合知识英语真题

71. The ( ) provides guidance on how to design, develop and implement Service Management, not only as an organizational capability but also as a strategic asset.

A. Service Strategy
B. Service Design
C. Service Transition
D. Service Operation

【翻译】

71.（ ）为如何设计、开发和实施服务管理提供了指导，不仅是作为一种组织能力，也是一种战略资产。

A. 服务规划　　　B. 服务设计　　　C. 服务转换　　　D. 服务运营

【解析】

参考答案：A。从题干描述应为 IT 服务规划内容。

【重点单词记忆】

- 规划设计：Planning and design
- 部署实施：Deployment implementation
- 运营管理：Operation management
- 服务营销：Service marketing
- 持续改进：Continuous improvement

72. ( ) is a set of specialized organizational capabilities for providing value to customers in the form of services. The capabilities take the form of functions and processes for managing services over a

life cycle, with specializations in strategy, design, transition, operation and continual improvement.

  A. Service Contract   B. Service Design

  C. Service Management   D. Service Improvement

【翻译】

  （ ）是一套专门的组织能力，以服务的形式为客户提供价值。这些能力以功能和流程的形式在整个生命周期内管理服务，在战略、设计、过渡、运营和持续改进方面具有专长。

  A. 服务合同   B. 服务设计   C. 服务管理   D. 服务改进

【解析】

  参考答案：C。从题干描述应为服务管理，包含的内容很广。

【重点单词记忆】

  生命周期：services over a life cycle

73. The first step in the continuous improvement is to ( ).

  A. identify improvement strategies   B. collect data

  C. identify of measurement target   D. process data

【翻译】

  持续改进的第一步是（ ）。

  A. 识别改进战略/策略   B. 收集数据

  C. 识别测量目标   D. 处理数据

【解析】

  参考答案：A。持续改进方法的过程如下：①识别改进战略/策略；②识别需要测量什么；③收集数据；④处理数据；⑤分析信息和数据；⑥展示并使用信息；⑦实施改进。

【重点单词记忆】

  ● 持续改进：Continuous improvement

  ● 识别改进战略/策略：Identify improvement strategies

74. ( ) does not belong to the output of planning and design activities.

  A. Service Level Agreement   B. Operational Level Agreement

C. Underpinning Contract D. Design Contract

【翻译】

（　　）不属于规划设计活动的产出。

A. 服务级别协议　　B. 运营级别协议　　C. 支持合同　　D. 设计合同

【解析】

参考答案：D。规划设计活动的产出包括：服务级别协议（SLA）、运营级别协议（OLA）、支持合同（UC）。

【重点单词记忆】

- 服务级别协议：Service Level Agreement，SLA
- 运营级别协议：Operational Level Agreement，OLA
- 支持合同：Underpinning Contract，UC

75. The ITIL service life cycle consists of five publications. Which of the following is not include?(　　)

A. Service Strategy B. Service Design

C. Service Transition D. Service Deployment

【翻译】

ITIL 服务生命周期由五部分组成。以下哪项不包括在内？（　　）

A. 服务策略　　B. 服务设计　　C. 服务转换　　D. 服务部署

【解析】

参考答案：D。ITIL 最新版本包含五个生命周期，分别是服务战略、服务设计、服务转换、服务运营和服务改进。

【重点单词记忆】

- IT 基础架构库：Information Technology Infrastructure Library，ITIL
- 服务战略：Service Strategy
- 服务设计：Service Design
- 服务转换：Service Transition
- 服务运营：Service Operation
- 服务改进：Service Improvement

2020年11月系统规划与管理师考试综合知识英语真题

71. The main steps of IT strategic planning do not include（　　）.

A. identify opportunities　　　　　　B. business analysis

C. causal analysis　　　　　　　　　D. evaluate the current system

【翻译】

IT战略规划的主要步骤不包括（　　）。

A. 识别机会　　　B. 业务分析　　　C. 因果分析　　　D. 评估现行系统

【解析】

参考答案：C。IT战略规划包括如下几个主要步骤：①业务分析；②评估现行系统；③识别机会；④选择方案。

【重点单词记忆】

- IT战略规划：IT strategic planning
- 业务分析：Business Analysis
- 评估现行系统：Evaluate the current system
- 识别机会：Identify Opportunities
- 选择方案：Selection Scheme

72. The Service Design stage of the life cycle, starts with（　　）and ends with the development of a service solution designed to meet the documented needs of the business.

A. the service activities　　　　　　B. the business requirements

C. the business environment　　　　D. the improvement activities

【翻译】

生命周期的服务设计阶段从（　　）开始，以开发一个服务解决方案的设计作为结束，以满足被记录的业务需求。

A. 服务活动　　　B. 业务需求　　　C. 商业环境　　　D. 改进活动

【解析】

参考答案：B。服务规划设计从服务业务需求出发，终点为设计出符合业务需求和成果的服务方案。

【重点单词记忆】
- 生命周期：Life cycle
- 业务需求：The business requirements

73. （　　）is pre-authorized by Change Management that has an accepted and established procedure to provide a specific change requirement.

　　A. Emergency Change　　　　　　　B. Significant Change

　　C. Standard Change　　　　　　　　D. Regular Change

【翻译】

（　　）由变更管理部门预先授权，变更管理部门有公认的既定程序来提供特定的变更要求。

　　A. 紧急变更　　　B. 重大变更　　　C. 标准变更　　　D. 定期变更

【解析】

参考答案：C。标准变更指风险小的变更，并且执行这些变更的步骤和方法已经很成熟，该变更事先已经得到审批，具备已被接受和已确立的流程来满足特定的变更需求。

【重点单词记忆】
- 变更要求：Change requirement
- 紧急变更：Emergency Change
- 重大变更：Significant Change
- 标准变更：Standard Change
- 定期变更：Regular Change

74. The（　　）is the primary point of contact for users when there is a service disruption, for Service Requests, or even for some categories of Request for Change.

　　A. Quality Management Center　　　B. Monitor Console

　　C. Development Center　　　　　　D. Service Desk

【翻译】

当出现服务中断、服务请求，甚至某些类别的更改请求时，（　　）是用户的主要联系点。

　　A. 质量管理中心　　B. 监控控制台　　C. 发展中心　　　D. 服务台

【解析】

参考答案：D。服务台负责处理各种服务事件、服务请求、某些更改请求，它是整个IT部门与用户的联络点，记录并管理所有事件。

【重点单词记忆】

服务台：Service Desk

75. The service measurement metrics do not include (　　).

A. function metrics　　　　　　　　B. technology metrics

C. process metrics　　　　　　　　D. service metrics

【翻译】

服务测量指标不包括（　　）。

A. 功能指标　　　B. 技术指标　　　C. 过程指标　　　D. 服务指标

【解析】

参考答案：A。服务测量指标的类型可分为技术指标、过程指标和服务指标三种。

【重点单词记忆】

- 服务测量：Service measurement
- 指标：Metrics
- 技术指标：Technology metrics
- 过程指标：Process metrics
- 服务指标：Service metrics

2019年5月系统规划与管理师考试综合知识英语真题

71. The main content of (　　) is to understand the business sector's present and future, understand the business sector's policies, define goals and priorities.

A. business analysis　　　　　　　B. assessment of the current system

C. identifying opportunities　　　　D. selection plan

【翻译】

（　　）的主要内容是理解业务部门的现在和未来，理解业务部门的政策，确定目标和优先事项。

A. 业务分析　　　B. 评估现行系统　　　C. 识别机会　　　D. 选择方案

【解析】

参考答案：A。战略规划的4个步骤包括业务分析、评估现行系统、识别机会、选择方案。

业务分析：主要内容是理解业务部门的现在与未来，理解业务部门的政策，定义目标和优先权。

评估现行系统：主要检查当前的信息技术系统和信息技术体系结构，评估信息系统支持业务部门的程度、信息系统计划是否适合业务部门、信息系统供应的效能与效率、指出信息系统能够提供的潜在业务机会。

识别机会：重点是定义通过信息系统改进业务的机会、消除那些无法带来投资回报或对业务目标贡献较小的信息系统。

选择方案：主要任务是寻找和确定内在一致的机会和方案。

【重点单词记忆】

- IT战略规划：IT strategic planning
- 业务分析：Business Analysis
- 评估现行系统：Evaluate the current system
- 识别机会：Identify Opportunities
- 选择方案：Selection Scheme

72.（　　）does not belong to the output of planning and design activities.

A. Service Level Agreement　　　　B. Operational Level Agreement

C. Underpinning Contract　　　　　D. Management Contract

【翻译】

（　　）不属于规划设计活动的产出。

A. 服务级别协议　　B. 运营级别协议　　C. 支持合同　　D. 管理合同

【解析】

参考答案：D。规划设计活动的产出包括服务级别协议（SLA）、运营级别协议（OLA）、支持合同（UC）。

【重点单词记忆】

- 服务级别协议：Service Level Agreement，SLA
- 运营级别协议：Operational Level Agreement，OLA

- 支持合同：Underpinning Contract，UC

73. Formulation and exercise of emergency response plan is carried out in （　　） phase.

　　A. planning and design　　　　　　B. deployment and implementation

　　C. operation management　　　　　D. continuous improvement

【翻译】

应急预案的制定和实施是在（　　）阶段进行的。

　　A. 规划设计　　　B. 部署实施　　　C. 运营管理　　　D. 持续改进

【解析】

参考答案：B。应急预案的制定和实施属于部署实施阶段。

【重点单词记忆】

- 规划设计：Planning and design
- 部署实施：Deployment and implementation
- 运营管理：Operation management
- 持续改进：Continuous improvement
- 应急预案：Emergency response plan

74. （　　） is a form of knowledge which comes from experiences and skills.

　　A. Explicit knowledge　　　　　　B. Common knowledge

　　C. Implicit knowledge　　　　　　D. Personality knowledge

【翻译】

（　　）是一种来自经验和技能的知识形式。

　　A. 显性知识　　　B. 常识　　　C. 隐性知识　　　D. 个性知识

【解析】

参考答案：C。显性知识可以理解为书面化的文档，隐性知识可以理解为存放在每个人头脑中的经验和体会。

【重点单词记忆】

- 显性知识：Explicit knowledge
- 隐性知识：Implicit knowledge

2018年5月系统规划与管理师考试综合知识英语真题

71. （   ） is a discipline within the information technology and information systems domain and is concerned with making the planning process for information technology investments and decision-making a quicker, more flexible, and more thoroughly aligned process.

  A. Information technology planning   B. Service monitor management
  C. Service design   D. Information technology audit

【翻译】

  （   ）是信息技术和信息系统领域的一门学科，它使信息技术投资和决策的规划过程更快、更灵活和更彻底地统一。

  A. 信息技术规划   B. 服务监控管理   C. 服务设计   D. 信息技术审计

【解析】

  参考答案：A。按照题意很明显应该是规划。

【重点单词记忆】

- 信息技术规划：Information technology planning
- 信息技术审计：Information technology audit

72. IT Service Design（SD）provides good practice guidance on the design of IT services, processes, and other aspects of service management effort .（   ）does not belong to the main activities of service design process.

  A. Service catalogue design   B. Release and deployment management
  C. Service cost assessment   D. Service level agreement design

【翻译】

  IT服务设计（SD）提供关于IT服务、流程和服务管理工作等方面的设计的良好实践指导。以下（   ）不属于IT服务设计的主要活动。

  A. 服务目录设计   B. 发布和部署管理
  C. 服务成本评估   D. 服务级别协议设计

【解析】

  参考答案：B。IT服务规划设计的主要活动包括服务需求识别、服务目录设计、服务方案设计（含服务模式设计、服务级别设计、人员要素设计、过程要素设计、技术要素设计、资源要素设计）、服务成本评估和服务级别协议设计。

【重点单词记忆】

- 服务需求识别：Service demand identification
- 服务目录设计：Service catalog design
- 服务方案设计：Service scheme design
- 服务模式设计：Service pattern design
- 服务级别设计：Service level design
- 人员要素设计：Personnel element design
- 过程要素设计：Process element design
- 技术要素设计：Technical element design
- 资源要素设计：Resource element design
- 服务成本评估：Service cost assessment
- 服务级别协议设计：Service level agreement design

73. Change management would typically be composed of the raising and recording of changes, assessing the impact, cost, benefit and risk of proposed changes, developing business justification and obtaining approval, managing and codding change implementation, monitoring and reporting on implementation, reviewing and closing（　　）.

A. change reason　　B. change model　　C. remediation plan　　D. change requests

【翻译】

变更管理通常包括提出和记录变更，评估所提议的变更的影响、成本、效益和风险，制定的理由并获得批准，管理和协调变更实施，监测和报告实施情况，审查和结束（　　）。

A. 变更原因　　B. 变更模型　　C. 变更计划　　D. 变更请求

【解析】

参考答案：D。变更管理的流程包括提出变更申请、变更影响分析、CCB 审查批准、实施变更、监控变更实施、结束变更。

【重点单词记忆】

- 提出变更申请：Apply for change
- 变更影响分析：Change impact analysis

- CCB 审查批准：CCB review and approval
- 实施变更：Implement changes
- 监控变更实施：Monitoring change implementation
- 结束变更：End change

74. A service level agreement is an agreement between two or more parties, where one is the customer and the others are (   ).

  A. service brokers B. service providers C. service auditors D. key customers

【翻译】

服务级别协议是两个或多个当事人之间的协议，其中一个是客户，另一个是（　　）。
  A. 服务经纪人 B. 服务提供商 C. 服务审计员 D. 重要客户

【解析】

参考答案：B。服务级别协议（SLA）是在一定成本控制下，为保障IT服务的性能和可靠性，服务供方与客户间定义的一种双方认可的决定，它是OLA和UC制定的依据。

【重点单词记忆】

- 服务级别协议：Service Level Agreement，SLA
- 运营级别协议：Operational Level Agreement，OLA
- 支持合同：Underpinning Contract，UC

75. PCDA (Deming cycle) is an iterative four-step management method used in continual improment of processes and products. During the (   ) phase, the data and results gathered from the do phase are evaluated. Data is compared to the expected outcomes to see any similarities and differences.

  A. plan B. do C. check D. act

【翻译】

PDCA（戴明环）是一种用于连续改进工艺和产品的迭代四步管理方法，在（　　）阶段，对从执行阶段收集的数据和结果进行评估，将数据与预期结果进行比较，以发现任何相似性和差异。
  A. 计划 B. 执行 C. 检查 D. 处理

【解析】

参考答案：C。PDCA循环，即戴明环：计划（Plan）— 执行（Do）— 检查（Check）— 处理（Act）。

【重点单词记忆】

戴明环：Deming cycle

第 15 章 系统规划与管理师案例分析综述

系统规划与管理师考试共分为三个科目：上午的综合知识选择题，答题时间为 150 分钟；下午的案例分析题，答题时间为 90 分钟；下午的论文写作题，答题时间为 120 分钟。单从答题时间来看，案例分析的答题时间明显短于其他两个科目，但案例分析作为一门独立的考试科目，想要轻易通过绝非易事，有很多考生在这个科目上的得分很低。

与上午的综合知识选择题不同，案例分析不仅是对知识点的考查，还考查了考生运用知识点进行判断和分析的能力，包括逻辑分析、逻辑推理能力，还要具备丰富的实际项目管理经验，对案例中给定的项目场景进行问题分析，提出应采取的措施和改进方法等。案例分析的考查方式明显不同于综合知识选择题和论文写作的考查方式，考生需要对症下药。针对案例分析部分熟悉的考试题型，需建立明确的解题思路和解题方法。

15.1 考试大纲对案例分析的要求

系统规划与管理师考试案例分析题主要考察 IT 服务规划设计、IT 服务部署实施、IT 服务运营管理、IT 服务持续改进、监督管理、信息安全管理、IT 服务营销、团队建设与管理、职业素养和法律法规九个方面的内容。因此，备考生要熟练掌握这些知识点的核心知识体系。

IT 服务规划设计	服务目录的结构和内容，服务目录的设计	
	服务级别协议的内容，服务级别协议的设计	
	IT 服务需求识别的目的、活动和关键成功因素	
	IT 服务方案设计涉及的主要内容	
IT 服务部署实施	IT 服务部署实施的要素内容	
	IT 服务部署实施的方法与过程	

续表

IT 服务运营管理	人员要素的主要内容	• 人员储备的机制和方法 • 人员能力评价的方法 • 人员绩效管理的方法 • 人员培训计划的设计
	过程要素的主要内容	• 服务流程的目标、范围、主要活动、相关角色和衡量指标要求 • 服务报告的设计 • 服务级别管理的主要内容
	技术要素的主要内容	
	资源要素的主要内容	• 服务台的管理与评价方法 • 知识库的管理和维护方法 • 备件库管理的主要内容 • 常见运维工具的主要类型和功能用途
IT 服务持续改进	服务改进的主要方法	
	服务测量的目标、价值、主要活动和关键成功因素	
	服务回顾的目标、价值、主要活动和关键成功因素	
	服务改进的目标、价值、主要活动和关键成功因素	
	服务满意度与投诉管理的目标、价值、主要活动和关键成功因素	
监督管理	常见运维服务质量管理活动	
信息安全管理	信息安全管理体系、知识和活动	
IT 服务营销	业务关系管理	
	IT 服务营销的方法	
	IT 服务项目的预算编制方法	
团队建设与管理	IT 服务团队的特征	
	IT 服务团队的建设周期	
	IT 服务团队管理的方法和内容	
职业素养与法律法规	IT 服务人员的职业素养要求	
	IT 服务相关的法律法规	

15.2 案例分析题试卷的样式

全国计算机技术与软件专业技术资格考试
2018 年上半年 系统规划与管理师 下午试卷 I

（考试时间 13:30～15:00 共 90 分钟）

> 请按下述要求正确填写答题纸

1. 本试卷共三道题，全部是必答题，满分 75 分。
2. 在答题纸的指定位置填写你所在的省、自治区、直辖市、计划单列市的名称。
3. 在答题纸的指定位置填写准考证号、出生年月日和姓名。
4. 答题纸上除填写上述内容外只能写解答。
5. 解答时字迹务必清楚，字迹不清时，将不评分。
6. 仿照下面例题，将解答写在答题纸的对应栏内。

例题

2009 年上半年全国计算机技术与软件专业技术资格考试日期是 __(1)__ 月 __(2)__ 日。

因为正确的解答是"5 月 23 日"，故在答题纸的对应栏内写上"5"和"23"（参看下表）。

例题	解答栏
（1）	5
（2）	23

试题一（共 29 分）

阅读下列说明，回答问题 1 至问题 4，将解答填入答题纸的对应栏内。

【说明】

B 公司是一家专门提供信息技术服务的供应商，其 IT 服务事业部设置有热线中心、备件中心、技术服务中心和客户服务中心。其中热线中心主要负责 400 电话的接听、咨询类问题解答和事件的派单工作；备件中心主要负责相关设备的备品和备件储备计划、采购和备件日常维护管理工作；技术服务中心主要负责项目的执行，包括巡检、故障处理、工具研发等工作；客户服务中心主要负责制订管理制度、开展项目的管理、日常培训、客户满意度调查及绩效考核等。

B 公司(乙方)销售人员刚刚与某石化集团数据中心(甲方签订了一份网络维护服务级别协议（SLA），主要内容包括：

（1）乙方提供办公网网络设备及链路的响应支持、日常运维和优化服务。

（2）乙方提供 1 名驻场工程师，负责 5×8 小时现场服务、每日巡检。

（3）在现场支持服务中，乙方应保证在 30 分钟内响应服务请求，2 小时内到达甲方现场，4 小时内排除故障并恢复服务，重大事件保障期间 7×24 小时值守。

（4）乙方必须建立完备的维护工作日志，对所有操作均需要保留具体清晰的日志记录。

（5）乙方必须每季度进行隐患排查、系统升级、性能优化服务，并提供服务报告。

（6）乙方应按照 ITIL 事件管理要求建立事件管理程序，并按时完成相关文档交付工作。交付形式为计算机光盘和纸质文档。

（7）乙方提供热线服务支持时间为 5×8 小时，如果远程无法解决，则提供现场服务。

公司对此项目进行了运营级别协议（OLA）的拆分，备件中心紧急向 S 公司采购了两块光纤网卡，客户服务中心组织相关人员编制了事件管理控制程序和问题管理控制程序，并对项目组项目经理、驻场网络工程师、网络技术专家等相关人员进行了相关培训。

【问题 1】（10 分）

请基于以上案例中的服务合同内容，完成下表内容，以表格方式给出能满足 B 公司网络运行维护服务的最基本的服务目录。

服务名称	服务内容	服务方式	服务时间	服务级别目标
响应支持服务				
例行维护服务				
优化改善服务				

【问题 2】（8 分）

（1）请阐述你对运营级别协议（OLA）的理解。

（2）基于以上案例，说明 SLA、OLA 和支持合同（UC）的关系（可用图示）。

（3）基于以上案例，请指出热线中心和客户服务中心 OLA 的主要内容。

【问题 3】（7 分）

基于以上案例，请指出：

（1）事件管理过程的活动机制。

（2）热线中心和技术服务中心在事件管理过程中的主要活动。

【问题 4】（4 分）

从候选答案中选择一个正确选项，将该选项编号填入答题纸对应栏内。

依据 IT 服务人员要素设计的要求，B 公司为石化集团数据中心配备的项目组中，项目经理应承担 __(1)__ 职责、热线接线员应承担 __(2)__ 职责、网络技术专家应承担 __(3)__ 职责。在人员绩效指标设计时要符合 __(4)__ 原则。

    A. 管理岗   B. 技术岗   C. 操作岗   D. SWOT   E. SMART

全国计算机技术与软件专业技术资格考试
2018年上半年 系统规划与管理师 下午试卷 I 答题纸

（考试时间 13:30～15:00 共 90 分钟）

试题号	一	二	三	总分
得 分				
评阅人				加分人
校阅人				

试 题 一 解 答 栏	得 分
问题1	

15.3 案例分析题的出题形式

案例分析题，考试时间为 90 分钟，共三道大题，总分 75 分，平均每题 25 分。
每道大题通常约 3～4 个问题。
问题形式 1：理论题，很难，需要记忆知识点。
问题形式 2：结合案例背景，指出其存在哪些问题，分析原因并给出解决方案。
问题形式 3：结合案例背景，描述其主要的活动。
问题形式 4：结合案例背景，补充完整。
问题形式 5：计算题。
考试题型：问答题居多，还可能有填空题、计算题、判断题、选择题、排序题、画图题等。

15.4 历年案例分析题考点分析

1. 2022 年 5 月考试案例分析题考点分析

序号	考点	总分值	题目	分值	题型
试题一	规划设计－资源要素	25 分	1. 规划设计资源要素内容；选择工具的关键因素	5 分	填空题＋简答题
			2. 服务台、流程化管理、监控平台	6 分	判断题
			3. 服务台的规划设计	6 分	简答题
			4. 服务台、备品备件库、知识库的测量指标	8 分	计算题＋简答题
试题二	IT 服务部署实施	25 分	1. 部署实施计划阶段的活动、分析案例中的问题	10 分	简答题＋问题分析
			2. 制定应急预案的原则、制定应急预案的情形	11 分	简答题
			3. 部署过程中与干系人达成共识	4 分	选择题
试题三	IT 服务团队管理	25 分	1. 团队组建期的工作	8 分	简答题
			2. 团队目标分解时的工作要点	6 分	简答题
			3. 技能、意愿四象限目标、监控方法	8 分	填空题
			4. 解决团队冲突时应采取的 3 个关键步骤	3 分	选择题

311

2. 2021年5月考试案例分析题考点分析

序 号	考 点	总分值	题 目	分 值	题 型
试题一	IT服务质量管理	27分	1. 服务质量指标	9分	选择题
			2. 按时恢复的事件比率、连续性指标	8分	计算题+简答题
			3. 风险监控的方法	5分	简答题
			4. 有关质量管理的描述	5分	判断题
试题二	IT服务持续改进	21分	1. 服务的四级回顾机制	9分	填空题
			2. 回顾机制的参与者、形式、会议	6分	选择题
			3. 客户回顾的主要内容	6分	简答题
试题三	IT服务团队管理	27分	1. 分析案例中是否符合团队的特征	15分	案例分析
			2. 目标分解时的注意事项	5分	简答题
			3. 团队阶段、团队激励方法	4分	选择题
			4. 团队组建期的关键步骤	3分	简答题

3. 2020年11月考试案例分析题考点分析

序 号	考 点	总分值	题 目	分 值	题 型
试题一	IT服务规划设计	25分	1. 分析案例中服务级别协议中存在的问题	12分	案例分析
			2. 针对该项目需求，应采取的措施	2分	选择题
			3. 服务需求识别过程中的关键成功因素	7分	简答题
			4. "服务报告"考核的关键指标	4分	简答题
试题二	IT服务部署实施	25分	1. 服务台管理制度	12分	简答题
			2. 指标计算：系统可用率、平均修复时间	6分	计算题
			3. 应急响应所需的要素或主要活动	7分	简答题
试题三	IT服务运营管理	25分	1. 人员要素管理的关键成功因素	8分	简答题
			2. 计算运营管理的4个指标	4分	计算题
			3. 服务台在IT服务运营中的主要工作	8分	简答题
			4. 判断有关IT服务运营管理的描述是否正确	5分	判断题

4. 2019 年 5 月考试案例分析题考点分析

序号	考 点	总分值	题 目	分 值	题 型
试题一	IT 服务部署实施	24 分	1. 补全部署实施的四要素内容	6 分	选择题
			2. 部署实施工作的三个阶段	3 分	简答题
			3. 应急响应演练的主要工作内容	7 分	简答题
			4. 部署实施过程中与干系人达成共识的内容	8 分	选择题
试题二	IT 服务运营管理	25 分	1. 运营管理的关键指标	7 分	计算题
			2. 结合指标分析运营管理措施	6 分	案例分析
			3. 人员要素管理可能面临的风险和控制措施	8 分	简答题
			4. 知识管理的流程	4 分	简答题
试题三	IT 服务持续改进	25 分	1. 分析案例中在人员、资源、技术、过程方面的问题	9 分	案例分析
			2. 资源方面需开展的持续改进方法	8 分	简答题
			3. 持续改进方法的实施步骤	4 分	简答题
			4. 判断有关持续改进的描述是否正确	4 分	判断题

5. 2018 年 5 月考试案例分析题考点分析

序号	考 点	总分值	题 目	分 值	题 型
试题一	IT 服务规划设计	29 分	1. 补全服务目录	10 分	填空题
			2. OLA、SLA 和 UC 的关系，热线中心和客户服务中心 OLA 的主要内容	8 分	简答题
			3. 事件管理过程的活动机制、热线中心和技术服务中心在事件管理过程中的主要活动	7 分	简答题
			4. IT 服务人员要素设计	4 分	选择题
试题二	IT 服务运营管理	19 分	1. 运营管理的四要素	8 分	简答题
			2. 备件管理过程中的活动	5 分	简答题
			3. 计算 6 个运营关键指标	6 分	计算题

续表

序号	考点	总分值	题目	分值	题型
试题三	IT 服务营销管理	27 分	1. IT 服务营销的阶段和活动	8 分	简答题
			2. 选择供应商应考虑的原则	8 分	简答题
			3. 说明常用的运维服务工具类别和主要功能	6 分	简答题
			4. 判断有关客户关系管理的描述是否正确	5 分	判断题

6. 2017 年 11 月考试案例分析题考点分析

序号	考点	总分值	题目	分值	题型
试题一	IT 服务运营管理	29 分	1. 分析案例中存在的问题	9 分	案例分析
			2. IT 服务需求识别阶段的 5 个方面的活动	10 分	简答题
			3. IT 服务运营管理中应当充分重视并执行的 3 个事项	6 分	简答题
			4. IT 服务人员要素设计	4 分	选择题
试题二	IT 服务监督管理	25 分	1. 风险识别主要包含哪些内容	9 分	简答题
			2. 识别本项目存在的风险、针对已识别的风险应采取的措施	12 分	简答题
			3. 风险管控的管理	4 分	简答题
试题三	信息安全	25 分	1. 计算机信息系统安全保护能力等级	5 分	简答题
			2. 建立信息安全管理体系（ISMS）中使用的模型原理	8 分	简答题
			3. 针对案例中描述的病毒应该采取什么样应对措施？从信息安全管理角度应采取哪些预防措施	12 分	简答题

15.5 案例分析题的解题思路

（1）认真阅读题目，审题、理解问题的含义和考核内容，圈阅题眼，善于使用核心词定位答案。

（2）分析背景材料中内含的因果关系、逻辑关系、法定关系、涉及问题、表达顺序等各种关系和相关性。

（3）思考和确定解答该问题的若干重点，以及可能运用的相关知识点。

（4）在组织答案的过程中注意答题技巧，让答题的思路最大限度地符合出题的思路，避免跑题。

（5）通过定性分析或定量估算构思答案的要点，通过排列圈画出来的关键词句构思答案。

（6）对案例中所提出的全部问题及每个要点进行构思，要点与要点之间有着密切的联系。

（7）充分利用背景材料中的条件，运用所掌握的知识，分层次解答问题，注意问题的问法、问什么答什么。

（8）解决案例中存在的问题的方法可能是以下一种或者是它们之间的组合：①对原方法进行修补；②对原方法进行彻底的翻修改造；③采用全新的解决方法等。

15.6　案例分析题的答题要点

（1）条理答题是必须。

（2）多答不扣是要点。

（3）专业术语得分点。

（4）注意看题给分法（如果是6分，一般需要答出6条）。

（5）注意保持卷面清洁，如果答错，请不要随意涂抹。

（6）一定要有采分点，根据案例背景先分析本题涉及了什么管理，这个管理的要素有哪些，从这些要素分别进行考虑。

（7）答题时尽量使用专业术语，也就是要用书上的原话作答。

15.7　阅卷方式及注意事项

（1）在阅卷之前，阅卷老师都要先签订保密协议并进行培训。

（2）采用电脑阅卷，所有的试卷都是扫描后通过专用的阅卷软件进行批阅的，批阅时直接敲击键盘数字（得分）和按回车键即可，每10个人一组，设组长一名，批阅同一道试题。

（3）所有的试卷只能看到试题，姓名等信息都是加密且看不到的，批阅的成绩会实时上传到服务器上。

（4）刚开始时，每批阅完一份试卷，这份试卷100%会随机分配给本小组另外一个人进行复阅，如果两个人批阅的分数相差在符合要求的范围内，就算通过了审阅。如果分数差超出范围，则会发送到组长或上一级批阅组进行终阅。如果每次复阅都是和别人一样，分数相差不大，说明阅卷人批阅能力较强，电脑系统就自动降低其复阅率。

（5）大部分的卷子都是由一个人审定的，有一小部分再由系统随机分配复阅，复阅率根据复阅情况随时动态调整，阅卷老师和别人改卷分数相差大，复阅率就会提升，反之下降。

（6）切记不要在答题卡上作任何无关的标记和文字，如类似和题目无关的三角、圆形符号等。

（7）案例题都是根据得分点给分的，多答的任何辅助文字都不会多得分。胡乱多答了也不会扣分。

（8）对于字体工整的试卷，有时候会酌情多给一分。

（9）解答应书写在相应的位置，否则阅卷时看不到。

（10）每道题的分值标准都不一样，一般来说是根据得分点进行平均分配，如一道题的分值为6分，3个关键得分点的重要性是并列的，则每个得分点为2分；如果这3个关键得分点不是并列关系，只有一个重要，则重要的就是3分，其他各1.5分。

第 16 章　信息技术服务知识案例分析

本章涉及历年考试案例分析题考点分布情况

考　点	2022	2021	2020	2019	2018	2017
案例分析考点 01：项目的特性						
案例分析考点 02：质量管理过程						
案例分析考点 03：质量改进实施方法						
案例分析考点 04：信息安全管理体系（ISMS）						√
案例分析考点 05：信息安全管理活动						√
案例分析考点 06：信息系统安全保护等级						√
案例分析考点 07：信息安全等级保护的主要环节						

历年案例分析题考题情况

年　份	题　号	考　点	分　值	类　型
2017 年	试题三	信息安全管理体系（ISMS）	8 分	简答题
		信息安全管理活动	6 分	简答题
		信息系统安全保护等级	5 分	简答题

案例分析考点 01：项目的特性

- 临时性。
- 独特性。
- 渐进性。
- 不确定性。

案例分析考点 02：质量管理过程

- 质量策划。
- 质量控制。

- 质量保证。
- 质量改进。

案例分析考点 03：质量改进实施方法
- PDCA 实施方法：①明确问题；②掌握现状；③分析问题产生的原因；④拟订对策并实施；⑤确认效果；⑥防止问题再发生并标准化；⑦总结。
- DMAIC 方法：定义、测量、分析、改进、控制。

案例分析考点 04：信息安全管理体系（ISMS）
信息安全管理体系（ISMS）是整个管理体系的一部分。它基于业务风险来建立、实施、运行、监视、评审、保持和改进信息安全（注：管理体系包括组织结构、方针政策、规划活动、职责、实践、程序、过程和资源）。

> **真题练一练**

【2017 年下半年系统规划与管理师考试案例分析真题 试题三】
【问题 2】（共 8 分）请描述在建立信息安全管理体系（ISMS）中使用的模型原理。
参考答案：(官方教材第 102 页）信息安全管理体系（ISMS）是整个管理体系的一部分。它基于业务风险来建立、实施、运行、监视、评审、保持和改进信息安全（注：管理体系包括组织结构、方针政策、规划活动、职责、实践、程序、过程和资源）。

案例分析考点 05：信息安全管理活动
- 定义信息安全策略。
- 定义信息安全管理体系范围。
- 进行信息安全风险评估。
- 确定管理目标和选择管理措施。
- 准备信息安全适用性申明。

> **真题练一练**

【2017 年下半年系统规划与管理师考试案例分析真题 试题三】
【问题 3】（6 分）从信息安全管理角度应采取哪些预防措施？
参考答案：(官方教材第 103 页）(1) 定义信息安全策略；(2) 定义信息安全管理体系范围；(3) 进行信息安全风险评估；(4) 确定管理目标和选择管理措施；(5) 准备信息安全适用性申明。

案例分析考点 06：信息系统安全保护等级

- 第一级，用户自主保护级。
- 第二级，系统审计保护级。
- 第三级，安全标记保护级。
- 第四级，结构化保护级。
- 第五级，访问验证保护级。

真题练一练

【2017 年下半年系统规划与管理师考试案例分析真题 试题三】

【问题 1】(共 5 分)《计算机信息安全保护等级划分准则》中规定的计算机信息系统安全保护能力共分为几个等级？

参考答案：(官方教材第 104 页)《计算机信息安全保护等级划分准则》将计算机信息系统安全分为 5 个等级，分别是用户自主保护级、系统审计保护级、安全标记保护级、结构化保护级和访问验证保护级。

案例分析考点 07：信息安全等级保护的主要环节

信息安全等级保护的主要环节有：定级、备案、安全建设整改、等级评测和安全检查。

第 17 章　IT 服务规划设计案例分析

本章涉及历年考试案例分析题考点分布情况

考　点	2022	2021	2020	2019	2018	2017
案例分析考点 08：IT 服务规划设计流程中的主要活动						
案例分析考点 09：IT 服务规划设计的关键成功因素						
案例分析考点 10：什么是服务目录						
案例分析考点 11：服务目录的小组成员						
案例分析考点 12：服务目录设计的一般步骤						
案例分析考点 13：服务目录包含的变量及促进因素						
案例分析考点 14：服务目录设计的关键成功因素						
案例分析考点 15：SLA、OLA、UC 的区别					√	
案例分析考点 16：服务需求识别的活动						√
案例分析考点 17：可用性指标计算			√			
案例分析考点 18：服务需求识别阶段的关键成功因素			√			
案例分析考点 19：IT 服务模式分类						
案例分析考点 20：IT 服务模式设计的主要活动						
案例分析考点 21：IT 服务模式设计的关键成功因素						
案例分析考点 22：服务级别设计的主要活动						
案例分析考点 23：规划设计中人员要素设计的主要活动						
案例分析考点 24：规划设计中人员要素设计的关键成功因素						
案例分析考点 25：规划设计中资源要素设计的主要活动					√	
案例分析考点 26：选择服务工具时需考虑的因素	√					
案例分析考点 27：资源要素设计的关键成功因素						
案例分析考点 28：技术要素设计的主要活动						
案例分析考点 29：过程要素设计包括哪些内容					√	
案例分析考点 30：常见的 IT 服务管理过程设计			√		√	

第17章 IT服务规划设计案例分析

历年案例分析题考题情况

年 份	题 号	考 点	分 值	类 型
2022年	试题一	规划设计资源要素的主要活动	2分	填空题
		选择服务工具时应注意哪些关键因素	3分	简答题
2020年	试题一	服务需求识别过程中的关键成功因素	7分	简答题
		"服务报告"考核的关键指标	4分	简答题
2020年	试题二	计算系统可用率、平均修复时间	6分	计算题
2018年	试题一	SLA、OLA 和 UC 的区别	8分	简答题
		事件管理过程的活动机制	7分	简答题
2018年	试题三	常用的运维服务工具类别及功能	6分	简答题
2017年	试题一	IT 服务需求识别阶段的5个方面的活动	10分	简答题

案例分析考点 08：IT 服务规划设计流程中的主要活动

- 服务需求识别。
- 服务目录设计。
- 服务方案设计（服务模式设计、服务级别设计、服务要素设计）。
- 服务成本评估。
- 服务级别协议设计。

案例分析考点 09：IT 服务规划设计的关键成功因素

- 确保规划设计考虑全面。
- 当服务变更或补充规划设计的任一独立元素时，都要充分考虑有关职能、管理、运营方面的问题。
- 明确重点，充分沟通。
- 计划、执行、检查、处理（PDCA）。

案例分析考点 10：什么是服务目录

- 服务目录是梳理服务产品和客户期望的重要工具，是服务供方为客户提供的 IT 服务集中式的信息来源，以确保业务领域准确地看到可用的 IT 服务及服务的细节和状态。
- 服务目录的特点是公开的、全部种类、避免冗余、定期回顾、及时调整。
- 服务目录分为业务服务目录和技术服务目录。

案例分析考点 11：服务目录的小组成员

参与人员至少应包括需方业务代表、系统规划与管理师、IT 服务工程师，以确保制定服务目录时的视角是全面的。

案例分析考点 12：服务目录设计的一般步骤

- 确定小组成员。
- 列举服务清单。
- 服务分类与编码。
- 服务项详细描述。
- 评审与发布服务目录。
- 完善服务目录。

案例分析考点 13：服务目录包含的变量及促进因素

- 对服务进行统一收费。
- 确定服务使用费用或基于服务能力的收费额。
- 增加循环过程中服务消费的数量或单元。
- 确定提供相似服务时的优先次序。
- 获取新的服务或添加附加客户的流程及程序。

案例分析考点 14：服务目录设计的关键成功因素

- 确保向需方提供的每个服务都是独立的。
- 可根据客户需求和内部情况，对服务内容进行控制和衡量。
- 服务成本可以根据客户需求的不同而进行改变。
- 客户容易认可和感受对服务成本有较大影响的服务。

案例分析考点 15：SLA、OLA、UC 的区别

- 服务级别协议（SLA）：由 IT 服务提供方和顾客在一定的成本控制下为保障系统的性能和可靠性签订的，描述将要提供的一项或多项双方认可的服务的一份协议。
- 运营级别协议（OLA）：在 SLA 总目标下，为支持每个环节的具体目标，IT 服务提供方与其内部的某个 IT 部门就某项 IT 服务签订的协议，从而支持 IT 服务提供方所提供的各种服务。
- 支持合同（UC）：IT 服务提供方与外部供应商就某项服务的提供所签订的合同。UC 通常是正式的合同，具有法律效力，而 SLA 和 OLA 通常不是法律文件。

- SLA、OLA、UC 的不同点及关系。

（1）达成协议的对象不同。

① SLA：IT 服务提供方和客户。

② OLA：IT 服务提供方和组织内部某个具体的 IT 职能部门或岗位。

③ UC：IT 服务提供方和外部第三方供应商。

（2）达成协议的内容不同。

① SLA：服务提供与支持过程中关键的服务目标及双方责任等问题。

② OLA：某个具体的 IT 服务项目的服务提供和支持。

③ UC：某个特定的服务项目的提供和支持。

（3）协议属性不同。

① SLA：协定。

② OLA：后台协议。

③ UC：正式合同。

真题练一练

【2018 年上半年系统规划与管理师考试案例分析真题 试题一】

【问题 2】（8 分）（1）请阐述你对运营级别协议（OLA)的理解。

（2）基于以上案例，说明 SLA、OLA 和支持合同（UC）的关系（可用图示）。

（3）基于以上案例，请指出热线中心和客户服务中心 OLA 的主要内容。

参考答案：（官方教材第 114 页）（1）运营级别协议（OLA）是与某个内部 IT 部门就某项 IT 服务所签订的后台协议，OLA 在 IT 内部定义了所有参与方的责任，并将这些参与方联合在一起提供某项特别服务。各方就所提供服务的质量和数量等级达成一致。

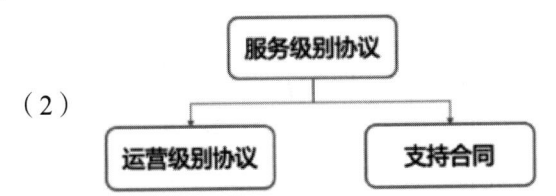

（2）

```
         服务级别协议
         /        \
    运营级别协议   支持合同
```

（3）400 电话的接听、咨询类问题解答和事件的派单工作；制定管理制度；开展项目的管理、日常培训、客户满意度调查及绩效考核。

案例分析考点 16：服务需求识别的活动

- IT 服务可用性需求识别：识别出 IT 服务不可用对业务的影响，以及 IT 服务不可用造成的成本损失。

- 业务连续性需求识别：为保证业务的连续性，要做好灾备和应急预案的建设。
- IT 服务能力需求识别：保证系统的性能和 IT 服务能力可以以最及时、最有效的方式满足服务要求。
- 信息安全需求识别：保证信息的机密性、完整性和可用性。
- 价格需求识别：在考虑 IT 服务需求时要考虑价格因素，如设备成本、人力成本等。
- IT 服务报告需求识别：对 IT 服务过程中提供的各类 IT 服务报告的需求进行识别。

真题练一练

【2017 年下半年系统规划与管理师考试案例分析真题 试题一】

【问题 2】（10 分）请举例说明 IT 服务需求识别阶段的 5 个方面的活动。

参考答案：（官方教材第 117 页）IT 服务可用性需求识别、业务连续性需求识别、IT 服务能力需求识别、信息安全需求识别、价格需求识别、IT 服务报告需求识别

案例分析考点 17：可用性指标计算

可用性指标	标杆	备注
平均无故障时间（MTBF）	5.0 小时	平均无故障时间 = 系统运行时间 / 系统在运行时间内发生的故障次数 平均无故障时间越长，表示系统的可靠性越高
平均修复时间（MTTR）	0.5 小时	平均修复时间 = 系统故障耗时 / 故障次数 平均修复时间越短，表示系统的可恢复性越好
平均系统事件间隔时间（MTBSI）	5.5 小时	平均系统事件间隔时间 = 平均无故障时间 + 平均修复时间 平均系统事件间隔时间越长，表示系统的可靠性越高

真题练一练

【2020 年下半年系统规划与管理师考试案例分析真题 试题二】

2019 年第 4 季度，电商系统于 10 月 16 日 20 点 29 分至 20 点 59 分，11 月 26 日 14 点 13 分至 14 点 33 分分别发生了系统故障，导致网站无法访问。

【问题 2】（6 分）结合案例，请写出计算公式并计算如下指标。

（1）电商系统在 2019 年第 4 季度的平均修复时间（MTTR）。

参考答案：（官方教材第 117 页）该系统 10 月份发生故障的时长为 30 分钟，10 月份的总时长为：31×24×60=44640 分钟。系统可用率 = 系统无故障运行时间（或系统可用时间）/ 运行总时长 =（44640−30）/44640×100% = 99.93%。（公式正确给 2 分, 计算正确给 1 分, 共 3 分）。

MTTR= 系统故障耗时 / 故障次数 =（30+20）/2=25 分钟。（公式正确给 2 分，计算正确给 1 分，共 3 分）

案例分析考点 18：服务需求识别阶段的关键成功因素

- 明确服务范围、服务内容和服务目标。
- 识别客户对于可用性、连续性、信息安全、服务能力、价格和服务报告方面的需求，以便对规划设计进行规划。
- 与需方进行充分沟通，全面了解明示的和隐含的服务需求。

真题练一练

【2020 年下半年系统规划与管理师考试案例分析真题 试题一】

2019 年第 4 季度，电商系统于 10 月 16 日 20 点 29 分至 20 点 59 分，11 月 26 日 14 点 13 分至 14 点 33 分分别发生了系统故障，导致网站无法访问。

【问题 3】（7 分）服务需求识别过程可以为服务协议提供支持，请指出服务需求识别过程中的关键成功因素。

参考答案：（官方教材第 119 页）（1）明确服务范围、服务内容和服务目标。（2 分）

（2）识别客户对于可用性、连续性、信息安全、服务能力、价格和服务报告方面的需求，以便对规划设计进行规划。（3 分）

（3）与需方进行充分沟通，全面了解明示的和隐含的服务需求。（2 分）

案例分析考点 19：IT 服务模式分类

- 将 IT 服务模式划分为远程支持（电话或邮件）、现场服务（上门技术支持、常驻现场）和集中监控等多种技术支持服务模式。
- 将 IT 服务模式分为 IT 外包（ITO）、业务流程外包（BPO）、知识流程外包（KPO）等外包服务和新兴服务模式，如 SaaS、云计算等。

案例分析考点 20：IT 服务模式设计的主要活动

- 根据客户需求和供方能力设计，主要是 IT 服务的可用性和连续性设计。
- 可用性设计是确保 IT 服务的可用性级别得到满足。
- 连续性设计一般会考虑大风险控制和灾难应对措施。
- 针对设计的 IT 服务模式与客户进行讨论、改进。
- 针对不同的 IT 服务模式进行匹配。

案例分析考点 21：IT 服务模式设计的关键成功因素

- 选择的 IT 服务模式与客户需求一致。
- 跟踪客户需求的变化，及时调整 IT 服务模式。
- IT 服务供方具备同时提供多种 IT 服务模式的能力。
- IT 服务供方人员配置和资源配置与 IT 服务模式匹配。

案例分析考点 22：服务级别设计的主要活动

- 了解服务内容。
- 确定服务范围、对象和内容。
- 定义服务级别目标。
- 明确双方职责。
- 识别风险。
- 对服务级别设计的评审和修改。
- 服务级别谈判和沟通。

案例分析考点 23：规划设计中人员要素设计的主要活动

- 人员岗位和职责设计。
- 人员绩效方案设计。
- 人员培训方案设计。

案例分析考点 24：规划设计中人员要素设计的关键成功因素

- 是否具备成熟的知识管理体系。
- 岗位培训是否充足且适用。
- 进行服务意识及沟通能力培训。
- 团队内人员能力的互备性。
- 人员考核指标设定是否符合 SMART 原则。
- 人员考核结果应用是否真正落地有效。
- 建立良好的沟通协作机制。
- 设计有效的人员储备管理措施。
- 引导积极向上的团队文化。

案例分析考点 25：规划设计中资源要素设计的主要活动

- 服务工具选择：监控类工具、过程管理类工具和其他工具。

- 服务台设计：沟通渠道、专人负责。
- 备件及备件库设计：①备件响应方式和级别定义，能满足 SLA 约定支持；②备件供应商管理；③备件出入库管理；④备件可用性管理。
- 知识库设计：建立、共享、策略、管理。

真题练一练

【2018 年上半年系统规划与管理师考试案例分析真题 试题三】

【问题 3】（6 分）请说明常用的运维服务工具类别，以及每一类运维工具的主要功能。

参考答案：（官方教材第 128 页）常见 IT 服务工具包括监控类工具、过程管理类工具和其他工具。

监控类工具：监控对象的状态数据，为过程管理提供数据支撑，在基于硬件/软件平台、虚拟化、业务、用户感知，以及基础设施等这些监控对象的基础上，实现诸如事件管理、性能管理、视图管理、告警管理、统计分析和日志管理等功能。

过程管理类工具：IT 服务过程管理实现了从技术管理到服务过程的流程化管理，解决了传统 IT 管理以技术管理为中心的问题。过程管理类工具提供了面向最终用户的服务台及 IT 服务运营层次的流程，即服务级别管理、服务报告管理、事件（故障）管理、问题管理、配置管理、变更管理和发布管理等。

其他工具：通过此类工具，IT 服务人员能够进行重复或批量工作的自动化管理，提高 IT 服务效率和效果。

案例分析考点 26：选择服务工具时需考虑的因素

- 根据服务内容。
- 考虑成本。
- 考虑客户的期望。
- 考虑工具的技术架构和团队的技术水平。
- 考虑工具的通用性和集成性。

真题练一练

【2022 年上半年系统规划与管理师考试案例分析真题 试题一】

【问题 1】（5 分）（1）根据跨国公司中国区的 IT 服务需求，小唐规划服务资源方案，至少应考虑服务工具、服务台、①、②四项关键资源内容的设计。

（2）请简述小唐在选择服务工具时，应注意哪些关键因素。

参考答案：（官方教材第 129 页）（1）①备品备件库；②知识库。

（2）根据服务内容、考虑成本、考虑客户的期望、考虑工具的技术架构和团队的技术水平、考虑工具的通用性和集成性。

案例分析考点 27：资源要素设计的关键成功因素

- 服务人员能力达标。
- 服务台职能明确、过程规范。
- 备件管理规范与 SLA 中的条款相一致。
- 有效的监控平台提高发现概率，做好预防。
- 及时根据服务级别和服务需求调整服务资源配置。
- 如果备件库由第三方提供，第三方支持服务级别应充分满足服务需求。

案例分析考点 28：技术要素设计的主要活动

- 技术研发。
- 发现问题的技术：①识别监控对象，制定设备监控指标及阈值表编制计划；②制定测试环境建设计划。
- 解决问题的技术：①识别常见问题，制定标准操作步骤编制计划；②识别突发事件类型和等级，制定应急预案编制计划；③识别知识转移需求，制定知识转移计划。

案例分析考点 29：过程要素设计包括哪些内容

- 过程识别与定义。
- 过程 KPI 设计。
- 过程监控设计。

案例分析考点 30：常见的 IT 服务管理过程设计

- 服务级别管理过程设计。

考虑内容：建立服务目录、需方签订服务级别协议、建立 SLA 考核自评估机制。

关键指标：目录定义的完整性、签订协议的规范性、机制的有效性和完整性。

- 服务报告管理过程设计。

考虑内容：与服务报告过程一致的活动、计划、模板。

关键指标：过程完整性，报告及时性、准确性。

- 事件管理过程设计。

活动机制：过程一致的活动、事件分类分级机制、事件升级机制、满意度调查机制、事件解决评估机制。

关键指标：过程完整性、有效性，评估机制有效性。

- 问题管理过程设计。

考虑内容：过程一致的活动、问题分类管理机制、问题导入知识库机制、问题解决评估机制。

关键指标：过程完整性、评估机制有效性。

- 配置管理过程设计。

考虑内容：过程一致的活动、数据库管理机制、配置项审计机制。

关键指标：过程完整性，数据准确、完整、有效、可用、可追溯，配置项审计机制有效性。

- 变更管理过程设计。

考虑内容：过程一致的活动、管理机制、统计分析。

关键指标：过程完整性、记录完整性。

- 发布管理过程设计。

考虑内容：过程一致的活动、管理机制、完整方案、统计分析。

关键指标：过程完整性，记录完整性、准确性。

- 信息安全管理过程设计。

考虑内容：过程一致的活动，要求一致的信息安全策略、方针和措施。

关键指标：保密性、可用性、完整性。

真题练一练

【2020 年下半年系统规划与管理师考试案例分析真题 试题一】

【问题 4】（4 分）如果对协议中的"服务报告"增加考核要求，请给出考核的关键指标。

参考答案：（官方教材第 143 页）（1）服务报告的完整性；（2）服务报告的及时性；（3）服务报告的准确性；（4）服务报告的分类及模板。

【2018 年上半年系统规划与管理师考试案例分析真题 试题一】

【问题 3】（7 分）基于以上案例，请指出：

（1）事件管理过程的活动机制。

（2）热线中心和技术服务中心在事件管理过程中的主要活动。

参考答案：（官方教材第 143 页）（1）与事件管理过程一致的活动，包括事件受理、分类和初步支持、调查和诊断、解决、进展监控与跟踪、关闭等。活动机制包括事件分类、分级机制，事件升级机制，满意度调查机制，事件解决评估机制（如事件解决率、事件平均解决时间等）。

（2）负责事件受理、事件分类、初步支持、调查、事件升级、事件跟踪及关闭。

第18章 IT服务部署实施案例分析

本章涉及历年考试案例分析题考点分布情况

考　点	2022	2021	2020	2019	2018	2017
案例分析考点31：人员要素部署实施内容						
案例分析考点32：资源要素部署实施内容						
案例分析考点33：知识库内容初始化流程						
案例分析考点34：服务台管理制度的初始化				√		
案例分析考点35：技术要素部署实施内容						
案例分析考点36：制定应急预案与演练的目的	√					
案例分析考点37：应急演练的原则	√					
案例分析考点38：应急响应演练过程/主要工作内容				√		
案例分析考点39：过程要素部署实施内容						
案例分析考点40：IT服务部署实施过程				√		
案例分析考点41：IT服务部署实施计划阶段主要活动	√					
案例分析考点42：应急响应所需的要素				√		
案例分析考点43：IT服务部署实施执行阶段主要活动						
案例分析考点44：与项目干系人达成的共识	√					
案例分析考点45：IT服务部署实施验收阶段主要活动						
案例分析考点46：IT服务部署实施执行阶段可能存在的风险						

历年案例分析题考题情况

年　份	题　号	考　点	分　值	类　型
2022年	试题二	IT服务部署实施计划阶段包括的活动	10分	简答题+分析题
		制定应急预案的原则；需要制定应急预案的情形	11分	简答题
		部署过程中与干系人达成共识	4分	选择题

续表

年 份	题 号	考 点	分 值	类 型
2020 年	试题二	服务台管理制度的初始化	12 分	简答题
		应急响应所需的要素或主要活动	7 分	简答题
2019 年	试题一	部署实施四要素的内容	6 分	选择题
		部署实施工作的三个阶段	3 分	简答题
		应急响应演练的主要工作内容	7 分	简答题
		部署实施过程中与干系人达成共识	8 分	选择题

案例分析考点 31：人员要素部署实施内容

- 外部招聘和内部调岗。
- 建立培训教材库和知识转移方法。

案例分析考点 32：资源要素部署实施内容

- 知识库内容初始化。
- 工具部署、使用手册与相关制度。
- 备件库建立与可用性测试。
- 服务台管理制度的初始化。

案例分析考点 33：知识库内容初始化流程

- 来源：信息技术支持工程师提供；从过往事件和问题处理日志中提炼。
- 审核：资深技术人员审核。
- 发布：知识库管理员批准接受。

案例分析考点 34：服务台管理制度的初始化

- 各岗位角色与职责。
- 主要工作流程。
- 记录事件与服务请求的具体要求。
- 事件与服务请求分配的原则。
- 事件回访相关规定和要求。
- 绩效考核指标。

真题练一练

【2020年下半年系统规划与管理师考试案例分析真题 试题二】

【问题1】（12分）S公司在IT服务部署实施过程中完成了服务台管理制度的初始化，请写出服务台管理制度应包含的主要内容。

参考答案：（官方教材第151页）（1）服务台中各岗位的角色和职责；（2）服务台的主要工作流程；（3）记录事件与服务请求的具体要求；（4）事件与服务请求分配的原则；（5）事件回访的相关规定和要求；（6）服务台的绩效考核指标。（每条2分，共12分）

案例分析考点35：技术要素部署实施内容

- 知识转移：历史运维资料、基础架构资料、应用系统资料、业务资料。
- 应急响应预案的制定与演练。
- SOP标准操作规范。
- 技术手册发布：审核、存档、发放。
- 搭建测试环境。

案例分析考点36：制定应急预案与演练的目的

应急预案是组织在信息系统方面的总体应急预案，适用于组织IT系统发生重大系统性故障，导致全国性或地区性的业务中断、大量客户数据资料丢失，以及组织认为应采取应急机制的其他IT系统重大突发事件。

真题练一练

【2022年上半年系统规划与管理师考试案例分析真题 试题二】

【问题2】（11分）结合案例，有哪些情形是需要制定应预案的？

参考答案：（官方教材第153页）应急预案是组织在信息系统方面的总体应急预案，适用于组织IT系统发生重大系统性故障，导致全国性或地区性的业务中断、大量客户数据资料丢失，以及组织认为应采取应急机制的其他IT系统重大突发事件。

案例分析考点37：应急演练的原则

- 结合实际、合理定位。
- 着眼实战、讲求实效。
- 精心组织、确保安全。
- 统筹规划、厉行节约。

> 真题练一练

【2022 年上半年系统规划与管理师考试案例分析真题 试题二】

【问题 2】（11 分）制定应急预案的原则。

参考答案：（官方教材第 153 页）制定应急预案的四条原则：①结合实际、合理定位；②着眼实战、讲求实效；③精心组织、确保安全；④统筹规划、厉行节约。

案例分析考点 38：应急响应演练过程 / 主要工作内容

- 演练启动。
- 演练执行。
- 演练结束与中止。
- 应急演练评估与总结。
- 成果应用。
- 文档归档与备案。
- 考核与奖惩。

> 真题练一练

【2019 年上半年系统规划与管理师考试案例分析真题 试题一】

【问题 3】（7 分）基于以上案例，请帮助小李明确应急响应演练的主要工作内容。

参考答案：（官方教材第 155 页）应急响应演练的主要工作内容：①演练启动；②演练执行；③演练结束与中止；④应急演练评估与总结；⑤成果应用；⑥文档归档与备案；⑦考核与奖惩。（每条 1 分，共 7 分）

案例分析考点 39：过程要素部署实施内容

- 过程与制度发布。
- 过程电子化管理和数据初始化。
- 体系试运行。

案例分析考点 40：IT 服务部署实施过程

- IT 服务部署实施计划阶段。
- IT 服务部署实施执行阶段。
- IT 服务部署实施验收阶段。

【2019年上半年系统规划与管理师考试案例分析真题 试题一】

【问题2】(3分)基于以上案例,请按顺序明确小王部署实施工作的三个阶段。

参考答案:(官方教材第158页)完整的IT服务部署实施过程通常划分为三个阶段,分别是IT服务部署实施计划阶段、IT服务部署实施执行阶段和IT服务部署实施验收阶段。(每条1分,共3分)

案例分析考点41:IT服务部署实施计划阶段主要活动

- 计划沟通。
- 计划制定。
- 计划评估确认。
- 计划修订。

真题练一练

【2022年上半年系统规划与管理师考试案例分析真题 试题二】

某大型企业去年信息化投入大,完成了重点核心业务系统的建设。由于应急响应预案制定得不充分并且未开展演练,出现了系统性故障时,部分关键的应用系统不可用且在12小时内未能完成恢复业务,给企业带来了较大损失。

为加强该企业IT服务的规范化水平,IT服务部门管理人员小王,规划了今年的IT服务部署实施计划,在部署实施计划中包含了服务团队组建计划、知识转移计划、培训计划、工具采购部署、测试上线计划、服务计划过程绩效指标。

在应急响应预案制定过程中,与IT服务总监、客户接口人、IT恢复小组组员和运维工程师等人进行了充分的沟通,明确了需求与职责。

【问题1】(10分)(1)简述IT服务部署实施计划阶段包括的活动。

(2)简述在本案例中IT服务部署实施计划阶段中所遗漏的工作内容。

参考答案:(官方教材第159页)(1)IT服务部署实施计划阶段的活动包括计划沟通、计划制定、计划评估确认、计划修订。

(2)在本案例中,遗漏了计划沟通、计划评估确认和计划修订。

案例分析考点42:应急响应所需的要素

- 风险评估。
- 应急响应触发、通知机制。
- 制定应急预案。

- 成立应急响应组织，明确何人负责启动。
- 恢复服务所需行动步骤和责任人。
- 应急预案培训和演练。
- 日常监测预警。

真题练一练

【2020 年下半年系统规划与管理师考试案例分析真题 试题二】

【问题 3】（7 分）IT 服务部署实施的计划阶段，需充分考虑服务过程中可能出现的突发状况，预先定义应急响应方法，请指出应急响应所需的要素或主要活动。

参考答案：（官方教材第 162 页）（1）风险评估；（2）应急响应触发、通知机制；（3）制定应急预案；（4）成立应急响应组织，明确何人负责启动；（5）恢复服务所需行动步骤和责任人；（6）应急预案培训和演练；（7）日常监测预警。（每条 1 分，共 7 分）

案例分析考点 43：IT 服务部署实施执行阶段主要活动

- 按规划开展活动。
- 管理、培训、配置运维团队成员。
- 验证、获取、使用和管理资源。
- 执行已计划好的过程、方法、标准。
- 可信赖的发布管理机制。
- IT 服务连续性管理机制。
- IT 服务回顾机制。
- 满意度管理机制。
- 标准操作程序。
- IT 服务质量计划。
- 特有的过程、专有的规范。

案例分析考点 44：与项目干系人达成的共识

- 开展项目的原因和目标。
- 项目的交付物及其约束条件。
- 项目的交付方式、交付时间及其投入。
- 项目的范围。
- 项目初步实现所要求的条件。

- 项目所面临的风险。
- 对部署实施计划所需资源的验证。
- 与项目干系人做计划的正式声明和沟通。
- 角色和职责。
- 项目的组织结构图。
- 人员配备管理计划。
- 发现和解决问题相关的技术。

真题练一练

【2022 年上半年系统规划与管理师考试案例分析真题 试题一】（2019 年的原题再次出现）

【问题 3】（4 分）部署过程中与项目干系人达成共识的选择正确的是（　　　）（以下有 4 个正确的选项，请选出对应的选项）。

A. 开展项目的原因和目标

B. 项目的范围

C. 人员培训管理计划

D. 公司战略目标

E. 项目初步实现所要求的条件

F. 公司组织结构图

G. 项目交付物及其约束条件

H. 持续改进的相关方法

参考答案：（官方教材第 164 页）A B E G

案例分析考点 45：IT 服务部署实施验收阶段主要活动

- IT 服务部署实施期报告。
- IT 服务部署实施回顾。
- 交付物验收。

案例分析考点 46：IT 服务部署实施执行阶段可能存在的风险

- 客户期望管理出现问题。
- 相关资源能力不足。
- 交付物认知水平不一致。
- 服务级别协议中的服务范围不明确。

- 实施过程中服务范围变化。
- 资源不够或成员承担项目多导致无法按时按质完成。
- 分工不明确。
- 系统规则与管理师操作失误。
- 项目组内部沟通不力。
- 交付了不符合要求的产品。
- 服务目标、测量手段、服务能力与成熟度的问题。
- 配置管理的广度与颗粒度的问题。

2019 年原题

【2019 年上半年系统规划与管理师考试案例分析真题 试题一】
阅读下列说明，回答问题 1 至问题 4，将解答填入答题纸的对应栏内（共 24 分）。

【说明】

某大型国有汽车公司，由于自主研发的节能电动车性价比高，业务发展迅速。为解决全国多个分支机构的管理问题，去年信息化建设投入大，完成了 ERP 等重点核心业务系统的建设。

为尽快向各部门提供标准高效的服务，公司 IT 服务总监与小王和小李两位系统规划与管理师共同设计了公司的服务目录与服务方案，并计划于今年部署实施。

为确保公司高层支持部署工作，总监安排小王和小李分别准备相关汇报材料。

小王负责部署实施的整体计划，通过整理相关材料，把部署实施工作分为三个阶段和四个要素，针对不同要素罗列了已知可能的工作内容，见下表：

要 素	已知可能的工作活动
人员	外部招聘和内部调岗、(1)
资源	知识库内容初始化、工具部署、使用手册与相关制度、(2)、(3)
技术	知识转移、技术手册发布、搭建测试环境、(4)、(5)
过程	过程与制度发布、过程电子化管理和数据初始化、(6)

小李主要针对高层关注的两项内容做详细汇报：一是四个要素中的应急响应演练部分，需要给出详尽的工作内容；二是确保部署实施过程中与项目干系人达成共识，确保项目目标达成。

【问题 1】（6 分）基于以上案例，除了小王列出的已知可能的工作活动外，请补充每个要素还需要做的其他工作（从候选答案中选择正确选项，将该选项填入答题纸的对应栏内）。

A. SOP 标准操作规范

B. 建立培训教材库及知识转移方法

C. 体系试运行

D. 备件库建立与可用性测试

E. 应急响应预案的制定与演练

F. 服务台管理制度的初始化

【问题2】（3分）基于以上案例，请按顺序明确小王部署实施工作的三个阶段。

【问题3】（7分）基于以上案例，请帮助小李明确应急响应演练的主要工作内容。

【问题4】（8分）基于以上案例，小李需要在部署实施过程中与干系人达成共识的内容包括（从候选答案中选择四个正确选项，将该选项编号填入答题纸的对应栏内，每个2分，多于四个答案不得分）：

A. 开展项目的原因和目标

B. 项目的范围

C. 人员培训管理计划

D. 公司战略目标

E. 项目初步实现所要求的条件

F. 公司的组织结构图

G. 项目的交付物及其约束条件

H. 持续改进相关的方法

参考答案：

【问题1】（1）B；（2）D；（3）F；（4）A；（5）E；（6）C。

部署实施的人员要素：①外部招聘和内部调岗；②建立培训教材库及知识转移方法。

部署实施的资源要素：①知识库内容初始化；②工具部署、使用手册与相关制度；③备件库建立与可用性测试；④服务台管理制度的初始化。

部署实施的技术要素：①知识转移；②应急响应预案的制定与演练；③SOP标准操作规范；④技术手册发布；⑤搭建测试环境。

部署实施的过程要素：①过程与制度发布；②过程电子化管理和数据初始化；③体系试运行。

【问题2】IT服务部署实施计划阶段、IT服务部署实施执行阶段、IT服务部署实施验收阶段。

【问题3】演练启动、演练执行、演练结束与中止、应急演练评估与总结、成果运用、文件归档与备案、考核与奖惩。

【问题4】A B E G

第19章 IT服务运营管理案例分析

本章涉及历年考试案例分析题考点分布情况

考 点	2022	2021	2020	2019	2018	2017
案例分析考点47：IT服务运营的四要素管理					√	
案例分析考点48：人员要素管理风险控制				√		
案例分析考点49：人员要素管理的关键成功因素			√			
案例分析考点50：知识管理的流程				√		
案例分析考点51：服务台的主要工作				√		
案例分析考点52：备件管理的主要活动					√	
案例分析考点53：服务级别管理流程的主要内容						√
案例分析考点54：IT服务运营中事件的管理流程						
案例分析考点55：常见运营管理关键考核指标			√	√		

历年案例分析题考题情况

年 份	题 号	考 点	分 值	类 型
2020年	试题三	人员要素管理的关键成功因素	8分	简答题
		计算运营管理的4个指标	4分	计算题
		服务台在IT服务运营中的主要工作	8分	简答题
		判断有关IT服务运营管理的描述是否正确	5分	判断题
2019年	试题二	计算运营管理的7个指标	7分	计算题
		运营管理的四要素	6分	简答题
		人员要素管理的风险和控制措施	8分	简答题
		知识管理的流程	4分	简答题
2018年	试题二	运营管理的四要素	8分	简答题
		备件管理的活动	5分	简答题
		计算运营管理的6个指标	6分	计算题
2017年	试题一	服务级别管理流程的主要内容	6分	简答题

案例分析考点 47：IT 服务运营的四要素管理

- 人员要素：人员储备与连续性管理、人员能力评价与管理、人员绩效管理、人员培训计划执行。
- 资源要素：工具管理、知识管理、服务台管理与评价、备品备件管理。
- 技术要素：技术研发规划、技术研发预算、技术成果运行与改进。
- 过程要素：服务级别管理、服务报告管理、事件管理、问题管理、配置管理、变更管理、发布管理、安全管理、连续性和可用性管理、容量管理。

> **真题练一练**

【2018 年上半年系统规划与管理师考试案例分析真题 试题二】

【问题 1】（8 分）请简要说明王先生建立运维运营体系的过程中，需要考虑哪些关键管理要素？并针对每一要素给出所包含的至少两个管理点。

参考答案：（官方教材第 179 页）需要考虑人员、资源、技术、过程四个关键管理要素。

人员要素：人员储备与连续性管理、人员能力评价与管理、人员绩效管理、人员培训计划执行。

资源要素：工具管理、知识管理、服务台管理与评价、备品备件管理。

技术要素：技术研发规划、技术研发预算、技术成果的运行与改进。

过程要素：服务级别管理、服务报告管理、事件管理、问题管理、配置管理、变更管理、发布管理、安全管理、连续性和可用性管理、容量管理。

案例分析考点 48：人员要素管理风险控制

可能的风险	影响	控制措施
沟通问题	影响团队协作	建立良好的沟通协作机制，进行服务意识及沟通能力培训
人员连续性问题	服务持续性	实行有效的人员连续性管理措施
负面情绪	影响团队士气及工作积极性	引导积极向上的团队文化，通过举行团队活动等其他方式进行团队建设
考核指标不明确	无法评估和执行考核	按照 SMART 原则定义人员绩效指标

> **真题练一练**

【2019 年上半年系统规划与管理师考试案例分析真题 试题二】

【问题 3】（8 分）请阐述人员要素管理可能面临的风险，并指出每一风险的控制措施。

参考答案：（官方教材第 179 页）可能面临的风险：①沟通问题；②人员连续性问题；③负面情绪；④考核指标不明确。

风险控制措施：①针对沟通问题，建立良好的沟通协作机制，进行服务意识及沟通能力培训；②针对人员连续性问题，实行有效的人员连续性管理措施；③针对负面情绪的问题，引导积极向上的团队文化，通过举行团队活动等其他方式进行团队建设；④针对考核指标不明确的问题，按照 SMART 原则定义人员绩效指标。

案例分析考点 49：人员要素管理的关键成功因素

- 是否具有成熟的知识管理体系。
- 岗位培训是否充足且适用。
- 团队能力的互备性。
- 人员考核指标设定是否符合 SMART 原则。
- 人员考核结果应用是否真正落地有效。

真题练一练

【2020 年下半年系统规划与管理师考试案例分析真题 试题三】

近年来，H 公司信息化基础平台经历了从传统模式到混合云模式的转变，在新的模式下，重构和优化 IT 服务运营管理体系成为运营管理部门的工作重点。

在 IT 服务现状评估基础上，系统规划与管理师孙经理从服务能力要素的角度，总结出如下提升需求：人员的关键成功因素（人员是否具有云模式下的知识体系）。

【问题 1】（8 分）结合案例的服务管理提升需求，请补充人员要素管理的其他关键成功因素。

参考答案：（官方教材第 179 页）（1）岗位培训是否充足且适用；（2）团队能力的互备性；（3）人员考核指标设定是否符合 SMART 原则；（4）人员考核结果应用是否真正落地有效。（每条 2 分，共 8 分）

案例分析考点 50：知识管理的流程

获取、共享、保留（归档）、评审。

真题练一练

【2019 年上半年系统规划与管理师考试案例分析真题 试题二】

【问题 4】（4 分）请阐述知识管理的流程。

参考答案：（官方教材第 187 页）知识管理包括系统规划与管理师对知识的获取、共享、保留（归档）和评审。

案例分析考点 51：服务台的主要工作

- 响应呼叫请求。
- 发布信息。
- 供应商联络。
- 运营任务。
- 基础设施监控。

> **真题练一练**

【2020 年下半年系统规划与管理师考试案例分析真题 试题三】

【问题 3】（8 分）请写出服务台在 IT 服务运营中的主要工作。

参考答案：（官方教材第 189 页）（1）响应呼叫请求；（2）发布信息；（3）供应商联络；（4）运营任务；（5）基础设施监控。（每条 2 分，满分 8 分）

案例分析考点 52：备件管理的主要活动

备件申请、采购、到货入库、领用、报废。

> **真题练一练**

【2018 年上半年系统规划与管理师考试案例分析真题 试题二】

【问题 2】（5 分）备件管理是确保服务按约定完成的重要手段，请指出在备件管理过程中主要包括哪些活动。

参考答案：（官方教材第 191 页）备件管理过程的活动主要包括备件申请、采购、到货入库、领用、报废。

案例分析考点 53：服务级别管理流程的主要内容

- 更新服务目录并管理服务级别变更。
- 监控服务级别协议执行情况。
- 对如下关键指标进行管理：服务目录定义的完整性、签订服务级别协议文件的规范性、服务级别考核评估机制的有效性和完整性。

> 真题练一练

【2017 年下半年系统规划与管理师考试案例分析真题 试题一】

【问题 3】（6 分）请根据试题说明，列举出 IT 服务运营管理中应当充分重视并执行的三个事项。

参考答案：（官方教材第 194 页）本案例主要是服务级别管理方面存在的问题，要充分重视以下三个方面：

（1）更新服务目录并管理服务级别变更。
（2）监控服务级别协议执行情况。
（3）对如下关键指标进行管理：服务目录定义的完整性、签订服务级别协议的规范性、服务级别考核评估机构的有效性和完整性。

案例分析考点 54：IT 服务运营中事件的管理流程

- 对事件进行受理和处理。
- 对事件进展进行监控和跟踪。
- 对事件进行升级。
- 进行事件满意度调查。
- 完成事件报告。

案例分析考点 55：常见运营管理关键考核指标

要素	考核项目	计算公式/方法	建议考核周期
人员	关键岗位人员储备率	（关键岗位储备人员的数量/关键岗位人员数量）×100%	年度
	人员招聘达成率	（实际招聘的人数/计划招聘的人数）×100%	年度
	人员培训次数	检查培训计划和培训实施记录	年度
	人员绩效考核合格率	（人员绩效考核合格数量/被考核人员总数）×100%	年度
技术	研发成果数量	年度累计技术研发成果数量	年度
资源	备件可用率	（定期检查备件完好数量/定期抽检备件总数）×100%	季度
	新增知识条目	统计知识库中新增知识条目	年度
	服务台一次派单成功率	[1−（退回的派单/派单总数）]×100%	季度
	服务台录入事件的完整性	[1−(不完整事件数/总事件数)]×100%	季度

续表

要　素	考核项目	计算公式/方法	建议考核周期
过程	SLA达成率	（SLA达成事件之和/事件总数）×100%	年度
	服务报告交付及时率	服务报告按时提交的数量/服务报告总数量	季度
	事件解决率	成功解决事件数/已关闭事件总数	季度
	变更成功率	1-（回退变更/变更总数）×100%	季度
	发布成功率	1-（回退发布/发布总数）×100%	季度
	信息安全事件数量	信息安全事件的次数	季度
质量	客户满意度	客户满意度综合评分	年度
	管理评审次数	开展管理评审的次数	年度
	内部审核次数	开展内审的次数	年度

真题练一练

【2020年下半年系统规划与管理师考试案例分析真题 试题三】

【问题2】（4分）结合案例的服务管理提升需求，请补充过程要素中SLA达成率、事件解决率、变更成功率、服务报告交付及时率的计算公式。

参考答案：（官方教材第200页）SLA达成率=（SLA达成事件之和/事件总数）×100%。

事件解决率=成功解决事件数/已关闭事件总数。

变更成功率=1-（回退变更/变更总数）×100%。

服务报告交付及时率=服务报告按时提交的数量/服务报告总数量。（每条1分，共4分）

【2019年上半年系统规划与管理师考试案例分析真题 试题二】

a公司是一家提供电力行业IT服务的快速发展型企业，分管运维业务的运维部李经理新上任一周。据他观察，目前运维团队士气及工作积极性较差、运维部频频接到用户投诉及市场部抱怨。李经理决定从人员、技术、资源和过程四要素管控数据着手，找出目前运维团队管理上的关注点。下表是李经理收集的近三个月的数据：

要　素	数　据
人员	关键岗位储备人员5人，关键岗位人员共15人
	人员绩效考核合格数量为24人，被考核人员数量为26人
	培训次数6次

续表

要 素	数 据
技术	截至目前研发成果数量为 2 个
资源	检查备件完好数量为 58 个，抽检备件总数为 60 个
资源	新增知识条目 32 条
资源	服务台不完整录入事件为 20 个，总事件为 465 个
过程	SLA 达成事件之和为 413 个，总事件为 465 个
过程	及时提交服务报告数量 20 个，服务报告总数量 25 个
过程	成功解决事件数量 402 个，已关闭事件总数为 430 个
过程	回退变更数为 6 个，变更总数为 36 个
过程	回退发布为 1 个，发布总数为 12 个
过程	信息安全事件次数为 0

李经理按照运维部原有运营管理关键指标体系，编制了运营管理关键指标体系完成情况跟踪表，如下表所示：

要 素	考核指标	指标要求	考核周期	完成情况
人员	关键岗位人员储备率	90%	季度	（1）
人员	人员培训次数	6	季度	6
人员	人员绩效考核合格率	90%	季度	（2）
技术	研发成果数量	2	季度	2
技术	备件可用率	96%	季度	（3）
资源	新增知识条目	60	季度	32
资源	服务台录入事件的完整性	95%	季度	（4）
资源	SLA 达成率	98%	季度	（5）
过程	服务报告交付及时率	95%	季度	（6）
过程	事件解决率	96%	季度	93.49%
过程	变更成功率	95%	季度	（7）
过程	发布成功率	90%	季度	91.67%
过程	信息安全事件数量	0	季度	0

【问题1】(7分)基于李经理所收集的人员、技术、资源、过程四要素近三个月的数据，请计算并帮助李经理补充运营管理关键指标体系完成情况跟踪表（精确到小数点后2位）。

参考答案：（官方教材第200页）（1）关键岗位人员储备率：5/15×100% = 33.33%。

（2）人员绩效考核合格率：24/26×100% = 92.31%。

（3）备件可用率：58/60×100% = 96.67%。

（4）服务台录入事件的完整性：445/465×100% = 95.70%。

（5）SLA达成率：413/465×100% = 88.82%。

（6）服务报告交付及时率：20/25×100% = 80.00%。

（7）变更成功率：30/36×100% = 83.33%。

【问题2】(6分)结合上述运营管理关键指标，请指出李经理在运营管理中应该重视人员、技术、资源、过程四要素中的哪些管理？

参考答案：（官方教材第200页）（1）人员要素中人员储备率为33.33%，这说明人才储备率不足，要重视人员储备与连续性管理。

（2）技术要素中的研发成果数量符合指标要求，不需要改进。

（3）资源要素中新增知识条目未达到指标要求，要重视知识管理。

（4）过程要素中SLA达成率、服务报告交付及时率、事件解决率和变更成功率四项指标均未达到指标要求，要重视服务级别管理、服务报告管理、事件管理和变更管理。

第 20 章　IT 服务持续改进案例分析

本章涉及历年考试案例分析题考点分布情况

考　点	2022	2021	2020	2019	2018	2017
案例分析考点 56：持续改进方法的过程				√		
案例分析考点 57：服务资源测量内容						
案例分析考点 58：服务技术测量内容						
案例分析考点 59：服务过程测量内容						
案例分析考点 60：服务四级回顾机制		√				
案例分析考点 61：服务回顾的主要活动		√				
案例分析考点 62：服务改进的主要活动						
案例分析考点 63：服务四要素的持续改进方法				√		

历年案例分析题考题情况

年　份	题　号	考　点	分　值	类　型
2021 年	试题二	服务四级回顾机制	9 分	填空题
		回顾机制的参与者、形式、会议	6 分	选择题
		与客户回顾的主要内容	6 分	简答题
2019 年	试题三	分析案例在四要素方面存在的问题	9 分	案例分析
		资源方面需开展的持续改进方法	8 分	简答题
		持续改进方法的实施步骤	4 分	简答题
		判断有关持续改进的描述是否正确	5 分	判断题

案例分析考点 56：持续改进方法的过程

- 识别改进战略/策略。
- 识别需要测量什么。
- 收集数据。

- 处理数据。
- 分析信息和数据。
- 展示并使用信息。
- 实施改进。

前三项属于服务测量；处理数据、分析信息和数据、展示并使用信息这三项属于服务回顾。

真题练一练

【2019 年上半年系统规划与管理师考试案例分析真题 试题三】
【问题 3】（4 分）简述持续改进方法的实施步骤。

参考答案：（官方教材第 206 页）持续改进方法的实施步骤：①识别改进战略/策略；②识别需要测量什么；③收集数据；④处理数据；⑤分析信息和数据；⑥展示并使用信息；⑦实施改进。

案例分析考点 57：服务资源测量内容

针对 IT 服务运维工具、服务台、知识库和备件库进行相关测量。

- IT 服务运维工具。测量工具功能与服务管理过程是否匹配，使用手册是否有效，监视可用性、软硬件历史故障。
- 服务台。关键测量指标：接听率、派单准确率、录单率、平均通话时间。
- 备件库。盘点备件资产、统计备件损坏率、统计备件命中率、统计备件复用率。
- 知识库。收集知识的积累数量、知识利用率、更新率、完整性、比重、新增数量和事件、问题发生数量的对比关系。

案例分析考点 58：服务技术测量内容

- 识别研发计划。
- 识别研发成果。
- 技术手册及 SOP 统计。
- 应急预案实施统计。
- 监控点和阈值统计。

案例分析考点 59：服务过程测量内容

- 服务管控测量，从业务和用户的视角来测量服务过程，关注交付成果。
- 服务执行测量，从技术的视角来测量服务过程，关注具体服务过程和细节。事件统计分析、问题统计分析、变更与发布统计分析、配置统计分析。

案例分析考点 60：服务四级回顾机制

级 别	内 容	频 率	参与者
一级	针对重大事件、特殊事件的沟通，包括服务内容变更、客户投诉等	不定期按需沟通	系统规划与管理师、客户接口人
二级	项目月度例会，向客户汇报当月服务情况，包括服务量、SLA 达成率、当月重大事件等内容	每月度	系统规划与管理师、客户接口人
三级	项目季度回顾，向客户汇报当季项目运营情况，包括服务数据分析、SLA 达成率、客户满意度、服务改进计划等内容	每季度	系统规划与管理师、服务供方业务关系经理、客户接口人
四级	合作年度回顾，回顾项目的整体实施交付情况	每年度	服务供方高层管理人员、系统规划与管理师、服务供方业务关系经理、客户接口人

真题练一练

【2021 年上半年系统规划与管理师考试案例分析真题 试题二】

【问题 1】（9 分）请结合本案例，将以下服务四级回顾机制的内容补全。

级 别	内 容	频 率
一级	针对重大事件、特殊事件的沟通，包括服务内容变更、客户投诉等	（1）
二级	项目月度例会，向客户汇报当月服务情况，包括服务量、SLA 达成率、当月重大事件等内容	每月度
三级	项目季度回顾，向客户汇报当季项目运营情况，包括服务数据分析、SLA 达成率、客户满意度、服务改进计划等内容	（2）
四级	合作年度回顾，回顾项目的（3）	每年度

参考答案：（官方教材第 212 页）（1）不定期按需沟通；（2）每季度；（3）整体实施交付情况。

【问题 2】（6 分）（1）三级回顾机制的参与者是（　　）。

A．系统规划师与银行接口人

B．系统规划师与银行接口人、质量负责人

C．系统规划师与银行接口人、银行业务关系经理

D．系统规划师与银行接口人、银行业务关系经理、银行高层

349

（2）以下（　　）不建议作为服务回顾的形式。
A. 内部会议　　　　　　　　　　　B. 第三方对银行意见收集
C. 年度服务报告　　　　　　　　　D. 服务团队员工绩效排名
（3）服务回顾会议可与（　　）一起召开。
A. 工作会议与启动　　　　　　　　B. 质量评审
C. 职称评审　　　　　　　　　　　D. 服务工具评审

参考答案：（官方教材第 212 页）（1）C；（2）D；（3）B。

案例分析考点 61：服务回顾的主要活动

服务回顾的主要活动根据服务需方与供方不同的关注内容可分为两类，分别是与客户回顾内容和团队内部回顾内容。

- 与客户回顾内容。包括服务合同执行情况，服务目标达成情况，服务绩效（SLA）、成果，满意度调查，服务范围、工作量，客户业务需求变化，服务中存在的问题及行动计划，上次会议中制定计划的进展汇报。
- 团队内部回顾内容。包括上周期工作计划回顾，本周期内遇到的特殊或疑难工单，讨论本周期内未解决的工单，各小组工作简报，本周期问题回顾，本周期工程师 KPI 总结，下周期工作计划安排。

真题练一练

【2021 年上半年系统规划与管理师考试案例分析真题 试题二】
【问题 3】（6 分）请写出与客户回顾的主要内容有哪些。
参考答案：（官方教材第 212 页）与客户回顾内容：①服务合同执行情况；②服务目标达成情况；③服务绩效（SLA）、成果；④满意度调查；⑤服务范围、工作量；⑥客户业务需求变化；⑦服务中存在的问题及行动计划；⑧上次会议中制定计划的进展汇报。（每条 1 分，最多 6 分）

案例分析考点 62：服务改进的主要活动

- 服务改进设计。
- 服务改进实施。
- 服务改进验证。

案例分析考点 63：服务四要素的持续改进方法

- 人员方面：改善管理体制、提高素质、调整人员储备比例、调整岗位结构。

- 资源方面：保障各类资源对业务的完整覆盖和支撑、持续完善IT工具、持续优化服务台管理制度、知识库管理制度改进、备件库管理制度改进。
- 技术方面：技术研发计划改进、技术成果优化、完善技术文档、改进应急预案、更新监控指标及阈值。
- 过程方面：完善服务管理过程、建立新的服务管理过程、调整考核指标、提升形象、提供新服务、提供报表。

> 真题练一练

【2019年上半年系统规划与管理师考试案例分析真题 试题三】

【问题2】（8分）基于以上案例，请提出资源方面需开展的持续改进方法。

参考答案：（官方教材第215页）（1）保障各类资源对业务的完整覆盖和支撑作用。

（2）持续完善IT工具：为提升过程效率和对特定指标进行量化管理（如可用性指标），建立必要的工具平台，并不断完善工具。

（3）持续优化服务台管理制度，对服务台流程、职责、KPI等进行持续改进，保证客户请求能及时得到响应，投诉能及时得到处理。

（4）知识库管理制度改进，建立起正确、完整、有实效性的知识库。

（5）备件库管理制度改进，做好备件的申请、采购、入库、领用、报废工作，保证备件质量符合要求。（每个2分，满分8分，意思相同或相近即可）

第 21 章　IT 服务监督管理案例分析

本章涉及历年考试案例分析题考点分布情况

考　点	2022	2021	2020	2019	2018	2017
案例分析考点 64：信息技术服务质量评价步骤						
案例分析考点 65：IT 服务评价指标		√				
案例分析考点 66：运维服务质量管理活动						
案例分析考点 67：IT 服务可能存在的风险						√
案例分析考点 68：IT 服务风险管理过程						√
案例分析考点 69：风险识别的主要内容						√
案例分析考点 70：风险处置计划的方法						
案例分析考点 71：风险监控的方法		√				
案例分析考点 72：风险跟踪的方法						

历年案例分析题考题情况

年　份	题　号	考点	分　值	类　型
2021 年	试题一	IT 服务评价指标	9 分	选择题
		服务按时恢复的事件比率	4 分	计算题
		服务连续性指标	4 分	简答题
		风险监控的方法	5 分	简答题
		有关监督管理的描述判断对错	5 分	判断题
2017 年	试题二	风险识别的主要内容	9 分	简答题
		根据试题的说明识别本项目存在的风险	6 分	案例分析
		针对已识别的风险应采取哪些应对措施	6 分	简答题
		风险管控的方法	4 分	判断题

案例分析考点 64：信息技术服务质量评价步骤

- 确定需求。
- 指标选型。
- 实施评价。
- 评价结果分级。

案例分析考点 65：IT 服务评价指标

特　性	子特性	指标名称	测量目的
安全性	可用性	供方访问权限的控制率	供方对需方信息的访问权限能否匹配双方运维协议的约定
		需方访问权限的满足率	需方对运维服务过程和结果信息的访问权限能否匹配要求
	完整性	信息的完整状态比率	服务过程中信息是否发生非授权篡改、破坏和转移
	保密性	保密机制的运行情况	测评服务供方是否具备应对保密问题的能力
		泄密事故发生情况	评价服务供方在服务履行过程中的保密管理水平
可靠性	完备性	服务项实现的完整度	按照服务协议，服务项实现的完整程度
	连续性	重大事故发生情况	是否有重大事故发生
		事故发生情况（非重大）	事故发生次数是否得到有效控制
		服务按时恢复的事件比例	对服务恢复事件进行评价
		服务的可用程度	信息技术服务的可用程度（统计中断时间）
		关键业务应急就绪程度	支撑关键业务的信息技术服务是否进行了有效的应急机制
	稳定性	服务人员的稳定性	供方为保证服务得到连续实施而保持服务团队的稳定性
	有效性	接通率	在正常情况下用户发起服务请求后接通的比率
		服务报告及时提交率	评价服务报告按照服务协议要求及时提交的比率
		首问解决率	首次请求就得到应答及解决的比率
		解决率	服务请求得到解决的比率
	可追溯性	服务记录的可追溯性	运维服务过程记录是否可追溯

353

续表

特性	子特性	指标名称	测量目的
响应性	及时性	及时响应率	服务供方对服务请求的响应速度
		及时解决率	服务供方对服务请求的解决速度
	互动性	互动沟通机制	评测服务供方互动沟通机制的建立和实施状况
		服务报告提交率	评价服务报告按照服务协议要求提交的比率
		投诉处理率	评价服务投诉是否得到有效解决的比率
有形性	可视性	服务交付物的呈现规范性	运维服务交付物的呈现规范程度
	专业性	工具的专业性	是否具备与服务相匹配的专业性工具
		服务流程的专业性	是否建立并实施了规范化的服务流程
		人员的专业性	是否具备了与服务相匹配的专业人员团队
	合规性	服务的依从性	服务是否遵循相关的法律法规和制定的标准
友好性	主动性	主动进行服务监控	检查服务监控的主动程度（监控规范的建立和实施）
		主动进行服务趋势分析	检查服务趋势分析的主动程度
		主动介绍服务的相关内容	检查服务的相关内容介绍的主动程度
	灵活性	需求响应灵活性	服务供方应对需方需求变化的能力
	礼貌性	服务语言、行为和态度规范	检查服务语言、行为和态度的规范程度

案例分析考点 66：运维服务质量管理活动

- 运维服务质量策划。
- 运维服务质量检查。
- 运维服务质量改进。

案例分析考点 67：IT 服务可能存在的风险

通常包括人员、技术、资源、过程、其他（服务范围蔓延）方面的风险。例如：
- 在人员方面，存在服务人员流动导致服务质量波动大、人员误操作导致数据丢失的风险。
- 在技术方面，存在采用发现问题的技术和服务对象不匹配的风险。
- 在资源方面，存在备品备件失效、服务工具失效等方面的风险。
- 在过程方面，存在过程规定不完善的风险。

- 在其他方面，存在服务范围蔓延的风险。

案例分析考点 68：IT 服务风险管理过程

（1）制定风险管理计划。
（2）风险识别。
（3）风险定性分析。
（4）风险定量分析。
（5）制定风险处置计划。
（6）风险监控。
（7）风险跟踪。

案例分析考点 69：风险识别的主要内容

- 识别并确定 IT 服务的潜在风险。
- 识别引起风险的主要因素。
- 识别风险可能引起的后果。

案例分析考点 70：风险处置计划的方法

- 负面风险应对策略：避免、转移、减轻。
- 机遇应对策略：开拓、分享、强大。
- 同时适用负面风险和机遇的应对策略：预留突发事件预备资源。
- 应急响应策略。

案例分析考点 71：风险监控的方法

- 风险评估。
- 风险审计和定期的风险评审。
- 差异和趋势分析。
- 技术的绩效评估。
- 预留管理。

案例分析考点 72：风险跟踪的方法

- 风险审计。
- 偏差分析。
- 技术指标分析。

> 真题练一练

【2021年上半年系统规划与管理师考试案例分析真题 试题一】（共27分）

某企业随着业务的蓬勃发展，对企业信息化的要求也越来越高，但是该企业IT部门人员短缺，对各种新技术的应用处于摸索阶段，对IT的管理处于被动的"救火阶段"，运维人员技术力量难以支撑运维事件的频发。经统计当月数据，服务事件总数120件，其中90件事件为超时恢复，故障响应率和解决率不尽人意。由于没有体系化的管理流程，导致运维人员不能预估风险并制定相应措施，运维服务质量难以保证，急需专业运维团队给予支持，从根本上解决运维服务质量的问题。对于IT服务运维来说，对服务质量进行度量和评价，对服务项目进行风险评估和管理是服务各个相关方都需要重点关注的内容。

【问题1】（9分）以下三幅画分别对应三个成语，描述了IT服务运维现状，请根据图形和说明文字，找出它们所对应的服务质量指标的名称，并填入对应的答题纸栏内。

①事件可追溯性　　　　　　　　②重大事故发生情况
③及时恢复率　　　　　　　　　④服务可用性
⑤关键业务就绪程度　　　　　　⑥及时响应率
⑦及时解决率　　　　　　　　　⑧主动进行服务监控

（1）运愁维卧：运维服务就是要坚守岗位。
A.①②③④⑤⑥　　　　　　　　B.②③④⑤⑥⑦
C.③④⑤⑥⑦⑧　　　　　　　　D.①③④⑥⑦⑧

（2）唯唯诺诺：凡事要讲证据，空口无凭。
A.①　　　B.①②　　　C.②③④　　　D.④⑤⑥⑦

（3）喜从天降：在外度假，也要随时关注运维指标。
A.①②③④⑤⑥⑦　　　　　　　B.①③④⑤⑥⑦⑧
C.②③④⑤⑥⑦⑧　　　　　　　D.①②③④⑤⑥⑧

【问题2】（8分）（1）请计算本项目服务按时恢复的事件比率。

（2）请列出服务连续性指标除了服务按时恢复的事件比率外，还有哪些指标？

【问题 3】（5 分）风险监控有哪些方法？

【问题 4】（5 分）请结合案例判断下列对错，对的打√，错的打 ×。

（1）服务绩效评价是供需双方都需要的，但因服务的无形性、不可分离性、差异性，导致服务衡量难以量化。（   ）

（2）对客户来说，访问控制率越接近 0 越好。（   ）

（3）质量管理"旧七种工具"强调用数据说话，重视对制造过程的质量控制，而"新七种工具"着重用来解决全面质量管理中 PDCA 循环的计划阶段的有关问题。（   ）

（4）在运维管理工作中，存在管理技术与服务对象不匹配的风险。（   ）

（5）外部风险可以控制，内部风险只能回避和转移。（   ）

参考答案：（官方教材第 220 页）

【问题 1】

（1）B；（2）A；（3）C。

【问题 2】

（1）服务按时恢复的事件比率 =1– 超时恢复事件数量 / 事件总数 =1–80/100×100% = 20%。

（2）连续性指标属于可靠性指标的子特性，除服务按时恢复的事件比率外，还有重大事故发生情况、事故（非重大事故）发生情况、服务的可用程度、关键业务就绪程度这几个指标。

【问题 3】

风险监控的方法有：风险再评估、风险审计、差异和趋势分析、技术的绩效评估、预留（储备）管理。

【问题 4】（5 分）

（1）√；（2）×；（3）√；（4）√；（5）×。

【2017 年下半年系统规划与管理师考试案例分析真题 试题二】

李涛是某公司一名技术骨干，沟通能力比较强，因此项目部张经理委派他担任一个中等项目的项目经理，李涛负责的项目有以下特点：

（1）项目刚刚完成立项，从项目的技术可行性分析预计规模为 100 人 / 月，涉及 5 个需求部门。

（2）项目涉及与合作方的实时联机交易和批量文件交换，必须 6 个月后按合作方规定的日期投产（该投产日期非版本计划投产日），投产前必须通过合作方的验收。

（3）与合作方的连接需要使用新设备，涉及采购。新设备中的应用程序由设备提供商负责开发。

（4）项目组成员中的新员工比率达 30%。

【问题1】(9分)在IT服务风险管理中,风险识别主要包含哪些内容?

【问题2】(12分)(1)请根据试题的说明识别本项目中存在的风险。

(2)针对已识别的风险应采取哪些应对措施?

【问题3】(4分)从风险管控的角度出发,李涛应如何进行管理,以确保项目顺利实施?

参考答案:(官方教材第234页)

【问题1】

风险识别的主要内容包括以下三个方面:

(1)识别并确认IT服务的潜在风险。确定服务可能会遇到的风险,分析这些风险的性质和后果,全面分析服务的各种影响因素,找出可能存在的各种风险,将其整理汇总成风险清单。

(2)识别引起风险的主要因素。识别各风险的主要影响因素,把握风险发展变化的规律,衡量风险的可能性与后果。可以根据风险清单,全面分析各风险的主要影响因素,描述清楚这些风险的主要因素与风险的相互关系。

(3)识别IT服务风险可能引起的后果。风险识别的根本目的是缩小和消除风险可能带来的不利后果,所以要分析风险可能带来的后果和这种后果的严重程度。这一阶段主要依靠定性分析来界定风险可能带来的各种后果。(意思相同或相近即可)

【问题2】

(1)识别的风险。

①进度风险:项目规模为100人/月,按项目标准工期模型计算,此项目开发周期约为215个工作日,其中需求编写阶段需要28个工作日。而离合作方要求的投产时间只有6个月(约132个工作日),实际工期只有理论工期的61%。如果考虑安排1个月进行测试,实际开发工期只有理论工期的51%,存在进度风险,可能导致项目延期。

②规模风险:业务需求部门多达5个,有潜在的产品规模风险。

③技术风险:合作方要求的投产时间点与版本计划投产日不一致,投产前涉及版本同步工作,有潜在的技术风险。

④外部风险:与合作方的连接是项目实施的关键路径,涉及采购和外部公司的程序开发,有潜在的外部风险。

⑤人员风险:项目组新人比率过高,有潜在的人员风险。

(2)应对措施。

①减缓进度风险。在项目计划上,申请测试流程整合,裁剪适应性测试和非必选流程,并要求适应性测试人员从项目需求编制阶段就分批加入项目,尽可能保障项目的开发工期。

②接受规模风险。在项目前期,要求各业务部门到项目承担部门与项目组设计人员一并集中办公,增加需求的整体感,并提高效率,减少需求文档编制阶段的时间。对于各部门未

达成一致且优先级较低的需求，可考虑在二期实现，以减缓此风险。

③减缓外部风险。第一时间提交采购所需文档，申请通过紧急流程进行采购活动。需求明确后，优先安排与外部公司的接口设计工作。

④接受技术风险。提前规划和申请项目所要使用的各种开发、验证环境。

⑤接受人员风险。在需求编制阶段，启动对新员工的技术和业务培训，通过完成练习题的方式检查培训结果。并与各开发部门沟通，确认这些资源的按计投入。（意思相同或相近即可）

【问题3】

（1）制定风险管理计划：李涛收到任务后，先对项目的基本情况进行分析，用风险条目检查表评估出潜在风险。

（2）进行风险识别，并对已识别的风险进行定性分析和定量分析。明确相关风险后，项目经理针对各类风险，制定相关措施来避免风险的发生或降低风险的影响。

（3）制定风险处置计划：根据优先级顺序，同时考虑实际需要，把应对风险所需成本和措施加入IT服务预算和进度中。

（4）进行风险监控：在项目的各阶段，对各种风险依赖进行定期的监控和处理。每周对风险依赖进行监控，在项目例会上对风险进行讨论。对于未按时解除的风险，通过风险确认函、专题汇报、风险周报等方式将风险升级。（意思相同或相近即可）

第 22 章　IT 服务营销案例分析

本章涉及历年考试案例分析题考点分布情况

考　点	2022	2021	2020	2019	2018	2017
案例分析考点 73：客户关系管理的活动						
案例分析考点 74：增值服务需要把握的原则						
案例分析考点 75：供应商的选择 / 推荐原则					√	
案例分析考点 76：供应商的审核考虑方面						
案例分析考点 77：IT 服务营销过程					√	
案例分析考点 78：项目预算制定步骤					√	

历年案例分析题考题情况

年　份	题　号	考　点	分　值	类　型
2018 年	试题三	供应商的选择 / 推荐原则	8 分	简答题
		IT 服务营销过程	8 分	简答题
		判断有关客户关系管理描述是否正确	5 分	判断题

案例分析考点 73：客户关系管理的活动

- 定期沟通。
- 日常沟通。
- 投诉管理。
- 表扬管理。
- 满意度调查。
- 增值服务。

案例分析考点 74：增值服务需要把握的原则

- 不能影响现有协议约定的服务内容。
- 增值服务贴合客户需要。

- 增值服务投入在可接受范围内。
- 本身有能力对增值服务内容进行引申。

案例分析考点 75：供应商的选择 / 推荐原则

供应商的选择可以参考以下原则：供应商注册资本，人员规模、学历及专业构成，供应商已有客户规模，供应商运维服务、信息安全相关资质，供应商的服务流程规范性、支持服务体系，供应商工程师技术能力水平、相关业界认证资质，供应商服务范围的可扩展性，供应商的人员能力体系及发展通道是否健全，供应商服务面临服务压力时的可扩展性，与自身服务业务的竞争性及互补性，供应商的业界评价等。

> **真题练一练**

【2018 年上半年系统规划与管理师考试案例分析真题 试题三】

【问题 2】（8 分）请指出 A 公司选择新的备件供应商时应考虑的原则。

参考答案：（官方教材第 245 页）供应商的选择可以参考以下原则：供应商注册资本，人员规模、学历及专业构成，供应商已有客户规模，供应商运维服务、信息安全相关资质，供应商的服务流程规范性、支持服务体系，供应商工程师技术能力水平、相关业界认证资质，供应商服务范围的可扩展性，供应商的人员能力体系及发展通道是否健全，供应商服务面临服务压力时的可扩展性，与自身服务业务的竞争性及互补性，供应商的业界评价等。（意思相同或相近即可，每条 1 分，最高 8 分）

案例分析考点 76：供应商的审核考虑方面

- 响应能力。
- 问题解决能力。
- 问题解决效率。
- 人员稳定性。
- 客户反馈。
- 合作氛围。

案例分析考点 77：IT 服务营销过程

- 启动准备阶段：营销准备，营销计划。
- 调研交流阶段：做好需求调研，写好解决方案。
- 能力展示阶段：做好产品展示，保持继续沟通。

- 服务达成阶段：达成服务协议，做好持续服务。

> **真题练一练**

【2018年上半年系统规划与管理师考试案例分析真题 试题三】
【问题1】（8分）请指出IT服务营销都包含哪些阶段？并简要描述这几个阶段的主要活动。

参考答案：（官方教材第245页）IT服务营销过程分为四个阶段：
（1）启动准备阶段。包括营销准备、营销计划。
（2）调研交流阶段。包括做好需求调研、写好解决方案。
（3）能力展示阶段。包括做好产品展示、保持持续沟通。
（4）服务达成阶段。包括达成服务协议、做好持续服务。

案例分析考点78：项目预算制定步骤

- 识别项目预算收入项与开支项。
- 划分IT服务项目执行阶段。
- 形成预算表。

> **真题练一练**

【2018年上半年系统规划与管理师考试案例分析真题 试题三】
【问题4】（5分）请判断以下有关客户关系管理描述是否正确（填写在答题纸的对应栏中，正确的选项写"√"，不正确的选项写"×"）。

（1）定期沟通的主要内容包括供需双方对服务达成情况的总结回顾，重点问题的协商处理及确立后续改进计划等。（　　）
（2）日常沟通主要是及时了解客户对服务的感知情况，可以及时跟进客户需求变化，为后续服务改进制定针对性的措施，高层拜访属于日常沟通的形式。（　　）
（3）重视客户投诉，对投诉进行及时有效的处理可以更好地提升客户对服务的感知，增加与客户之间的亲切感，促进客户对服务更积极的评价。（　　）
（4）事件结束之后的Case by Case的回访属于对事件解决结果的调查和反馈，不属于满意度调查的范围。（　　）
（5）考虑到服务成本，服务工程师在服务执行过程中对服务级别约定之外的服务不予以提供。（　　）

参考答案：（1）√；（2）√；（3）√；（4）×；（5）×。

第23章 团队建设与管理案例分析

本章涉及历年考试案例分析题考点分布情况

考 点	2022	2021	2020	2019	2018	2017
案例分析考点79：IT服务团队的特征		√				
案例分析考点80：IT服务团队建设周期	√	√				
案例分析考点81：对服务团队进行有效管理						
案例分析考点82：目标分解时应注意的要点	√	√				
案例分析考点83：目标实现的优先级排序原则						
案例分析考点84：不同类型员工的监控方法	√					

历年案例分析题考题情况

年 份	题 号	考 点	分 值	类 型
2022年	试题三	团队组建期的工作	8分	简答题
		团队目标分解时的工作要点	6分	简答题
		技能、意愿四象限目标、监控方法	8分	填空题
		风暴期的关键步骤	3分	选择题
2021年	试题三	分析案例中是否符合团队的特征	15分	案例分析
		目标分解时的注意事项	5分	简答题
		团队阶段、团队激励方法	4分	选择题
		团队组建期的关键步骤	3分	简答题

案例分析考点79：IT服务团队的特征

- 人员的岗位结构分为管理岗、技术岗、操作岗，成员相对固定。
- 需要较高的服务意识。
- 会使用专用工具。
- 工作具有周期性和重复性的特征，注重流程化和规范化。

● 注重知识的积累和转移。

真题练一练

【2021年上半年系统规划与管理师考试案例分析真题 试题三】

张工最近刚接手一个IT运维项目，作为项目系统规划师，由于公司运维力量不足，招聘了较多的新技术成员。为了提高服务质量，购买了先进的运维工具。

张工发现，团队新成员服务意识不强，欠缺经验。运维工具中很多事件分派不出去，分派出去了也没人处理，张工就此事询问相关员工，相关员工说不是自己的工作；对于服务请求事件也无回访，缺乏相应的流程制度，同时，运维过程中有两名新技术人员离职。为弥补人员流动造成的技术流失，张工组织人员将平时的故障处理日志进行了收集整理，并召集人员编写了相应的标准操作规范和技术手册；制定了相应的人员管理预防性及储备性措施，团队后期趋于稳定。为使项目目标能够顺利完成，张工将团队目标进行了分解，并严格执行，项目进展逐渐呈现了向好的趋势。

【问题1】（15分）根据以上案例，请分析并填写下列表格。

IT服务团队特征	是否满足	理　由
人员的岗位结构，分为管理岗、技术岗、操作岗、且团队成员相对固定	不满足	

参考答案：（官方教材第261页）

IT服务团队特征	是否满足	理　由
人员的岗位结构，分为管理岗、技术岗、操作岗，且团队成员相对固定	不满足	未进行岗位结构的划分。同时，因为有两名新人离职，不满足团队成员相对固定的要求
需要较好的服务意识，通过IT技术为客户提供服务	不满足	题目已经指出服务意识不强，另外，服务工具分派事件后，也没人处理，说明没有通过IT技术为客户提供服务

第 23 章 团队建设与管理案例分析

续表

IT服务团队特征	是否满足	理　由
为了提高服务质量，熟悉专用工具的使用	不满足	虽然购买了服务工具，但未经过相应培训，从两名新员工离职后所采取的措施可以看出，可能存在对工具不熟悉的情况
工作具有周期性和重复性，注重流程化与规范化	不满足	根据题目"服务请求事件也无回访，缺乏相应的流程制度"可以判断，流程化和规范化做得不够好
注重知识的积累，以便主动发现问题及解决问题	满足	从"组织人员将平时的故障处理日志进行了收集整理，"可见，之前注重了知识的积累

案例分析考点 80：IT 服务团队建设周期

- 组建期：了解现状、稳定核心成员、确定目标、建立团队价值观。
- 风暴期：完成关键目标、人员沟通、建立信任、强化团队价值观。
- 规范期：团队建设、信任尊重、激励鼓舞、共享愿景。
- 表现期：自我管理、授权工作、追求卓越、梯队建设。

真题练一练

【2022 年上半年系统规划与管理师考试案例分析真题 试题三】

【问题 1】（8 分）请指出在服务团队组建期应重点开展的工作。

参考答案：（官方教材第 262 页）了解现状、稳定核心成员、确定目标、建立团队价值观。

【问题 4】（3 分）团队处于风暴期时，解决团队冲突时应采取的 3 个关键步骤包括（　　）。

A. 人员沟通　　　　　　　　B. 共享愿景

C. 建立信任　　　　　　　　D. 强化团队价值观

E. 梯队建设　　　　　　　　F. 授权工作

参考答案：（官方教材第 264 页）A、C、D

【2021 年上半年系统规划与管理师考试案例分析真题 试题三】

【问题 4】（3 分）团队组建期的关键步骤有哪些？

参考答案：（官方教材第 262 页）了解现状、稳定核心成员、确定目标、建立团队价值观。

案例分析考点 81：对 IT 服务团队进行有效管理

从四个方面对 IT 服务团队进行有效管理，分别为目标管理、激励管理、执行管理、人员发展管理。

365

案例分析考点 82：目标分解时应注意的要点

- 要把团队目标转化为员工的日常思想和行动，与员工的绩效考核挂钩。
- 考虑现有资源和人力情况。
- 分解目标需要服从部门总体目标。
- 个人目标应符合 SMART 原则。
- 一般短期目标以周/月目标为主，长期目标指半年或一年以上，且长短期目标必须平衡。

真题练一练

【2022 年上半年系统规划与管理师考试案例分析真题 试题三】
【问题 2】（6 分）请指出王伟在团队目标分解时的工作要点。
【2021 年上半年系统规划与管理师考试案例分析真题 试题三】
【问题 2】（5 分）IT 服务团队在进行目标分解时的注意事项有哪些？
参考答案：（官方教材第 269 页）（1）要把团队目标转化为员工的日常思想和行动，与员工的绩效考核挂钩；（2）考虑现有资源和人力情况；（3）分解目标需要服从部门总体目标；（4）个人目标应符合 SMART 原则；（5）一般短期目标以周/月目标为主，长期目标指半年或一年以上，且长短期目标必须平衡。

案例分析考点 83：目标实现的优先级排序原则

- 对于本部门目标的重要程度。
- 绩效考核标准。
- 实现目标所需资源的现实性和到位的速度。
- 目标执行滞后时带来的危害。
- 竞争对手的影响。
- 客户期望。

案例分析考点 84：不同类型员工的监控方法

类 型	实 例	监控方法
技能低、意愿低	态度一般的新员工	纠正、把控
技能低、意愿高	态度积极的新员工	指导、帮助
技能高、意愿低	老员工	关心、尊重
技能高、意愿高	团队骨干	信任、授权

> **真题练一练**

【2022年上半年系统规划与管理师考试案例分析真题 试题三】

【问题3】(8分)结合案例,请应用技能、意愿四象限目标、监控方法,补充如下表格。

人　员	人员特征	采取的管理方式
系统组组长		
网络组组长		
小张		
小李		

参考答案:(官方教材第271页)

人　员	人员特征	采取的管理方式
系统组组长	工作技能较高、工作意愿较低	关心、尊重
网络组组长	工作技能较高、工作意愿较高	信任、授权
小张	工作技能较低、工作意愿较低	纠正、把控
小李	工作技能较低、工作意愿较高	指导、帮助

第 24 章 论文写作综述

论文写作一直是参加系统规划与管理师考试的广大考生的软肋，尤其对缺少实际项目经验的非从业考生和学生考生来说更为困难。观察考生的考试成绩，有不少考生都是前两科及格通过，甚至考出较好的成绩，但在论文写作上却不及格。而前两部分不及格，论文写作及格的考生却鲜有出现。笔者也注意到，有些系统规划与管理师考试培训班中存在这样的现象：三科都及格通过的考生，与前两科及格通过而论文没过的考生，比例大概为 1∶3。这种现象说明，论文写作科目的考核在前两科的基础上，难度上了一个新台阶。

系统规划与管理师考试的第一科目考查综合知识，共 75 道选择题，考查的重点在于要求考生掌握 IT 战略规划知识，熟悉信息、信息系统和 IT 技术知识，熟练掌握信息技术服务领域的理论和知识，知识面范围比较广但难度不大；第二科目考查三道案例分析题，重点考查考生是否能够全面且深入地将案例中出现的各种问题与信息技术服务相关的理论知识点相结合，做到学以致用，理论联系实际，进而在分析问题的基础上解决问题。第三科目的考查重点在囊括前两部分的基础上对考生提出了更高的要求，考生在论文写作过程中首先要对考查的知识点非常熟悉，其次要体现出项目的实践经验并与理论知识进行充分结合，并对项目进行归纳总结、提出改进意见。另外，通过论文写作还可以反映出考生是否具备足够丰富的项目管理实践经验，甚至考核考生的框架布局、逻辑思路、遣词造句和笔体字迹等是否适宜，这些因素都会对论文写作的成绩造成直接的影响。

24.1 考试大纲对论文写作的要求

系统规划与管理师考试的论文写作主要考查 IT 服务规划设计、IT 服务部署实施、IT 服务运营管理、IT 服务持续改进、监督管理、团队建设与管理六大方面的内容。论文写作备考要熟练掌握以下知识点核心体系。

IT 服务规划设计	服务需求识别
	服务成本评估
	服务方案设计
	规划设计风险
	规划设计实施
	规划设计实施评价
IT 服务部署实施	IT 服务部署实施的方法
	IT 服务部署实施的过程
IT 服务运营管理	人员要素管理
	资源要素管理
	技术要素管理
	过程要素管理
IT 服务持续改进	持续改进方法
监督管理	质量管理
	风险管理
团队建设与管理	

24.2 论文写作试卷的样式

论文写作科目的考试时间安排在下午的第二场，时间一般是 15:20—17:20，考试时长为两个小时，考试形式为闭卷笔试写作。满分为 75 分，45 分及格。一共会有两道题，考生只需选择其中一道进行作答即可。

论文篇幅要求不少于 2000 字，项目真实、逻辑清晰、条理清楚且论述得当。

将解答写在答题纸的解答区域内，超出解答区域的内容不能被评阅。

解答时字迹务必清楚，字迹不清将不评分。如果备考时间充足，建议平时多练练字。

全国计算机技术与软件专业技术资格考试
2019年上半年 系统规划与管理师 下午试卷 II

（考试时间 15:20~17:20 共120分钟）

请按下述要求正确填写答题纸

1. 本试卷满分75分。
2. 在答题纸的指定位置填写你所在的省、自治区、直辖市、计划单列市的名称。
3. 在答题纸的指定位置填写准考证号、出生年月日和姓名。
4. 在试题号栏内用"○"圈住选答的试题号。
5. 答题纸上除填写上述内容外只能写解答。
6. 解答应分摘要和正文两部分。在书写时，请注意以下两点：
   （1）摘要字数在400字以内，可以分条叙述，但不允许有图、表和流程图。
   （2）正文字数为2000字至3000字，文中可以分条叙述，但不要全部用分条叙述的方式。
7. 解答时字迹务必清楚，字迹不清，将不评分。

从下列的2道试题（试题一和试题二）中任选1道解答。请在答卷上用"○"圈住选答的试题编号。若用"○"圈住的试题编号超过1道，则按题号最小的1道评分。

全国计算机技术与软件专业技术资格考试
2019年上半年 系统规划与管理师 下午试卷 II 答题纸
（考试时间：15:20～17:20 共120分钟）

试题一至试题二为选答题。

注意事项

1、请用黑色字迹的签字笔填写"考生姓名"、"准考证号"。
2、请将"考生条形码"粘贴在正确的位置。
3、保持答题纸整洁，禁止折叠。
4、所有答案均填写在本答题纸答题框内，试卷上答题无效！

选答题说明

试题一至试题二为选答题，请从中任选一题解答，并将标识框涂黑。若试题多选、少选或未选，则对题号最小的一道试题进行评分。

选答题： 试题一 试题二

摘要

正文

24.3 历年考试的论文考题分析

年 份	考 题	题 目	要求要点
2022 年	试题一	论 IT 服务知识管理	• 知识管理流程 • 知识管理关键成功因素，并结合所做的项目，给出项目知识管理指标项及其说明 • 知识管理可能存在的风险和控制方法
	试题二	论 IT 服务规划设计阶段的过程管理要素设计	• 过程识别和定义的活动内容 • 过程监控设计的活动内容 • 结合项目，给出服务级别管理、服务报告管理、变更管理过程设计时应考虑的内容、关键指标及说明
2021 年	试题一	论 IT 服务的应急预案管理	• 应急预案管理各阶段的工作 • 触发应急预案的重大事件 • 应急预案具体活动
	试题二	论 IT 服务的质量管理	• 质量管理策划活动的具体内容 • 质量检查有哪些常见活动 • 服务质量改进的实施一般采用 PDCA 方法，请论述 PDCA 的实施步骤
2020 年	试题一	论 IT 服务规划设计	• IT 服务规划设计的主要工作内容 • IT 服务方案设计在人员、过程、技术、资源等方面的主要内容 • 请结合论文中所提到的 IT 服务项目，介绍如何进行 IT 服务规划设计，包括具体的做法和经验教训
	试题二	论 IT 服务风险管理	• IT 服务过程中常见的风险 • 风险管理过程 • 请结合论文中所提到的 IT 服务项目，介绍如何进行 IT 服务风险管理（可叙述具体做法），并总结心得体会
2019 年	试题一	论 IT 服务持续改进	• IT 服务持续改进方法 • 针对人员、资源、技术和过程，简述常用的测量指标
	试题二	论 IT 服务团队建设管理	• IT 服务团队的特征 • 如何对 IT 服务团队进行建设与管理

续表

年 份	考 题	题 目	要求要点
2018 年	试题一	论 IT 服务运营管理	• IT 服务运营管理的重要性 • IT 服务运营管理在人员、资源、技术、过程方面的管理内容和关键点 • IT 服务运营管理过程中的关键考核指标
	试题二	论 IT 服务风险管理	• IT 服务过程中常见的风险 • 风险管理过程
2017 年	试题一	论 IT 服务方案设计及实施	• 如何进行服务模式和服务级别的设计
	试题二	论 IT 服务团队管理	• 结合参与过的 IT 服务项目及其特点，论述如何进行团队管理

【2022 年上半年系统规划与管理师考试论文真题试题一 论 IT 服务知识管理】

IT 服务是创造知识的过程，也是实现知识价值的过程。IT 服务方的服务质量依赖于组织自身所掌握的知识水平和技能经验，通过知识管理可保持及提升组织的服务保障水平。IT 服务知识管理是将服务生产过程中产生的各类信息所包含的知识最大限度地提取、保留，通过评审后加以应用。知识管理是提高 IT 服务效率、实现 IT 服务目标的重要手段。

请以"IT 服务知识管理"为题，分别从以下三个方面进行论述：

1. 概要叙述你参与过的或者你所在组织开展过的某运行维护项目的基本情况（背景、目的、组织结构、服务对象、服务内容、交付成果等），并说明你在其中承担的工作。

2. 结合项目实际，论述你对知识管理的认识，可以包括但不限于以下方面。

（1）知识管理流程。

（2）知识管理关键成功因素，并结合你所做的项目，给出项目知识管理指标项及其说明。

（3）知识管理可能存在的风险和控制方法。

3. 请结合论文中所提到的运行维护服务项目，介绍你是如何进行知识管理的，包括具体做法和经验教训。

【2022 年上半年系统规划与管理师考试论文真题试题二 论 IT 服务规划设计阶段的过程管理要素设计】

在 IT 服务规划设计过程中，为了交付特定的 IT 服务需求，服务方需要对过程管理进行设计，其中过程管理要素是 IT 服务需求实现的保障，过程活动的贯穿使服务更加轨道化、标准化、规范化，进而使服务产出更加标准稳定。

请以"论IT服务规划设计阶段的过程管理要素设计"为题，分别从以下三个方面进行论述：

1. 概要叙述你参与过的或者你所在组织开展过的某运行维护服务项目的基本情况（背景、目的、组织结构、周期、服务对象、服务方式、服务内容、交付成果等），并说明你在其中担任的工作。

2. 结合项目实际情况并围绕以下要点论述你对IT服务过程管理要素设计的认识。

（1）过程识别和定义的活动内容。

（2）过程监控设计的活动内容。

（3）结合你的项目，给出服务级别管理、服务报告管理、变更管理过程设计时应考虑的内容、关键指标及说明。

3. 请结合论文中所提到的运行维护服务项目，介绍你是如何进行IT服务过程管理设计的（可叙述具体做法）并总结你的心得体会。

【2021年上半年系统规划与管理师考试论文真题试题一 论IT服务的应急预案管理】

1. 概要叙述你参与过的或者你所在组织开展过的IT服务项目的情况（背景、目的、项目规模、发起单位、项目内容、项目周期、组织结构、服务对象、服务内容、交付成果等），并说明你在其中承担的工作。

2. 结合项目实际，论述你对IT服务应急管理的认识，可以包括但不限于以下方面。

（1）应急预案管理各阶段的工作。

（2）触发应急预案的重大事件。

（3）应急预案的具体活动。

3. 请结合论文中所提到的IT服务，介绍你是如何进行应急预案管理的，包括具体的做法和经验教训。

【2021年上半年系统规划与管理师考试论文真题试题二 论IT服务的质量管理】

1. 概要叙述你参与过的或者你所在组织开展过的IT服务项目的情况（背景、目的、项目规模、发起单位、项目内容、项目周期、组织结构、服务对象、服务内容、交付成果等），并说明你在其中承担的工作。

2. 结合项目实际，论述你对IT服务质量管理的认识，可以包括但不限于以下方面。

（1）质量管理策划活动的具体内容。

（2）质量检查有哪些常见活动。

（3）服务质量改进的实施一般采用PDCA方法，请论述PDCA的实施步骤。

3. 请结合论文中所提到的IT服务，介绍你是如何进行IT服务质量管理的，包括具体的做法和经验教训。

【2020年下半年系统规划与管理师考试论文真题试题一 论IT服务规划设计】

1.概要叙述你参与过的或者你所在组织开展过的IT服务项目的情况（背景、目的、组织、结构、服务对象、服务内容等），说明你在其中承担的工作。

2.结合项目实际，论述你对IT服务规划设计的认识，可以包括但不限于以下方面。

（1）IT服务规划设计的主要工作内容。

（2）IT服务规划设计在人员、过程、技术、资源等方面的主要内容。

（3）请结合论文中所提到的IT服务，介绍你是如何进行IT服务规划设计的，包括具体的做法和经验教训。

【2020年下半年系统规划与管理师考试论文真题试题二 论IT服务风险管理】

风险是实现服务目标过程中的不确定性对服务所带来的影响。IT服务风险管理可以对风险进行有效管理，帮助实现预定的目标，减小风险对组织资源、收益的不利影响。

请以"论IT服务风险管理"为题，分别从以下三个方面进行论述：

1.概要叙述你参与过的或者你所在组织开展过的IT服务项目的基本情况（背景、目的、组织结构、周期、服务对象、服务方式、服务内容、交付成果等），并说明你在其中承担的工作。

2.结合项目管理实际情况并围绕以下要点论述你对IT服务风险管理的认识。

（1）项目在人员、过程、技术、资源方面可能会存在哪些风险。

（2）结合IT服务风险管理的过程，针对所存在的风险应如何进行管理。

3.请结合论文中所提到的IT服务，介绍你是如何进行风险管理的，可叙述具体做法，并总结你的心得体会。

【2019年上半年系统规划与管理师考试论文真题试题一 论IT服务持续改进】

IT服务持续改进主要的目标是使得IT服务可以一直适应不断变化的业务需求，通过识别改正机会并实施改进活动，使得IT服务有效支持相关的业务活动。

请以"IT服务持续改进"为题，分别从以下三个方面进行论述：

1.概要叙述你参与过的或者你所在组织开展过的IT服务项目的基本情况（背景、目的、组织结构、周期、服务对象、服务方式、服务内容、交付成果等），并说明你在其中承担的工作。

2.结合项目实际，论述你对IT服务持续改进的认识，可以包括但不限于以下几个方面。

（1）IT服务持续改进的方法。

（2）针对人员、资源、技术和过程，简述常用的测量指标。

3.请结合论文中所提到的IT服务，介绍你是如何进行IT服务持续改进的，包括具体做法和经验教训。

【2019年上半年系统规划与管理师考试论文真题试题二 论IT服务团队建设管理】

IT服务团队的整体绩效取决于系统规划与管理师采用何种办法来管理团队。不同的企业在管理IT服务团队时有着不同的特性。

请以"IT服务团队建设管理"为题，分别从以下三个方面进行论述：

1. 概要叙述你参与过的或者你所在组织开展过的IT服务项目的基本情况（背景、目的、组织结构、周期、服务对象、服务方式、服务内容、交付成果等），并说明你在其中承担的工作。

2. 结合项目管理实际情况并围绕以下要点论述你对IT服务团队建设管理的认识。

（1）IT服务团队的特征。

（2）如何对IT服务团队进行建设与管理。

3. 请结合论文中所提到的IT服务项目，介绍你是如何进行团队建设管理的（可叙述具体做法），并总结你的心得体会。

【2018年上半年系统规划与管理师考试论文真题试题一 论IT服务运营管理】

IT服务运营管理方面的问题更多地不是来自产品或技术（硬件、软件、网络、电力故障等）方面，而是来自管理方面。IT服务的管理者，无论是企业内部的IT部门，还是外部的IT服务提供商，其IT服务运营的主要目的就是提供低成本、高质量的IT服务。根据我国信息技术服务标准（ITSS），IT服务生命周期由规划设计、部署实施、服务运营、持续改进和监督管理5个阶段组成。其中IT服务运营是根据IT服务部署的情况，采用过程方法，全面管理基础设施、服务流程、人员和业务连续性，实现业务运营与IT服务运营的全面融合。

请以"IT服务运营管理"为题，分别从以下三个方面进行论述：

1. 概要叙述你参与过的或者你所在组织开展过的某项运行维护服务工作的基本情况（背景、目的、组织结构、周期、服务对象、服务方式、服务内容、交付成果等），并说明你在其中承担的工作。

2. 结合项目实际，论述你对IT服务运营管理的认识，可以包括但不限于以下几个方面。

（1）IT服务运营管理的重要性。

（2）IT服务运营管理在人员、资源、技术、过程方面的管理内容和关键点。

（3）IT服务运营管理过程中的关键考核指标。

3. 请结合论文中所提到的运行维护服务工作，介绍你是如何进行IT服务运营管理的，包括具体做法和经验教训。

【2018年上半年系统规划与管理师考试论文真题论题二 论IT服务风险管理】

风险是在实现服务目标过程中所带来的不确定性和可能性，风险一旦发生，会对服务产生某种影响。

请以"IT服务风险管理"为题，分别从以下三个方面进行论述：

1. 概要叙述你参与过的 IT 服务项目（项目的背景、规模、目的、项目内容、组织结构、项目周期、交付的服务及产品等），并说明你在其中承担的工作。

2. 结合项目管理实际情况并围绕以下要点论述你对 IT 服务风险管理的认识。

（1）IT 服务过程中常见的风险。

（2）风险管理过程。

3. 请结合论文中所提到的 IT 服务项目，介绍你是如何进行 IT 服务风险管理的，可叙述具体做法，并总结你的心得体会。

【2017 年下半年系统规划与管理师考试论文真题试题一 论 IT 服务方案设计及实施】

随着 IT 技术日新月异的变化，各行各业的 IT 系统也越来越复杂，如何保障 IT 系统的正常运行，为用户提供优质的 IT 服务，已经成为 IT 部门及用户关注的重点问题。IT 服务规划设计处于 IT 服务生命周期的最前端，IT 服务方案设计是 IT 服务规划设计阶段的核心工作，方案设计得好坏对于确保系统的运营质量具有十分重要的意义。IT 服务方案在实施过程中可能会出现各种问题，因此需要及时跟踪用户需求的变化，及时进行调整，达成一个多方都满意的服务，其主要内容包括及时收集用户的需求变更，分析现有服务方案对于服务质量的影响，提出 IT 服务的改进方案。

请围绕"IT 服务方案设计及实施"论题，分别从以下三个方面进行论述：

1. 概要叙述你所参与的 IT 服务方案设计的服务对象和业务场景，以及你在该服务方案设计中所承担的主要工作。

2. 详细阐述你所参与的 IT 服务方案是如何进行服务模式和服务级别的设计的。

3. 详细说明你所参与的 IT 服务方案具体实施过程和效果，在实施过程中出现过什么问题，如何改进的。

【2017 年下半年系统规划与管理师考试论文真题试题二 论 IT 服务团队管理】

IT 服务团队人员的岗位包括管理岗、技术岗和操作岗，都需要较高的服务意识，工作中需注重流程化与规范化，使用专门的工具来提高服务质量，同时注重知识的积累及转移，以便主动发现问题并解决问题。团队管理一般包括目标管理、激励管理、执行管理和人员发展管理等，IT 服务团队通过执行管理，充分合理地运用组织资源，不断改进组织环境并提高效率，使得团队的整体效能得以充分发挥，以促进组织战略目标的实现。

请围绕"IT 服务团队管理"论题，分别从以下三个方面进行论述：

1. 概要叙述你所在的 IT 服务团队的基本情况，以及你在其中承担的主要工作。

2. 结合你参与过的 IT 服务项目及其特点，论述如何进行团队管理。

3. 结合 IT 服务项目团队管理实际工作中遇到的问题，简要叙述团队管理实施过程中的经验和教训。

24.4 论文写作结构要求

系统规划与管理师考试的论文写作是一种比较特殊的论文体裁，它与通常意义的学术论文不同。不同于在学术杂志上发表的学术论文，也不同于大学的毕业论文，学术论文更多强调的是作者在哪些方面做了创造性的工作和思考，而系统规划与管理师考试的论文是一种考场论文，要求考生必须在两个小时内快速完成，重点考查考生在信息系统服务项目实践中对于知识点的理解和应用。从某种角度讲，它更像一个项目总结报告。

从历年考试的要求分析，对系统规划与管理师论文结构有着明确的要求，分为论文摘要和论文正文。摘要字数在 400 字以内，可以分条叙述，但不允许有图、表和流程图；正文字数为 2000～3000 字，文中可以分条叙述，但不要全部采用分条叙述的方式。

论文的正文一般要求要有三部分内容：

（1）第一部分是概要叙述你参与过的或者你所在组织开展过的 IT 服务项目的情况（背景、目的、项目规模、发起单位、项目内容、项目周期、组织结构、服务对象、服务内容、交付成果等），并说明你在其中承担的工作。

（2）第二部分是结合项目实际，论述你对论文题目要考查的知识点的认识，一般会细化为三个知识点要求，要求围绕给出的知识点进行论述。

（3）第三部分是结合论文中所提到的运行维护服务项目，介绍你是如何进行相应管理的，包括具体做法和经验教训。

阅卷老师通过论文来考查考生是否具备相应的 IT 服务项目规划和管理实践经验，是否具备将信息系统服务项目管理知识与项目实践相结合的能力。

24.5 论文写作的问题和误区

两个小时要写出 3000 字的文章，难度可以说是相当大。对于学生来说，没有实际的项目经验；而对于在职人员来说，可能存在以下困难：①有项目经验但写作水平有限；②长期从事某一个方面的工作，很少从事项目管理这种综合性的工作；③从事技术性工作或研究工作，热衷于技术实现，管理工作做得较少；④工作任务过重，无暇复习及撰写论文。

论文写作中容易存在以下误区，请考生尽量避免。

（1）跑题或偏题。有些考生一看到试题，不认真阅读试题的3个问题，就按照三段论的方式写论文，这样往往容易导致跑题。同一个主题，试题所问的3个问题可以完全不一样。因此，需要按照试题的问题来组织内容。子题目是得分的关键，即使按照题目写好了论文，但是不符合子题目，一样不及格。因为考查的侧重点不一样，同一篇文章在一次考试中得了高分，但在另一次考试中可能会不及格。

（2）字数不够。按照考试要求，摘要字数需要在400字以内，正文字数为2000～3000字。一般来说，摘要需要写250字左右，正文需要写2500字左右。当然，在实际考试中，这些字数包括标点符号和图形，因为阅卷专家不会去数字的个数，而是根据答题纸上的格子进行计数。

（3）字数偏多。如果摘要超过330字，正文超过2800字，就会导致字数太多。在平常练习写作时，要严格按照考试要求的时间和字数进行写作，这样才能避免因没有时间和字数限制而长篇大论的情况。

（4）摘要归纳欠妥。摘要是一篇文章的总结和归纳，以检查考生概括、归纳和抽象的能力。写摘要的标准是"不看正文，就知道文章的全部内容"。摘要中应该简单地包括正文的重点词句论点，尽量不要加一些"帽子"性语句，把正文的内容直接压缩。

（5）文章深度不够。文章所涉及的措施（方法、技术）太多，但都没有深入。有些文章把主题项目中所使用的措施（方法、技术）一一列举，但受到字数和时间的限制，每一个措施（方法、技术）都是蜻蜓点水式的描述，既没有特色，也没有深度。在撰写论文时，选择自己觉得有特色的2～3个措施（方法、技术），进行深入展开讨论即可，不要企图面面俱到。

（6）缺少特色，泛泛而谈。所采取的措施（方法、技术）没有特色，只是把官方教材的知识点进行罗列，可信性不强。系统规划与管理师考试论文写作实际上就是经验总结，所以一般不需要大谈特谈地论述理论，只要讲自己在某个项目中是如何做的就可以了。所有措施（方法、技术）都要紧密结合主题项目和教材理论，在阐述措施（方法、技术）时，要以主题项目中的具体内容为例。

（7）文章口语化严重。系统规划与管理师在写任何正式文档时，都要注意使用书面语言。要以教材上的理论为依据。例如，有些人有写博客的习惯，那么在论文写作时要尽量避免使用博客的形式，像现在流行的一些网络用语也要杜绝使用。

（8）文字表达能力太差。有些文章描述的措施（方法、技术）不错，且能紧密结合主题项目，但由于考生平时写得少，文字表达能力差。因此建议这些考生平时多读文章，多写文档。

（9）文章缺乏项目背景。这是一个致命缺点，系统规划与管理师考试的论文一定要说明作者在某年某月参加的某个具体项目的具体情况，并指明作者在该项目中所扮演的角色。因为每个论文试题的第一个问题一般就是"简述你参与管理过的项目"（也有个别情况除外）。所以，考生不能笼统地说"银行网络项目管理"或"大数据项目规划"等，而要具体说明是一个什么项目，简单介绍该项目的背景和功能。

（10）项目年代久远。一般来说，项目背景应该是考生在近3年内完成的。

（11）文章层次太多。整篇文章从大一、二、三到小1、2、3，太死板，给人压抑感。在论文中，虽然可以用数字来标识顺序，使文章显得更有条理。但如果全文充满数字条目，则显得太死板，影响论文最后的得分。

（12）文章结构不够清晰，段落太长。这也与考生平常的训练有关，有些不合格的文章如果把段落调整一下，就会变成一篇好文章。另外，一般来说，每个自然段最好不要超过8行，否则会让阅卷老师产生疲劳的感觉，从而影响得分。

24.6 论文写作的整体策略

整体策略：合题＋框架套路模板＋结合知识点＋理论结合实际＋版面整洁、字迹工整。

阅读：阅读范文，掌握框架套路的思路。

模仿：模仿写法。

手写：一定要自己动笔写，而且要计时。

改进：对论文进行复盘并修改，弥补不足。

总结：总结经验教训，再写第二篇。

论文应试策略：勤学苦练。

考试前一个月：熟读范文。

考试前两周：摸清套路，自己写3～4篇文章。

考试前3～4天：多记忆重点知识点。

考试前1天：重新默写一篇论文。

在考试时直接选一个相较而言自己最为熟悉、最为贴近自己工作的论文题材，按照已经准备的框架套路和准备的知识点，展开叙述。

特别提醒考生，在论文写作策略上应注意以下几点：

（1）逻辑结构。整个行文的结构要系统，从而体现出考生思维清晰、层次分明、逻辑严谨、理论丰富和专业的素养，再加上自己的灵活运用，表达出对问题的独到见解和深刻体会，体现一个高级IT从业者的高素质。

（2）框架套路。按照论文的框架结构套路，体现系统规划与管理师的工作有方法、有专业、有素养。写程序也是"算法＋模式"的套路。按照论文的框架结构套路，可以让自己在两个小时的写作过程中，不用绞尽脑汁、挖空心思，而是有东西可写，不愁写不到2500字；按照论文的框架结构套路，把一个智力型的写作过程变成一个机械的写作过程，降低写作难度，实际上，这也体现了项目管理的任务分解过程，系统分析的自顶向下，层层分解，逐一细化，变成可执行可操作的过程；按照论文的框架结构套路，任何题材都可以适用，不管是规划设计、部署实施，还是团队管理，考试不再是一个创作的过程，而是书写再现。

（3）体现知识点。论文中必须要体现出题目要求的知识点。记忆重点知识点，显得自己的理论知识丰富，专业素养深厚，显得自己有思想、有论点，而不是空穴来风、夸夸其谈。根据知识点展开论述，这样显得有力度，不再愁文字的字数多少。

（4）结合项目实践。论文必须结合项目实践，体现真实的项目背景，并结合知识点的要求，体现出在这个项目中的应用。

如果论文逻辑结构清晰、框架结构合理、具有专业的知识点，以及理论与实践相结合，就能马上能抓住阅卷老师的眼球。建议论文写作的时间分配如下。

（1）论文题目选择：3分钟。

（2）论文构思：12分钟，在草稿纸上列好提纲。

（3）摘要：15分钟。

（4）正文：80分钟。

（5）检查修改：10分钟，主要检查摘要部分，正文写作过程中可能跟摘要内容有偏差。也可以写完正文之后，最后再写摘要。

24.7　论文写作的框架思路

24.7.1　论文选题

拿到试卷后，先把两道试题快速浏览一遍，找到自己最容易发挥、最擅长的方向的论题。为了照顾大多数考生的情况，论文题目会比较宽泛。

需要注意的一点是，既然是系统规划与管理师，论文内容当然不会关心过多的技术细节问题，重在项目管理。因此，选题时要考虑应和什么具体的项目相关联。

在校的学生由于没有项目经验，往往不知论文应与什么项目关联为好。一是看题目要求；

二是尽量写自己熟悉的，项目可以是虚构的，不需要指明委托单位；三是如果有大型项目或可以构思出大型项目则更佳。

24.7.2 论文提纲

选定论题后不要急于动笔直接在答题纸上作答。因为直接写作很难有一个整体的思路，而且在写作的过程中可能会涂改导致卷面不整洁。

论文的主要构思点包括：

（1）确定项目的主题。

（2）项目背景和主要特点。

（3）存在的问题。

（4）采取的措施。

（5）取得的效果。

（6）收获的管理经验。

不提倡在草稿纸上书写论文再抄至论文答题纸上，因为考试的时间本就十分有限，抄写论文的时间也不少。

笔者建议不妨先花点时间厘清写作的思路，在草稿纸上列出论文的提纲，所谓"磨刀不误砍柴工"。

提纲内容1：拟联系写作的项目，思考如何联系此项目进行写作。

提纲内容2：拟写论文的主要论点、小标题。

提纲内容3：一些特殊关键点。

论文的阅卷老师一般会把论文看两遍，第一遍快速浏览全文的论点，以找出文章的"文眼"，第二遍再仔细阅读。如果论点清晰，会给阅卷者一种清晰明朗的感觉。

24.7.3 论文摘要

阅卷老师会通过摘要内容提纲挈领地迅速了解论文的主要内容和观点。论文摘要一般以250字为宜。论文摘要是整个论文的内容提炼，主要包含项目的相关背景及简要介绍、个人的岗位职责、根据项目简单说明试题论点和项目最终的实施效果、经验总结等。

类　别	内　容	字数建议
项目背景信息	描述项目的基本信息，要突出项目的特点	50~100字
知识点与实践	以考查的知识点为线索，叙述项目实际操作	200字左右
实施效果经验总结	项目的实施效果，对项目进行经验总结	50~100字

第三部分实施效果经验总结是考生对项目的总结和提炼，提出在项目管理过程中的不足

和缺陷，表明未来的工作改进方向。也有部分考生因为篇幅的原因，只简单说明"该项目在实际运行过程中，发挥了显著的支撑作用，得到用户的一致认可"，而来不及对项目的不足进行总结，这也是一种可以接受的写法。

模板一：论点—项目概述

本文以我主持（或参与）的××（项目名称）为实例，探讨了××（论文论题），认为××（论点）。在此项目中，我担任了××（角色），参与了××（任务），实施后××（用论文中的方法实施后的效果）。

模板二：项目概述—论点

××（项目名称）是××（项目说明），在此项目中，我担任了××（角色），参与了××（任务）。对于项目的××（论文论题），本文认为××（论点）。该项目实施后××（用论文中的方法实施后的效果）。

24.7.4 论文正文

论文正文作为论文的主体，应精心布局。需要强调的是，正文的布局应严格遵循试题中的细项要求。对试题要求进行解析后可以发现，历年论文试题都遵循相对固定的模式。试题的细项要求一般都包括三部分项目的背景（背景、目的、项目规模、发起单位、项目内容、项目周期、组织结构、服务对象、服务内容、交付成果等），并说明在其中承担的工作；考查的知识点在实际项目中的应用；具体的做法和经验教训。试题的细项要求，必须体现在论文的正文中，至少对每一条的要求都应该分别进行描述。字数要求：2000～2500字。

建议考生按照项目背景介绍、承上启下段、知识点应用、经验总结四个部分进行写作。

正文部分	内容	字数建议
项目背景介绍	描述项目的背景、主要内容、业务特点等	500~800字
承上启下	提出问题，归纳项目管理策略，与题目相呼应	300~500字
知识点应用	将所考查的知识点与项目实践结合论述	1000~2000字
经验总结	对项目效果进行总结，提出不足与努力方向	300~500字

1. 项目背景介绍

准备论文的第一件事就是要准备一个项目背景，这个项目背景必须把它锤炼得非常完美，才能够让阅卷老师感觉到新意和真实性。项目一般写IT服务运维项目,而不是软件开发项目。

与摘要的简单阐述不同，论文要详细介绍，主要包含项目背景、目的、项目规模、发起单位、项目内容、项目周期、组织结构、服务对象、服务内容、交付成果、在项目中承担的角色和发挥的作用等。

项目背景主要介绍考生所管理的项目的基本状况，要体现项目的真实性。篇幅过短会让阅卷老师对考生的论文产生"空中楼阁"的印象，降低项目的可信度；篇幅过长，则会让阅卷老师怀疑考生的理论部分掌握得不透彻。一般建议 500~800 字为宜。

项目背景介绍示例：

随着某市供电公司信息系统集中化建设，对网络路由器、交换机、服务器等信息主设备依赖程度大幅度提高，同时对系统可用度要求日益苛刻。某省供电公司计划于 2021 年开展其管辖范围内信息主设备的维保服务，保障其公司信息系统的安全稳定运行。通过邀请招标，我公司最终有幸中标，项目金额 122 万元，运维期一年。该项目主要涉及信息主干网交换设备、安全设备、服务器设备及存储设备的日常巡视和检查，通过对硬件设备进行检查、定期统计与分析故障与告警、运行数据、日志等，完成并提交运行分析报告；对硬件设备故障进行维修并提供 7×24 小时的备品备件保障及技术支持服务。根据其对网络安全方面的要求，提供网络设备策略修改、端口封禁和安全加固等服务，并能根据实际业务需求进行网络业务调整和配置，以保障供电公司信息主干网的安全可靠性及信息系统的稳定运行。

由于我有过大型政务网信息化项目运维管理的成功案例，公司在中标该项目后，任命我为项目经理。我依照 SLA 要求组建以我为项目负责人的团队，总体负责维保项目，制定落实设备保养、巡检工作计划，协调组织设备维修，制定方案和管理项目团队。组建由 6 名专业运维工程师常驻现场提供技术保障服务，若干名专业的资深技术人员提供后台技术支持的运维团队。该项目运行效果良好，超过了合同的要求，得到了供电公司的一致认可，有效保障了网络系统的稳定、高效、可靠的运行。

2. 承上启下

一般来说，在介绍完项目背景后会加一段内容起到承上启下的作用，如"经过对项目进行调研，我们发现存在如下问题……""IT 服务 ×× 是 ××（对该论题进行说明，阐述其重要性），在该项目运维阶段，我们特别注重 ××，主要是 ××、××、×× 等方面。"

3. 知识点应用

知识点应用部分要分段说明，结合论题及论点进行写作，该部分也是论文主要部分，需要运用相关知识结合项目举例进行论证说明。

论点要正确，合乎工程实践的实际情况；理论联系实际，一定要与项目关联起来讨论，切忌空谈理论；可以采用分条叙述的方式，但不要全文都采用此种方式；论点清晰，最好每段在开头处或结尾处点明论点；结尾处要对项目的实施情况，以及应用论点论据应用情况作出总结。不要过多地关注技术，多就论题论述管理方面的问题及采取的措施。

论点论述是整篇论文的重点，论点要以理论知识为基础进行展开论述。例如，"论 IT 服务的知识管理"，其实论文说明里已经把论点告诉你了：结合你所承担的 IT 服务项目，从知识获取、知识共享、知识入库、知识评审等四方面论述知识管理应实施的活动。也就是论点要从知识获取、知识共享、知识入库、知识评审这四个方面进行论述。论点的论述也要理论结合实践，首先对每个论点进行简单的说明，然后结合项目实践，论述你在项目中是如何做的。需要特别强调的是，子标题一定要出现知识获取、知识共享、知识入库、知识评审这四方面的内容。

注意，不能只搬运理论，而要通过实际的项目说明理论方面的操作方法。用理论与实践相结合的方式对所要考查的知识点进行论述，阅卷老师可以明确判断出考生不仅对理论知识有着扎实的基础，而且能学以致用，在实际项目管理中进行了充分的应用。

4. 经验总结

经验总结作为结尾段，一般内容包括项目的运维效果和运行成果、不足之处及改进方法、心得体会等。在经验总结部分，首先要回顾知识点应用的内容，评价项目的效果和成果，然后指出不足之处，最后对未来进行展望。

从项目的背景信息介绍可以推断出考生的实际项目经验；通过知识点应用可以判断考生的理论与实践相结合的能力；经验总结则集中反映了考生对于所考查的项目规划与管理知识的综合分析能力与项目实践的丰富程度。经验总结部分归纳得当，可以起到画龙点睛的效果，这也是阅卷老师的注意力集中所在。

24.7.5 突出逻辑结构

在进行论文写作时，考生常犯的一个错误通病是流水账。许多论文从前到后依次写了项目背景信息、遇到了什么问题、如何解决、得到了哪些经验。这种写法表面上看也符合"项目背景＋理论联系实践＋经验总结"形式的三段论结构，但仔细看就会发现很多论文只是内容的简单堆砌，文中缺乏明确的逻辑关系，给人以罗列拼凑之感。克服论文流水账风格的最好方法就是建立完整的逻辑结构。论文的段落与段落之间、段落内语句之间、开头与结尾都需要体现逻辑关系，使得论文的观点鲜明、条理清晰。

考生一定要在动笔之前就建立论文的整体逻辑结构，具体包括以下三点：

（1）论文分为摘要和正文两部分，摘要是正文的浓缩。

（2）正文一般分为项目背景、理论联系实践和经验总结。

（3）理论联系实践的脉络要与试题考查的知识点保持一致。

论文整体要具备整体框架完整、逻辑结构清晰的特点，并且与试题要求的知识点线索保持一致。段落与段落之间的逻辑关系，除了要保持知识点的逻辑以外，还要注意段落之间的承上启下、前后呼应等方面。此外，段落还要强调首句和末句的作用。例如，首句开门见山，说明本段的主要目的和内容，而末句进行总结，强调该段的主要内容、主要观点或引发的问题和思考等。

24.7.6 关注卷面

论文要求逻辑结构正确完整，内容真实可行，除此之外，还有一个重要因素，即论文的卷面是否整齐清晰。具体来讲，影响卷面的因素包括语言风格、语句与段落的划分、笔迹与字体等。阅卷老师对论文的印象不仅来源于论文的项目背景和逻辑框架，还与卷面密切相关。

（1）语言风格：根据系统规划与管理师考试论文写作的特点，论文主要关注事实描述及问题分析。因而对应的语言风格也应该以客观陈述、理性分析为主。

（2）语句与段落的划分：要做到结构清晰、层次分明。段落的长度一般为 5~15 行，每段字数为 100~300 字。另外，句子的长度不宜过长，在论文写作中也要有意识地避免"一逗到底"的情况。

（3）论文笔迹：考生的卷面是否整洁，笔迹字体如何，不可避免地会影响阅卷老师的印象分，所以要尽量做到笔画清楚、字迹工整。

24.8 论文通用模板（仅供参考）

1. 摘要部分：项目背景 + 论文核心内容（250～300字）

××年××月（具体时间自定，注意要接近考试时的时间），我作为系统规划与管理师主持了××省××运维项目（具体写项目名字，省名用××表示），合同金额××万元（具体金额自定，注意尽量不写整数，要衡量一下人员匹配情况和工作复杂度及内容等），维护期限为1年，并签署了相关工作的服务级别协议。本运维项目维护服务的范围及内容包括网络交换机、机房基础设施、服务器及存储系统、各业务应用系统、安全系统、各办公终端及外设等。本文以该项目为例，主要讨论了××内容（与考试题目相同），具体包括××（具体看论文子题目）。经过团队的一致努力，本项目顺利完成工作任务，运维服务的时间、成本、质量等均达到预期，运维服务工作得到了用户的充分肯定，客户反馈良好。

2. 正文部分：（2500字左右）

（1）项目背景介绍（背景、目的、项目规模、发起单位、项目内容、项目周期、组织结构、服务对象、服务内容、交付成果等，400字）。

××年××月（具体时间自定，注意要接近考试时的时间），我作为系统规划与管理师主持了××省××运维项目（具体写项目名字，省名用××表示），合同金额××万元

（具体金额自定，注意尽量不写整数，要衡量一下人员匹配情况和工作复杂度及内容等），维护期限为1年，并签署了相关工作的服务级别协议。本运维项目维护服务的范围及内容包括网络交换机、机房基础设施、服务器及存储系统、各业务应用系统、安全系统、各办公终端及外设等（注意写的时候要精练概括，主要内容一两句话带过，重点是要体现运维背景）。本运维项目主要做了××（多写点，描述运维背景是本段的重点，把工作内容简单描述一下，以证明该项目是实际项目，以及你是否具有相关的工作经验等；内容包括基础环境运维、硬件运维、软件运维、安全运维、运维管理、其他运维服务）。为了保证整个运维工作的及时、安全、规范、可用，主要的工作内容包括例行操作、响应支持、优化改善、咨询策划四个部分。

（2）承上启下：介绍自己在项目中承担系统规划与管理师的角色和作用，以及项目取得的成效（总论点，400字）。

介绍项目的难度或调研时发现的问题：

该运维项目是对××、××系统进行整体运维服务，又涉及多个办事处及××家分公司单位（介绍服务范围）；其梳理、整合协调难度较大，稍有疏忽可能会导致整个集团公司的业务中断。在调研中，我发现客户的满意率较低，如现场响应不及时、设备监控不准确、支持人员经验不足等。经过调查，我发现：①由于营业网点数量较多，分散在全市各区，团队人员数量不足，无法及时调度响应；②监控平台技术落后，难以支撑实际需要；③服务管理流程没有规范化与制度化；④缺乏相应的知识库、备件库等。

准备怎么解决，引入核心内容：

我带领我的运维管理团队按照ITSS的系列标准，对照客户需求，主要围绕人员、资源、技术和过程等四个关键要素展开××（引入主论点和知识点的理论描述）。

（3）结合论题论点进行说明，即论文的主体部分（分论点阐述，理论联系实际，1500字）。

论点1（1.×××）

论点2（2.×××）

论点3（3.×××）

这部分主要是结合论文论题及子论点、项目的特点说明本人在该项目运维过程中进行了哪些工作,引用相关知识点及一些实例进行论点论证（可以列举两个例子,加强项目的真实感,不过要量力而行，不要乱写，以免跑题）。

（4）收尾：总结收尾段写经验教训和心得体会（300字）。

××年××月（具体时间自定，注意全文时间的一致性），本运维合同到期，通过我和我的团队的不懈努力，顺利完成了本项目的运维工作，保证了系统的正常运行，赢得了××（项目方）的一致好评，并顺利和甲方签署了下一期的运维合同,这主要得益于成功的××（与考试题目相关）。当然，在本合同履行的过程中，还存在一些小问题，如前期服务需求识别得不够充分、中途运维人员离职，这些问题给运维服务带来了一定的压力，但经过后期的努力，这些问题都得到了解决。该项目使我认识到了××（考试题目）的重要性，另外，在后期的工作和学习中，我将继续学习ITSS、ITTL等相关标准知识、不断地学习，提升自己的系统规划与管理水平，不断地积累和更新自己的知识，为企业提供更加专业的IT运维服务，让用户获得更满意的服务。

24.9　论文评分标准

论文写作题的满分为75分，可分为优良、及格与不及格三个档次。评分的分数可分为：
- 60～75分为优良（相当于百分制80～100分）。
- 45～59分为及格（相当于百分制60～79分）。
- 0～44分为不及格（相当于百分制0～59分）。

评分时可先用百分制进行评分，然后转化为75分制（乘以0.75即可）。

具体评分时，参照每一试题相应的解答要点中提出的要求，对照如下五个方面进行评分：

（1）切合题意（30%）：无论是管理论文、理论论文还是实践论文，都需要切合解答要点中的一个主要方面或者多个方面进行论述，可分为非常切合、较好地切合与基本切合三档。

（2）应用深度与水平（20%）：可分为有很强的、较强的、一般的与较差的独立工作能力四档。

（3）实践性（20%）：可分为有大量实践和深入的专业级水平与体会、有良好的实践与切身体会和经历、有一般的实践与基本合适的体会和有初步实践与比较肤浅的体会四档。

（4）表达能力（15%）：可从逻辑清晰、表达严谨和文字流畅等方面分为三档。

（5）综合能力与分析能力（15%）：可分为很强、比较强和一般三档。

具有如下情况的论文，可考虑扣5～10分：

（1）摘要应控制在200~400字的范围内，没有写论文摘要、摘要过于简略或者摘要中没有实质性内容的论文。

（2）字迹比较潦草，其中有不少字难以辨认的论文。

（3）正文基本上只是按照书本方式逐条罗列叙述的论文。

（4）内容上确实属于过分自吹或自我标榜、夸大其词的论文。

（5）内容上有明显的错误和漏洞，按同一类错误每一类扣一次分。

（6）内容仅属于大学生或研究生实习性质的项目，并且其实际使用背景的水平相对较低的论文。

具有如下情况之一的论文，不能给予及格分数：

（1）虚构情节、有较严重的不真实的或者不可信的内容出现的论文。

（2）没有详细讨论项目管理的实际经验，主要从书本知识和根据资料摘录进行讨论的论文。

（3）所讨论的内容与方法过于陈旧或者项目的水准相对非常低下的论文。例如，管理的是仅能用单机版的（孤立型的）规模很小且没有特色的应用项目。

（4）内容不切题意，或者内容相对很空洞、基本上是泛泛而谈且没有较深入体会的论文。

（5）正文与摘要的篇幅过于短小的论文（如正文字数少于1200字）。

（6）语句很不通顺、错别字很多、条理与思路不清晰、字迹过于潦草等情况相对严重的论文。

具有如下情况，可考虑加 5~10 分：

（1）具有独特的见解或者有着很深入的体会、相对非常突出的论文。

（2）起点很高，确实符合当今计算机应用系统发展的新趋势与新动向，并能初步加以实现的论文。

（3）内容翔实、体会中肯、思路清晰、非常切合实际的很优秀的论文。

（4）项目难度很高，或者项目完成的质量优异，或者项目涉及国家重大信息系统工程且作者本人参加并发挥重要作用、能正确按照试题要求论述的论文。

24.10 提前准备论文

论文写作考试的规定时间是 120 分钟，正常情况下需要撰写 2500~3000 字，姑且不论论文的逻辑和内容，单是抄写 3000 个汉字对很多考生而言都是一项挑战。更何况还要保证论文内容翔实、逻辑连贯、层次分明，且符合试题考查的知识点。所以笔者强烈建议考生要提前准备好论文。

如果不提前准备论文，考场临场发挥是很难及格的。临场发挥往往会顾此失彼，要么构思论文结构就花费了很长时间导致撰写论文的时间不够；要么仓促赶进度，过程中发现知识遗漏或逻辑冲突。

考生提前准备论文，仍可分为项目背景和正文两部分。项目背景可以是比较通用的，根据考题的不同略做调整即可。正文的撰写建议根据历年的考题，选择一个大方向和一个小方向的论题，提前撰写一下论文。通过写论文不仅可以复习和巩固学过的知识，还可以感受论文写作中面临的问题和挑战。建议考生先在计算机上拟出论文，然后再默写到稿纸上。在默写的过程中，查看自己容易遗漏的内容，或者哪些知识点记忆得不够牢固。同时也要计时，将时间控制在100~110分钟，并且自己对论文的结构、知识点情况等进行打分评判。发现不足及时弥补，从而为考场论文打下坚实的基础。

第 25 章　论文范文 1：论 IT 服务规划设计

论文模拟题

随着互联网、移动互联、云计算、大数据等新一代信息技术的广泛应用，一场数字革命正在世界市场全面推开。从世界范围来看，经济的新形势，加上受到新型技术公司的冲击，传统企业向数字化转型愈发成为共识。对传统企业而言，数字化转型已经不是选择，而是出路。而 IT 服务是企业数字化的重要支撑，如何在企业资源有限的条件下，做好 IT 服务规划设计，是保证企业顺利转型和系统规划与管理师必须解决的问题。

请以"IT 服务规划设计"为题，分别从以下三个方面进行论述：

1. 简要说明你参与的某 IT 服务规划设计项目的背景、目的、发起单位的性质、企业 IT 服务的技术和运行特点、IT 服务的周期，以及你在该 IT 服务项目中承担的主要工作。

2. 结合你参与的 IT 服务规划设计项目，说明你是如何进行 IT 服务规划设计的。并结合 IT 服务规划设计相关的理论，说明 IT 服务需求识别、服务模式设计等的活动、关键因素的理解和运用。

3. 根据你在 IT 服务规划设计中的实践，阐述你在 IT 服务规划设计中的经验和教训。

论文范文

【摘要】

2020 年 12 月，我作为系统规划与管理师主持了 ×× 省图书馆的综合平台运维项目，该运维项目合同金额为 120 万元，合同期限为 1 年，本运维服务项目的主要服务范围和服务内容包括中心机房的网络设备、服务器、防火墙设备、存储设备的日常巡检、日常维护；综合平台的各子系统（图书借阅系统、图书管存系统、图书检索系统、图书馆门户网站和公众号、云桌面平台）的日常巡检、日常维护、数据备份、故障处理，并且定期形成巡检报告，确保馆区业务的顺利开展。本文以该 IT 服务项目为例，讨论了运维服务过程中规划设计阶段的主要工作，主要内容包括服务需求识别、服务目录设计、服务方案设计（包括服务模式设计、服务级别设计、四要素管理策略设计等）。在项目顺利完成后，得到了相关干系人的一致好评，

取得了良好的效果。（摘要字数 327 字）

【正文】

2020 年 12 月，我作为系统规划与管理师主持了××省图书馆综合平台运维项目，该运维项目合同金额为 120 万元，合同期限为 1 年。该项目的服务范围和主要服务内容包括××省图书馆主馆区、图书馆复康路分馆区和图书馆平江道分馆区的中心机房所有 IT 信息化相关的设备和系统运行维护工作，如交换机、应用服务器、数据库服务器、备份存储设备、信息安全设备的日常巡检、日常维护和备品备件的管理工作；为馆区的综合业务平台的各子系统提供远程和现场技术支持服务，包括图书借阅系统、图书库存查询系统、图书馆门户网站和公众号的日常巡检、响应和故障处理、数据异地备份、应用更新与发布，以及应急预案演练等。还有华为云桌面平台和馆区内的所有终端、自助还书机、自助借阅机等都属于我们的运维范围，需要保障终端的可用性和稳定性，从而提高访客的满意度。同时还要针对各个信息化项目定期进行项目的综合评估，并给出相应的优化建议和改进方案，以确保各信息项目顺利地开展业务活动。

由于图书馆的业务运作紧密依赖于图书馆的信息平台，所以保证信息系统稳定、可靠运行，保证数据的安全性、完整性、可用性，保证 IT 服务的质量显得尤其重要。众所周知，IT 服务规划设计是 IT 项目的起始并且是最重要的阶段，只有做好规划设计，项目才能高效地实施，标准化和规范化地过渡到运营阶段。而做好 IT 服务规划设计的条件便是需要与客户进行充分的沟通，识别客户的需求后，设计符合客户业务需求和自身条件的服务目录，然后才能开始设计服务方案，在设计的过程中需要考虑服务模式的选择、服务级别的设计，以及四要素的管理策略，包括人员、过程、技术、资源等要素，最终经过服务成本的评估和客户共识，才能达成服务级别协议。在此过程中，我深刻认识到 IT 服务规划设计阶段的重要性，因此我将规划设计作为我的工作重点，主要从以下几方面工作进行展开。

一、服务需求识别

服务需求识别，是了解客户的基本需求以分析出潜在的需求，为 IT 服务规划设计打下基础，同时根据客户需求，预估资源的配置情况和项目成本，保证在合理的条件下完成客户期望的目标。服务需求识别主要需要识别可用性、连续性、能力、服务成本、信息安全、服务报告等需求，最终汇总需求，以便进行项目规划设计。

在接手项目后，我带领我的团队迅速入驻了××省图书馆总馆的信息技术部门，并开始约谈馆区管理层、技术负责人，通过收集历史资料、发放问卷进行调查，以及进行机房巡检、各子系统的巡检等方式，了解到项目中的疑难和问题：①知识管理体系缺失，图书馆工作人员或者读者反馈系统操作过程中的问题后，技术人员没有能力快速定位问题，并有效地解决问题；②各子系统由不同的供应商维护，供应商现场支持能力不足，导致出现故障后业务连续性不能保障；③运维工具过于老旧，没有及时更新工具的使用手册，使得其与目前的运维工具匹配度不高，影响技术人员的执行效率。关于存在的问题，馆区负责人提出了项目的明确需求，如信息系统每年中断次数不能超过5次，每次不能超过30分钟；数据需要进行异地备份，并且故障切换不能超过5分钟；数据的安全性需要达到等保三级等。根据识别的需求和问题，我编制了符合图书馆实际情况的服务目录。

二、服务方案设计

服务方案设计是服务规划设计的核心环节，需要在完成需求识别后，综合考虑客户、团队内部、供应商的多方要求，最终设计出满足各方要求的服务方案。经过和项目干系人的多次研讨后，达成了对规划设计目标一致的理解，并明确了规划设计的工作重点，以图书馆综合平台为中心，从服务模式设计、人员要素设计、资源要素设计、技术要素设计、过程要素设计、服务级别设计等方面进行IT服务方案设计。

1. 服务模式设计

服务模式包括多种形式，如远程支持、现场支持、驻点、集中监控等。根据客户的需求，考虑到图书馆是服务型业务，对服务要求较高，特别是节假日期间，需要优先保障系统的可靠运行。经过多次研讨后，认为在一定的成本约束下，提供驻点和远程支持相结合的模式，7×24小时运维人员现场支持服务，采用两班倒的模式，可行并且非常有必要。为了体现客户至上的公司价值观，免费提供了一体式运维平台，完善多馆区、多系统的监控短板。在重大节假日中，我们提供专业的7×24小时服务台热线，以快速解决常见问题。对于馆区的IT设备，采用定时巡检和定期维护保养的7×24小时驻点模式。凡是涉及业务系统和网络服务，都能够快速到位，重点保障，及时恢复，保障图书馆日常业务的顺利开展。

2. 服务级别设计

服务级别是指与客户就服务可靠性和性能等方面，在一定的条件下，双方共同协定和认可的级别要求。因为馆区内的系统和设备众多，所以需要进行服务分类和优先级排序。经过与相关干系人的沟通后，同意将设备和系统进行服务分级管理。中心机房的应用服务器、数据库服务器、数据备份存储、图书订阅系统，以及图书检索系统需要保证7×24小时运行，强调故障发生后优先恢复相关业务，系统数据的备份需要保证是分钟级，需要定期进行机房设备巡检，并每季度输出巡检报告。而对于其他工作，处理时间分为2小时、4小时，如馆区内的终端设备和网络接入设备的服务级别是5×8小时，4小时内处理故障，保证其恢复正常运作。

3. 人员、资源、技术、过程要素设计

服务方案的四要素管理策略也是很重要的部分，根据项目的需求，我着重设计了资源要素和过程要素。

关于人员要素，我设计了团队的岗位架构和职责要求，包括管理岗、技术岗和操作岗。同时设计了与各位相对应的符合 SMART 原则的考核制度和相关培训计划，保证团队成员的连续性和稳定性，从而提高运行维护的效率和客户的满意度。

关于技术要素，我建立了识别问题和解决问题的技术体系，如图书库存系统的数据备份与恢复的应急预案、常见突发事件的标准处理流程等。

关于资源要素，根据客户的要求和项目的现状，我建立了知识管理体系、制定了知识管理制度，对 IT 服务过程中的各类知识进行积累，以确保在整个运维团队内共享和重复使用；建立备品备件库制度，确保备件的可用性和命中率，同时和备件的供应商协商相关流程，并提出相关要求。

关于过程要素，着重部分流程的落地，如定义事件管理的流程，包括事件管理的受理和处理、事件分类、事件监控与升级、事件解决和报告规范等，建立了事件管理的评估机制，加强事件管理的绩效考核，保证事件管理各指标达到项目服务级别。

2021 年 1 月份，本运维合同到期，通过我和团队的不懈努力，顺利完成了运维工作，保证图书馆内信息系统的正常运行，赢得了图书馆管理层的一致好评，并顺利和甲方签署了下一期的运维合同，这主要得益于我成功的 IT 服务规划设计。当然，在本合同履行过程中，也出现了一些小问题，如人员中途离职、问题解决率和解决时间还有提升空间等，最终经过后期的努力都得以解决。该项目使我认识到 IT 服务规划设计阶段对运维项目的重要性。在日后的工作中，我会加强对 ITSS 和 ITIL 等相关标准知识的学习，提升自己的系统规划与管理水平，为企业提供更专业的 IT 运维服务，让客户获得更满意的服务。（正文字数 2803 字）

第 26 章　论文范文 2：论 IT 服务部署实施

论文模拟题

IT 服务部署实施是衔接 IT 服务规划设计与 IT 服务运营的中间阶段，负责对服务组件进行客户化，并在充分满足客户要求的前提下，使用标准化的方法管理人员、资源、技术和过程，包括计划、实施和管理生产环境中的服务变更或新服务发布。同时，将规划设计中的所有要素完整地导入生产环境，为服务运营打下稳定的基础。注意，IT 服务部署实施不能单纯为了满足客户的要求，而不考虑自身的 IT 服务能力或各服务要素（如 IT 服务管理工具）的支撑程度，IT 服务部署实施的定位是将 IT 服务运营纳入标准化与规范化的管理轨道。

请以"IT 服务部署实施"为题，分别从以下三个方面进行论述：

1. 概要叙述你参与过的或者你所在组织开展过的某项运行维护服务工作的基本情况（背景、目的、组织结构、周期、服务对象、服务方式、服务内容、交付成果等），并说明你在其中承担的工作。

2. 结合项目实际，论述你对 IT 服务部署实施的认识，可以包括但不限于以下几个方面。
（1）IT 服务部署实施的目标和作用。
（2）IT 服务部署实施阶段在人员、资源、技术、过程方面的实施内容和关键点。

3. 请结合论文中所提到的运行维护服务工作，介绍你进行 IT 服务部署实施的具体做法和经验教训。

论文考查知识点

（1）IT 服务部署实施的目标：IT 服务的部署实施是 IT 服务规划和运营管理的中间阶段，基于规划设计的内容进行实施，为后续的运营工作打下坚实的基础。部署实施工作主要基于人员、资源、技术、过程四个要素展开，包括部署实施计划、部署实施执行、部署实施验收。

（2）IT 服务部署实施的要素：人员要素、资源要素、技术要素、过程要素。

（3）IT 服务部署实施的过程：实施计划阶段、实施执行阶段、实施验收阶段。

论文作答技巧

（1）背景：项目背景介绍（背景、目的、组织结构、周期、服务对象、服务方式、服务内容、交付成果等）。

（2）概要：自己担任的系统规划与管理师角色所发挥的作用，以及项目取得的成效。

（3）总述：部署实施的目标和作用，简单描述。

（4）论点：结合案例和实际论述部署实施阶段人员、资源、技术、过程的内容关键点。

（5）实例：理论联系实际。

（6）收尾：总结经验教训和心得体会。

论文范文

【摘要】

2021年1月，我作为系统规划与管理师主持了××省属三甲××医院信息系统的运维项目，合同金额180万元，维护期限为1年，本运维项目主要工作包括医院信息系统HIS及各子系统、服务器、网络、数据库、信息安全和各终端的日常监控与维护，本系统能否正常运行对医院正常业务的开展起着至关重要的作用。为了确保本项目的顺利部署实施并达到客户的验收标准，同时给后期的服务运营阶段打下良好的基础，我根据ITSS标准体系的理论指导，从人员、资源、技术、过程四个要素展开一系列标准化的管理活动，并且简要说明了IT服务部署实施计划、执行和验收三个阶段的工作，深刻体会到部署实施阶段的重要衔接作用。在运维合同期满时，该运维服务项目的时间、成本、质量、范围和风险均达到预期，至今状态良好。（摘要字数318字）

【正文】

2021年1月，我作为系统规划与管理师主持了××省属三甲××医院信息系统的运维项目，合同金额180万元，维护期限为1年，本运维项目主要工作包括医院信息系统HIS的各子系统（电子病历系统EMR、检验系统LIS、医学影像报告系统PACS、OA等）、服务器、网络、数据库、信息安全和各终端的日常监控与维护，该运维项目承载着医院几乎所有的医疗业务，因此，受到院方领导的高度重视。该项目由医院信息科牵头，临床科室及后勤科室配合，积极响应发展智慧城市及"互联网+医疗健康"国家政策，发挥最大医疗服务效能，改善医疗服务质量、保障医疗安全措施，是加强对医疗服务管理的有效手段。

作为具体承建者的××医院信息科，由于运维能力不足，对频繁出现的信息系统故障、数据传输延迟、网络线路时断时续等技术问题经常束手无策，致使医院正常的医疗流程无法进行。因此，××医院通过公开招标确定由我公司负责医院信息系统的运维服务工作。由于有过大型医疗卫生信息化项目运维管理的成功案例，在中标该项目后，公司任命我为项目经理，具体负责该院的运维服务管理工作。

运维工作启动后，我和我的团队成员组织院领导、医院信息科 IT 人员和部分就诊群众，分别通过问卷调查、现场访谈、座谈会和专题会议等形式，了解到××医院运维工作目前存在的问题：①医院信息科 IT 人员结构配备不合理，IT 人才匮乏；②医院信息科日常工作多为维护单位内部终端的技术服务，缺乏运维大型项目的经验和能力；③医院医务人员对于"互联网＋医疗健康"环境的适应能力不足，医院信息系统启用前培训不充分；④医院信息系统的设备采购于不同厂家，使用手册和维护方法多样化。

这些问题的存在和频发影响了医院信息系统建设的预期效果。根据前期的调研和获批的 IT 服务规划设计情况，我带领我的运维管理团队按照 ITSS 的系列标准，对照客户需求，主要围绕人员、资源、技术和过程等四个关键要素开展了 IT 服务的部署实施工作。

IT 服务部署实施是衔接 IT 服务规划设计和 IT 服务运营管理的中间阶段，要使用标准化的方法管理人员、资源、技术和过程要素，将规划设计中的所有要素完整导入生产环境，为服务运营打下稳定的基础。IT 服务部署实施的目标可以分解到协调并组织组成活动的所有要素，标准化部署实施过程，确保客户、终端用户及服务团队的满意度，确保新服务或变更服务与客户业务过程、业务组织顺利衔接，使之正常运转、有效管理，并尽可能地识别和管理风险，为服务运营阶段提供切实可行的质量管理方法等。

该医院信息系统运维服务项目的部署实施主要围绕以下 4 个方面展开。

1. 人员要素部署实施

IT 服务各个生命周期的不同阶段，人员是首要因素，是 IT 服务的具体实施者和执行者。在人员要素部署实施过程中，除了采用内部调岗的方式配备基本的团队成员外，我特地向公司申请了两名具有医疗卫生信息化项目运维经验的资深工程师加入我们团队，还通过外部招聘的方式协助人力资源部门招聘了一名网络运维工程师，加强了队伍建设。另外，由我和资深工程师牵头，组织编写了监控平台、医学设备维护须知等培训材料，制定了知识的转移方法。

2. 资源要素部署实施

资源要素部署实施的工作主要是知识库内容初始化、工具部署、制定使用手册与相关制度、备件库的建立与可用性测试，以及服务台管理制度的初始化等。例如，在这个环节中，为保障网络线路数据传输的有效性，保障其能够及时发现、定位网络故障，精确地进行网络管理，我们部署了某品牌的"智能网络指挥官"，用于网络状态呈现、设备故障与性能监控，以节省工作时间和工作繁杂度，使故障在第一时间得到处理，提高了医院信息系统的连续性和可靠性。

3. 技术要素部署实施

技术要素部署实施是针对可能面临的各种技术难题、风险，部署发现和解决问题的能力，包括做好知识转移，制定和演练应急响应预案，制定 SOP 标准操作规范，发布技术手册和搭建测试环境等。例如，在这个环节中，我们在医院信息科机房搭建了医院信息系统承载能力仿真测试环境，并按照应急响应预案的内容，针对突发网络故障组织了两次专项应急演练，对于演练过程中暴露的问题，积极进行整改，收获了不错的效果。

4. 过程要素部署实施

过程要素部署实施主要实现制度的发布及工具的部署上线，将过程进行电子化管理和对数据进行初始化，并对整个 IT 服务体系进行试运行，以检查目标是否达成、客户是否满意、服务工具是否理想。例如，在这个过程中，我们组织临床医护人员、医院信息科 IT 人员开展了服务台相关管理制度的培训讲解，以使相关干系人熟知服务台的工作流程，提高服务请求处理效率。另外，我们还做好了服务呼叫系统、"智能网络指挥官"系统和医院信息系统之间的互联互通，以提供更好的服务。

在进行部署实施时，我将整个过程划分为 IT 服务部署实施计划、执行和验收三个阶段。

在 IT 服务部署实施计划阶段，我注重与院领导、信息科 IT 人员等干系人的沟通，并制定了部署实施计划，确定了部署实施阶段和各阶段的工作任务与责任人，设置了里程碑事件，明确了医院信息系统运维项目的各项交付成果及其验收标准，同时注重组织计划的评估与确认，定期组织修订。在制定部署实施计划时，注意 IT 服务部署实施计划的完整性和条理性、IT 服务部署实施计划本身的可用性、IT 服务部署实施交付物的可验收性，以及与 IT 服务规划设计和 IT 服务运营的吻合性等。

IT 服务部署实施执行是整个 IT 服务部署实施过程中周期最长的一个阶段，我们与医院信息科相关 IT 人员在医院信息系统运维工作中达成一些共识，特别是各方权责的界定。因此，设立了变更和紧急变更管理委员会，定义了常规变更、紧急变更和标准变更的过程。同时，在团队内部着力加强对客观期望的管理，关注配置管理的广度和颗粒度。

在 IT 服务部署实施验收阶段，对院领导、医院全体医护人员等干系人的期望结果进行验证，对系统、服务、任务及各类过程文档进行验收。在部署实施即将收尾时，我参与编写了《××医院信息系统运维项目部署实施期报告》，作为验收内容的一部分一同提交，还协调组织召开了部署实施回顾会议，汇报相关目标达成情况，并正式声明该运维项目将进入运营管理期。

在整个项目运维过程中，得益于我和我的团队有效的 IT 服务部署实施和其他生命周期的有力保障，××医院信息系统至今运行稳定、状态良好，该运维项目的时间、成本、质量、范围和风险管控均符合预期,并达到了医院信息系统对正常医疗秩序的顺利开展进行有力支撑的目的,使得医院医疗卫生工作更加高效、便利,提高了广大患者的就诊满意度,使医院的知名度得到了社会层面的一致认可。当然,我也深刻认识到自己的一些工作方式、方法也有需要改进的地方,我将认真总结自己的经验和不足,注重知识积累和知识转移,提高运维服务管理水平,力争取得更好的成绩。(正文字数 2685 字)

第 27 章 论文范文 3：论 IT 服务运营管理

论文模拟题

IT 服务运营管理方面的问题更多地不是来自产品或技术（如硬件、软件、网络、电力故障等）方面，而是来自管理方面。IT 服务的管理者，无论是企业内部的 IT 部门，还是外部的 IT 服务提供商，其 IT 服务运营的主要目的就是提供低成本、高质量的 IT 服务。根据我国信息技术服务标准（ITSS），IT 服务生命周期由规划设计、部署实施、服务运营、持续改进和监督管理 5 个阶段组成。其中 IT 服务运营是根据 IT 服务部署情况，采用过程方法，全面管理基础设施、服务流程、人员和业务连续性，实现业务运营与 IT 服务运营的全面融合。

请以"IT 服务运营管理"为题，分别从以下三个方面进行论述：

1. 概要叙述你参与过的或者你所在组织开展过的某项运行维护服务工作的基本情况（背景、目的、组织结构、周期、服务对象、服务方式、服务内容、交付成果等），并说明你在其中承担的工作。

2. 结合项目实际，论述你对 IT 服务运营管理的认识，可以包括但不限于以下几个方面。
（1）IT 服务运营管理的重要性。
（2）IT 服务运营管理在人员、资源、技术、过程方面的管理内容和关键点。

3. 请结合论文中所提到的运行维护服务工作，介绍你是如何进行 IT 服务运营管理的，包括具体做法和经验教训。

论文考查知识点

（1）IT 服务运营管理的目标：提供低成本、高质量的 IT 服务。
（2）IT 服务运营管理的要素：人员要素、资源要素、技术要素、过程要素。

论文作答技巧

（1）背景：项目背景介绍（背景、目的、组织结构、周期、服务对象、服务方式、服务内容、交付成果等）。
（2）概要：自己担任的系统规划与管理师角色所发挥的作用，以及项目取得的成效。
（3）总述：运营管理的目标和作用，简单描述。

（4）论点：结合案例和实际论述运营阶段人员、资源、技术、过程的内容关键点。

（5）实例：理论联系实际。

（6）收尾：总结经验教训和心得体会。

论文范文

【摘要】

2021年1月，我作为系统规划与管理师主持了××省房产管理服务中心信息化系统硬件及应用系统运维项目，各类软/硬件主要包括计算机终端、打印机、服务器、存储设备、网络（安全）设备，以及应用系统。合同金额180万元，维护期限为1年，服务内容包括日常运维服务（驻场服务）、专业安全服务、主要硬件设备维保服务、主要应用软件系统维保服务、信息化建设咨询服务等。在此项目中，我担任系统规划与管理师，从人员、资源、技术及过程四个方面进行优化，通过培训技术人员，采购服务工具，并对技术研发进行规划，还对服务级别管理、事件管理等进行有效支持，确保执行，以提升服务运营的规范化和制度化。通过本次项目，降低了运营成本，提高了服务质量，客户满意度大幅提升。
（摘要字数310字）

【正文】

2021年1月，我作为系统规划与管理师主持了××省房产管理服务中心信息化系统硬件及应用系统运维项目，各类软/硬件主要包括计算机终端、打印机、服务器、存储设备、网络（安全）设备，以及应用系统。合同金额180万元，维护期限为1年，服务内容包括日常运维服务（驻场服务）、专业安全服务、主要硬件设备维保服务、主要应用软件系统维保服务、信息化建设咨询服务等。

××省房产管理服务中心计算机网络包括中心外网、公房系统外网、住建委电子政务（OA）内网、远程备份专网，以及银行、银联收费专网。其中内网、外网和专网所有硬件设备集中于房产管理服务中心机房各个独立区域，且互相隔离。专网由房产管理服务中心统一规划建设，专网与互联网、内网及其他非涉密网络严格物理隔离。所有的房产交易数据都运行在此系统中，因此对系统运维的要求非常高，要求项目团队保障软/硬件的稳定性和可靠性，软/硬件的安全性和可恢复性，故障的及时响应与修复，硬件设备的维修服务，人员的技术培训服务，信息化建设规划、方案制定等咨询服务。我作为系统规划与管理师很好地完成了此项目运营管理工作。

正式接到此项目后，我先带领项目团队对房产管理服务中心进行了走访调研。经过调查发现了以下问题：①由于网点众多，项目运维团队技术人员有限，无法及时响应需求；②监控平台技术落后，难以支撑实际需要；③缺乏相应的知识库、备件库等；④服务管理流程没有规范化与制度化。

鉴于以上问题，公司决定由我牵头，开展 IT 服务运营管理优化工作。于是我根据识别到的问题，采用 ITSS 的标准，从人员、资源、技术及过程四个方面进行优化，通过培训技术人员，稳定服务团队，确保连续性；采购服务工具，建立服务台、知识库与备件库，确保及时响应业务需求；并对技术研发进行规划，以提升整体服务水平；还对服务级别管理、事件管理、问题管理、配置管理、变更管理、发布管理等进行有效支持，确保执行，以提升服务运营的规范化和制度化。

1. 人员要素管理

由于网点数量众多，而且技术人员匹配不足，因此决定一方面补充现有团队人员，另一方面采用外包的形式，与供应商签订合作协议，使团队总体人员配备以 20% 的冗余作为基准，同时在各区县均匀分布驻点工程师，以便及时响应当地网点。

同时，针对人员经验不足的问题，我建立了人员能力模型和岗位职责表。例如，对于现场支持人员，要求其具有良好的沟通能力和熟练的业务能力；而对于监控人员，则要求其细致严谨。通过建立能力现状与差异分析表，对人员能力进行评价与分析，便于能力培养和提升。

此外，还建立了季度考核制度，制定了考核表，从服务、客户等多维度进行团队绩效的考核。针对共性问题进行根本原因分析，如针对周末故障不能及时发现，影响周一早晨的营业问题，增加了周末的值班人员巡检表制度，及早发现问题、解决问题。

针对能力现状与差异，制定了人员培训计划，聘请资深人员进行内训，还将人员派送到专业机构进行 ITSS 培训。为了有效提升培训效果，我收集人员反馈，并进行测试，将网点的业务流程也纳入测试内容，以便更好地服务网点。

2. 资源要素管理

由于目前的运维监控工具较为落后，有时会发生宕机，因此对实时监控造成了一定的影响，所以必须保证工具的稳定性。我将工具按生产系统进行管理，安排相关专业人员进行日常维护，及时跟踪需求变化，进行分阶段的持续改进。

另外，人员经验不足有部分原因是缺乏知识库的管理，因此我要求团队在日常运维工作中，针对典型故障问题进行解决方案的总结与积累，同时加强与其他项目团队交流和共享，吸取其他项目组的精华。团队定期对知识进行评审，确保时效性、完整性与正确性，然后入库归档，分类保存。

为了提供更规范和统一的服务，还建立了服务台职能，以响应网点呼叫请求，及时分发至驻点工程师，同时还负责对外发布变更等信息。当设备有故障时，负责与供应商联络，还要承担日常运营任务，如备份恢复和设备监控等工作。

由于网点的设备较多，为了确保业务连续性，我建立了备件管理流程，包括申请、采购、入库、领用及报废，入库前需严格测试，符合要求后办理入库登记。领用时需要得到网点的签字确认。

3. 技术要素管理

在IT服务运营中，我开始对技术研发进行规划，对预算进行管理，同时对技术成果进行运行与改进。由于运维工具的落后造成服务质量的下降，因此我提出对运维工具进行升级更新的需求，考虑由技术人员采用开源的zabbix监控工具作为原型，自主进行二次开发，以符合我方实际需求。对于参与二次开发的技术人员，我向管理层申请了预算资金，作为研发奖励，并鼓励对技术成果进行培训与知识转移，制定相应的使用手册，使升级后的运维监控工具能平滑地投入生产，从而提升团队的整体服务质量。同时，考虑到不断变化的业务需求，团队定期根据工作中的反馈对工具提出优化建议，由此开展新一轮的迭代升级，并增加研发预算，使技术成果能持续优化改进。

4. 过程要素管理

在IT服务运营中，对流程的执行、监控与调优至关重要，它是运营活动的主要体现，也是使用户产生直接感受的关键要素。所以我对服务级别管理、事件管理、问题管理、配置管理及变更管理等流程进行了有效支持并确保执行。

首先，通过与各区房产管理中心签订服务级别协议，满足辖区内网点对服务质量的要求，随着业务的开展与需求的调整，有些网点的业务量随之增加，对于事件处理时间和网络可用性都做了提升，因此我更新了服务目录和服务级别协议，加强对这部分网点的服务支持力度。同时持续监控服务执行情况，发现有不满足SLA协议的服务内容，及时加以分析改进。

其次，加强事件管理和问题管理流程，确保及时检测事件，并尽快解决事件。在接收故障报告后，先进行初步排查并分类，同时对事件的处理过程持续跟踪，如果遇到升级，立即根据预定规则进行升级，旨在以最短的时间解决故障，确保业务连续性。在事件处理完成之后，进行满意度调查，并关闭相应事件。某些事件需要转移至问题管理流程，则需要对问题进行分类、深入调查，预防同类事件重复发生。解决问题后，及时更新知识库。

最后，加强了配置管理和变更管理。对各家网点的设备分别进行标识、记录和更新，确保数据的可靠和时效。对于任何变更请求，我都会先进行评估、审核，然后再进行实施，并更新配置数据库，确保变更流程的可控和有序实施。

经过一段时间的运行，服务团队的客户响应速度和业务熟练方面有了明显的提升，监控平台告警更为及时和准确，服务管理的流程也更为规范化和制度化，同时团队内部也建立起了网点运维的知识库和各类机具的备件库，以便及时替换，确保业务的连续性。甲方对我们的服务大加赞赏，满意度也大幅提升。通过践行ITSS标准，不断从人员、资源、技术及过程四个方面进行运营优化，对于提升IT服务质量，降低成本，提高服务满意度具有重大意义。

（正文字数2709字）

第 28 章 论文范文 4：论 IT 服务知识管理

论文模拟题

IT 服务是创造知识的过程，也是实现知识价值的过程。IT 服务方的服务质量依赖于组织自身所掌握的知识水平和技能经验，通过知识管理可保持及提升组织的服务保障水平。IT 服务知识管理是将服务生产过程中产生的各类信息所包含的知识最大限度地提取、保留。通过评审后加以应用。知识管理是提高 IT 服务效率、实现 IT 服务目标的重要手段。

请以"IT 服务知识管理"为题，分别从以下三个方面进行论述：

1. 概要叙述你参与过的或者你所在组织开展过的某运行维护服务工作的基本情况（背景、目的、组织、结构、服务对象、服务内容、交付成果等），并说明你在其中承担的工作。

2. 结合项目实际，论述你对知识管理的认识，可以包括但不限于以下方面。

（1）知识管理流程。

（2）知识管理的关键成功因素，并结合你所做的项目给出项目知识管理指标项及其说明。

（3）知识管理可能存在的风险和控制方法。

3. 请结合论文中所提到的运行维护服务工作介绍你是如何进行知识管理的，包括具体做法和经验教训。

论文考查知识点

（1）知识管理流程的目标是将运维生产过程中产生的各类信息所包含的知识最大限度地提取、保留，通过评审后加以应用，包括实现知识共享、实现知识转化、避免知识流失、提高运维响应速度和质量、挖掘和分析 IT 应用信息。

（2）知识管理包括系统规划与管理师对知识的获取、共享、保留（归档）、评审。

（3）IT 服务项目知识的提取包括：①内部提取，对日常运维故障典型解决方案的总结、积累，如在建立流程体系时规定必须从已知问题的解决方案中提取知识，这也是 IT 服务项目最实用的知识；②外部查找，与其他类似项目进行知识共享，在互联网上查找、跟踪供应商发布的知识等。

（4）IT 服务项目知识共享分为对内共享和对外共享。

（5）知识保留、归档及入库时：①先根据知识的分类进行分级工作，知识入库时应按照分类进行保存；②知识入库时要进行审核性工作，以保证知识的质量；③一方面要重视知识管理工具的建设，另一方面要积极协调技术专家一同进行知识的入库审核。

（6）定期组织技术专家团队对知识进行全面评审以确保知识的时效性、完整性、正确性；评审后应出具《知识评审报告》；并根据评审结果对知识库中的内容进行更新、删除、合并等维护工作。

（7）知识管理的关键成功因素：①从流程制度考虑，知识识别与分类是否准确、知识管理流程的制定是否合理；②从知识的使用衡量指标考核，知识积累的数量、知识的利用率、知识的更新率、知识的完整性、各类知识的比重、知识新增数量与事件、问题发生数量的对比关系。

（8）知识管理可能存在的风险与控制：①知识私有化观念（主动性）；②知识分享的风险，可能造成核心技术的泄漏；③知识管理工具的使用风险；④持续性风险（知识的有效性、时效性）；⑤隐性知识很难转化成显性知识。

论文作答技巧

（1）背景：项目背景介绍（背景、目的、组织结构、周期、服务对象、服务方式、服务内容、交付成果等）。

（2）概要：自己担任的系统规划与管理师角色所发挥的作用，以及项目取得的成效。

（3）总述：知识管理的流程。

（4）论点：知识管理的步骤、注意的关键节点。

（5）实例：理论联系实际。

（6）收尾：总结经验教训和心得体会。

论文范文

【摘要】

2020年初，我作为系统规划与管理师主持了××省智慧交通运行监测云平台的运维项目，该项目合同金额180万元，合同运维期为1年，维护范围包括194台服务器和38台网络设备等支撑云平台的全部硬件，提供系统功能调整和修改完善、系统优化、安全运维、数据维护、数据统计、技术培训、日常巡检等服务，保障系统的正常运行。知识管理是提高IT服务效率、实现IT服务目标的重要手段。本文以该运维项目为例，结合我在项目期间的一些经验和做法，详细论述了IT运维服务项目中知识管理的流程及可能存在的风险和控制措施，主要从知识获取、知识共享、知识保留、知识评审等四方面展开论述。运维期结束后，项目质量和服务达到客户预期，受到客户的一致好评。（摘要字数295字）

【正文】

  ××省智慧交通运行监测云平台，以集约化、虚拟化、服务化的理念，承载××省交委下属多个处室的业务系统及交通大数据资源中心，实现计算资源、存储资源与网络资源的节约利用，减少新增项目硬件设备的投入，实现应用的快速部署。在此背景下，××省通过招标的方式引入运维服务公司来提供系统运维服务。2020年初，我公司中标××省"智慧交通运行监测云平台"信息化系统的运维项目，该项目合同金额180万元，合同运维期为1年。我作为系统规划与管理师主持了该项目的运维工作，维护范围包括194台服务器和38台网络设备等支撑云平台的全部硬件，提供系统功能调整和修改完善、系统优化、安全运维、数据维护、数据统计、技术培训、日常巡检等服务，不少于两人驻场服务，保障系统的正常运行。

  智慧交通运行监测云平台涉及交通安全、跨部门数据交换共享、业务协办，所以客户对其可用性、连续性和稳定性要求较高。因此对运维生产过程中产生的各类信息知识进行最大限度地提取、保留，通过评审后加以应用，实现知识共享和知识转换，避免知识流失，提高运维响应速度和质量至关重要。我按照常规标准，将本项目的知识管理活动划分为知识获取、知识共享、知识保留、知识评审四个方面。

  1. 知识获取

  知识获取是知识管理的首要步骤，需要考虑本项目需要哪些知识，能从哪些方面获取，并将项目相关知识进行分类。我按项目相关业务知识、项目相关已知问题解决方案、IT服务相关技术跟踪和其他知识的方式进行分类。通过在项目内部提取和项目外部查找两方面进行获取，内部提取主要为日常运维故障典型解决方案的总结、积累；外部查找通过与其他类似项目进行知识共享，在互联网上查找、跟踪设备厂商发布的知识等。

  为解决隐性知识很难转化成显性知识的难题，我的做法是让知识管理系统完全融入员工日常的工作中，如客服人员每天处理客户的问题就相当于在完成知识管理，这样就可以让员工一边工作一边积累知识；把知识管理融入项目管理、客户管理、流程管理、人力资源管理中，这样能够真正有效地让员工一边工作，一边把知识和经验积累到系统中。

  我把知识积累的数量、知识的利用率、知识的更新率、知识完整性、各类知识的比重、知识新增数量与事件、问题发生数量的对比关系作为重要的绩效考核指标。例如，要求项目组每个成员每个月至少要总结新增20条知识，少于20条的给予扣除10%绩效的处罚措施，并根据知识的质量进行月度评比和点评，对于优秀的知识每条给予50元的绩效奖励。

  2. 知识共享

  项目知识共享分对内共享和对外共享两种。对内共享要求项目组内的成员积极主动地将自己的知识共享给其他员工，对外共享是与其他项目组或其他公司进行知识共享。为防止出现知识私有化观念，员工不积极提交知识，我的做法是对积极提交完整性高的核心知识的员工进行奖励，以激励员工共享自己所拥有的知识，同时将知识提交、共享与绩效考核挂钩。另外，知识具有保密性的要求，共享可能会出现核心技术的泄露，我严格按照公司保密管理制度，制定了知识共享安全制度，对各种知识设定保密级别，根据保密级别在共享时要进行审批。例如，部门内知识共享需部门负责人审批，部门间知识共享需项目经理审批，对外共享需公司副总经理以上人员审批，并签订保密协议后才能共享。

3. 知识保留

在知识保留、归档、入库时，先根据知识的分类进行分级工作。我根据项目实际按网络、主机、数据库、应用等 IT 服务运维对象进行分类，确保知识分类覆盖运维工作范围。制定知识库内容加入审核标准，知识入库时必须由两名以上资深技术人员审核内容的正确性和完整性，给出审核意见后提交批准加入知识库中，以保证知识质量，做到有用的知识才会进入知识库。

知识的归档与入库采用统一的知识管理工具，为避免知识管理工具上线运行之后，员工不能方便且经常性地使用系统，工具成为摆设等使用风险，在管理工具的建设期，我从产品成熟度、客户群和市场评价几个角度，最终确定采购某厂家 ITSM 工具，并请工具厂商到项目上进行培训，在使用过程中遇到问题也能通过厂家远程协助得到及时处理，从而保证了知识管理系统中知识的数量和质量。

4. 知识评审

知识库运转起来后，如果长期没有再评审、再次更新修订，知识甚至已经过时或者随着环境的改变而不再正确，但仍保留在知识库中，这会造成知识的可用性和准确性降低，久而久之，员工也会不愿意使用知识系统，知识管理面临失败。我通过公司采购的 ITSM 工具按使用率、使用次数、最近一次使用时间和评价分数等指标生成了信息使用报表，按季度组织技术专家团队对知识库知识的时效性、完整性、正确性进行全面的知识评审，评审后出具了《知识评审报告》，并根据评审的结果对知识库中的内容进行更新、删除、合并等维护工作。基本上每季度通过评审对知识库调整 10% 左右的内容。即使是新入职不久的员工，通过对知识库的学习，也能够在短时间内熟悉业务、快速响应客户需求。

2021 年，本运维合同到期，通过我和我的团队的不懈努力，顺利地完成了运维工作，保证了系统的正常运行。经客户签字确认并按照 SLA 要求移交运维服务成果，各项服务质量考核标准达到客户要求，赢得了客户方的一致好评，并顺利和客户签署了下一期的运维合同。当然，在服务过程中，还存在一些小问题，如个别员工共享知识的积极性不高、知识库更新不及时等，这些问题给运维服务带来了一定的压力，但经过后期的努力，这些问题都得到了解决。该项目使我认识到了知识管理对运维项目的重要性。构建一个质量、数量及知识结构都达到标准的知识库，大多数问题及其解决方案都可以从该知识库中方便、快捷地获取，就可以将 IT 运维人员从重复性的运维工作中解放出来，方便集中精力解决其他新的问题，从而达到提升工作效率，降低 IT 运维成本的目的。（正文字数 2286 字）

第 29 章　论文范文 5：论 IT 服务团队管理

论文模拟题

IT 服务团队人员的岗位包括管理岗、技术岗和操作岗，且都需要较高的服务意识，一个运维项目的成功离不开一个好的团队，团队管理在项目实施过程中有着非常重要的作用。在工作中，系统规划与管理师要跟踪个人和团队的执行情况，提供反馈和协调变更，以此来提高项目的绩效，保证项目的进度。系统规划与管理师必须注意团队的行为、管理冲突、解决问题和评估团队成员的绩效。

请以"IT 服务团队管理"为题，分别从以下三个方面进行论述：

1. 概要叙述你参与管理过的 IT 服务项目（项目的背景、项目规模、目的、项目内容、组织结构、项目周期、交付的服务及产品等），简述你的 IT 服务团队的基本情况，并说明你在其中担任的工作。

2. 结合你参与过的 IT 服务项目及其特点，论述如何进行 IT 服务团队管理，可以包括但不限于以下几个方面。
（1）IT 服务团队管理主要的工作内容。
（2）你是从哪些方面对团队和个人进行激励的。

3. 结合 IT 服务项目团队管理实际工作中遇到的问题，简要叙述团队管理实施过程中的经验和教训。

论文考查知识点

（1）IT 服务团队建设的四个周期：组建期、风暴期、规范期、表现期。
（2）IT 服务团队的管理：目标管理、激励管理、执行管理、人员发展管理。
- 目标管理：目标分解、目标监控、目标完成。
- 激励管理：团队激励、个人激励。
- 执行管理：建立执行的文化、提高执行效率。
- 人员发展管理：组织发展管理、自我发展管理。

论文作答技巧

（1）背景：项目背景介绍（背景、目的、组织结构、周期、服务对象、服务方式、服务内容、交付成果等）。

（2）概要：自己担任的系统规划与管理师角色所发挥的作用，以及项目取得的成效。

（3）总述：IT 服务团队的管理。

（4）论点：目标管理、激励管理、执行管理、人员发展管理。

（5）实例：理论联系实际。

（6）收尾：总结经验教训和心得体会。

论文范文

【摘要】

2020 年 12 月，我作为系统规划与管理师主持了 ×× 市卫生健康委卫生专网及业务系统运行维护项目，该合同金额为 215 万元，维护期限为 1 年，并签订了相关服务级别协议。本运维项目维护服务的范围及内容包括中心机房及 300 多个网点的所有硬件设备，包括网络设备、服务器设备、存储设备、安全系统等的日常巡检、日常维护、故障响应处理，同时包括卫生专网承载的业务系统的日常巡检维护、故障处理，以及数据备份等工作。本文以该项目为例，主要讨论 IT 服务团队管理的内容，同时借助 ITSS 标准进行团队规划和管理，侧重描述团队管理中的目标管理、激励管理、执行管理、人员发展管理，最终顺利完成该项目的运行维护工作，并获得客户的一致好评。（摘要字数 289 字）

【正文】

2020 年 12 月，我作为系统规划与管理师主持了 ×× 市卫生健康委卫生专网及业务系统运行维护项目，该合同金额为 215 万元，维护期限为 1 年，并签订了相关服务级别协议。×× 市卫生健康委员会的卫生业务专用网络利用运营商 MPLS-VPN 专用网络实现全区卫生节点互联。承载的业务系统包括云 HIS 系统、医保系统、人保系统、医保监控系统、公共卫生系统、区域卫生信息化平台等，通过卫生专网实现数据共享，卫生专网已经和政务云实现互访，承载区域卫生信息化平台的相关业务及各社区卫生服务中心的日常医疗业务，实现了数据资源共享。卫生专网承载了远程会诊平台，已经覆盖全区的各级医疗机构。远程会诊平台中的会场涉及卫健委机关指挥中心、三家三甲医院会诊中心、疾控中心、妇儿中心、社区卫生服务中心，300 多个医疗科室及社区站、村卫生室。卫生专网涉及全区卫生系统，区卫生专网为联通主链路、广电备用链路的双链路。本项目服务的范围及内容包括网络设备、服务器设备、存储设备、安全系统等的日常巡检、日常维护、故障响应处理等，还包括各业务系统的日常巡检维护、故障处理及数据备份等工作。

这些系统紧密关联着卫生健康的现有业务,直接为辖区的患者服务。在前期的沟通中,我们得知常常会出现发生故障后,技术人员没有及时响应,并且没有专业的能力解决故障的情况,等到通知供应商处理后,供应商无法快速到达现场处理问题,从而导致影响患者的就诊。调研发现的主要问题有:①信息系统的维护主要由供应商负责,供应商并没有安排驻点工程师,导致现场支持能力不足;②需要运维支持的点位多,分布广,运维人员不足以及时满足需求;③技术人员的流动性大,没有建立良好的知识管理体系,导致人员流失后人员无法及时补充;④运维工具与现有的工作匹配度不高,同时因为工作资料长期不更新,新接手的人员无法很好地使用工具,影响工作效率和人员积极性。与客户沟通并获得运营目标的共识后,我运用ITSS管理体系的团队管理方法论,根据调研客户需求和服务目标,重新规划项目所需要的人力资源和项目预算,通过控制团队管理的关键成功因素制定团队管理计划,经审议后,最终获得管理层的同意。

在项目运营和持续阶段,我和我的团队从组建期慢慢过渡到规范期。在此期间,作为系统规划与管理师,我为团队制定了目标管理、执行管理、激励管理和人员发展管理等四方面的规范,帮助团队建立良好的团队氛围,提高团队的服务能力和素质,从而满足项目的服务需求,提高客户的满意度。

1. 团队建设

在规划并制定团队管理计划后,我开始就项目要求设立团队的岗位,并对岗位要求进行详细描述,包括管理岗、技术岗、操作岗。首先设定了中心机房 7×24 小时两班倒现场轮岗制度,并成功招聘 6 名运维工程师负责机房和网络设备的运维,然后建立由 12 名工程师组成的网点巡检和维护队伍,专门为 300 多个网点提供运维服务,同时还建立了 7×24 小时的服务台以满足客户的问题响应要求,还在我司内调了 3 名有丰富项目经验的技术工程师作为二线工程师支持项目的系统维护、应用变更发布、数据容灾备份、工具更新等维护工作,最终组建了一个 25 人的项目团队。

完成组建后,我与团队成员进行内部会议,向大家同步项目信息,包括服务范围和服务质量的要求,包括软/硬件的日常巡检、日常维护工作、应用更新发布、数据备份与恢复、信息安全管控、云桌面日常运维工作,提供人员培训及定期的优化改进建议等,还有项目的问题和最终目标。在会议上我收集了成员的意见和想法,和大家初步建立信任并明确了"客户至上""做专业的人、做专业的事"的团队的价值观,建立了项目团队的相关管理制度。

2. 目标管理

目标管理的目的是保证个人成员的目标必须与团队的总体目标一致,避免成员无法完成目标导致项目的阶段性里程碑无法完成，影响项目总体目标的进度。同时根据目标监控，观察成员对目标的完成情况，为人员能力评价和绩效考核提供判定依据。在前期的调研工作中，团队成员通过知识转移、人员访谈等方式了解了中心机房及300多个网点的IT资产情况、信息系统业务情况、组织过程资料等，然后通过团队内部会议将项目任务分为阶段性目标，结合项目预算和资源条件，规划中短期的任务和目标，最终输出目标计划及人员分配表。

例如，现场人员每周巡检IT设备，包括机房和300多个网点的网络设备、服务器、主机设备、存储设备、防火墙设备的硬件和备件情况，后端技术人员两个月搭建运营监控一体化平台代替旧版的运维工具，设置信息化系统的容灾策略并进行有效性测试和应急演练，服务台制定相关的服务响应流程。根据小组的目标分解情况，我与客户协调相关的外部条件，以及向上级反馈任务的执行进度和目标完成情况，保证在出现突发情况时，能得到相关干系人的支持。

在目标执行阶段，我定时收集任务执行报告和人员能力差异分析说明，从而有效监控目标进度，以及时了解人员是否满足任务要求。如果了解到人员无法顺利完成目标，我会主动进行约谈，了解人员的状态并根据其具体情况制定对策，保证部分目标延迟不会影响目标整体的进度。

3. 执行管理

在组建期和风暴期，我和我的团队都承受着较大的压力，无论是客户、供应商，还是领导层。但是我每次都会强调团队价值观，有效地沟通以解决团队内部的忧虑，用专业能力解答客户的疑虑，用规范、标准的流程管理好供应商关系。对内以身作则，让团队成员将本职工作规范化、标准化；对外展现专业的形象，提供专业的服务。同时通过定期的工作量测量、人员能力测量，以及客户满意度和投诉调用，评估服务质量和执行效率，并最终分析服务和执行过程优化点。了解到因为服务素质问题和服务台电话不通引起的客户投诉，我便定期进行人员职业能力和素质培训，通过增加服务台Web工单、微信小程序自助上报故障工单、接听热线等丰富服务台的接入方式，优化运营工具提供解决问题的效率。

4. 激励管理

IT服务团队管理中，需要保持团队的战斗力、积极性和凝聚力，我通过团队激励和个人激励的方式提高团队内部的士气，减少了因任务压力带来的负面情绪。在团队激励方面，我设置了团队经费，进行优秀人员季度考核并授予人员表彰和奖金，定期组织团建活动、生日会、领导表扬并宣讲企业文化、增加部门间的经验交流会等；在个人激励方面，我会定时地与每个成员进行非正式的沟通以了解个人的需求，如家庭情况、个人发展情况等尽量给予适当的帮助。同时设置奖惩制度，对优秀事迹、优秀员工进行团队内表扬，工作优异的人员可以获得晋升的机会并赋予更大的工作权限，拿出专项经费送优秀工程师去进修培训。如果工作不达标或者触犯团队条例者必须给予相应的惩罚。

5. 人员发展管理

为了团队的可持续发展，我结合人员能力发展曲线，制定了不同岗位在不同阶段的学习计划，以及岗位晋升通道。对于技术人员，在基础期需要学习网络运维基础知识、服务器和数据库操作知识等；在稳定期需要学习项目管理、软件工程等知识。而晋升通道会设置为双通道，包括技术晋升路线和管理晋升路线，以及团队职称评级标准。让团队成员追求卓越，不断提高自身能力，最终培养核心成员和梯队建设。

2021年12月，本运维合同到期，通过我和我的团队的不懈努力，顺利完成了本项目的运维工作，保证了系统的正常运行，得到了××市卫生健康委相关管理层的一致好评，并顺利与客户签署了下一期的运维合同，这主要得益于我成功的团队管理。当然，在本项目运维的过程中，还有一些小问题，如人员中途离职没有顺利交接到继任的工程师，IBM小型机的运维技术能力还不足等，这些问题给运维服务带来了一定的压力，但经过后期的努力，这些问题都迎刃而解了。该项目使我认识到了IT服务团队管理的重要性，在后续的工作中，我将继续学习ITSS、ITIL等相关标准知识，将理论知识结合实际项目，提供自己的系统规划和管理的专业能力，为企业提供更专业的IT运维服务，让客户获得更满意的服务。（正文字数3126字）

系统规划与管理师考试重点知识点梳理

第1章　信息系统综合知识

1.1　信息的定义和属性

（1）信息是客观事物状态和运动特征的一种普遍形式(维纳、香农)。

（2）信息的传输模型：信源、信宿、信道、编码器、译码器、噪声。

（3）信息的质量属性：精确性、完整性、可靠性、及时性、经济性、可验证性、安全性。

1.2　信息化

（1）信息化从小到大5个层次：①产品信息化；②企业信息化；③产业信息化；④国民经济信息化；⑤社会生活信息化。

（2）企业信息化：生产制造系统、ERP、CRM、SCM。

（3）战略纲要分三步走：2020年、2025年、21世纪中叶。

（4）未来5G网络正朝着网络多元化、宽带化、综合化、智能化的方向发展。

（5）我国信息化目前的问题：①缺乏核心技术；②信息资源开

发利用不够；③我国信息基础设施普及程度不高；④当前网络空间面临严峻挑战，网络空间法治建设亟待加强。

（6）两化融合：工业化和信息化。

（7）电子政务主要包括：①政府间的电子政务（G2G）；②政府对企业的电子政务（G2B）；③政府对公众的电子政务（G2C）；④政府对公务员的电子政务（G2E）。

（8）电子商务应该具有以下基本特征：①普遍性；②便利性；③整体性；④安全性；⑤协调性。

（9）电子商务的基础设施包括4个，即网络基础设施、多媒体内容和网络出版的基础设施、报文和信息传播的基础设施、商业服务的基础设施。此外，技术标准、政策、法律等是电子商务系统的重要保障。

（10）按照交易对象，电子商务模式包括企业与企业之间的电子商务（B2B）、商业企业与消费者之间的电子商务（B2C）、消费者与消费者之间的电子商务（C2C），电子商务与线下实体店有机结合向消费者提供商品和服务，称为O2O模式。

（11）推进企业信息化发展过程中应遵循以下原则：①效益原则；②"一把手"原则；③中长期与短期建设相结合原则；④规范化和标准化原则；⑤以人为本的原则。

1.3 信息系统

（1）信息系统是一种以处理信息为目的的专门的系统类型。

（2）信息系统的组成部件包括硬件、软件、数据库、网络、存储设备、感知设备、外设、人员以及把数据处理成信息的规程等。

（3）信息系统的生命周期（四大五小）：立项阶段、开发阶段（总体规划、系统分析、系统设计、系统实施、系统验收）、运维阶段、消亡阶段。

（4）信息系统常用的开发方法：结构化方法（最为广泛）、原型法、面向对象方法、敏捷开发、快速迭代。

（5）敏捷开发：快速迭代、让测试人员和开发者参与需求讨论、编写可测试的需求文档、多沟通尽量减少文档、做好产品原型、及早考虑测试。

（6）诺兰将计算机信息系统的发展道路划分为6个阶段：初始期、普及期、控制期、整合期、数据管理期和成熟期。诺兰强调，任何组织在实现以计算机为基础的信息系统时都必须从一个阶段发展到下一个阶段，不能实现跳跃式发展。

（7）信息系统发展过程6个增长要素：计算机硬件资源、应用方式、计划控制、MIS在组织中的地位、领导模式、用户意识。

（8）信息系统建设的首要工作就是要进行顶层设计和系统规划。

（9）信息系统规划报告通常应包括：①现状分析与诊断；②组织/企业战略描述；③信息化战略描述；④业务架构；⑤应用架构；⑥数据架构；⑦技术架构；⑧治理架构；⑨规划实施。

1.4 IT战略

（1）IT战略规划包括两个部分：IT战略的制定和信息技术行动计划的制定。前者偏重战略方向，后者具体行动计划。

（2）策略路线/战略要点：实现中长期目标的途径或路线。主要围绕信息技术内涵的4个方面展开：即应用、数据、技术和组织。

（3）信息技术行动计划：信息化项目进程、项目描述和投资分析、信息化核心能力发展计划。

（4）企业信息化过程中的3个重要影响因素：经营战略、业务流程与组织、信息架构，而IT战略是连接3个因素的重要工具和方法。

（5）IT战略规划的核心组成要素：现状分析、战略分析、差距分析和路径分析。

（6）IT 战略规划包括如下几个主要步骤：①业务分析；②评估现行系统；③识别机会；④选择方案。

第 2 章　信息技术知识

2.1　软件工程

（1）通过需求分析，可以检测和解决需求之间的冲突、发现系统的边界、并详细出系统需求。

软件需求包括功能需求（系统需要完成的业务功能）、非功能需求（可靠、容错、扩展、性能等）、设计约束（限制条件、补充规约，如软件运行在 IE7 下或 win7 下不能运行等）。

（2）测试是在有限测试用例集合上，动态验证是否达到预期的行为。

（3）软件测试伴随开发和维护过程，通常可以在概念上划分为单元测试、集成测试和系统测试 3 个阶段。V 模型：需求分析、概要设计、详细设计、编码、单元测试、集成测试、系统测试、验收测试。黑盒测试：不考虑程序的内部逻辑（如需求分析阶段的软件文档测试）①等价类划分；②边界值分析；③错误推测法；④因果图。白盒测试：对程序所有逻辑路径进行测试（逻辑覆盖）。

（4）软件维护（交付后所做的工作）有如下类型：①更正性维护——更正交付后发现的错误；②适应性维护——使软件产品能够在变化后或变化中的环境中继续使用；③完善性维护——改进交付后产品的性能和可维护性；④预防性维护——在软件产品中的潜在错误成为实际错误前，检测并更正它们。

（5）开发阶段分为总体规划阶段、系统分析阶段、系统设计阶段、系统实施阶段、系统验收阶段。总体规划阶段工作内容包括信息系统的开发目标、总体结构、组织结构、管理流程、实施计划、技术规范等；系统分析阶段目标是为系统设计阶段提供系统的逻辑模型，内容包括组织结构及功能分析、业务流程分析、数据和数据流程分析及系统初步方案；系统设计阶段主要内容包括系统架构设计、数据库设计、处理流程设计、功能模块设计、安全控制方案设计、系统组织和队伍设计及系统管理流程设计；系统实施阶段是将设计的成果在计算机和网络上具体实现，即将设计变成能在计算机上运行的系统（对以前全部工作的检验，用户参与很重要）；系统验收阶段是通过试运行，系统性能的优劣及其他各种问题都会暴露在用户面前，即进入了系统验收阶段。

（6）验证过程试图确保活动的输出产品构造正确，即活动的输出产品满足活动的规范说明；确认过程则试图确保构造了正确的产品，即产品满足其特定的目的。

（7）管理评审的目的是监控进展，决定计划和进度的状态，或评价用于达到目标所用管理方法的有效性。技术评审的目的是评价软件产品，以确定其对使用意图的适合性。

（8）软件审计的目的是提供软件产品和过程对于可应用的规则、标准、指南、计划和流程的遵从性的独立评价。

（9）软件配置管理活动包括软件配置管理计划、软件配置标识、软件配置控制、软件配置状态记录、软件配置审计、软件发布管理与交付等活动。

（10）软件过程管理涉及技术过程和管理过程，通常包括以下几个方面：

①项目启动与范围定义；②项目规划；③项目实施；④项目监控与评审；⑤项目收尾与关闭。

（11）复用是提高软件生产力和质量的一种重要技术。软件复用的主要思想是将软件看成是由不同功能的"组件"所组成的有机体。

（12）信息系统的生命周期可以简化为系统规划（可行性分析与项目开发计划）、系统分析（需求分析）、系统设计（概要设计、详细设计）、系统实施（编码、测试）、运行维护等阶段。为了便于论述针对信息系统的项目管理，信息系统的生命周期还可以简化为立项（系统规划）、开发（系统分析、系统设计、系统实施）、运维及消亡四个阶段，在开发阶段不仅包括系统分析、系统设计、系统实施，还包括系统验收等工作。如果从项目管理的角度来看，项目的生命周期又划分为启动、计划、执行和收尾4个典型的阶段。

（13）信息系统常用的开发方法：①结构化方法；②原型法；③面向对象方法；④敏捷开发。

结构化方法（生命周期法）：适用于数据处理领域的问题，但不适用于规模较大，比较复杂的系统开发；前期就清楚用户的需求。

优点：理论基础严密，注重开发过程的整体性和全局性。

缺点：开发周期长；文档、设计说明烦琐，工作效率低；难以适应需求变化，很少考虑数据结构。

原型法（抛弃型原型和进化型原型）：适用于需求不明确的项目。

优点：实际可行；具有最终系统的基本特征；构造方便、快速、造价低；可以使系统开发的周期缩短，成本和风险降低，速度加快，获得较高的综合开发效益；更容易被用户接受。

缺点：用户配合不好，盲目修改，就会拖延开发过程。

敏捷开发：以用户的需求进化为核心，采用迭代、循序渐进的方法进行软件开发。适用于独立运行的小项目。

敏捷开发的原则：快速迭代；让测试人员和开发者参与需求讨论；编写可测试的需求文档；多沟通，尽量减少文档；做好产品原型；及早考虑测试。

2.2 面向对象系统分析与设计

（1）面向对象的基本概念包括对象、类、抽象、封装、继承、多态、接口、消息、组件、复用和模式等。

（2）统一建模语言适用于各种软件开发方法，是一种的建模语言，而不是编程语言。RUP 是使用面向对象技术进行软件开发的最佳实践之一。

2.3 应用集成技术

（1）大数据的特点归纳为 4 个 V：Volume（数据量大）、Variety（数据类型繁多）、Velocity（处理速度快）、Value（价值密度低）。

（2）Web 服务的典型技术包括用于传递信息的简单对象访问协议（SOAP）、用于描述服务的 Web 服务描述语言（WSDL）、用于 Web 服务注册的统一描述、发现及集成（UDDI）、用于数据交换的 XML。Web 服务的主要目标是跨平台的互操作性，适合使用 Web Services 的情况包括：跨越防火墙、应用程序集成、B2B 集成、软件重用等。同时，在某些情况下，Web 服务也可能会降低应用程序的性能。不适合使用 Web 服务的情况包括单机应用程序、局域网上的同构应用程序等。

2.4 计算机网络技术

（1）OSI 七层模型：应用层、表示层、会话层、传输层、网络层、数据链路层、物理层。

（2）网络存储结构：直连式存储（DAS)、网络存储设备(NAS)、存储网络（SAN）。

（3）选择拓扑结构时，应该考虑的主要因素有：地理环境、传输介质、传输距离、可靠性。

7

（4）信息安全的基本要素有：机密性、完整性、可用性、可控性、可审查性；为了达成上述目标，需要做的工作有：制定安全策略、用户验证、加密、访问控制、审计和管理。

（5）典型的网络攻击步骤一般为信息收集、试探寻找突破口、实施攻击、消防记录、保留访问权限。

（6）信息安全的5个等级分别为用户自主保护级、系统审计保护级、安全标记保护级、结构化保护级、访问验证保护级。

第3章 信息技术服务知识

3.1 产品、服务和信息技术服务

（1）通常有4种类别的产品：①服务；②软件；③硬件；④流程性材料：通常是有形产品，是将原材料转化成某一特定状态的有形产品，其状态可能是流体、气体、粒状、带状，其量具有连续的特性，往往用计量特性描述。

（2）服务作为产品有如下特性：①无形性；②不可分离性；③异质性；④易消失性。

（3）IT服务是指IT服务提供商为其客户提供信息咨询、软件升级、硬件维修等全方位的服务，具体包括产品维护服务、IT专业服务、集成和开发服务、IT管理外包服务等。

（4）常见IT服务形态有信息技术咨询服务、设计与开发服务、信息系统集成实施服务、运行维护服务、数据处理和存储服务、运营服务、数据内容服务、呼叫中心服务和其他信息技术服务。

8

3.2 IT 服务管理

（1）IT 服务管理（ITSM）是一套帮助组织对 IT 系统的规划、研发、实施和运营进行有效管理的方法，是一套方法论。

（2）IT 服务过程方面的问题，更多的不是来自技术，而是来自管理方面。

（3）ITSM 是一套通过服务级别协议（SLA）来保证 IT 服务质量的协同流程，它融合了系统管理、网络管理、系统开发管理等管理活动和变更管理、资产管理、问题管理等许多流程的理论和实践。

（4）ITSM 是一种以流程为导向、以客户为中心的方法。

（5）ITSM 的核心思想是，IT 组织不管是组织内部的，还是外部的，都是 IT 服务提供者，其主要工作就是提供低成本、高质量的 IT 服务，而 IT 服务的质量和成本则需从 IT 服务的客户（购买 IT 服务）方和用户（使用 IT 服务）方加以判断。

（6）ITSM 是一种 IT 管理，与传统的 IT 管理不同，它是一种以服务为中心的 IT 管理。

（7）实施 ITSM 的根本目标有 3 个：①以客户为中心提供 IT 服务；②提供高质量、低成本的服务；③提供的服务是可准确计价的。

（8）ITSM 的基本原理可简单地用"二次转换"来概括，第一次是"梳理"，第二次是"打包"。

（9）第一次转换将技术管理转化为流程管理，第二次转换将流程管理转化为服务管理。

（10）ITSM 适用于 IT 管理而不是组织的业务管理，清楚这点非常重要，因为它明确划分了 ITSM 与 ERP、CRM 和 SCM 等管理方法和软件之间的界限。这个界限是：前者面向 IT 管理，后者面向业务管理。

（11）ITSM 的重点是 IT 的运营和管理。

（12）IT 规划关注的是组织的 IT 方面的战略问题，而 ITSM 是确保IT战略得到有效执行的战术性和运营性活动。

（13）虽然技术管理是ITSM的重要组成部分，但ITSM的主要目标不是管理技术。有关IT的技术管理是系统管理和网络管理的任务，ITSM的主要任务是管理客户和用户的IT需求。

3.3 项目管理

（1）项目的特点：①临时性；②独特性；③渐进性；④不确定性。

（2）项目的5个阶段：①项目启动；②项目规划；③项目执行；④项目监控；⑤项目收尾。不是每一个项目都必须经过以上每一个阶段。

（3）项目管理，试图获得对5个变量的控制：时间、成本、质量、范围、风险。

（4）项目群管理是指为了实现组织的战略目标和利益，而对一组项目（项目群）进行的统一协调管理。项目群管理可以提高IT服务项目提供的质量，统一协调资源，降低成本，能更好地实现企业战略目标和客户需求。

（5）项目群管理是以项目管理为核心。

（6）项目群管理通常不直接参与对每个项目的日常做的工作，而是侧重在整体上进行规划、控制和协调，指导各个项目的具体管理。

（7）项目群管理关注项目群的组织收益管理、利益管理和沟通、风险管理和问题解决、项目群计划编制与控制、商业论证管理、质量管理等。

（8）项目群具有其特色的生命周期，包括识别项目群、定义项目群、对项目群综合治理、项目的组合管理、项目群的收益管理、项目群的收尾管理等。

（9）项目管理办公室PMO。

（10）项目群管理组织结构的基本形式为单类项目群组织结构、多类项目群组织结构、复合式组织结构；根据项目群是以业务为导向（职能型），还是以客户为导向（矩阵型），可将单类项目群分为单客户项目群和单业务项目群，多类项目群分为多客户项目群和多业务项目群。

（11）单类项目群：①单客户项目群管理架构，以实现客户目标为导向，对应单独的客户，每个客户有多个IT服务业务的项目；②单业务项目群管理架构，指以服务为导向，对应单独的IT服务，每个IT服务有多个客户的项目。

（12）多类项目群。多类项目群与单类项目群最大的区别在于项目规模较大，一名项目经理已经难以协调，需要设置PMO或者IT服务总监在上层进行统一协调管理。

①多客户项目群管理框架：指按客户目标管理设置。

②多业务项目群管理框架：指按业务目标管理设置。

（13）复合项目群是指单类项目群和多类项目群的组合，往往区分大客户和中小客户。大客户以客户目标管理，每个客户下有多个业务；中小客户以业务目标管理，每个业务下面有多个客户。

3.4 质量管理理论

（1）全面质量管理TQM。

（2）戴明环PDCA。

（3）质量三部曲指的是质量策划、质量改进和质量控制，通过识别顾客的要求，开发出让顾客满意的产品，并使产品的特征最优化，同时优化产品的生产过程。这样不但能够满足客户的需求，也能满足企业的需求。

（4）质量螺旋就是要求我们首先去识别顾客的需求，开发出适合顾客需求的产品，然后生产和销售这样的产品，使顾客满意。顾客满意之后又会产生新的需求，企业可以根据顾客的新需求进行新一轮的循环。

（5）6西格玛：做100万件事情，其中只有3.4件是有缺陷的。6西格玛改进遵循五步循环改进法，即定义、测量、分析、改进、控制。

（6）质量策划的内容：①设定质量目标；②确定达到目标的途径；③确定相关的职责和权限；④确定所需的其他资源；⑤确定实现目标的方法和工具；⑥确定其他的策划需求。

（7）质量控制的要点：①质量控制范围包括生产过程和质量管理过程；②质量控制的关键点是使所有质量过程和活动始终处于完全受控状态；③质量控制的基础是过程控制。

（8）质量保证工作的主要内容包括制定质量保证计划、过程与产品质量检查、编制质量保证工作报告和问题跟踪与持续改进。

（9）质量保证计划应至少包括如下内容：①质量保证的目的；②质量保证的检查范围；③质量保证检查的时间或周期；④质量保证检查的依据；⑤质量保证人员的职责和分工；⑥过程与产品质量检查。

（10）质量改进与质量控制不一样，但两者是紧密相关的，质量控制是质量改进的前提，质量改进是质量控制的发展方向，控制意味着维持其质量水平，改进的效果则是突破或提高。可见，质量控制是面对"今天"的要求，而质量改进是为了"明天"的需要。

（11）质量控制是日常进行的工作，可以操作规程中加以贯彻执行。质量改进则是一项阶段性的工作，达到既定目标之后，该项工作就完成了。

（12）质量改进对象量改进活动涉及到的全过程，改进的对象既包括产品（或服务）的质量，也包括各部门的工作质量。产品质量改进是指改进产品自身的缺陷，或是改进与之密切相关事项的工作缺陷的过程。

（13）改进项目的选择重点，应是长期性的缺陷，一般来说，应把影响企业质量方针目标实现的主要问题，主要有：①市场上质量竞争最敏感的项目；②质量指标达不到规定"标准"的项目；③产品或服务质量低于行业先进水平的项目；④其他。

（14）质量改进实施方法：①明确问题；②掌握现状；③分析问题产生的原因；④拟订对策并实施；⑤确认效果；⑥防止问题再发生并标准化；⑦总结。

（15）质量控制的工具（流因直点列制查，矩树相亲策动优）：测试、检查、统计抽样、6西格玛、因果图、流程图、直方图、检查表、散点图、排列图（帕累托图）、控制图、相互关系图、亲和图、树状图、矩阵图、优先矩阵图、过程决策程序图、活动网络图（进度网络图）。

第4章 IT服务规划设计

4.1 概述

服务级别协议（SLA）包括服务内容、连续性、可用性、服务能力和服务费用等。

规划设计的范围不仅包括新的服务，还包括服务连续性保障、服务水平的满足和标准、规则的遵从，以及在服务生命周期过程中为了保持和增加服务价值所做的必要变更。

（1）目的：①设计满足业务需求的IT服务；②设计SLA、测量方法和指标；③设计服务过程及其控制方法；④规划服务组织架构、人员编制、岗位及任职要求；⑤识别风险，并定义风险控制措施和机制；⑥识别和规划支持服务所需的技术及资源；⑦评估IT服务成本，制定服务预算，控制服务成本；⑧制定服务质量管理计划，以全面提高 IT 服务质量。

（2）好的规划带来的益处：①减少总体拥有成本（TCO）；②使新的或变更的服务的实施更便利；③改进服务流程；④服务执行更有效；⑤提升 IT 服务管理；⑥服务管理更有效。

（3）IT 服务规划设计活动：①服务需求识别；②服务目录设计；③服务方案设计（含服务模式设计、服务级别设计、人员要素设计、过程要素设计、技术要素设计、资源要素设计）；④服务成本评估；⑤服务级别协议设计。

（4）关键成功因素：①确保规划设计考虑全面，使规划设计包含 IT 服务的所有活动及与业务相关的接口；②当服务变更或补充规划设计的任一独立元素时，都要综合考虑有关职能、管理和运营等层面的问题；③明确重点，充分沟通；④策划、实施、检查和改进（PDCA）。

4.2 服务目录管理

服务目录定义了服务供方所提供服务的全部种类和服务目标，分为业务服务目录（客户更关注）和技术服务目录。

（1）服务目录设计目的：①促进部门同外部及内部的沟通；②对业务要求和挑战有更好的理解；③能有效地把适当的成本分配给某个具体的业务部门和单位；④服务供方能积极、有效地改变终端用户的消费量及其消费行为；⑤增强客户的需求意识，提高 IT 服务供方的市场可视性；⑥提高 IT 服务和流程的效率；⑦把 IT 资源重新分派到核心业务系统中；⑧降低服务提供的出错率；⑨降低 IT 部门的操作成本。

（2）服务目录设计活动：①确定小组成员；②列举服务清单；③服务分类与编码；④服务项描述；⑤评审并发布服务目录；⑥完善服务目录。

（3）关键成功因素：①确保向需求提供的每个服务都是独立的，而不是某个大服务的一部分；②可以根据客户的需求和内部情况，对服务内容进行控制和衡量；③服务成本可以根据客户需求的不同而进行改变；④客户容易认可和感受对服务成本有较大影响的服务。

4.3 服务级别协议

（1）服务级别协议（SLA）：是在一定的成本控制下，为保障IT服务的性能和可靠性，服务供方与客户间定义的一种双方认可的协定（合法的文档）。包括涉及的当事人、协定条款（包含应用程序和支持的服务）、违约的处罚、费用和仲裁机构、政策、修改条款、报告形式和双方的义务等，同样，服务供方可以对客户在工作负荷和资源使用方面进行规定。

（2）运营级别协议（OLA）：是与某个内部IT部门就某项IT服务所签订的后台协议，OLA在IT内部定义了所有参与方的责任，并将这些参与方联合在一起提供某项特别服务。

（3）支持合同（UC）：是指组织与外部服务供应商之间签订的有关服务实施的正式合同，是SLA中的重要部分。

（4）服务级别协议（SLA）的主要内容：需方、供方、第三方、项目名称、生效时间、终止时间、服务简介、服务范围、服务时间、服务受理渠道、投诉渠道、服务交付计划、服务交付方式、服务交付内容、供方人员、需方人员、第三方接口、供方服务流程、第三方服务流程、服务交付成果、保密要求、服务考核要求、协议变更控制、各方代表签字等。

4.4 服务需求识别

服务需求识别包括可用性需求、连续性需求、能力需求、信息安全需求、价格需求、服务报告需求。

服务需求识别目的：①了解客户的基本需求，分析潜在客户的不同需求，为IT服务方案设计打下基础；②了解客户对系统可用性和连续性的需求；③进行合理的IT服务资源配置；④为预算IT服务成本、设计定价和收费模式奠定基础。

（1）IT服务可用性需求识别。

平均无故障时间（正常运行时间，MTBF）=系统运行时间/系统在运行时间的故障次数，时间越长，可靠性越高。

平均故障修复时间（宕机时间，MTTR）=系统故障耗时/故障次数，时间越短，表示易恢复性越好。

平均故障间隔（MTBSI）=平均无故障时间+平均故障修复时间，间隔越长，表示可靠性越高。

（2）业务连续性需求识别（识别影响风险因素，形成风险评估表及风险应对计划）。

（3）IT服务能力需求识别：是指保证信息系统的性能和IT服务能力可以最及时、最有效的方式满足服务级别协议（SLA）中所有当前和未来的需求。

（4）信息安全需求识别：机密性（保密性）、完整性、可用性。

（5）价格需求识别：(供方)成本包括设备成本、系统与应用、软件成本、人力成本、第三方支持成本、管理成本和其他成本等。

（6）IT服务报告需求识别：典型报告包括①按照既定服务水平目标衡量的服务绩效；②主要工作的绩效报告，如定期的服务概况、事件、变更汇报；③工作的特点和工作量信息；④某段事件的趋势信息；⑤未来计划工作的信息。

（7）IT服务需求识别关键成功因素：①明确服务范围、服务内容和服务目标；②识别客户对于可用性、连续性、信息安全、服务能力、价格和服务报告方面的需求，以便对规划设计进行规划；③与需方进行充分的沟通，全面了解明示的和隐含的服务需求。

4.5 服务模式设定（规划阶段核心工作）

（1）服务模式设定：①远程支持（电话或邮件）、现场服务（上门技术支持、常驻现场）、集中监控等；②IT外包（ITO）、业务流程外包（BPO）、知识流程外包（KPO）等外包服务和新兴的服务模式（Saas、云计算）。

（2）目的：更好地满足客户需求，提升客户满意度。

（3）服务模式设定关键成功因素：①选择的IT服务模式与客户需求一致；②跟踪客户需求的变化，及时调整IT服务模式；③IT服务供方具备同时提供多种IT服务模式的能力；④IT服务供方人员配置和资源配置与IT服务模式匹配。

4.6 服务级别设定

（1）服务级别设定：服务级别是指服务供方与客户就服务的质量、性能等方面所达成的双方共同认可的级别要求。

（2）目的：①通过对IT服务绩效的协商、监控、评价和报告等一整套相对固定的运营流程，来维持和改进IT服务的质量，使之即符合业务需求，又满足成本约束的要求；②采取适当的行动来消除或改进不符合级别要求的IT服务；③提高客户满意度，以改善与客户的关系；④督促IT服务供方。

（3）服务级别设定的活动：①了解服务内容；②确定服务范围、服务对象和服务内容；③定义服务级别目标；④明确双方职责；⑤识别风险；⑥对服务级别设定的评审和修改；⑦服务级别谈判和沟通。

（4）服务级别设定关键成功因素：①重视服务级别设定，投入足够的资源和时间；②在服务级别设定过程中，服务级别应尽可能地获得多数人的同意和认可，以获得必要的支持；③充分考虑客户需求，服务级别是根据 IT 与业务需求的结合而设定的；④验证服务目录是否可实现，在签约 SLA 前对这些服务目录进行核实；⑤正确识别供方服务能力，得到足够的运营级别协议或支持合同的支持；⑥在设定服务级别过程中各方的责任定义明确。

4.7 人员要素设计

（1）目的：①确保服务团队组织架构与业务需求和服务模式相适应；②确保配置的服务人员数量能同时满足服务和成本两方面的需求；③确保服务人员的能力持续满足服务的需求；④保持服务人员稳定的工作状态；⑤保持服务人员的连续性。

（2）活动：①人员岗位和职责设计（管理岗、技术支持岗和操作岗）；②人员绩效方案设计（SMART 原则）；③人员培训方案设计。

（3）关键成功因素：①是否具有成熟的知识管理体系；②岗位培训是否充足且适用；③进行服务意识及沟通能力培训；④团队内人员能力的互备性；⑤人员考核指标设定是否符合 SMART 原则；⑥人员考核结果应用是否真正落地有效；⑦建立良好的沟通协作机制；⑧设计有效的人员储备管理措施；⑨引导积极向上的团队文化，举行团队活动或其他方式的团队建设。

（4）SMART 原则：S 明确的，M 可以衡量的，A 可以达到的，R 可以实现的，T 时限性。

4.8 资源要素设计

（1）目的：①确保服务供方具备提供足够资源的能力，以满足客户的服务需求；②确保服务供方可以使用有效手段和方法受理客户的服务请求，及时跟踪服务请求的处理进展，确保达到 SLA 要求；③分析当前的业务需求并预测将来的业务需求，确保这些需求有足够的服务资源进行保障；④确保当前的服务资源能够发挥最大的效能，提供最佳的服务品质。

（2）活动：①服务工具选择（监控类、过程管理类和其他工具）；②服务台设计；③备件及备件库设计；④知识库设计。

（3）工具的选择：①根据服务内容；②考虑成本；③考虑客户的期望；④考虑工具的技术架构及团队的技术水平；⑤考虑工具的通用性和集成性。

（4）关键成功因素：①服务人员能力达标，能正确使用各种服务工具；②服务台的职能明确，服务过程规范；③备件管理规范与SLA中的条款相一致；④有效的监控平台能提高主动发现事故或事件的概率，提前做好预防工作；⑤及时跟进服务级别和服务需求的变更调整服务资源的配置；⑥如备件库由第三方提高，第三方的支持服务级别充分满足服务需求。

4.9 技术要素设计

（1）目的：①提高服务质量；②减少人员流失带来的损失；③提高IT服务的效率；④降低服务成本；⑤对各类IT服务所需的技术进行统一管理，可以做到对成熟技术及时进行推广，并随时研发新的技术；⑥给IT服务供方和需方提供一致的技术标准；⑦对技术和方法进行说明，可根据自身需求挑选IT服务项目所需的技术。

（2）活动：①技术研发；②发现问题的技术；③解决问题的技术。

（3）关键成功因素：①服务人员技术能力达到岗位要求；②正确识别服务需方要求或技术发展趋势；③重视技术方面的使用、管理和维护，建立发现和解决问题的技术体系。

4.10 过程要素设计

1. 过程/规程管理

规程（规则+过程）也称标准作业程序（SOP），是指将某一事件的标准操作步骤和要求以统一的格式描述出来，用于指导和规范日常的工作，不仅是一套技术性范本，更是涵盖了管理思想、管理理念和管理手段。

2. 过程管理模型

过程通常定义了活动、关系、顺序、产出标准等信息。

（1）特性：①有明确的目标；②可重复性；③可衡量性；④明确的服务提供者和服务对象；⑤对特定事件的响应；⑥本身的执行需要相应的信息输入。

（2）目标：①过程符合可行性、适用性；②过程稳定，可重复使用；③过程符合效率要求；④过程符合效益要求；⑤过程可被监控和管理；⑥过程可追溯、可审计；⑦过程可被衡量和评价

（3）活动：①识别客户服务内容、范围、目标、管理要求过程的最终目标是交付合格的服务结果，过程识别和定义要围绕客户服务内容、范围、目标、管理要求而展开；②识别需要的过程及过程目标常用过程包括需求管理、事件管理、问题管理、变更管理、发布管理等管理过程；③定义角色和职责对应选择的过程定义相应的角色，如服务台支持工程师、现场工程师、二线支持专家、后台工程师等，并对各角色的职责进行详细的职责描述；④识别过程的活动，定义活动的相互关系、顺序、活动目标、活动的资源限制及管理要求；⑤定义相关活动详细操作规程及衡量标准过程活动的定义是相对高级别的操作汇总，为保障过程活动的目标达成，需要选择和定义更细致的操作规程；⑥定义过程的表单及信息记录保存要求；⑦定义过程评价、评估和改进机制对过程的评价衡量可结合服务协

议约定的报告周期进行。

3. 过程 KPI 设计

过程：①确定过程 KPI 指标；②明确 KPI 计算方法；③明确 KPI 信息来源；④定义 KPI 考核周期；⑤定义过程 KPI 评价、评估和改进机制。

4. 过程监控设计

活动：①过程监控的执行，并及时采取干预应对措施；②过程审计；③过程 KPI 考核。

5. 常见 IT 服务管理过程设计

（1）服务级别管理过程设计。

过程需充分考虑：建立服务目录；需方签订服务级别协议；根据需方的考核评估机制，建立 SLA 考核自评估机制，包括 SLA 完成情况、达成率等，在 SLA 评估后制定改进内容及改进措施。

关键指标特征：服务目录定义完整性；签订服务级别协议文件的规范性；SLA 考核评估机制的有效性和完整性。

（2）服务报告管理过程设计。

过程需充分考虑：与服务报告过程一致的活动，包括建立、审批、分发、归档等；服务报告计划；包括提交方式、时间、需方接收对象等；服务报告模板包括格式、提纲等。

关键指标特征：服务报告过程完整性；服务报告的及时性、准确性，附服务报告分类及模板。

（3）事件管理过程设计。

建立事件机制：建立与事件管理一致的活动，包括事件受理、分类和初步支持、调查和诊断、解决、进展监控与跟踪、关闭等；事件分类、分级机制；事件升级机制；满意度调查机制；事件解决评估机制，包括事件解决率、事件平均解决时间等。

关键指标特征：事件管理过程的完整性；事件解决评估机制的有效性。

（4）问题管理过程设计。
（5）配置管理过程设计。
（6）变更管理过程设计。
（7）发布管理过程设计。
（8）信息安全管理过程设计。

第5章 IT服务部署实施

目标：服务的标准化和规范化。

IT服务部署实施定位：将IT服务运营纳入标准化与规范化的管理轨道，包括运作机制和持续改进机制。

目的：①协调并组织组成服务的所有要素，包括与之有关的其他个人、部门或组织，使用合适的技术，在满足规划设计环节的要求和限制的前提下，在可接受的时间、成本和质量的标准内，确保服务在生产环境里的顺利发布；②对应复杂的IT服务部署实施，标准化部署实施过程，提升新服务或变更服务的交付质量；③在IT服务部署实施期间，确保客户、终端用户及服务团队等相关方的满意度；④确保新服务或变更的服务于客户的业务组织、业务过程的顺利衔接；⑤确保新服务或变更的服务可以正常运转，且可以被有效管理，同时使客户对其有更明确的、合理的期望；⑥为IT服务运营提供标准化与规范化的管理方法，尽可能识别和管理服务运营过程中存在的风险；⑦为IT服务运营提供切实可行的服务治理管理方法和指导，以缩小实际的服务绩效与预期的服务绩效之间的差异。

5.1 IT 服务部署实施要素

（1）人员要素实施部署：①外部招聘或内部调岗；②建立培训教材库及知识转移方法。

（2）资源要素实施部署：①知识库内容初始化（来源信息技术支持工程师提供、过往的事件和问题的处理日志中提炼、审核、发布）；②工具部署、使用手册与相关制度；③备件库建立与可用性测试；④服务台管理制度的初始化。

（3）备件库管理：发布备件管理制度与规范，如库房管理制度、备件出入库规范、备件申请流程、备件采购流程等。

（4）服务台管理制度内容：①服务台中各岗位的角色与职责；②服务台的主要工作流程；③记录事件与服务请求的具体要求；④事件与服务请求分派的原则；⑤事件回访的相关规定与要求；⑥服务台的绩效考核指标。

（5）技术要素部署实施：①知识专业；②应急响应预案的制订与演练；③SOP 标准操作规范；④技术手册发布（审核、存档、发放）；⑤搭建测试环境。

（6）知识转移是技术部署实施的重要环节，可以提高 IT 服务技术支撑能力，降低风险，缩减成本，提升效率。

（7）知识转移的内容：①历史运维资料（相关工作界面和人员职责说明书，内外部支持信息）；②基础架构资料（系统部署和网络物理拓扑，系统架构说明，软/硬件配置，系统数据备份与恢复操作说明书，系统应急、容灾处理方案（如集群切换和恢复），系统日常运维操作手册）；③应用系统资料（应用系统测试报告，应用系统使用手册，应用系统需求和设计文档，应用系统安装配置手册，应用版本说明）；④业务资料（业务架构图，业务流程，业务场景说明，业务培训资料）；⑤业务运维文档（业务问题 FAQ、业务问题诊断）。

（8）应急演练流程：演练启动→执行→结束与终止→评估与总结→成果运用→文件归档与备案→考核与奖惩。

（9）SOP 编写原则：①在人力、财力、物力等资源允许的范围内可以做到；②IT 服务人员都能看懂，且每个人的理解都相同；③效率最高和成本最低，并识别出关键风险；④SOP 正式发布前要经过测试与评价环节；⑤可以根据业务与技术发展需求，实现快速迭代。

（10）过程要素部署实施：①过程与制度发布；②过程电子化管理和数据初始化；③体系试运行（管理目标达成情况、客户满意度、服务工具使用效果）。

5.2 IT 服务部署实施

1. IT 服务部署实施计划

（1）IT 服务部署实施计划的目的：①IT 服务部署实施的目标，包括交付物、验收标准等；②IT 服务部署实施详细的过程、时间及其投入；③IT 服务部署实施如何实现所要求的要素，如所需要的人员、过程、资源和技术；④明确 IT 服务部署实施过程中需要了解项目进展信息的人员，明确相关的展现方式与时间，如确定项目进展信息的展现形式、汇报制度、汇报方式、送达人员等。

（2）IT 服务部署实施计划的活动：①计划沟通；②计划制订；③计划评估确认；④计划修订。

（3）IT 服务部署实施计划的内容：①部署实施阶段的负责人；②角色与职责；③运维项目情况；④各阶段的具体工作人员与责任人；⑤交付物列表；⑥交付物验收标准；⑦对客户的要求（客户的参与）。

（4）IT 服务部署实施计划中的主要工作内容：①IT 服务部署实施启动会；②服务团队组建计划；③服务团队培训与知识转移计

划；④服务工具采购、安装部署、测试、初始化与上线计划；⑤核对服务目标；核对服务目录；⑥设定服务模型；⑦客户化服务管理过程；⑧设定过程绩效指标；⑨初始化服务文档体系与文档管理规范；⑩初始化配置管理数据库（CMDB）；⑪客户化服务规范；⑫开发工作指导书和标准操作规范；⑬编写服务计划；⑭服务发布会/部署实施总结会。

（5）IT服务部署实施计划的关键成功因素：①明确IT服务部署实施阶段的责任人；②明确IT服务部署实施范围、里程碑、交付物，以及交付物的验收标准；③对IT服务能力和资源合理进行准确的预测；④IT服务连续性的保障。

（6）IT服务部署实施计划阶段应急响应所需的要素：①风险评估；②应急响应的触发，通知机制；③制订应急预案；④成立应急响应组织，明确由何人负责启动该应急预案；⑤恢复服务所需的行动步骤和相应的责任人；⑥应急预案的培训与演练；⑦日常监测与预警。

（7）实施计划阶段可能的风险和控制：①IT服务部署实施计划的完整性和条理性；②计划本身的可用性；③交付物的可验收性；④与IT服务规划设计和IT服务运营的吻合性。

2. IT服务部署实施执行

（1）IT服务部署实施执行应与所有项目干系人达成以下内容：①开展项目的原因和目标；②项目交付物及其约束条件，包括无形的交付物和有形的交付物；③项目的交付方式、交付时间及其投入，如通过现场或远程方式提供服务；④项目的范围，通常包括基础环境、硬件、软件、场地等服务范围；⑤项目初步实现所要求的条件，如人员、资源、技术、过程；⑥项目所面临的风险，如管理风险、技术风险等；⑦对部署实施计划所需资源的验证，包括由服务商自行提供的资源，第三方（供应商）提供的资源，客户提供的资源等；⑧与项目干系人做计划的正式声明和沟通，对各种资源提出正式的要求；⑨角色和职责包括成员角色、权利、职责和能力；⑩项目组织结构图；⑪人员配备管理计划；⑫发现和解决问题相关的技术。

（2）IT服务部署实施执行活动：①按规划开展活动，以实现项目目标，创造项目的可交付成果；②管理、培训、配置运维团队成员；③验证、获取、使用和管理资源；④执行已计划好的过程、方法、标准；⑤可信赖的发布管理机制；⑥IT服务连续性管理机制；⑦IT服务回顾机制；⑧满意度管理机制；⑨标准操作程序（服务作业指导书）；⑩IT服务质量计划；⑪特有的过程、专有的规范。

（3）IT服务回顾内容（客户）：①服务合同执行情况；②服务目标达成情况；③服务绩效（服务级别协议）与成果；④服务范围与工作量；⑤客户业务需求的变化；⑥本周期内遇到的特殊或疑难问题；⑦本周期内的服务运营团队的各项绩效指标总结；⑧下周期工作计划安排等。

3. IT服务部署实施验收

（1）目的：取得项目干系人对部署实施阶段交付物的认可，对IT服务是否可以稳定且持续地运营做验证。

（2）部署验收阶段关注要点：①服务级别协议中的约定目标都已实现；②规定的服务交付物可合规交付，并被客户所验收；③解散部署实施团队并释放资源，前提是交付团队及相关管理机制可平滑过渡到运营阶段；④总结并记录部署实施中的经验。

（3）IT服务部署实施验收阶段的活动：①IT服务部署实施期报告；②IT服务部署实施回顾；③交付物验收。

（4）部署实施期报告包括：①部署实施计划的完成情况；②资源使用情况；③交付物列表；④部署实施期的经验总结；⑤部署实施期的重大事件回顾（如计划的变更）；⑥对服务运营期的建议。

（5）IT部署实施回顾内容：①时间点与里程碑的达成情况回顾；②对各方面资源的配合情况回顾；③对交付物的特殊说明；④部署实施期间的服务指标完成情况；⑤正式地声明进入服务运营期。

（6）关键成功因素：①客户的满意度；②客户对服务质量的直接感知；③服务级别协议的完成情况。

（7）可能风险和控制：①服务级别协议中的验收准则或标准不够清晰，导致项目缺乏准确的依据来进行验收；②服务验收准备不充分，是指对于与部署实施计划有出入的交付物或活动，一定要准备与之对应的书面说明，并在部署实施回顾过程中与客户沟通以取得支持，否则会对验收结果造成很大的影响；③未提供部署实施期报告及部署实施回顾会议资料；④客户的主管领导或主管部门组织结构发生变动后，客户本应承担的收尾责任缺失，导致客户项目收尾无法启动或进行；⑤项目文档资料不规范，如格式和风格不统一，甚至出现疏漏，导致客户对项目质量存有疑虑，使部署实施无法验收。

第6章 IT服务运营管理

目的：提供低成本、高质量的IT服务。

6.1 人员要素管理

（1）关键成功因素：①是否具有成熟的知识管理体系；②岗位培训是否充足且适用；③团队能力的互备性；④人员考核指标设定是否符合SMART原则；⑤人员考核结果应用是否真正落地有效。

（2）活动：人员储备与连续性管理、人员能力评价与管理、人

27

员绩效管理、人员培训计划执行。

（3）人员储备与连续性管理目标：①保证IT服务连续性，满足客户对服务质量及满意度的要求；②保持客户对IT服务的信心和信任，并获取支持；③保持供应商及第三方接口关系的连续性；④保持供应商及第三方的信心，并获取支持。

（4）人员储备与连续性管理活动：①预防性活动（服务能力规划、知识管理及培训、岗位互备及轮岗、识别能力发展曲线、明确岗位交接管理说明、与客户和供应商及第三方明确相关的人员连续性管理流程）；②被动性活动（岗位交接及培训、面向客户及服务团队进行人员更换说明、面向供应商及相关第三方进行接口关系变更、人员连续性安全管理）。

（5）人员能力评价与管理目标：建立人员能力模型，对人员能力进行评价与分析，提供人员能力培养与晋升的信息。

（6）人员能力评价与管理活动：①建立岗位职责的能力需求说明书；②建立人员能力现状评估和差异分析表（能力现状评估、能力差异分析、评价结果运用）。

（7）人员绩效管理目标：对人员绩效的成果进行分析，结合人员能力模型与岗位要求进行评价，根据评价的结果建立人员能力提升或工作改进的方法。

（8）人员绩效管理活动：①绩效考核成果报告；②绩效考核成果分析；③基于绩效考核分析的改进（管理改进、培训、激励、改变绩效方案）。

（9）人员培训计划执行目标：确保有效执行人员计划并确保培训效果。

（10）人员培训计划执行活动：①按人员培训计划进行培训；②对培训结果进行评价；③培训机构与培训讲师管理；④人员培训回顾和改进过程。

6.2 资源要素管理

工具管理：工具的基本运营（保持稳定性，按生产系统管理；挑选合适的员工进行日常维护；适时的改进）、IT服务工具的淘汰。

1. 知识管理

（1）知识管理流程的目标是将运维生产过程中产生的各类信息包含的知识最大限度地提取、保留，通过评审后加以应用，包括实现知识共享，实现知识转化，避免知识流失，提高运维响应速度和质量，挖掘、分析IT应用信息（获取、共享、保留归档、评审）。

①知识提取和获取的方法和途径：先分类、再提取（内部提取和外部查找）。

②按知识的覆盖使用范围、知识评分、按照浏览量和知识地图分类。

③IT服务项目常见知识的分类为：项目相关业务知识、项目相关已知问题（故障）解决方案、IT服务相关技术跟踪、其他知识（消防知识、逃生知识等）。

④知识共享的方法和方式：对内共享和对外共享（注意保密级别，制定共享制度，设定保密级别）。

⑤知识的保留、归档与入库（通过审核，保证入库知识的质量）。

⑥知识评审：涉及时效性、完整性、正确性。

（2）知识管理关键成功因素：①知识识别与分类是否准确，知识管理流程是否制订、是否合理；②设置知识使用衡量指标进行考核，来判断知识管理的成熟度，如知识积累的数量，知识的利用率，知识的更新率，知识的完整性，各类知识的比重，知识新增数量与事件、问题发生数量的对比关系。

（3）知识管理可能存在的风险和控制：①知识私有化观念（主动性，采取激励措施）；②知识共享的风险（制定保密制度）；

③知识管理工具使用风险；④持续性风险（知识的有效性、时效性）；⑤隐性知识很难转化成显性知识。

2. 服务台管理与评价

（1）服务台在IT服务运营中的工作：①响应呼叫请求；②发布信息；③供应商联络；④运营任务；⑤基础设施监控。

（2）备品备件管理：①备件申请；②采购；③到货入库；④领用；⑤报废。

6.3 技术要素管理

目的：按照IT服务中技术工作的规律性，建立科学的管理工作程序，有计划地、合理地利用技术力量和资源，保证SLA高标准地完成。

（1）技术研发预算（增量预算、零基预算）。

（2）技术成果的运行与改进：①对技术成果进行培训与知识转移（知识性研发成果培训、工具类研发成果培训）；②对技术成果的内容进行演练或推演（演练、推演）；③对技术成果进行优化改进。

6.4 过程要素管理

流程是IT服务运营活动的主要体现，也是对用户体验产生直接感受的关键要素。包括服务级别管理、服务报告管理、事件管理、问题管理、配置管理、变更管理、发布管理、安全管理、连续性和可用性管理容量管理。

1. 服务级别管理

服务级别管理流程须确保供方通过定义、签订和管理服务级别协议，满足需方对服务质量的要求，需：①更新服务目录并管理服务级别变更；②监控服务级别协议执行情况；③对关键指标进行管理,如服务目录定义的完整性,签订服务级别协议文件的规范性,服务级别考核评估机制的有效性和完整性。

2. 服务报告管理

服务报告管理流程须确保供方应通过及时、准确、可靠的报告与需方建立有效的信息沟通,需:①建立、审批、分发服务报告;②对服务报告进行归档;③更新服务报告模板;④对关键指标进行管理,如服务报告过程的完整性,服务报告的及时性、准确性。

3. 事件管理

事件管理流程须确保供方具有检测事件、尽快解决事件的能力,需:①对事件进行受理与处理;②对事件进展进行监控与跟踪;③对事件进行升级;④进行事件满意度调查;⑤完成事件报告;⑥对关键指标进行管理,如事件管理过程的完整性、有效性,事件解决评估机制的有效性。

4. 问题管理

问题管理流程须确保供方通过识别引起事件的原因并解决问题,预防同类事件重复发生,需:①对问题管理进行受理(包括问题建立、分类、调查和诊断、解决、错误评估、关闭等);②采用并更新知识库;③完成问题报告;④对关键指标进行管理,如问题管理过程的完整性,问题解决评估机制的有效性。

5. 配置管理

配置管理流程须确保供方维护运行维护服务对象的必要记录,并保证配置数据的可靠性和时效性,关联支持其他服务过程。需:①对配置项进行识别、记录、更新;②对配置数据库进行管理与维护;③对配置项进行审计;④对关键指标进行管理,如配置管理过程的完整性,配置数据的准确、完整、有效、可用、可追溯,配置审计机制的有效性。

配置管理流程：①制定配置管理计划；②配置识别与建立基线；③建立配置管理系统；④版本管理；⑤变更管理与控制；⑥配置状态报告；⑦配置审计。

6. 变更管理

变更管理流程须确保供方通过管理、控制变更过程，确保变更有序实施。需：①受理变更请求；②对变更进行评估、审核；③对变更进行实施、确认和回顾等；④对关键指标进行管理，如变更管理过程的完整性，变更记录的完整性。

变更管理流程：①提出与接受变更请求；②对变更进行初审；③变更方案的论证；④项目变更控制委员会审查；⑤发出变更通知并执行变更；⑥变更实施的监控；⑦变更效果评估；⑧判断变更后的项目是否已纳入正常轨道。

7. 发布管理

发布管理流程须确保一个或多个变更的成功导入。需：①执行发布计划，对发布进行测试；②发布失败时执行回退方案；③对发布进行记录，更新配置数据库；④生产发布报告；⑤对关键指标进行管理，如发布管理过程的完整性，发布过程记录的完整性、准确性。

8. 安全管理

安全管理流程须确保供方提供符合信息安全要求的服务。需：①执行安全策略；②对违反安全策略的事件进行监控与跟踪；③对关键指标进行管理，如运行维护服务过程中信息的保密性，运行维护服务过程中信息的可用性，运行维护服务过程中信息的完整性。

9. 连续性和可用性管理

连续性和可用性管理应确保向客户承诺协议的可用性、连续性在任何环境下都能满足。需：①可用性和连续性计划必须至少每年开发、检查，确保协定的需求在从遭受一般损失到巨大损失的任何情况下，都得到满足；②当业务环境发生重大变更时，可用性和连续性计划必须被重新测试；③变更管理流程必须评估变更对可用性和连续性计划的影响；④可用性必须被测量和记录；⑤连续性计划、联系列表和配置管理数据库在正常办公室访问被禁止时必须仍可使用，连续性计划必须包括对正常工作的恢复；⑥连续性计划必须被测试，以保证与业务的需求一致；⑦所有的连续性计划的测试必须被记录，对测试失败必须产生行动计划。

10. 容量管理

容量管理需确保服务提供者在任何时间都有足够的能力来满足当前和未来的客户业务需求。需：①必须产生、维护一个能力计划；②容量管理必须满足业务需求，包括当前的和未来的容量和性能需求，服务升级时间、阈值和成本，对计划的服务审计、变更请求、新技术和新技能对能力所产生的作用的评估，外部变更对容量可能产生的影响，提出用于进行预测分析的数据、流程和方法；③监控服务能力、调整服务绩效、提供足够能力的方法、步骤和技术必须被明确。

第 7 章　IT 服务持续改进

持续改进（贯穿 IT 服务全生命周期、持续性且不存在明显的起止时间）方法过程：①识别改进战略／策略；②识别需要测量什么；③收集数据；④处理数据；⑤分析信息和数据；⑥展示并使用信息；⑦实施改进。

7.1 服务测量

（1）服务测量范围包括IT服务全生命周期阶段的每个方面，覆盖战略、战术和操作等多个层面。包括：①技术指标（如可用性、性能）；②过程指标（KPI）；③服务指标。

（2）目标：监视、测量并评审服务及服务管理目标的完成情况，分析与服务计划的差距，并为服务改进提供依据。

（3）服务测量活动：①服务人员测量；②服务资源测量；③服务技术测量；④服务过程测量。

服务人员测量内容：①识别备份工程师对项目的满意度和可用性；②测量人员招聘需求匹配率；③收集培训的应用情况，如培训覆盖率、满意度及评价；④人员能力测量，如识别并收集考评团队内部最新人员技能、资历认证等；⑤服务工作量测量，如根据来电量进行服务台人员配比预测等；⑥岗位职责更新情况，如识别最新组织结构变化等；⑦人员绩效考核分配机制测量，如关注分配比例的合理性；⑧实时监控团队工作状态，如关注员工易动隐患等。

（4）服务资源测量：对IT服务运维工具、服务台、知识库、备件库各种指标进行测量。

（5）服务技术测量：①识别研发规划；②识别研发成果；③技术手册及SOP统计；④应急预案实施统计；⑤监控点和阈值统计。

（6）服务过程测量：①服务管控测量；②服务执行测量。

（7）服务测量的关键成功因素：①针对性的服务测量框架，从业务和技术的多重视角，定义出管控层和执行层的关键绩效指标；②有效的自动化监控和测量工具；③渠道的测量方法：监控、评估、调查、座谈、抽样等；④避免成本约束，准备足够的资金来购买和部署相应的监控和测量工具；⑤降低人员阻力，增强用户及服务人员对服务测量活动的理解和配合，如可适当采用激励方式，鼓励用户积极参与满意度调查，适当采用绩效考核，要求服务工程师及时上传知识文档等；⑥获取管理层的支持；⑦通过接受培训等方式，获取成熟的服务管理过程；⑧利用机制管理技术部门与业务部门之间的有效沟通和协调。

7.2 服务回顾

（1）服务回顾包括：服务回顾的机制、内容及对象、识别服务回顾的目的和作用、目标受众，以及如何进行服务回顾。

（2）形式：客户服务回顾、项目内部会议、视频会议、电话会议、服务报告、服务改进计划、第三方机构意见收集等。

（3）目标：为适当的受众（包括用户、业务部门、供应商、技术人员、管理层等）回顾各种服务测量数据，并作为后续活动的参考和依据。

（4）服务回顾活动：①服务回顾机制（四级）；②与客户回顾内容；③团队内部回顾内容。

（5）与客户回顾内容：①服务合同执行情况；②服务目标达成情况；③服务绩效（服务级别协议）、成果；④满意度调查；⑤服务范围、工作量；⑥客户业务需求的变化；⑦服务中存在的问题及行动计划；⑧上一次会议中制定的行动计划的进展汇报。

（6）团队内部回顾内容：①上周期工作计划回顾；②本周期内遇到的特殊或疑难工单；③讨论本周期内未解决的工单；④各小组工作简报；⑤本周期的问题回顾；⑥本周期内的工程师 KPI 总结；⑦下周期工作计划安排。

（7）服务回顾关键成功因素：①根据违规记录，进行违规根源分析并加以校正，决定是进行服务升级/服务变更，还是对相关责任人进行处理；②基于回顾报告，从满足业务和客户的需求出发，进行调整和改进；③进行精细的服务管理变更的控制，包括过程的变更、过程文档的变更、过程交互的变更和角色职责的变更等；

④服务回顾的更新要能够满足业务和客户对IT服务能力的需求，同时要确保相关人员对新内容的认知和认同感；⑤避免重要的服务回顾内容项部分缺失，应采用全面严谨的服务回顾模板及会议纪要模板；⑥避免服务回顾会议延期，应设定服务经理针对服务回顾完成率的绩效考核项；⑦明确岗位职责和过程清晰，有问题时应及时进行调整。

7.3 服务改进

（1）目标：利用管理方针、管理目标、审核结果、服务测量、服务回顾、客户满意度管理、投诉管理及管理评审等活动，促进服务管理能力在有效性和效率方面的改进和提升。

（2）服务改进活动需要进行生命周期管理，主要包括服务改进设计、服务改进实施、服务改进验证，涉及服务管理人员、技术、资源、过程等方面。

（3）服务改进设计：①定义服务改进目标；②识别服务改进输入；③制订服务改进计划；④确认服务改进职责。

（4）服务改进实施：①人员；②资源；③技术；④过程。

（5）服务改进验证：①服务改进项目的检查；②提交服务改进报告。

（6）服务改进关键成功因素：①确定服务改进的使因，如客户请求或主动修改；②识别所有重要的服务改进输入（包括人员、资源、技术及过程）；③改进结果应可测量、可追溯，协商服务改进的衡量及验收标准；④公布完整详尽的服务改进计划；⑤保障相关干系人的较高参与度；⑥定义对已存在的服务管理过程和服务的更改；⑦提交新的服务对人力资源和招聘需求的影响；⑧分析服务改进后对相关过程、测量、方法和工具的影响，及时更新服务目录及服务手册；⑨制订服务改进对预算和时间计划的影响。

第 8 章　监督管理

监督管理是依据国家 IT 服务标准对 IT 服务进行整体评价，并对供方的服务过程、交付结果实施监督和绩效评估。

监督管理的 3 个重要内容：①质量管理；②风险管理；③信息安全管理。

IT 服务质量管理是通过制定质量方针、质量目标和质量计划，实施质量控制、质量保证和质量改进等活动，确保 IT 服务满足服务级别协议的要求，最终获得用户的满意。

IT 服务风险管理是对已知风险的认识、分析、采取防范和处理措施等一系列的管理过程，减少 IT 服务风险的发生，提高服务成功的概率。

信息安全管理是确保组织的资产、信息、数据和 IT 服务的保密性、完整性、可用性及其他属性的过程，其他属性有真实性、可核查性、可靠性、防抵赖性等。

8.1　IT 服务质量管理

（1）IT 服务质量评价模型：①安全性（可用性、完整性、保密性）；②可靠性（完备性、连续性、稳定性、有效性、可追溯性）；③有形性（可视性、专业性、合规性）；④响应性（及时性、互动性）；⑤友好性（主动性、灵活性、礼貌性）。

（2）信息技术服务质量评价分为确定需求、指标选择、实施评价以及评价结果分级 4 个步骤。

（3）运维服务质量管理活动：①运维服务质量策划；②运维服务质量检查；③运维服务质量改进。

（4）质量策划的内容：确定运维服务质量的目标，结合运维业务实际情况、运维服务客户的需要，以及当前运维能力水平，设定合理的运维服务质量目标。

（5）质量活动形式：①项目质量保证；②用户满意度管理；③客户投诉管理；④日常检查；⑤质量文化和质量教育；⑥体系内审与管审。

（6）质量实施和检查活动：①进行满意度调查；②运维各项目质量保证工作实施；③内审；④管理评审；⑤日常检查；⑥质量文化培训等。

8.2 IT服务风险管理

过程：①风险管理计划；②风险识别；③风险定性分析；④风险定量分析；⑤风险处置计划；⑥风险监控；⑦风险跟踪。

1. 风险管理计划

（1）输入：项目范围说明书、项目管理计划、服务范围说明书、服务预算、沟通管理计划、组织过程资产、事业环境因素、进度管理计划。

（2）输出：IT服务风险管理计划，包括方法、角色和职责、预算、制订时间表、风险类别、风险概率、风险影响力、概率及影响矩阵、报告的格式、跟踪。

（3）工具和技术：风险核对表法、风险管理表格、风险数据库模式。

2. 风险识别

风险识别的主要内容：①识别并确定IT服务的潜在风险；②识别引起风险的主要因素；③识别IT服务风险可能引起的后果。

（1）输入：SLA、范围说明书、风险管理计划、组织过程资产、环境及组织因素。

（2）输出：风险记录、更新管理计划。

（3）工具和技术：文档评审、信息收集技术（头脑风暴法、德尔菲、访谈法、优劣势分析法 SWOT）、检查表、分析假设、图解技术。

3. 风险定性分析

风险定性分析是对已识别风险进行优先级排序，通过对风险的发生概率和影响程度的综合评估来确定其优先级。

（1）输入：风险管理计划、风险记录、组织过程资产、工作绩效信息、范围说明。

（2）输出：按优先级或相对等级排列的风险、按种类的风险分组、要近期作出响应的风险列表、需要进一步分析和应对的风险列表、低优先级风险的监视表、风险定性分析结果中反映的"趋势"。

（3）工具和技术：风险概率与影响评估法、概率和影响矩阵、风险紧迫性评估、风险分类。

4. 风险定量分析

（1）输入：管理计划、风险管理计划、经过更新的风险记录、包含活动的逻辑关系及活动历时估算的进度管理计划、包含成本估算的成本管理计划、范围说明和范围管理计划、工作分解结构、组织过程资产。

（2）输出：可能性分析、实现成本和进度目标的可能性、已量化风险的优先级列表、定量风险分析结果中的趋势。

（3）工具和技术：PERT、概率分布、期望货币价值分析、蒙特卡洛分析、计算分析因子、敏感性分析、专家判断。

5. 风险处置计划

（1）输入：风险管理计划、风险记录。

（2）输出：已识别的风险及其描述、风险责任人及其职责、定性和定量风险分析过程的结果、一致认同的应对策略、执行选定的应对策略所需的具体行动；在应对策略执行后，期望的残留风险水平、风险发生时的预警和信号、风险应对策略所需的预算和时间、时间和成本的应急储备，目的是为干系人提供一定的风险承受能力、启动应急计划的触发条件、风险一旦发生后所采用的回退计划、残留风险、二级风险（执行某一风险应对措施而直接引发的风险）、需要的应急储备量（通过风险的定量分析和组织对风险的承受能力来确定、风险相关的合同协议）。

风险处置计划的方法：①负面风险应对策略（避免、转移、减轻）；②机遇应对策略（开拓、分享、强大）；③同时适用威胁和机遇的应对策略；④应急响应策略。

6. 风险监控

风险监控是指跟踪已识别的危险，监测残余风险和识别新的风险，保证风险计划的执行，并评价这些计划对减轻风险的有效性。

（1）输入：风险管理计划、风险记录、工作绩效信息、批准的变更请求。

（2）输出：建议的纠正措施、变更请求、风险记录、组织过程资产。

（3）工具和方法：风险评估、风险审计和定期的风险评审、差异和趋势分析、技术的绩效评估、预留管理、储备金分析、状态审查会、风险再评估、风险预警系统。

7. 风险跟踪

风险跟踪包括已识别风险和其他突发风险的观察记录，对风险的发展状况进行记录和查询。

方法：风险审计、偏差分析、技术指标分析。

风险清单是一种主要的风险管理工具。

第9章 IT服务营销

9.1 业务关系管理

业务关系中的客户关系、供应商关系和第三方关系管理。

1. 客户关系管理

（1）目标：服务并管理好客户需求，培养客户对服务更积极的评价和应用，与客户建立长期和有效的业务关系，实现共赢发展。

（2）活动：①定期沟通；②日常沟通；③投诉管理；④表扬管理；⑤满意度调查；⑥增值服务。

（3）增值服务四原则：①不能影响现有协议约定的服务内容；②增值服务贴合客户需要；③增值服务投入在可接受的范围内；④本身有能力对增值服务内容进行引申。

（4）关键成功因素：①服务本身的达成能力；②服务的一致性及标准化能力；③服务态度及意识；④对客户需求变化的跟进理解能力；⑤对客户需求变化的灵活应变能力；⑥对客户需求的引导管理能力；⑦服务本身促进了客户业务自身价值的提升；⑧自身的沟通协调能力。

2. 供应商关系管理

（1）目标：①建立信任、有效的协作关系；②整合资源、共同开拓保持客户；③与供应商建立长期、紧密的业务关系；④实现与供应商的合作共赢。

（2）活动：①供应商的选择/推荐；②供应商审核及管理（响

应能力、问题解决能力、问题解决效率、人员稳定性、客户反馈、合作氛围等）；③供应商间的协调；④争议处理；⑤支持合同管理。

（3）关键成功因素：①提前筛选合格的供应商；②支持合同的有效性，提前消除争议产生的空间；③供应商的定期审核及评估；④确保合作的共赢；⑤自身的沟通协调能力。

3. 第三方关系管理

（1）目标：通过第三方关系管理的相关活动，培养发展长期、互信、良性的第三方业务合作关系，进而更好地获得客户认可，实现与客户建立长期和有效的业务关系。

（2）活动：①定期沟通；②日常沟通；③信息收集分享；④第三方关系协调；⑤配合支持第三方工作。

（3）关键成功因素：①有效的第三方伙伴选择；②第三方协作内容界定的有效性，提前消除争议产生的空间；③第三方的定期审核和评估；④自身的沟通协调能力；⑤与第三方的协作关系需要获得最终客户的认可与支持。

9.2 IT 服务营销过程

IT 服务营销 4 阶段：①启动准备阶段（营销准备、营销计划）；②调研交流阶段（做好需求调研、写好解决方案）；③能力展示阶段（做好产品展示、保持持续沟通）；④服务达成阶段（达成服务协议、做好持续服务）。

9.3 IT 服务项目预算、核算和结算

1. IT 服务项目预算

（1）建立 IT 服务项目预算的目标及意义包括：①便于形成资金使用计划；②便于交流资金使用规划意图；③协调资金使用活

动；④便于项目资源分配；⑤提供责任计算框架；⑥费用开支授权；⑦建立资金控制系统；⑧评估资金使用效果。

（2）项目预算制订步骤：①识别项目收入项与支出项；②划分IT服务项目执行阶段；③形成预算表。

2. IT服务项目核算

（1）IT服务项目核算的目的及意义包括：①随时掌握项目收入、开支情况及项目盈亏状态；②形成及时调整项目资源分配的依据；③寻找对成本开支控制的改进方法；④改进预算编制方法，提高预算编制准确性。

（2）IT服务项目核算的内容和方法：①编制核算记录表；②组织资源使用情况核算；③核算分析与总结。

3. IT服务项目结算

IT服务项目结算是在项目结束后的总体核算，结算是要对整个项目生命周期内所有的收入、开支情况进行总结，时间跨度较长，涉及数据量也比较大，需要计算、总结、分析的问题也比较多一些。

4. 衡量项目效益的指标

（1）项目投入产出比：指项目的投入资金与产出资金之比。

计算公式：R=K/IN=1：N（R为投入产出比，K为项目投资总额，IN为项目收入总额）

投入产出比采用1：N表示，N值越大，经济效益越好。

（2）项目投资回报率：指组织通过投资项目而返回的价值，即组织从一项项目投资活动中得到的经济回报。

计算公式：项目投资回报率＝项目利润/项目投资总额×100%

（3）项目净产出是指项目的净利润产出总额，净利润需要在收入的基础上扣除所有开支，包括人员开支、硬件开支、软件开支、场地开支、第三方支持开支等，最终结余的净利润为项目净产出。

（4）人均产出：指一定周期内项目或组织内人均产出的净利润水平。

计算公式：单位人均产出 = 净利润总额 / 人员数量

9.4　IT服务外包收益

IT服务外包给企业带来的收益：①成本收益；②效率提升；③降低风险；④专注于主营业务；⑤管理简单；⑥提升满意度。

第10章　团队建设与管理

10.1　IT服务团队特征

IT服务团队具有的5个特征：①人员岗位结构，分为管理岗、技术岗、操作岗，且团队成员相对固定；②需要较高的服务意识，IT服务类项目面向的是客户，通过IT技术为客户提供增值服务，从而实现自身的价值；③为了提高服务的质量，会使用专用工具，如IT服务管理工具、监控工具等；④工作具有周期性和重复性的特征，注重流程化与规范化；⑤注重知识的积累及转移，以便主动发现问题及解决问题。

10.2　IT服务团队建设周期

IT服务团队建设周期分为4个阶段：①组建期（了解现状、稳定核心成员、确定目标、建立团队价值观）；②风暴期（完成关键目标、人员沟通、建立信任、强化团队价值观）；③规范期（团队建设、信任与尊重、激励与鼓舞、共享愿景）；④表现期（自我管理、授权工作、追求卓越、梯队建设）。

10.3 IT 服务团队管理

IT 服务团队管理分为目标管理、激励管理、执行管理和人员发展管理 4 个部分。

（1）目标管理：①目标分解；②目标监控；③目标完成。

（2）激励管理：①团队激励（高层表扬、团队奖金、请高层领导做经验分享、请与 IT 服务相关的部门负责人分享专业知识、不定期开展团队活动）；②个人激励（物资：奖金、配股票、涨薪、特殊礼物等，精神：口头、邮件、大会、公告表扬，带薪休假，外派参加研讨会，颁发领导签名的奖状等）。

（3）执行管理：①建立执行的文化；②提高执行的效率。

（4）人员发展管理：①组织发展管理；②自我发展管理。

第 11 章　标准化知识与 IT 服务相关标准

（1）按适用范围划分：①国际标准（ISO、IEC、ITU）；②国家标准；③行业标准；④地方标准；⑤企业标准。

（2）按标准涉及的对象类型划分：①术语标准；②符号标准；③试验标准；④产品标准；⑤过程标准；⑥服务标准；⑦接口标准。

（3）按标准的要求程度划分：①规范（指规定产品、过程或服务需要满足的要求的文件）；②规程（指为设备、构件或产品的设计、制造、安装、维护或使用而推荐惯例或程序的文件）；③指南（指给出某主题的一般性、原则性、方向性的信息、指导或建议的文件）。

（4）国家标准制订阶段和流程：①预阶段（提出新工作项目建议，成果：PWI）；②立项阶段（提出新工作项目，成果：NP）；

③起草阶段（提出标准草案征求意见稿，成果：WD）；④征求意见阶段（提出标准草案征求意见稿，成果：CD）；⑤审查阶段（提出标准草案送审稿，成果：DS）；⑥批准阶段（提出标准出版稿，成果：FDS）；⑦出版阶段（提出标准出版物，成果：GB、GB/T、GB/Z）；⑧复审阶段（对实施周期达5年的标准进行复审）；⑨废止阶段。